徽州文书与中国史研究

HUIZHOU WENSHU YU ZHONGGUOSHI YANJIU

王振忠 刘道胜 主编

（第一辑）

中西書局

图书在版编目(CIP)数据

徽州文书与中国史研究／王振忠，刘道胜主编. —上海：中西书局，2019
ISBN 978-7-5475-1635-5

Ⅰ.①徽… Ⅱ.①王… ②刘… Ⅲ.①文书档案—徽州地区—明清时代—文集 Ⅳ.①G279.275.42-53 ②K295.42-53

中国版本图书馆 CIP 数据核字（2019）第 228586 号

徽州文书与中国史研究

王振忠 刘道胜 主编

责任编辑 伍珺涵
装帧设计 王轶颀
出版发行 上海世纪出版集团
中西書局(www.zxpress.com.cn)
地　　址 上海市陕西北路 457 号(邮编 200040)
印　　刷 上海天地海设计印刷有限公司
开　　本 700×1000 毫米 1/16
印　　张 22
字　　数 325 000
版　　次 2019 年 11 月第 1 版 2019 年 11 月第 1 次印刷
书　　号 ISBN 978-7-5475-1635-5/K·315
定　　价 78.00 元

徽州文书与中国史研究的新进展

王振忠

一

2017年6月3—4日，复旦大学历史地理研究中心和安徽师范大学历史与社会学院合作主办了“徽州文书与中国史研究”学术研讨会。此次会议邀请到国内14家单位将近30位学者，共征集到27篇论文，围绕着“徽州文书与中国史研究”展开讨论。

3日上午的第一场报告，是李琳琦教授所作的“安徽师范大学馆藏徽州文书述介”。该报告回顾了安徽师大收藏徽州文书的历史以及馆藏徽州文书之主要特色，并介绍了近年来安徽师大“徽学”研究团队对徽州文献资料的整理情况。

以往，学术界对安徽师大所藏徽州文书所知甚少。管见所及，仅有个别学者（如毕业于该校的陈联）最早抄录过其中的部分资料。直到将近十年前，由周向华所编的《安徽师范大学馆藏徽州文书》出版，学界才对该校文书收藏的基本概况有所了解。此后，李琳琦教授主编的《安徽师范大学馆藏千年徽州契约文书集萃》于2014年出版，其中收入了一些珍稀文书，颇为引人瞩目，如《清光绪年间祁门县十五都一图保甲册》和《清光绪年间绩溪县南乡九都保甲册》，是晚清时期编制保甲形成的户籍文书，相当稀见。对此，2015年，安徽师大的刘道胜教授，曾结合友人收藏的光绪刊本《祁门县二十二都户口环册》，对清末的保甲编制与村族社会治理，作了颇为细致的探讨，具体而微地呈现了清末徽州保甲编制之实际运作与村落社会的实态。此一研究，以第一手的新史料推进了相关研究，也以更为具体的学术成果，让学界了解到安徽师大所藏文书的学术价值。

关于这一点，此次暨南大学黄忠鑫副教授提交的论文《明清婺源乡村行政组织的空间组合机制》，也从另一侧面加以证实。在该文中，黄忠鑫利用的核心史料也是安徽师大收藏的文书抄本。此一题名为“入清源约出晓起约叙记”的珍稀抄本，极为详细地记录了明清乡村行政组织的演变过程。据此，黄忠鑫探讨了图甲的设立与构成、乡约差役之日常运作、保甲的编排与轮充等问题，指出：“婺源乡村行政组织以‘图’为顶点，将图甲（里甲）与保甲、乡约有机结合起来，构成了多种空间组织形式。‘甲’在其中扮演了十分关键的角色。这类组织的本质是差役，民间社会在组合过程中形成了注重负担公平分配的运作机制。”该文以历史地理学的研究方法，将制度史与社会经济史结合，较大程度上推进了县以下区划和组织研究的深入，对明清赋役制度史的研究，也有着重要的学术价值。

在此次会议上，利用安徽师大收藏的徽州文书所作的报告，还有江苏省社会科学院王裕明研究员的成果。他在《永乐四年祁门李务本卖田地赤契的几点思考》①一文中，考察了安徽师大图书馆所藏《永乐四年祁门李务本卖田地赤契》和《永乐八年祁门李务本卖田地赤契》，通过比勘，他发现两份契约的内容除了时间之外基本相同。此外，北京大学图书馆也藏有永乐四年、五年、八年的李务本卖田赤契。作者认为，《永乐四年祁门李务本卖田地赤契》是一份伪契，若综合其他文书可以推测，该份伪契可能是在宣德年间谢能静与李务本后代诉讼时所伪造的。此一研究提出了伪契辨别的问题，涉及明代社会经济史上一系列问题，这也从一个侧面印证了安徽师大所藏徽州文书的重要价值。

二

20 世纪 50 年代以来，徽州文书经历了数度大规模的发现，但类似于此、

① 此文在收入本文集时，改名为《〈永乐四年祁门李务本卖田地赤契〉真伪考论——徽州文书辨伪之一》。

先前“藏于深闺人未知”的珍稀文书尚有不少，直到近年来才陆续受到学界的发掘与利用。日本熊本大学文学部的伊藤正彦教授虽然因故未能到会，但他提交了《从〈丈量保簿〉与〈归户亲供册〉看万历年间徽州府休宁县二十七都五图之事产所有情况》的学术论文。该文主要根据中国珍藏的《休宁县二十七都五图丈量保簿》和《万历九年清丈二十七都五图归户亲供册》两份文书，细致整理了明代休宁二十七都五图鱼鳞册和归户亲供册的信息，提出了不少新的见解。他认为，在明代的休宁县，鱼鳞册之刊印和定向销售，得到了官府的授权。他还发现，鱼鳞册与归户册之间存在着亩制、成书时间先后等差异，这有助于我们理解两种册籍在基层社会的具体功能。在会议上，黄忠鑫代为宣读、点评了此文，并就论文所涉的不同看法，在会前与伊藤正彦作了通信沟通、交流。黄忠鑫认为：从土地清丈（鱼鳞册编纂、获得更新的土地信息）到税额确定（归户册编纂、确定税亩），中间存在着时间差，这对于普通农户的土地交易、制定契约、推收税粮存在着什么样的影响，仍有待于进一步的探讨。另外，若能从空间角度讨论赋役册籍登载土地的分布情况，并在休宁县分都地图上予以可视化展示，或许会有更好的效果。

上述这些文书，基本上都是20世纪五六十年代由屯溪古籍书店卖往全国公藏机构的徽州文书。近年来，随着中国学者田野调查的广泛开展，一些尚存民间的契约文书也进入了学界的视野。在这方面，有数篇论文利用到新发现的徽州文书。例如，笔者通过对几份新见契约文书的解读，探讨了18世纪江南著名藏书家汪启淑的商业经营与社会生活，从中看到：乾隆时代的徽州盐商，纷纷在江南求田问舍，他们通过租售盐引，逐渐成了凭借根窝获利的有闲阶层。也正因为如此，他们的艺术成就也引人瞩目。以收藏家、篆刻家著称的汪启淑，同时也是盐商、典当商和出版商，甚至也被后人视作自成一派的医家。这些不同的侧面，反映了盛清时代徽商“贾而好儒”的性格特征及其在文化上的诸多建树，其影响一直延续到近现代。在迄今尚存的徽州文书中，土地契约占绝大多数，而有关商业方面的契约文书并不多见。但在汪启淑的相关文书中，不仅有涉及盐业经营的契约，还有一些与桑梓故里相关的土地契约、分家文书。据此，我们可以深入探讨盐商的经营活动和社会生活，考察徽商由盛转衰的过程，故而弥足珍贵。

类似于汪启淑盐业经营这样的相关文书，近年来在皖南还有不少发现。例如，《光绪十七年胡上祥立遗嘱章程文》和《民国五年胡元龙立分关书》，是在祁门县贵溪村新发现的祁红创始人胡元龙的分家书。该两册分家书详细记录了19世纪50年代至20世纪前期胡上祥、胡元龙父子两代半个多世纪的商业经营历程，是商业史和区域史研究的珍贵文献。以此为核心史料，安徽师范大学的康健博士，对祁红创始人胡元龙之商业经营及其困境，作了颇为细致的探讨。他指出：胡元龙父子商业经营的资本来源于借贷，属于小本起家者，其在商业经营中善于利用民间互助性质的会社组织进行融资，从而形成茶叶、瓷土、水碓、山林等多途并举的综合性产业结构，实现了规模化经营。但因时代局限及缺乏新的商业经营机制，其最终只能走向衰落，未能向现代化工业生产转型。胡氏父子数十年的艰苦创业历程，全景式地展现了近代祁门茶商的商业经营和日常生活图景。

近年来新发现的徽州文书，除了与徽商活动相关的文书之外，还有不少是研究徽州区域社会变迁的重要资料。例如，在清代，棚民与徽州的社会经济、生态变迁关系密切。早在20世纪七八十年代，冯尔康、叶显恩、杨国桢等前辈学者，都曾爬梳过徽州棚民的基本史料，并据此认为：棚民开发了山区，但也引起了地方社会和生态环境的变迁。近数十年来，随着社会史、生态史研究的深入，棚民问题再度引起史学界的重视，不少学者都发表过相关论文，进一步探讨社会控制、地方应对机制、生态环境变迁等相关问题。不过，除了使用的资料有所扩充之外，所论述的问题及其基本结论，并无太大的变化。这当然是受制于资料的不足或类同，特别是在概述性的描述之外，缺乏具体而微的个案史料。值得注意的是，在此次会议上，安徽黄山学院刘芳正博士，以新发现的休宁周家源棚户家族文书为中心，对清代徽州棚民个案作了较为细致的研究。他指出："棚民是清中期内迁徽州移民中的重要一支，在其迁徙徽州的过程中曾受到地方社会的抵制，乃至发生多起驱棚事件。尽管如此，还是有棚民在徽州生根，周家源文书为我们展现了这样一个棚民家族的徽州生活史。王杨家族在休、歙比邻的中间夹缝地带，通过土地交易，获得周家源周边山地的合法土地权，进而获得合法居留权利。同时，王杨家族也借助宗族血缘纽带和婚姻网络，不断开拓自己的生存空间，繁衍生息，形成了独特的‘方言岛’现象。”作为棚民，他们即便在徽州生息繁衍了数百年，却始终游离于徽州社会之外。此一研究，以全新的资料，较大程度上推进了徽州棚民的研究。

三

除了新见的公藏机构收藏及田野调查所获文书之外，已经出版的一些文书史料，仍然有认真研读的必要。例如，20 世纪 90 年代初出版的《徽州千年契约文书》（中国社会科学院历史研究所编）中的不少文书，迄今仍未得到很好的研究。其中，胡廷卿收支账簿，虽然早已收录于《徽州千年契约文书》清民国编卷 14 至 18，包括光绪七、九、十一至三十四年间所立《收支总登》《进出流水》《进出总登》等收支账簿，光绪十一、十七、二十二、二十七、三十一年所立《春茶总登》《采售茶总登》等采售茶叶账簿，以及《光绪二十六年祁门胡氏祠会〈收支总登〉》，合计将近 30 册，直到近年，方才得到多位学者的重视，他们相继发表了多篇研究论文。而提交本次会议的论文中，就有安徽大学董乾坤博士所撰《晚清塾师的日常生活空间》①。作者通过对胡廷卿生活的各级空间地名之细致统计，探讨了五口通商后的区位格局以及经商传统，具体分析了影响生活空间的现实因素以及形塑生活空间的途径等。此文从空间分析的角度切入徽州账册之研究，可谓另辟蹊径。

针对现有的徽州文书，南开大学卞利教授结合其他地域的文书，探讨了明清土地买卖中的“找价”及其“找价”文书。他指出：“从明清时期田宅和土地等不动产买卖交易中‘找价’民间习惯法与国家制订法之间的矛盾、冲突，到最后国家法向民间习惯法的妥协与让步，明清两代统治者事实上已经完成了国家与社会关系的整合，从而在一定程度上，维护了社会，尤其是乡村基层社会的稳定，强化了自身的统治。”在对习见的土地契约之研究中，也有学者借助技术手段，希望以新的方法加以系统性分析。在这方面，上海交通

① 此文在收入本文集时，改名为《晚清徽州塾师的日常生活空间——以胡廷卿账簿为核心的考察》。

大学历史系的赵思渊博士，就利用该校《中国地方历史文献数据库》收录的歙县契约文书，通过检索、统计，对1650—1949年歙县田面权买卖契约形式之演变，作了长时段的分析。他认为："契约形式反映了乡村土地市场中的权利观念，这种权利观念是基于一定的经济秩序与伦理形成的，这是迄今乡村地权结构研究中尚未充分予以重视的问题。"

除了对契约类型的研究之外，徽州文书中涉及的具体数字，也受到与会学者的关注。对此，刘道胜教授有所总结，他认为，费孝通先生有"文字下乡"的说法，但在徽州，除了"文字下乡"之外，还有"文字在乡、数字在乡"的问题。笔者也深有同感，在传统时代，徽州人由于产权交易的频繁、田税的推收过割以及商业利润的计算等，绝大多数人的一生都与数字结下不解之缘，所以"徽州算盘"之说闻名遐迩，《算法统宗》一书在明清时代能风靡东亚，这些都不是偶然的巧合。数字问题在传统时代与一般民众关系密切，为平常日用所不可或缺，但对当代的学者而言，如何看懂、读透留存下来的相关文书，却显得相当吃力。令人欣慰的是，近年来已有一些学有专精的学者悉心钻研，颇多斩获。例如，安徽博物院的汪庆元研究员，就利用馆藏优势，长期关注鱼鳞图册研究。他在此次会议上提交了《明清土地数字性质探微——以徽州府为中心》一文，细致辨析了鱼鳞图册登记的土地数字、清代的亩制与计量，指出：清代徽州鱼鳞册登记有土地的积步和税亩，积步为丈量所得，是土地的几何面积；税亩据"亩步则例"换算而来，是承担赋税的土地面积单位。徽州鱼鳞册记和地方志统计的土地数字，从微观的一个丘块、一个"图"的总数到一县的区划范围，其土地数字均为实际丈量所得。鱼鳞图册登记的具体土地数字，证明何炳棣先生"明清的土地数字为纳税单位"之论断具有片面性。同时，明清240步的标准亩制从未改变，而折亩是为了土地计税的需要，每亩大于或小于240步标准的计算方法，是各地为了符合朝廷赋税份额而采取的权宜之计，将其称作"地方性亩制"并不确切。在明清土地赋役研究中，此前学界有关"实亩"与"税亩"的区分，在概念上并不准确。此外，黄山学院的马勇虎教授，对收藏于安徽省档案馆的《万铨布号盘簿》作了细致的辨析。这些，都是明清史研究中的专门之学，也是经济史研究的一项基础性工作。

在此次会议中，还有一些论文涉及多种史料的互证。中国社会科学院阿风研究员，主要以明代徽州府祁门县王源谢氏家族在嘉靖年间编纂的《王源谢氏孟宗谱》为例，说明当时族谱采辑史料的一些基本原则。他在《〈王源谢氏孟宗谱〉的史源考察》①一文中指出：在有关区域社会的文本史料中，地方志与族谱是两种最重要的基础史料。民间编修的族谱作为一种私籍，大多奉行“书美不书恶”的准则，在采辑各种文本史料时，也缺乏明确的区分。不同族谱的史料价值良莠不齐，后人在使用时必须作史源学的考察，不能直接拿来就用，但也不能完全排斥族谱中的史料。一般说来，如果有文书印证，族谱的史料可信度就更高。之所以选择《王源谢氏孟宗谱》作为考察对象，是因为相关的各类史料很多，可以相互印证，能较好地辨析该部族谱的学术价值。

与族谱史源的考察相对应，刘道胜教授则分析了另一种基础史料。在《明清徽州的民间捐输：兼论方志“义行”的书写》一文中，他结合民间文书的个案分析，指出：自宋代迄至明代中叶的徽州方志，义行之书写非常简单。而从嘉靖之后，义行的书写越来越多，这与商业的发达、宗族之兴起皆有密切关系。徽州商人借由义行而登入志书，尽管由明至清日益多见，但在传统社会，商贾“可光竹帛”的空间仍属有限，只有身份与财富相结合，方能进入方志记载。

四

除了对徽州文书的专题探讨之外，此次会议还涉及中国史研究中较为广泛的议题。在各场讨论之后，唐力行教授应邀作了特别发言。他高度评价了会议的主题“徽州文书与中国史研究”，认为研究徽州文书的落脚点应当是中国的整体历史。在报告中，他还结合自己此前出版的《延续与断裂——徽州乡村的超稳定结构与社会变迁》一书，谈了个人对中国历史长时段研究的一些认识。他特别强调社会史研究“眼光向下”的问题，希望与会

① 此文在收入本文集时，改名《谈谈〈王源谢氏孟宗谱〉的史料采辑原则》。

的中青年学者能更多地利用独具特色的徽州文书，深入探究中国乡村社会的生活实态。

此外，安徽大学刘伯山教授、安徽省社会科学院陈瑞研究员，都结合个人的实际经验，分别就民间文书的价值及其利用作了分析。江西师范大学廖华生副教授，通过对族谱家法族规的统计、分析，探讨了徽州士绅与明代乡族自治的多元性。黄山学院冯剑辉教授对《中国家谱总目》徽州家谱条目的详细辨证，为学界更好地利用《中国家谱总目》研究徽州家谱，做了很好的基础性工作。安徽师大梁仁志副教授对清代民间公项经费存典生息的再探讨，深化了商业与公益的相关讨论。安徽大学张小坡副教授、复旦大学李甜博士则分别探讨了近现代的同乡组织和同业组织，这些，皆反映了近年来徽学研究关注更长时段历史变迁的动向。

现存的徽州文书虽以明清时代为主，但宋元时代也有不少遗存，而且，要了解明清时代的社会历史，必须上溯到宋元时期甚至更早。此次会议有两篇论文即将历史追溯至宋元时代，其中，香港浸会大学的郭锦洲博士在《宋明时期的祖先祭祀和地方社会》一文中，希望解释明朝中叶徽州的祠堂是建立在怎样的旧礼仪基础上演变而成。为此，他首先分析了自宋元迄至明代徽州人祖先观念的嬗变（即祖先与神明之间的关系），进而探讨明代里甲户籍制度与祖先观念的变化。他认为：因为编修谱系，决定谁是祖先时，要考虑的是王朝制度上的编户齐民和赋税制度。最后，他还谈到祖先与控产问题，指出：从神庙到祠堂的过程，也是反映徽州从神明社会转变到宗族社会的过程。徽州独特的宗族礼仪，是于明代中叶自神庙祭祀的传统中蜕变而来。关于宋元时代的区域社会，上海交通大学的章毅副教授，通过对元代史料《新安忠烈庙神纪实》史源之追溯，对汪王信仰作了颇为深入的分析。他认为：徽州著名的汪王信仰肇兴于北宋，汪王神最初是一个边陲豪强的形象，但在南宋朝廷的不断敕封下，经历了正统化的过程，其受敕封的规格也在不断提高，最终成为忠义武神。徽州最早的宗族建构，是宋代对汪王神的建构——南宋屡次敕封汪王神所自然形成的家族谱系，成了后代重要的文化遗产，这与宋代徽州地方士大夫的崛起以及南宋徽州地缘政治之嬗变密切相关。及至元代，汪王信仰进一步呈现出“行祠化”的特征，一些汪王庙还与祭祀祖先的祠堂建在一起,呈现出一种"宗祠化"的倾向。此一趋势,反映了元代后期士大夫的宗法意识和理学观念的发展。该文提出的一些重要观点,对于我们反思流行成说,重新思考神明、宗族与谱系建构等一系列问题,颇多助益。

会议的最后一场专设了博士生论坛,共有四位年轻学子作了发言。其中,复旦大学的周炫宇,利用田野考察所获"胡景隆春牌号药店"的商业文书,对近代徽州国药业的经营文化加以探讨。而安徽师大的郭睿君、王玉坤、祝虻,则分别对中人、汪士铎和明清徽州宗族组织化作了较为细致的分析。对此,复旦大学邹怡副教授和黄山学院冯剑辉教授逐一评点了上述诸文。四篇论文虽初露锋芒,但从总体上看皆不尚空论,体现了徽学研究领域扎实的学风传统。

五

徽州文书是迄今所知国内为数最多的民间文书群,不仅数量庞大,而且以其类型多样、内容丰富、持续时间长久而闻名于世,这是国内任何其他区域文书所无法比拟的。

从20世纪50年代以来,徽州文书经历了数度大规模的发现,迄今仍层出迭现。应当说,最近二十年,徽州文书对中国史研究的学术贡献是大家有目共睹的。如所周知,徽学的核心是社会经济史,没有社会经济史就没有徽学。近年来,宗族研究、黄册研究、鱼鳞图册研究、徽州都图里甲制度研究等,都涉及明清社会经济史上最为核心的问题,徽州文书新史料的利用,大大推进了相关的研究。此外,迄今已硕果累累的徽商研究,在宏观描述几近饱和的情况下,徽州文书之深度发掘仍然是推进相关研究的重要支撑。与此同时,历史地理、社会文化史、历史人类学的研究,亦备受相关学者的重视,在这方面,也可望取得重要的突破。

最近二十余年,徽州文书之大批发现、整理和出版,极大地改变了明清史研究的史料环境。以徽州文书为中心的研究,理应对南宋以来(特别是明清时代)中国史研究的深入做出更为独特的学术贡献。这也对利用徽州文书的研究提出了更高的要求，与会的多位学者都指出，我们需要认真研读旧史料并利用层出迭现的契约文书讨论新问题。但如何在前辈学者丰硕的学术成果基础上，超越自我、超越以往的研究，仍然是极大的挑战。

笔者在大会的总结中指出：此次会议之所以冠名为“徽州文书与中国史研究”，首先考虑到的是徽州文书在20世纪八九十年代是明清史研究中的珍稀文献，只有少数学者才有机会接触到，而在21世纪的今天，徽州文书已成为研究者案头常见的资料，以徽州文书为中心从事明清以来的中国史研究已蔚然成风。特别是最近十多年，徽州文书之发掘、整理和出版，出现了许多新的史料，这对于中国史研究是一个极大的资料宝库，而我们的研究却远远没有跟上。因此，有必要以此为中心予以特别的关注。与此同时，我们也应当清醒地意识到——以徽州文书为基本史料的研究，绝非仅仅着眼于徽州地方史，而是为了透过徽州研究深入了解传统时代的中国社会，立足于徽州区域研究提供的丰富内涵，深化对整体中国的认识，解释中国的大历史。有鉴于此，我与会议的另一发起人刘道胜教授商议，将此次会议定名为“徽州文书与中国史研究”。

会议最后达成共识，今后将由国内各相关高校轮流举办专门的徽州文书研讨会。本次会议前后，经过多方商议、征询，决定将于2018年3月由安徽师范大学承办第二届“徽州文书与中国史研究”学术研讨会。我们希望通过持续性学术会议的召开，重现20世纪90年代徽州研究的盛况，定期交流学术信息，与学界同好相互切磋学问，以共同推进中国史研究的拓展与深入。

目　录

明清土地数字性质探微

——以徽州府为中心

汪庆元

（安徽博物院）

摘　要：明清鱼鳞图册登记土地数字是实际丈量所得，有的在册统计田土总数，按“亩步则例”换算税亩。万历清丈，休宁县分类统计，全县田地山塘积步与税亩总数完整在册，证明“明清的土地数字是纳税单位”的结论具有片面性。明清亩制标准为240步1亩，各地存在大于或小于每亩240步的情况，是为了符合赋税额度而采取的权宜之计。民间土地计量，积步为丈量所得土地数据，税亩是官府征收田赋的依据，租额是生产者与土地所有者之间产品分配的价值尺度。明清土地三种数字各有所用，而几何面积“积步”则是基础。

关键词：明清　徽州　鱼鳞图册　土地数字

明清田赋存在定额制，地方官员上报土地数字参考前朝数额，即所谓“原额观念”，具有赋税性质。何炳棣概括为“明清的土地数字为纳税单位”①。但清初鱼鳞图册所载土地数字为实际丈量所得，并非赋税原额，与官府编制的土地数字性质不同。② 明万历清丈休宁县统计土地数字，一个县的田地山塘积步总数与折算税亩总数完整在册，从一县到一图乃至一丘，均有清丈所得土地几何面积可考。徽州在清丈土地的基础上，亩制与计量既遵循标准又采用民间计量方法，地籍登记积步、税亩、租额，三者并行不悖，如

---

① 何炳棣：《南宋至今土地数字的考释和评价（下）》，《中国社会科学》1985年第3期。

② 参见拙文《清代顺治朝土地清丈在徽州的实施》，《中国史研究》2007年第3期。

此，建立在方便民间经济生活基础上的土地管理才能取得实效。

一、鱼鳞图册登记的土地数字

清代徽州鱼鳞册，每册登记土地数以千号计，每号田土丘块载有积步和税亩，积步为丈量所得，是土地几何面积，税亩则据“亩步则例”换算而来，是承担赋税的土地面积单位。徽州休宁县鱼鳞册的编制以“图”为单位，每图编一个字号，祁门县图下分保。从鱼鳞图册原件看，清代徽州鱼鳞图册在首页或在末页统计田土积步总数并折算成税亩总数。清顺治六年祁门县三种鱼鳞册均统计了土地积步之和，其数据如下。

表1 清顺治六年祁门县鱼鳞册统计积步

田土号	共计积步(步)	税亩(亩)	每亩积步(步)	鱼鳞册名称
782	185 128	731.1	253	三四都二图月字号
438	127 229	503.8	252	三四都二图七保盈字号
540	128 399	507.5	253	四都五保盈字号

清顺治祁门县田、地、塘三类田土，平均每亩积步约在253步，接近每亩240步的部颁标准。清代祁门县图下以“保”编制鱼鳞册，每册登记田土在10万“步”以上，1千亩以下。而休宁县“人字号图总”登记的是一个图的土地数字，共532 278.22步，2 342.71亩，田、地、山、塘四类田土平均每亩227步。清代休宁县，“图”的鱼鳞册登记土地数量大于祁门县“保”的数字。

安徽博物院藏《康熙休宁县万字号丈量鱼鳞号册》首页载“休宁县二十三都八图新丈田土总数”：

休宁县贰拾叁都捌图新丈田土总数

计开

原大字，新丈万字壹号起至肆千伍佰贰拾号止

事产

官民田地山塘贰拾伍顷玖拾壹亩伍分伍厘

一则田壹拾捌顷玖亩陆分贰厘

一则地伍顷壹拾玖亩柒分捌厘

一则山贰顷肆拾玖亩伍厘

一则塘壹拾叁亩壹分

图正孙天和，量（手）程学，画（手）吴武，书（手）程可，算（手）孙禄

步亩则例

上田则壹佰玖拾步，中田则贰佰贰拾步，下田则贰佰陆拾步，下下田则叁佰步，每亩麦贰升壹合肆勺，米伍升叁合伍勺

上地则贰佰步，中地则贰佰伍拾步，下地则叁佰伍拾步，下下地则伍佰步，每亩麦壹升玖合捌勺柒抄，米叁升捌合柒勺壹抄叁

塘照下田则

山每亩麦壹升零柒勺，米壹升零柒勺

今新例不以米麦数，只照田税，每亩征钱粮科则

地折田每亩柒分叁厘捌毫，山折田每亩贰分贰厘壹毫（前例地折田柒分贰厘陆毫，山折田贰分）

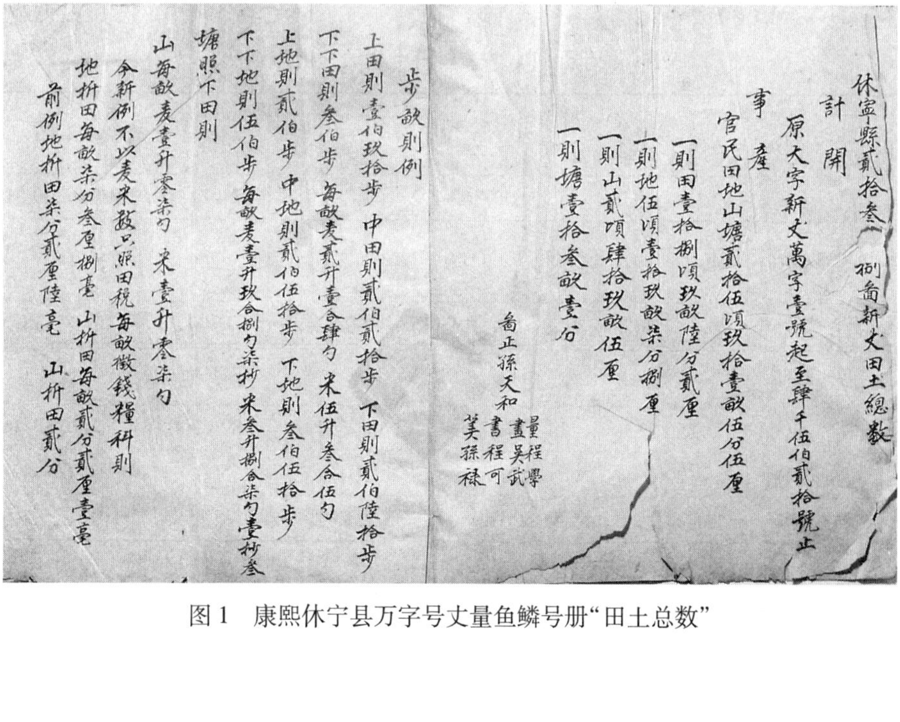
休寗縣貳拾叁　捌畨新丈田土總數
計開
原大字新丈萬字壹號起至肆千伍伯貳拾號止
事　産
官民田地山塘貳拾伍頃玖拾壹畝伍分伍厘
一則田壹拾捌頃玖畝陸分貳厘
一則地伍頃壹拾玖畝柒分捌厘
一則山貳頃肆拾玖畝伍厘
一則塘壹拾叁畝壹分
畨正孫天和
量程學
畫吴武
書程可
筭孫禄
步畝則例
上田則壹伯玖拾步　中田則貳伯貳拾步　下田則貳伯陸拾步
下下田則叁伯步　每畝麦貳升壹合肆勺　米伍升叁合伍勺
上地則貳伯步　中地則貳伯伍拾步　下地則叁伯伍拾步
下下地則伍伯步　每畝麦壹升玖合捌勺柒抄　米叁升捌合柒勺壹抄叁
塘照下田則
山每畝麦壹升零柒勺　米壹升零柒勺
今新例不以麦米数只照田税每畝徵钱粮科則
地折田每畝柒分叁厘捌毫　山折田每畝貳分貳厘壹毫
前例地折田柒分貳厘陸毫　山折田貳分

图1　康熙休宁县万字号丈量鱼鳞号册“田土总数”

该册是清康熙休宁县以“图”为单位编制鱼鳞册、登记完整土地数字的样本。休宁县二十三都八图田土总数2 591亩，编4520号。丈量造册小组的主要成员有图正、量手、画手、书手、算手。册载“亩步则例”和“钱粮则例”，还有地、山、塘的折田则例。钤休宁县官印，故“亩步则例”具有法律效力。康熙鱼鳞册“田土总数”与顺治鱼鳞册登记积步不同，清丈所得“积步”按照“亩步则例”换算成税亩登记在册。

明清休宁县鱼鳞图册登记一个图的土地数字，包括积步与税亩。休宁县是明代数学家程大位的故乡。程大位在万历年间参与了休宁县的土地清丈，对主持清丈的县“总书”不以每亩240步的标准计亩而把田地山塘分为13个等级有不同意见，并以《亩法论》申论之，载入《算法统宗》。明万历九年休宁县清丈所得土地数字统计在县志为：田地山塘569 266.285亩，其中田359 697.125亩，地128 107亩，山合原额71 299.92亩，塘10 162.24亩。① 万历《休宁县志》还详细记载了全县土地的积步总数、亩步则例和税亩总数。

表2田土分类规定，“城中等正地归田税”，“等正地”是在城建筑用地，另有“河潭归田税，一顷一十一亩六分七厘”，“芦荻洲归地税，四十六亩二分六厘”，而山未经清丈，山税“合原额”。

表2　万历九年休宁县田土总数与亩步则例

田土类别	一等正地	二等正地	三等正地	四等正地	上田	中田	下田	下下田
步数	1 272	2 832	1 835	573	17 862 492	39 781 788	17 499 100	5 184 709.8
每亩步数	30	40	50	60	190	220	260	300
亩数	42.4	70.8	36.7	9.5	94 013.115	180 826.3	67 304.23	17 282.36

田土类别	上地	中地	下地	下下地	塘
步　数	5 456 313	14 375 123	12 432 391	3 878 790	2 642 182.4
每亩步数	200	250	350	500	260
税　亩	27 281.57	57 500.49	35 521.1	7 757.58	10 162.24

① 万历《休宁县志》卷3《食货志·公赋》，第24页。

万历《休宁县志》登记了土地清丈后全县各类田土“步”的总数和亩步则例。田土分为13等，其中“一等正地”每亩30步，而“下下地”每亩500步，同是税一亩，二者几何面积相差16倍有余。赵冈转引栾成显所列“万历九年休宁县税亩等则与税粮科则”表，据以认为“税亩总额实际上大于实亩总额”①。但赵氏不了解万历《休宁县志》登载“在城等正地”的实际数字，万历休宁县所定“在城等正地”只是概念性的，方志记载四等“正地”合计6 512步，税159.4亩（见表2），只占全县田土总数569 266.285亩的0.028%，几可忽略不计。清康熙休宁县鱼鳞册登载的“亩步则例”，田、地各分上、中、下、下下，计8个等级，“等正地”的概念已不复存在（见图1）。从顺治七年休宁县“人字号图总”的数据看，田、地、山、塘四类田土平均每亩227步，接近每亩240步的标准。再从祁门县和休宁县土地数据比较看，祁门山地多于休宁，鱼鳞册田、地、塘三类田土平均每亩253步。两县田、地、山、塘的平均亩步：(227+253)÷2=240（步），正与每亩240步的标准相合。

万历休宁县统计各类田土“步”数值得重视。各地上报布政司、户部的土地数字只是税亩数，没有“步”数。步是几何面积，只在县以下都图业户的土地产权中才以“步”为基本面积单位。如图2载：

> 上地五百四十五万六千三百一十三步，每亩二百步，系土库厅楼及各报贵土，计税二百七十二顷八十一亩五分七厘。

所谓“上地”是“土库厅楼”的宅基地及风水墓地等价值高的“贵土”。每步25平方尺，休宁县“上地”的几何面积是：5 456 313（步）×25（平方尺）= 136 407 825（平方尺）。这是全县鱼鳞图册登记分类田土“上地”总的几何面积，是真实的土地数字。按亩步则例，上地按每亩200步，5 456 313（步）÷200（步/亩）= 27 281.57（亩），则休宁县“上地”共计27 281.57亩。

万历《休宁县志》所登载的一县田土总数附在顺治鱼鳞册前如图2，《顺治休宁县惟字号鱼鳞册》前附有“万历丁酉”公文如图3。

《顺治休宁县惟字号鱼鳞册》前所附“万历丁酉”公文一页有残，但存上

---

① 赵冈：《简论鱼鳞图册》，《中国农史》2001年第1期。

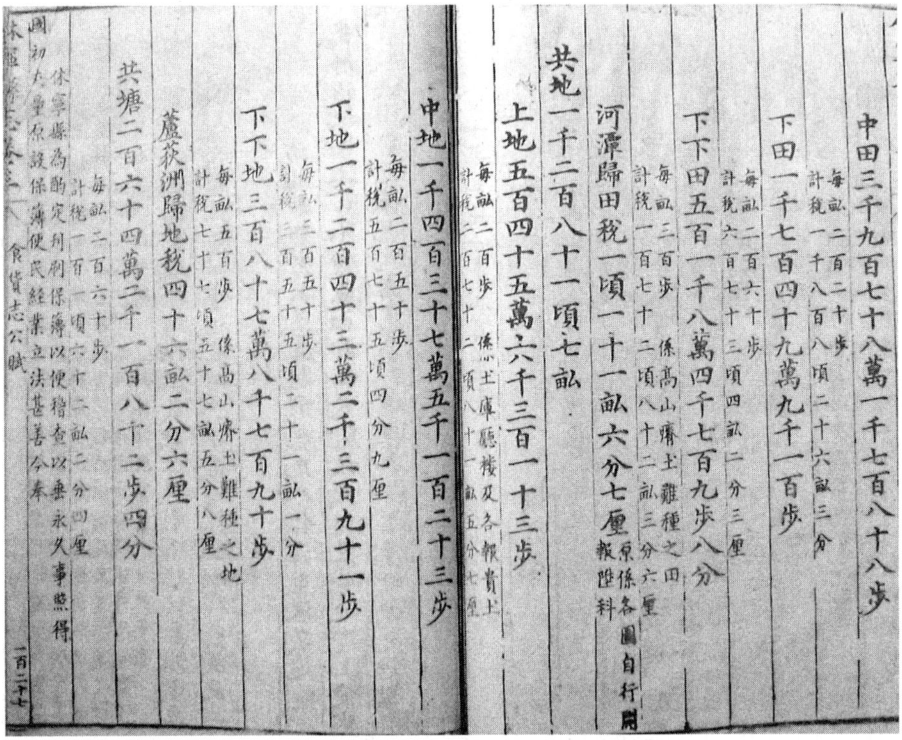

图 2　万历《休宁县志》卷 3 登记的土地数字

地、中地、下地、下下地的总数，每类地的每亩步数，与万历《休宁县志》登载的完全一样。明清易代，但清顺治时沿用万历亩步则例。在转载的田土总数后面有一段说明：

> 本县清丈以五尺步弓，按土肥瘠，均步计亩。或图正经理略有不周，以致人心亦难满足。窃见人间事业，盈虚消长，皆由天赋，而行巧诡为，终难久守。但存方寸之地，以求后昆之贤良，□为长久之计也欤！二十五都吴高谨□

休宁县每图编一字，此“吴高”应是图正。这段话非官方语气，透露出图正在“均步计亩”的过程中难免与业户存在一些矛盾，故而劝诫人们存宽容之心，不做昧良心的事以求子孙贤良。因而顺治鱼鳞册转载万历二十五年（1597）公文可能并非全县统一，只是都图公正所为。

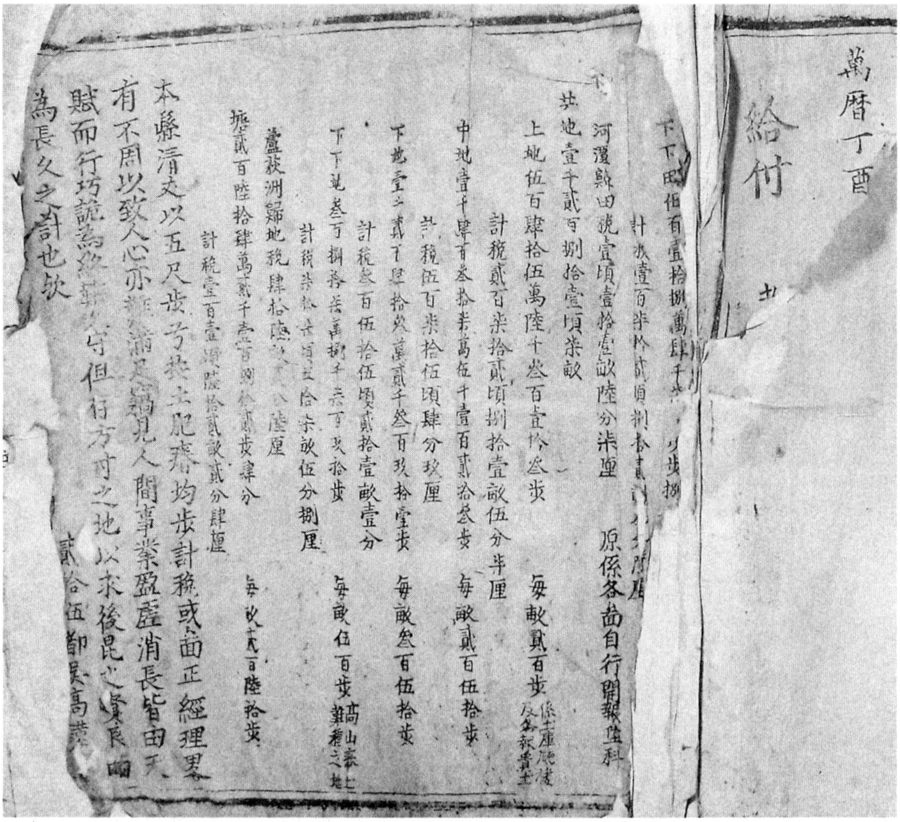

图 3　顺治休宁县惟字号鱼鳞册附万历公文

鱼鳞册登记“上地”的丘块有的在分厘毫之间，如康熙身字号“休宁县丈量鱼鳞经册”二百七十五号如图 4。

图 4 左，土名“店屋”是宅基地，新丈，三十六步一厘，上则，计地税，一分八厘。上有“乾隆五十三年七图二甲程文鼎户”佥税的批注。该号新丈积步与税亩的数字按照“亩步则例”换算无误：36.01（步）÷0.18（亩）=200（步/亩），完全符合“上地”每亩 200 步的规定。

每个土地丘块的积步数字之和就是一个图的土地总数。这就是明清文献在强调土地册籍的准确性时说的“总、撒相合”①。总者，县、都、图的田土总数也；撒者，各个丘块的数字也。只有每号田土的“步”数无误、税亩换算

① 《天下郡国利病书》原编第 22 册“浙江下”，第 82 页，清稿本。

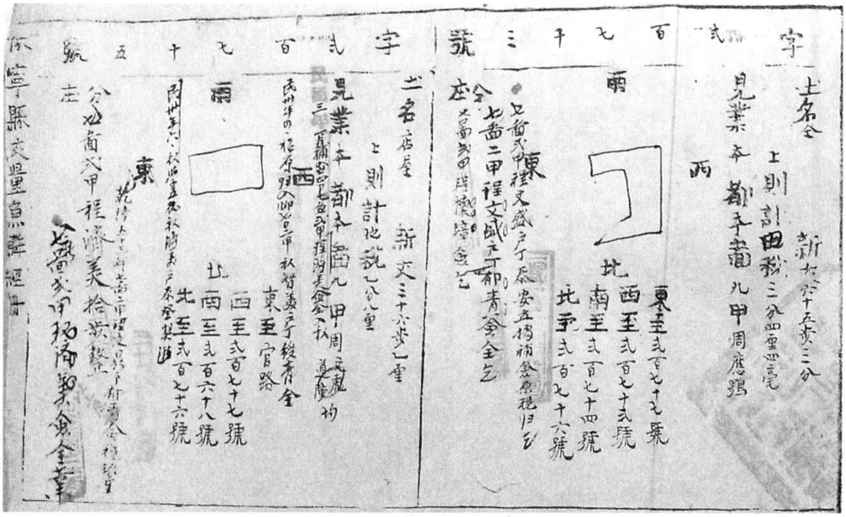

图 4　康熙休宁县身字号鱼鳞册 275 号

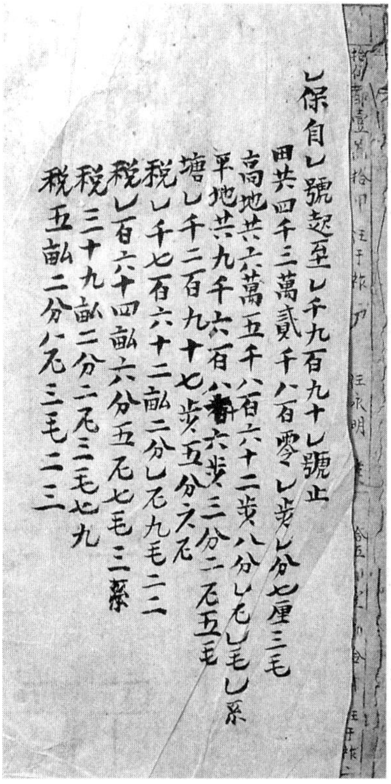

图 5　明万历祁门县鱼鳞册田土总数

则例准确，才可能做到“总、撒相合”。就明清徽州鱼鳞图册原件登记的土地数字看，在册统计一个图的土地积步、税亩总数就是“总”，每号登记积步、税亩就是“撒”。明万历“祁门县鱼鳞册”①如图 5。

一保自一号起至一千九百九十一号止

田共四千[十]三万贰千八百零一步一分七厘三毛（著者按：即“毫”）

高地共六万五千八百六十二步八分一厘一毛一丝

平地共九千六百八十六步三分二厘五毛

塘一千二百九十七步五分六厘

① 《明万历祁门县鱼鳞册》，安徽博物院藏，档案号：2∶16717 号。

（田）税一千七百六十二亩二分一厘九毛二二

（高地）税一百六十四亩六分五厘七毛三丝

（平地）税三十九亩二分二厘三毛七九

（塘）税五亩二分八厘三毛二三

万历祁门县十五都一图鱼鳞册，在册粘贴有一张“一保一号起至一千九百九十一号止”的土地总数的统计。① 该统计第一行“田共四千三万”应是“四十三万”之笔误。

图6是“田土总数”中的一号田土：“□字壹千玖拾玖号，土名，进保坞坑下，拾伍都壹图拾甲汪于祚户汪汝梁业。下田捌丘，积陆百壹拾柒步柒分柒厘。”该号无税亩，只有积步数字617.77步，祁门县万历清丈“田塘俱二百四

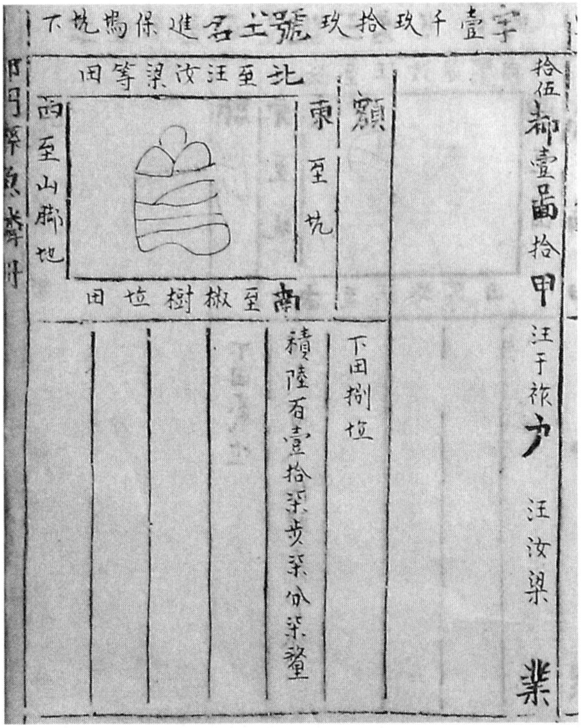

图6　明万历祁门县鱼鳞册1099号

① 万历祁门县以“保”为编制鱼鳞图册的单位，这与休宁县以“图”为单位有不同之处。

十四步八厘为亩”①,照算:617.77(步)÷244.8(步/亩)= 2.523(亩)。

万历祁门县十五都一图一保田土总数和每号田土数字均清晰登记在册。该册间钤“祁门县印”,七百八十六号如下。

图7“祁门县印”清晰可辨。该号户名与图6同为汪于祚,但登记户丁是“汪立之业”,下地二块,积二百四十四步六厘。每号田土的积步数字登记清楚。汪于祚父辈是官绅,本人纳监入仕,方志载:“汪于祚,查湾人。”②其家族在乡占有土地数量较多,仅预备嫁二女的妆奁田就有300秤:

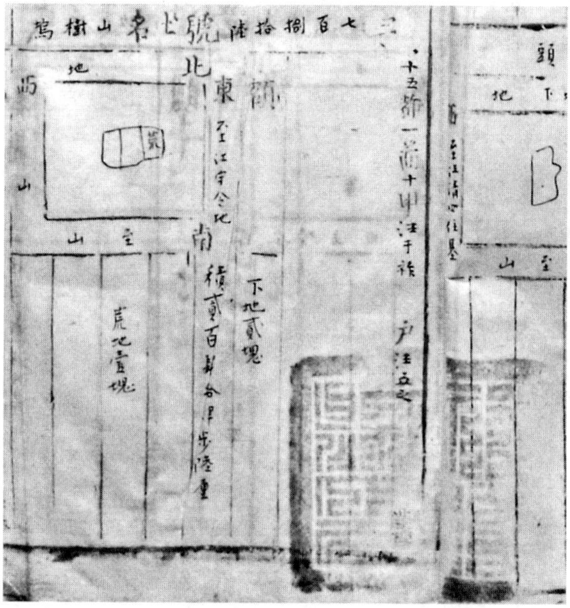

图7 明万历祁门县鱼鳞册“祁门县印”

龙源汪于祚,有父参政翁生有五子,二弟于祥不幸早殇,三弟于礼病在危笃,身思手足之情,不能享无故之乐。参政翁存日,于身纳监之需,是系众贴备;四弟于祐在学,日后纳监,众将板溪田租三百秤贴备。近思于礼尚有不测,预凭中将土名板溪田租三百秤批于二女淑音、深音

① 同治《祁门县志》卷13《食货志・田土》,第6页。

② 康熙《徽州府志》卷11《选举志・舍选》,第16页。

以为嫁妆之需，以敌纳监之费。自立文约，并无异言，今恐无凭，立此为照。

再批：贴备于礼二女田租，随听收租，以备逐年衣服、针线之用，只此。

嘉靖三十五年正月初五日立议约人：汪于祚、汪于礼、汪于祐、汪于祍

主盟母亲：张氏

中见人：汪永保、汪棠①

以上汪氏家族《议约》前后涉及分析田产900秤，明清徽州田租每秤约20斤，计田租约18 000斤。徽州田亩租额，“田庄之尤者也，每田一亩，计租不上八秤”②。以8秤计，田租900秤约合112.5亩田土所出。汪于祚户在分配土地产品田租时，不以土地面积“步”与“亩”的数字为计量单位，但其在鱼鳞图册(图6、7)登记土地的“步”数是毫厘不差的。可见民间土地计量积步、税亩、租额并存，根据结算需要分别应用。

再从清代苏州鱼鳞册登记的亩步看，康熙十五年江苏长洲县鱼鳞清册首页绘有鱼鳞总图，详细登记每个丘块的地理位置和编号，虽然未见有统计“圩”的积步总数(清代苏州鱼鳞册在图之下以“圩”为编制单位)。但是该鱼鳞册每个丘块均载有积步、斗则、税亩三组数字，统计一圩的土地总数并不困难，如该“悲字圩”鱼鳞册第一、二丘如图8。

悲字圩第一丘，圩甲李养溪、李心塘子，共积步一千十七步八分，三斗七升五合则，田四亩二分四厘一毫，平米一石五斗九升四勺，今业户郑上贞，田系熟，佃户吴德甫，田，又同丘业户。

悲字圩第二丘，圩甲李养溪、李心塘子，共积步二百五十九步九分，三斗七升五合则，田一亩　分八厘三毫，平米四斗六合一勺，今业户朱澄源，田系熟，佃户吴敬浦，田，又同丘业户。

---

①《徽州千年契约文书》宋元明编卷2，第240页。

②《窦山公家议》卷4《田地议》，第29页。

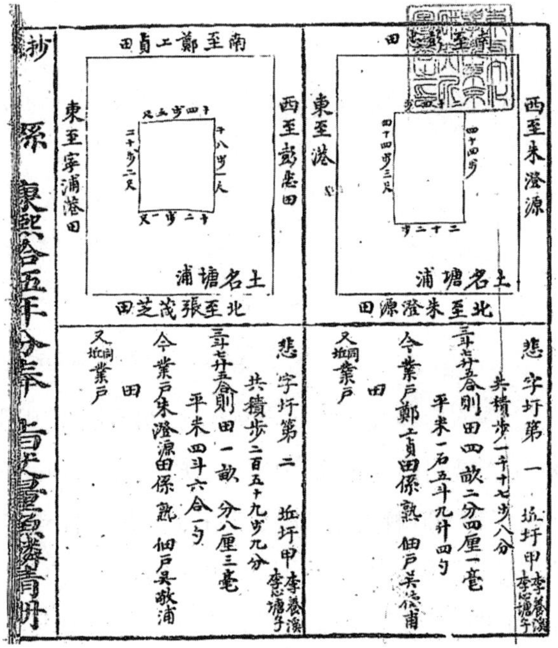

图 8　康熙十五年分奉旨丈量鱼鳞清册“悲字圩第一、二丘”

图 8 第一丘，积 1 017.8 步，计税 4.241 亩，每亩 240 步；第二丘，积 259.9 步，税 1.083 亩，每亩 240 步。

清代徽州鱼鳞册登记田、地、山、塘 4 类田土，分为 8 个等级，各个等级的税亩高于或低于标准步数，但综合起来还是接近每亩 240 步的标准。而康熙长洲县鱼鳞册登记田土亩步无“折亩”，均按照每亩 240 步的标准，其税亩即标准亩。

二、清代的亩制与计量

清代的亩制，一是部颁标准，二是各地“折亩”与“折实田”，还有民间的田土计量。学者对此已有专论。① 笔者据鱼鳞册等徽州文书材料，主要从地

① 郭松义：《清代的亩制和流行于民间的田土计量》，《民命所系：清代的农业与农民》，中国农业出版社，2010 年，第 446 页。

域的视角对清代的亩制与计量略作考察。

（一）部颁标准

清代部颁标准亩制比较清楚。《大清会典》载："凡丈量，按部颁弓尺，广一步，纵二百四十步为亩（方广十五步，纵十六步）。有司于农隙时，亲率里甲，履亩丈勘，以定疆界、杜占争、均亩赋，有差委滋扰及徇私者，罪之。州县册籍原载丘段四至不清者，丈。"①从秦至清，240 步 1 亩的标准未变，清廷要求切实执行，但实际上只有部分省区遵照"部颁弓尺"丈量，而不少省份的弓尺参差不齐，每亩步数亦大相径庭。史载：

> 顺治十二年部铸弓尺，颁行天下。康熙年间，复行严禁，如有盈缩，定以处分。迨后各省弓尺，多有不齐，参差无定。乾隆五年，行直省各将该地方旧用弓尺开明报部。惟直隶、奉天、江西、湖南、甘肃、四川、云南、贵州，并两淮、河东二盐场，仍遵部颁弓尺，并无参差不齐。至山东、河南、山西、江苏、安徽、福建、浙江、湖北、西安等省，或以三尺二三寸，或以四尺五寸，或以六尺五寸，或以七尺五寸为一弓。或二百六十弓，或七百二十步为一亩。长芦盐场三尺八寸为一弓，三百六十弓，六百弓，六百九十弓为一亩。均未遵照部颁弓尺。今若令各省均以部定五尺之弓，二百四十弓为一亩，倘部颁弓尺大于各省旧用之弓，势必田多阙额，正赋有亏，小于旧用之弓，又须履亩加征，与民生未便。且经年久远，一时骤难更张。除直隶、奉天等省原遵部颁弓尺，毋庸置议外，其山东、河南等省，弓尺不齐之州县，已据各该抚开明不齐缘由，报部存案，亦毋庸再议增减。嗣后有新涨、新垦，升科之田，务遵部颁弓尺丈量，不得仍用本处大小不齐之弓。如有私自增减盈缩，照例处分。②

遵照部颁弓尺的省区约占一半。各地弓尺参差不齐已成习俗，彻底改变会劳师动众，影响民生，只得姑仍其旧。但在制度层面，不仅每亩 240 步的标准

---

①《乾隆朝大清会典》卷 10，第 13 页，《四库全书》本。

②《乾隆朝大清会典则例》卷 35，第 44 页。

未变,“务遵部颁弓尺丈量”也是一贯的要求。

清初各地步弓不齐,亩步各异,乃至出现“大亩”“小亩”的问题,顾炎武对此有所关注:

> 以二百四十步为亩,自古以来未之有改也。由国初有奉旨开垦永不起科者,有因洿下硷薄而无粮者,今一概量出作数。是以元额地少,而丈出之地反多,有司恐亩数增多取骇于上,而贻害于民,乃以大亩该小亩,取合元额之数。自是上行造报,则用大地以投黄册,下行征派,则用小亩以取均平。是以各县大地有以小地一亩八分折一亩,递增之至八亩以上折一亩,既因其地之高下而为之差等,又皆合一县之丈地,投一县之元额,以敷一县之粮科,而赋役由之以出。此后人一时之权宜尔。①

每亩240步的标准没有变动。各地为了完成中央政府的赋税份额,不愿将清丈增加的田土数字如实上报,以免增加税额,于是有了折亩。北方主要是以大亩折小亩,总的原则是以清丈后的全部土地承担原额赋税。

虽然北方特殊的例子有以8亩折1亩的“大亩”,但南方也有如徽州休宁县城“一等正地”以30步为1亩即1亩成8亩的“小亩”。苏州土地亩的步数普遍狭小。冯桂芬说:“今吴田一亩,多不敷二百四十步,甚有七折八折者。《林文忠公疏稿》所谓‘南方地亩狭于北方者’,此也。”②清代北方亩大,南方亩小,但每亩240的标准亩制从来没有改变,折亩只是各地为了符合赋税原额而采取的权宜之计。清代长洲县鱼鳞册登记每亩的“步”数为240步,徽州虽有折亩,但也是围绕着每亩240步的标准上下波动。可见无论在制度层面还是实践层面,清代亩制240步为1亩的标准均无实质改变。

(二)折亩与折实田

清代亩额问题学者已有专论。③ 清代土地不仅有折亩,还有“折实田”。

---

① 《日知录集释》卷10《地亩大小》,第2页,清刻本。

② (清)冯桂芬:《均赋役议》,《清续文献通考》卷1,第15页,民国影印十通本。

③ 陈锋:《清代亩额初探——对省区“折亩”的考察》,《武汉大学学报》1987年第5期。

清初徽州祁门县折亩、折实田的标准是：

> 顺治六年清丈，田、塘、地合为鳞册，山则仍旧经理保簿。清丈田、塘，俱二百四十五步六分三毫为一亩，高地四百步为一亩，平地二百四十六步九分五厘为一亩，面地一十一步五分六厘为一亩，经理山四角为一亩。至顺治八年，操抚李日芃校订《赋役全书》，以地、山赋有轻重，科则繁杂，照宁国府事例，与田折为一则。高平面地，每亩转折田六分二厘七毫，山每亩转折田二分二厘二毫，塘赋旧同田，不折。①

以上所称"鳞册"为清初鱼鳞册，"经理保簿"为明初鱼鳞册。清初祁门县"高平面地"每亩折田 0.627 亩，"山"不行丈量，按照原额亩数，每亩折田 0.222 亩。这样在赋税意义上就没有田、地、山、塘之分，即所谓"尽折实田一则起科"。

乾隆《江南通志》载：

> 徽州府国朝原额田地山塘，共折实田二万五百六十二顷七十八亩四分三厘有奇，节年升增折实田二顷八十三亩三分一厘有奇。雍正十三年实在折实田二万五百六十五顷六十一亩七分四厘有奇，实征折色银一十六万二千七百一十二两一钱二分六厘有奇。摊征人丁银二万四千一百一十六两三钱二分八厘有奇，匠班银一千三百七十九两七钱，共实征银一十八万八千二百八两一钱五分四厘有奇，实征本色米二万九千三百四十五石六斗八升有奇，豆一千六百二十五石二斗二升六合有奇，外不在丁田征解杂办银六百五十四两一钱一分七厘八毫有奇。②

清初徽州府折实田 2 056 278 亩；雍正十三年折实田 2 056 561 亩，实征折色银 162 712 两。雍正年间摊丁入亩，赋税以出自田亩的折色银为主。但在田亩之外还有人丁银、匠班银、杂办银和本色米若干。以上是徽州府雍正十三年折亩、折实田后赋税征收的情况。

折亩，是为了土地计税的需要，每亩大于或小于 240 步标准的计算方法，

---

① 道光《祁门县志》卷 13《食货二 · 田土》，第 6—7 页。

② 乾隆《江南通志》卷 72《食货志 · 田赋六安徽宁池太庐凤七府》，第 9 页。

有些学者将其称作“地方性亩制”,似并不准确,因为明清每亩240步的标准亩制从未改变。清代江南每亩田土小于240步,称为“七折、八折”,但折亩的基准仍是标准亩制。明初不行折亩,鱼鳞册登记土地均为每亩240步,因而民间土地计量以简便的“亩、步、角”制,每亩4角,1角60步。徽州折亩始于明万历土地清丈,折亩后,1角60步的基础无存,鱼鳞册登记亩制普遍使用“亩、分、厘、毫、丝、忽”的十进位。从原件看,康熙长洲县鱼鳞册登记,每丘田土并无折亩,每亩240步,积步与税亩核算无讹(见图8)。明清折亩的原则是根据土地生产率来确定大小亩,田土肥沃、人口稠密则亩的面积小,土地贫瘠则亩的面积大。“夫折亩者为其地瘠也”①,是北方折亩的一般规律。有学者提出明清折亩的“距离衰减规律”②,离城距离越远,田土折亩的步数越大。这与文献“凡田以近郭为上地”的记载是一致的。

“折实田”,以折亩后的“田”为基准,把地、山、塘按一定比例折合成“田”,以便“一则起科”。徽州“折实田”始于顺治八年。前引《祁门县志》载:“操抚李日芃校订《赋役全书》,以地、山赋有轻重,科则繁杂,照宁国府事例,与田折为一则。”可见“折实田”是自上而下的举措。李日芃,顺治四年任操江巡抚,领上下江防事,兼巡抚安庆、徽州、宁国、池州、太平五府及广德州。顺治七年移驻安庆。据《清世祖实录》记载,李日芃于顺治十二年八月以完成《赋役全书》受到表彰,加太子太保衔,同年十月病卒。李日芃作为地方军政首长,要求田赋保持原额,顺治《祁门县新丈亲供首状》首页文告:“李老爷均示:凡田地山塘,不许溢额。是以步有增减,税无增减。盖县通盘打算,合足原额,折亩、折税,造册起解藩司。”清初的赋役整顿既是经济问题也是政治问题,李日芃明确要求“不许溢额”,“折实田”一则起科,提高了行政效率。就顺治清丈的具体执行者祁门县衙来说,既要“照清丈供税当差”,又要“合足原额”,因而在掌握土地丈量数据的前提下,还要“盖县通盘打算”使赋税相对均平。清代徽州府六县折实田等则如下。

① 《天下郡国利病书》第13册“河南”,第53页。

② 赵赟:《技术误差:折亩及其举例衰减规律研究——明清土地数据重建的可行性研究之一》,《中国社会经济史研究》2007年第3期。

表 3 清代徽州府六县地、山、塘折实田等则①

县 别	塘一亩折田	地一亩折田	山一亩折田	折实田总数
歙 县	1.191	0.561	0.434	490 567
休宁县	1.000	0.738	0.221	480 296
婺源县	1.000	0.615	0.222	503 038
祁门县	1.000	0.627	0.222	214 664
黟 县	0.640	0.545	0.130	164 049
绩溪县	1.011	0.583	0.202	203 850

（三）民间的土地计量

我国南方民间流行以产量大小或以播撒种子多少来计量田土面积，在土地买卖中以租额计算亩分。南宋就有田土计量“从来论均、论把、论石、论秤、论工，并随土俗”的史料记载。何炳棣据此认为：“南宋经界图帐中和以后官方档案的顷亩数字，都是根据全国各地紊乱多样、长期顽强的土俗标准而折估载入档册的。”②民间习惯以收获量和劳动量来计量，在本质上是便于民众的经济生活的。但土地以步弓丈量计亩，不仅在官方是唯一的，在民间也是主要的计量方法。在浙江，“通都大邑，民皆明于弓口，凡有房、地交易，照依官尺丈量，同邻立界，中代邻佃，俱用现在之人。故伪契常少。青田僻处山陬，交易田产，不查亩分、不用弓尺，立契并无亩数，止载田租若干”③，只是在偏僻山区的买卖契约上“止载田租”。明万历全国范围的清丈土地，史载：“帝用辅臣议，大均天下之田，一时州若县无敢不举行丈量法者，其清强

① 康熙《徽州府志》卷 6《食货志·赋役》“田土”，第 4—12 页。赵赟《纳税单位真实的一面》（《安徽史学》2003 年第 5 期）列表 4（1）“徽州附属各县地山塘折亩等则”，具体数字有误：歙县塘折田误作 1.190，婺源县地折田误作 0.661，资料来源康熙《徽州府志》卷 1《厢隅乡都》亦有误。虽然无关宏旨，但赵冈《鱼鳞图册研究》转引该表，亦未作核对，又把绩溪县山折田误作 0.220。

② 何炳棣：《中国古今土地数字的考释和评价》，中国社会科学出版社，1988 年，第 28 页。

③ 乾隆《续青田县志》卷 4《风俗》，第 4 页。

敏练慈惠之吏，得因自效，而诸方田法令，纤悉明具，人习步算而赋均。"①清丈土地的法令具体可行，以至"人习步算"，各地普遍使用步弓计量田土。

无论是官府的鱼鳞册还是民间自留核算底册，一般既以产量租额计数，又记载税亩或积步。租额是生产者与土地所有者之间结算的价值尺度，税亩是官府征收田赋的依据，积步是清丈所得数据并以其计算税亩。明清民间税亩与租额并载的事例并不少见。如清雍正《绩溪梁安高氏族谱》所载"雍正六年修祠后置买祀产"②如下。

表 4 绩溪县梁安高氏"雍正六年修祠后置买祀产"数额

字 号	土 名	税 亩	原 租	现 租
洁字 1357	古塘汪墓塘	田税 0.786	3 大秤	90 斤
宙字 594	赤树岭脚	田税 0.66	4 大秤 麦 4 大斗	谷 144 斤 麦 44 升
月字 945	黄富村	田税 0.45	3 大秤 麦 1 大斗 小顶谷 1 平秤	谷 36 斤 黐麦 8 升 今无
宙字 348	北门外会所边	田税 0.922	租谷监收 麦监收 小顶谷 2 秤	谷 180 斤 磨麦 5 印斗 小顶麦 2 斗
效字 1450	灵山下荷花坞	田税 0.36	1 大秤 28 斤 麦 7 大升半	谷 64 斤 麦 9 平升
才字 2636	灵山下朗坑庄	田税 0.564	2 大秤 8 斤 麦分 1 大斗	谷 72 斤 磨麦 12 升
慕字□□	石蜜	田税 1.598 塘税 0.2	340 斤	谷 240 斤
习字 927、928	梧村	山成地税 1.058	豆 80 斤	豆 60 斤
伤字 1390	潭石头	田税 0.029	监收	监收
伤字 1392	潭石头	田税 0.035	监收	监收

---

①《古今图书集成·经济汇编·食货典》卷 59《田制部总论五》，第 15 页，清雍正铜活字本。

②《绩溪梁安高氏族谱》卷 11《祀产》，清光绪三年刻本，国家图书馆藏。

（续表）

字　号	土　名	税　亩	原　租	现　租
伤字 1909	潭石头	田税 0.021	监收	监收
伤字 1591	潭石头	田税 0.006	监收	监收
宇字 98	沙坝碓	地税 0.16	租米 36 升	36 升
慕字 2519	麒麟干	田税 0.2	1 大秤	36 斤
良字 2139	下朗坑门前	塘税 0.02	2 大秤	72 斤
过字□□	葛家坞	田税 0.66 塘税 0.02	3 大秤 硬麦分 1 大斗半	谷 108 斤 麴麦 16 升半
效字 95、94、93	竹儿塔	塘税 0.01	硬租 3 大秤 麴麦 14 升	谷 108 斤 麴麦 14 升
慕字 1450	外塘	田税 0.675	硬租 120 斤 硬麦 1 印斗	谷 120 斤 磨麦 1 印斗
洁字 1185	朗坑小坞	田税 1	硬租 120 斤	谷 120 斤

据光绪高彰衡《祀产记》，绩溪高氏宗族至清末有“八十余号之田，以追远报本”。其雍正六年置产 20 余号田地祀产，出租给佃户，租以租谷计算；纳税于官府，税则以税亩计量。两种计量数字各有其不可替代的作用，以其中一种计量方式来否认另一种计量数字的存在是片面的。

从清代徽州鱼鳞册登记土地数据看，既有积步、税亩，也有租额。所见为数不少，如康熙“休宁县新编弓口鱼鳞现业的名库册”如下：

> 原额鳞字，地四分六厘。下下则田一百七十步，税六分五厘四毛[毫]。分庄现管业户：九甲何育五分九厘二毛[毫]，六砠，佃陈才，汪一绅六厘二毛[毫]，并一千一百七十七号，共二砠，佃宋九。

图 9 为下下则田税：170（步）÷0.654（亩）= 260（步/亩）。此例下下田与下亩的亩步则例相同。田六分有余，田租接近 7 砠，徽州一般每砠 20 斤，谷物收获量约为 140 斤。该号原额为地，清代改作田，田形图边写“成田”二字并注明步数：（9.3+13）÷2×（15+15.2）÷2 = 168.365 步。基本符合登记步数。

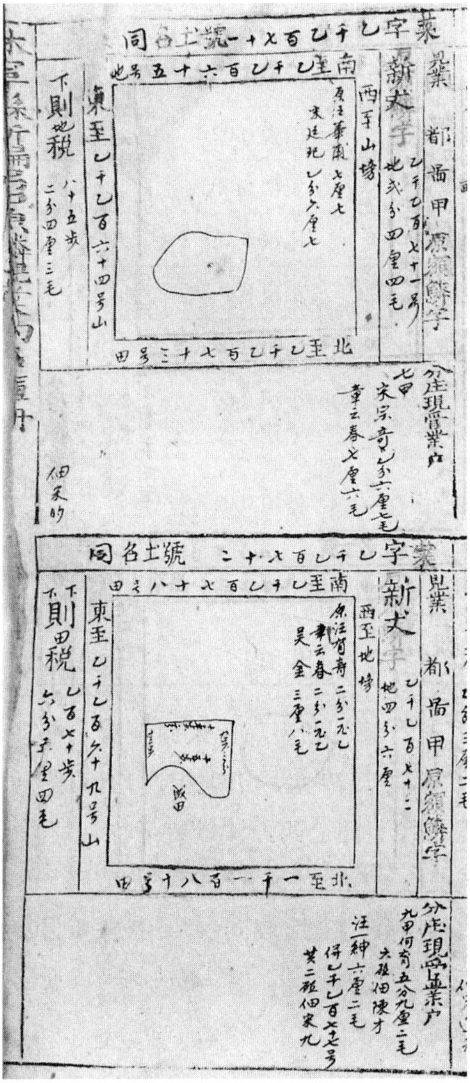

图 9　康熙休宁县菜字号鱼鳞册 1772 号“租额”

又如康熙休宁县大字号“的名库册”七百六十九号如图 10。

分庄现管业户：六秤半。九甲程新之三秤半，二甲程济美三秤。廿九都三图十甲黄德顺户佥田三秤，税四分四厘八毫。道光九年廿四都七图六甲全美户丁吴桂英佥黄德顺名下税讫。七图九甲程厚德户佥全美户税讫。同治四年六甲程宗户佥税四分四厘八毫(厚德户出)。

该号“新丈下田贰百拾六步伍分四厘四毛［毫］，税捌分叁厘叁毛［毫］”，亦为下田每亩260步。作为土地数字的“步”与“税”登记无误。其中“黄德顺户佥田三秤，税四分四厘八毫”一条批注尤其值得重视，这里田租“三秤”和“税四分”所反映的土地数量，内涵是一致的。换言之，即民间的土地计量，几何面积与田租产量是并行不悖的。从鱼鳞册登记的土地数字看，有的需要厘清田租数字，即载计量田租的秤与斤，但积步与税亩是每号田土所必须登记的。不能因为民间各种土俗计量标准的存在，而忽视了积步与税亩在明清土地计量中具有的不可替代的重要性。

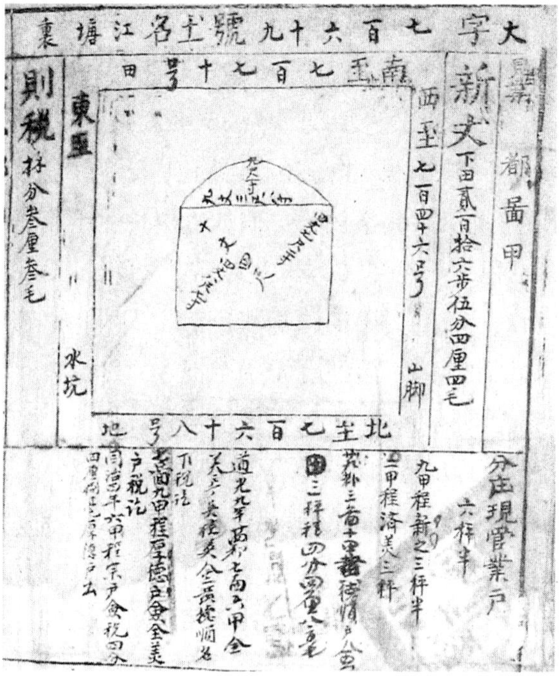

图10　康熙休宁县大字号鱼鳞册769号“租额”

图10有清丈时标注的“步”的数字五条，其把不规则的田土“总归于方”，为“方田法”：

凡田不能正方，惟求积步以见亩数。求积之法：方则乘之，直长亦然；圭梭曲折则析乘之，圆则削圭而析乘之；狭广则以广补狭，以衺乘之，然后用二归四除法以见亩数。一亩之田，当方十五步二尺有奇，总归于方，故曰方田法。[1]

积“步”为亩，由来已久。据《通典》记载，黄帝时期始行井田制，为规范土地分配而“立步制亩”[2]，即已开始丈量土地。明清“田以步计，赋以田起”[3]，是为丈量土地确定赋税的基本程序。“立步”，是通过清丈获得土地数据，“制亩”是确定“亩”的单位面积。必先丈量“立步”，方可“制亩”。自秦至清，每亩240步的标准不变。南宋至明初有“步田之法”：“若五尺以为步，六十步以为角，四角以为亩。”[4]在每亩240步标准不变的前提下，以60步为1角，即四分之一亩。明初徽州鱼鳞册所载田土面积计量单位是“亩—角—步”制，每亩240步，便于民间计算。如安徽博物院藏明初祁门县《谷字号经理册》所载，每号田土面积“亩”“角”“步”以下无小数。土地“丈积”之1“步”为25平方尺。《算法统宗》载：“丈量之法，以五尺为一步，每步自方五尺，计积二十五尺也。”[5]正方形田称“方田”，长方形称“直田”，其举例云：“假如直田长六十步，阔三十步，问积、税各若干？答曰：积一千九百二十步，税八亩。”[6]算式：$60\times30=1\,920$（步）；$1\,920\div240=8$（亩）。每亩240步，“积步问亩二四归除，亩问积步二四乘法”[7]。“步”与“亩”的换算简单明了。

鱼鳞图册登记土地积步与亩分，是由清丈计算而来，也有一些田亩登记了田租数额，这是为了方便租佃关系下主佃双方的经济核算。丈量所得积步是土地几何面积，为计算税亩的基础。明代祁门县六都地主窦山公为调整主佃关系，建议“莫若将田丈量明白，定其租数，庶无亏损，公平两服”[8]。显然，民间田租数字是据“丈量明白”的田土亩步数核定的。

---

① （清）汪绂：《理学逢源》卷6《内篇·物则类》，第86页，道光十八年敬业堂刻本。

② （唐）杜佑：《通典》卷3《食货三》，中华书局，1988年，第54页。

③ （明）王士性：《广志绎》卷1《方舆崖略》，中华书局，1981年，第3页。

④ （宋）赵彦卫：《云麓漫钞》卷1，中华书局，1996年，第10页。

⑤ （明）程大位：《算法统宗》卷3，安徽教育出版社，1990年，第227页。

⑥ （明）程大位：《算法统宗》卷3，第233页。

⑦ （明）程大位：《算法统宗》卷3，第228页。

⑧ 《窦山公家议》卷4《田地议》，第29页。

小　结

明清鱼鳞图册登记土地以“步”为面积单位，每步 25 平方尺。清代徽州鱼鳞图册统计有一个“图”的“积步总数”，并按照“亩步则例”换算税亩，土地数字的“步”与“亩”换算无讹。万历清丈，休宁县分类统计了全县田、地、山、塘的“步”数，一县的土地几何面积登记准确。徽州鱼鳞册登记和地方志统计的土地数字，含盖从微观的一个丘块、一个“图”的总数到一县的区划范围，且明清的土地数字均为实际丈量所得。鱼鳞图册登记的具体土地数字证明“明清的土地数字为纳税单位”的结论具有片面性。

明清 240 步的标准亩制从未改变。清代苏州与徽州的鱼鳞册登记基本符合每亩 240 步的标准。明清折亩是为了土地计税的需要，每亩大于或小于 240 步标准的计算方法，是各地为了符合朝廷赋税份额而采取的权宜之计，将其称作“地方性亩制”并不确切。清代“折实田”，是把地、山、塘按一定比例折合成“田”，通过土地几何面积换算成土地纳税单位。明清民间以产量或租额等计量田土面积，在本质上是便于民众的经济生活的，以步弓丈量田土是民间主要的计量方法。清代徽州鱼鳞册登记，既有丈量亩步，亦有租额数字。从租佃关系看，谷物数字符合主佃之间产品分配的需要。从南宋至明清，官方的土地顷亩数字不可能均是按照“土俗标准”折估而来。

中国土地亩制从秦至清每亩 240 步的标准不变。在明清土地赋役研究中，一般把大于或小于 240 步计亩的“折亩”和“折实田”称为“税亩”。① 也有学者把每亩 240 步称作“实亩”。② “税亩”一词源于春秋鲁国的初税亩，是我国土地赋役制度按照土地面积征税的开始，所谓“履亩而税”，是通过丈

① 栾成显指出：“所谓税亩制，即是把各类不同等级的实际面积（几何面积）都换算成相应的纳税面积。”“万历清丈时所实行的税亩制，是仍按田土种类与等则，分类换算，最后仍分田地山塘几大种类，而各有不同科则，其与清代编审册中实行的‘尽折实田一则起科’的税亩制尚有区别。”见氏著《明代黄册研究》，中国社会科学出版社，1998 年，第 148 页。

② 赵冈认为，明清“税亩总额大于实亩总额”（氏著《简论鱼鳞图册》，《中国农史》2001 年第 1 期），即是说明折亩后的“税亩”，总额面积小于 240 步的标准。

量土地来确定税额,并非按照“百步为亩”之“亩”来征税。因此,“税亩”的含义是按照土地面积确定税额,随着时间与地点的变化,计亩的标准有所不同。明清无论是240步的标准亩,还是折亩、折实田,每“亩”的步数虽有不同,但均是按照土地面积定“税”,都是“税亩”。如果把明清标准的240步1亩称作“实亩”,而239步或241步1亩称为“税亩”,这在概念上似并不准确。

明清土地买卖中的"找价"及其"找价"文书初探*

卞　利
（南开大学历史学院）

摘　要： 明代中叶以降，因土地价格持续上涨，在江南和闽中地区，原先以较低价格出卖土地的卖者，率先发起了向买者索取"不敷"的找价之风，且此风逐渐蔓延至全国各地。不少地方官员本着"得业者怜失业者之贫"的良好意愿，在缺乏法律依据的情况下，默认了这种找价行为。直到康熙、雍正和乾隆时期，清政府才对找价行为进行立法调整，区别不同情况，规范找价行为。本文从制度缺陷、土地价格持续上涨等视角，剖析找价现象产生的社会与制度根源，并利用找价文书对明清时期土地买卖中的找价行为进行探讨。由此指出：正是因地制宜、因时制宜地适应社会经济形势的变化，通过不断地对土地买卖有关法律规范进行调整和完善，明清两代统治者才最终解决了困扰他们的社会不安定局面，使得统治秩序得以维系。

关键词： 明清时代　土地买卖　找不敷　契约文书

明清时期，特别是明代中叶以后，随着土地价格的不断上涨，民间的田宅买卖等交易活动中也出现了一些新的变化，"找价"即"找不敷"的产生与愈演愈烈、绝卖和活卖的产生、田骨与田皮的分离等，给明清时期的乡村社会经济带来了深刻的变化和影响，同时也与明清国家法不断产生矛盾与冲

* 本文为国家社科基金重大项目"中国古代民间规约文献集成"（项目编号：14ZDB126）的阶段性成果。

突,它迫使明清封建王朝的统治者不得不正视这一系列新的问题,在民事立法的规范上进行适时的调整,从而解决民间习惯法和国家法的冲突,维护社会,特别是乡村基层社会的稳定。

一、“找价”现象的出现及其蔓延

明清时期处在中国封建社会的后期,社会变迁的规模与速度加快。作为生产资料的主要构成,土地买卖活动极其活跃,田宅等不动产产权转移频繁,正如清康熙浙江天台知县戴兆佳所云:“天道有循环,人事有消长,贫富无定势,田地无定主。有钱则买,无钱则卖。”[①]“俗语云:‘百年田地转三家。’言百年之内,兴废无常,必有转售其田至于三家也。”[②]但因田宅价格的不断上涨,田宅交易中,产权转移也出现了诸多的变量。在这些变化中,最为显著和突出的应当数“找价”即“找不敷”的出现。

“找价”的出现还有另外一个因素,那就是明代所实行的土地买卖于大造黄册之年推收过割的制度。杨国桢指出:“土地交易的时间和推收过户的时间实际上存在的距离,难免有许多流弊。从契约关系而言,当时处理产税脱节的办法,是规定在土地成交到推收这段时间内,实际管业的买主必须津贴粮差,而由卖主输纳。这种变通,形式上可以避免税粮无着,但它又使出卖的田地变成一种‘活业’,卖主在推收之前,可以借口‘卖价不敷’要求加找田价,或借口‘无从办纳钱粮’要求加贴,或者由于经济情况好转要求赎回,而买主在推收之前,又可以把田地转卖给第三者等等。这样,实际发生过的买卖行为便蜕变为一种典当、抵押的关系。这样做,并不违背法律的精神,因此民间不能不用加找契约来加以补充。”[③]

事实上,“找价”出现的原因是多方面的。但土地价格的持续性上涨是毋庸忽视的重要原因之一,如江西省信丰县从清康熙三十二年(1693)到乾

---

① (清)戴兆佳:《天台治略》卷6《告示·劝谕买产人户速循天台旧例了根找绝以斩葛藤以清案牍事》。

② (清)钱泳:《履园丛话》卷4《水学救荒附·协济》。

③ 杨国桢:《明清土地契约文书研究(修订版)》,中国人民大学出版社,2009年,第20页。

隆六年(1741)短短不到五十年之内,“田价比往年贵了几倍”[1]。人多地少的矛盾不断突出,田地价格的持续上涨,对于田宅和土地交易的双方当事人而言,最终导致的结果有两个:一是原卖主要求以原价赎回自己已经卖出的产业;一是原卖主要求买主予以补贴,即“找价”。再加上杨国桢所言的制度因素,“找价”终于在明代中叶率先在山多地少、人众田寡的东南和江南地区爆发出来,而且一直延续到清初,最后被清雍正和乾隆年间的立法认可。因此,“找价”现象的凸现,反映了很多社会经济问题,而且更为重要的是,其从一个侧面透射了国家法律与民间习惯的冲突。

明代中叶,伴随人口的急剧膨胀和土地价格涨升,“找价”现象和“找价”纠纷终于在人地矛盾最为突出、经济相对较为发达的江南和东南地区迅速爆发和蔓延开来。“找价”习俗在成化年间即已在江南一些地区产生。隆庆年间,“新郑当国,思甘心徐氏,凡卖过田产,准许回赎或加价。波及阖郡,刁沾成风,夜卧不得贴席”[2]。又据范濂云:“田产交易,昔年亦有‘卖价不敷’之说,自海公(瑞)以后,则加叹杜绝,遂为定例。有一产而加五六次者,初犹无赖小人为之,近则士类效尤,腆然不顾名义矣。稍不如意,辄架扛抢奸杀虚情,诬告纷纷,时有‘种肥田不如告瘦状’之谣。”[3]谢肇淛在谈到“找价”现象时说:“俗卖产业与人,数年之后,辄求足其值,谓之‘尽价’,至再至三,形之词讼。此最恶薄之风,而闽中尤甚。官府不知,动以为卖者贫而买者富,每讼辄为断给。不知争讼之家,贫富不甚相远,若富室有势力者,岂能讼之乎?吾尝见百金之产,后来所足之价,反逾原直者。余一族兄,于余未生之时,鬻田于先大夫,至余当户,犹索尽不休。”[4]尽管明初徽州某县胡右建文四年(1402)卖田契中出现“又添加钞二贯”,汪思济正统二年(1437)卖田契中“面议添凑价谷四十石且”,[5]但这和因土地买卖价格上涨及土地活卖要求找

---

① 刑科题本:乾隆三十年十二月初二日管刑部事务刘统勋题。

② (明)李绍文:《云间杂识》。

③ (明)范濂:《云间据目抄》卷2。

④ (明)谢肇淛:《五杂俎》卷2《地部二》。

⑤ 安徽省博物馆编:《明清徽州社会经济资料丛编》第一集,中国社会科学出版社,1988年,第12、30页。

价绝卖的添加价钱之“找价”还是不同的。据笔者所见因土地加价找绝使活卖转为绝卖的找价，崇祯七年（1634）的福建闽清县陈以海找价契是最早的一份福建闽清地区的“找价”契。该契契文如下：

> 立当契陈以海六官，原有民田数号，坐产闽清县四都地方，于前年凭中宋云门兄，卖与郑旌迁原佃为业，得价银及苗米石数，俱载原契明白。□□被水崩流，系是旌迁作埕。今遇大造，仍凭原中向旌迁尽出银□拾伍两正。其银即日交足，其苗即往过割郑田进户，六官当永无言尽取赎之理。今欲有凭，立字付照。
>
> 崇祯柒年正月初九日　　　　立尽契　陈六官（押）
>
> 中　见　宋云门（押）①

从这张崇祯七年（1634）闽清陈六官“找价”契的内容来看，其“找价”的原因显然属于杨国桢所认为的“土地交易的时间和推收过户的时间实际上存在的距离”②。可见，作为一种补偿，“找价”是田宅的买主给予卖主的一种价值补偿。它在最初产生之时，仅仅属个别现象。卖主为了免于纠纷，一般也会根据市场田宅价格的变化，给卖主适当的经济补偿。所谓“得业者怜失业者之贫，而求济出银，名‘不敷’。原属额外通情，为厚俗之一，相沿已久，视为分内之财”③，一旦诉诸词讼，由于一些地区的地方官员也抱着如谢肇淛所说的“官府不知，动以为卖者贫而买者富”的心态，“每讼辄为断给”。如此以来，这种“找价”习俗竟然演变成一种地方的“乡例”，以致发生纠纷和诉讼时，尽管国家制订法没有明文规定，但当地地方官员总是予以认同。这样的结果，势必导致和助长了“找价”之风的蔓延。

明代中叶以来，田宅买卖中“找价”之风一经产生，便迅速蔓延和发展，以致在江南、浙江和福建等地区形成了所谓的“乡例”和“俗例”。更为严重的是，“找价”也由最初的一次性找断发展成无数次，最后形成找而不断、断

---

① 《崇祯七年闽清县陈六官卖田尽契》，福建师范大学历史系编：《明清福建经济契约文书选辑》，人民出版社，1997年，第216页。

② 杨国桢：《明清土地契约文书研究（修订版）》，第20页。

③ 乾隆《雩都县志》卷5《民俗》。

而不绝的现象。在清初康熙时期的江西安远县，民间“卖田一契，必找价几番，名曰‘不敷’。再则曰‘绝契’，或曰‘挖根’，或曰‘辞老’，或曰‘探田’，或曰‘洗笔’。甚至有祖父卖产，事经几代，业更几主，而子孙复出索画字者。纷纷控告”①。雩都县甚至有“九找十不敷”②的民谣。对此，安远县几任县令多次出示严禁，但收效甚微。不得已，人们只好在卖契上注明“绝卖”字样以避免卖主的屡屡索找。不过，由于缺乏统一的法令规定，卖地索找“不敷”现象仍蔓延不止。

与此同时，围绕“找价”而引起的纠纷与诉讼甚至命案也大量出现。还是在江西，面对“找价”之风愈演愈烈之势，康熙二十一年（1682）九月，安远知县于作霖亲自文移上司，敦请江西省和赣州府上宪禁绝“找价”恶俗，但收效了了。甚至发展到后来，不仅田宅“找价”之风不能得到革除，反而连其他买卖也有掀起“找价”之风者。乾隆年间，江西按察使凌焘甚至发布“禁卖妻找价”③的告示。由此可知，在江西地区，田宅交易中的“找价”已经渗透到其他领域，也就是说，只要是卖出的东西，不管是不动产的田宅，还是法律禁止买卖的人口，江西个别地区都敢在卖后要求“找不敷”。在浙江天台，康熙末年时的知县戴兆佳在不得已的情况下，准许民间找价一次。他说：“天台陋例，一正必有一找，又有了根方为卖绝，相沿成习。所以，从前田产买卖，价值原多未足。今当编审大造，自宜心平气和，率由往日陋例，凭中议处，清找了根，两不相亏，安居乐业。”但是，戴兆佳根据当地民俗陋例的变通举措并没有消除“找价”之风。相反，戴兆佳默许“找价”一次的行为反而助长了人们找而不休的心理和行为，“奈何买者故意措勒，勒而不与；卖者争夺论少，溪壑难填。每日本县升堂理事时，环庭抱牍，告找纷纷”④。在江西，当“找价”要求得不到满足时，一些地区的卖产者便诉诸词讼。词讼得不到满足时，则起而诉诸武力，“（找价）原属额外通情，为厚俗之一。相沿已久，视

① 乾隆《安远县志》卷9《纪言志·文移三》。

② 乾隆《雩都县志》卷5《民俗》。

③（清）凌焘：《西江视臬纪事》卷3《条教·禁卖妻找价》。

④（清）戴兆佳：《天台治略》卷6《告示·劝谕买产人户速循天台旧例了根找绝以斩葛藤以清案牍事》。

为分内之财，至累索不休，且有‘九找十不敷’之云。恃强横取，竟于除夕碎器毁房，使守业者不予之而不得，最为恶俗”，以致“贫者以找不敷为能”。①

二、国家法和“找价”等民间习惯法的冲突与整合

就整体而言，明代中叶以来所出现的民间田产交易中的“找价”现象，是当时国家制订法没有明文规定的。当初，只是缘于个别地方官对卖产者的同情，默认了卖产者对买产者索取的经济补偿。当这种“找价”之风蔓延之时，地方官员也无可奈何。同时，由于“找价”者的要求能否满足直接关乎社会的稳定与否，因此，在大部分时间里，虽然国家法没有明确的调整和规范，地方官仍更多从照顾民情或者说遵从民间习惯法的角度，对这种“找价”行为进行有限度的承认。从应天巡抚海瑞的“加叹杜绝，遂为定例”，到戴兆佳对加找一次的默许，所有这些行为，严格来说都是违反当时的国家制订法的。但是，由于国家法的滞后性，地方官员变通式地处置“找价”行为，也在某种程度上得到了认可。他们并未因照顾“找价”行为、助长“找价”恶风而受到朝廷的处分。

然而，随着“找价”现象的蔓延和纠纷的增多，最高统治者终于认识到，如果不对“找价”行为进行规范，便可能影响到社会的稳定，进而危及江山社稷的安危。因此，在明末的崇祯八年（1635），朝廷即明确在税契制度改革的“官版契纸”上，专门印制了七项禁止性条款，其中的第六项即是关于“找价”的规定。该条款明确禁止税契后的“找价”行为，规定：“领有契纸，纳过税银者，不许卖主告增价值。”②

这纸禁止性条款的规定，并未能从根本上遏止住“找价”之风。相反，民间恰好抓住条款中的“领有契纸，纳过税银”的漏洞，借机进行私下交易，以偷逃契税，从而为“找价”行为埋下了伏笔。因此，在明末清初，“找价”行为

---

① 乾隆《雩都县志》卷5《民俗》。

②《崇祯十二年歙县王文盛等卖山赤契》，中国社会科学院历史研究所徽州文契整理组编校：《明清徽州社会经济资料丛编》第二辑，中国社会科学出版社，1990年，第559页。

愈演愈烈也就成为顺理成章的事情了。

在国家法出现真空的情况下，许多地方官员为了维护基层社会的稳定，逐渐对“找价”这种民间习惯法进行变通式的处理，以消除买卖双方因“找价”行为可能导致的不可控制的后果。天台知县戴兆佳就是这些地方官员中的典型代表。他在《劝谕买产人户速循天台旧例了根找绝以斩葛藤以清案牍事》的告示中，明确指出：“买卖田产，不许告找、告赎，此定例也。然律设大法，理顺人情，因地制宜，难以拘泥成法。”①根据天台的具体情况，确定了卖产可以“找价”一次以了断葛藤的地方法规。

正如杨国桢先生指出的那样，土地买卖的决定性环节在于“推收”。“推收”之后，买主对所买的土地才拥有合法的完整所有权，自东晋以来，“推收”都是在业主投税印契之时完成。金代以前，“推收”的时间未见有明文规定，应当是随时进行的，即所谓“典卖事产，随业推收”②。元代则明确规定是“依例投税，随时推收”③。到了明代，相关规定则发生了变化，变为在大造黄册之年，即每十年造册登记各户人丁户口事产时，“其事产、田塘、山地贸易者，一开除，一新收，过割其税粮”，“虽递年陆续过割，总合十年积算，应以上届黄册之数为今番旧管，其以后递年置买产地，不论已收、未收，总为新收”④。上引土地买卖契约的文字，基本上反映了这一法律规定。而土地活卖与绝卖的出现，恰恰是由黄册编造和土地买卖十年一过割的规定所导致的。

明朝把土地买卖投税过割与黄册攒造时间强行捆绑在一起，当然是为了控制户籍人口和赋税差役的流失，避免出现“产去税存”弊端的发生。但明初中央王朝力量强大，尚能有效控制这一局面。但明代中叶以后，随着统治阶级控制力的削弱，土地买卖交易实际发生的时间和投税过割时间的差异，不可避免地导致弊端的产生。土地买卖契约显示，当时处理土地买卖和

---

①（清）戴兆佳：《天台治略》卷6《告示·劝谕买产人户速循天台旧例了根找绝以斩葛藤以清案牍事》。

②（元）脱脱：《金史》卷46《食货志一·通检推排》。

③《元典章》卷9《户部卷五》。

④（清）傅维麟：《明书》卷68《赋役志》。

投税过割脱节的办法是,规定土地成交到推收过割这段时间内,实际业主必须津贴粮差,而输纳则以卖主名义完成。这种变通的办法,虽然避免了税粮无着现象的发生,但它又使卖出的土地变为一种活业。也就是说,卖主在推收过割之前,完全可以借口"卖价不敷"要求增找加价,或借口"无从办纳钱粮"而要求加贴,或者由于经济条件转好而要求赎回。同样,买主在推收过割之前,也可以把土地转卖给第三者。如此等等,不一而足。这就使得实际发生过的土地买卖行为,蜕变成类似典当或抵押的行为。由此看来,徽州明清土地买卖中,卖者在立卖契的同时被买主要求再立一份"推单"以限制这种情况的发生,也便很容易理解了。明代中叶,江南地区出现愈演愈烈的找价行为,其实正是基于这一制度设计上的缺陷。因为民间要求找价并不违背法律精神,所以买者用找价来要挟卖者过割税粮也便成为一种社会的常态现象。而这样做的结果是买者所不愿承担的,于是,卖者无限增找,买者极力抵制,"至再至三,形之词讼",纠纷便由此产生。尽管明朝中央和地方政府一再重申找价行为的非法并采取措施进行打击,但部分地区仍因各种原因,对找价行为予以承认,从而导致找价行为的失控,如上海地区,明代"隆庆间,新郑当国,思甘心徐氏,凡卖过田产,准许回赎或加价,波及阖郡,刁沾成风,夜卧不得贴席"①。于是,加价绝卖、推收过割便成为弥补这一制度缺失的常见做法。嘉靖以后,土地买卖契约上出现的"永远卖契""杜断卖契"和"卖断契"等,正是明清土地买卖契约的一种新的发展形式。而下文将要就找价问题所阐释的雍正八年和乾隆十八年关于找价定例的出台和完善,正好说明了土地活卖与绝卖现象的演变和发展轨迹。

在福建,由康熙十九年(1680)侯官县卖田尽价契可见,福建的民间找价继续作为一种乡规与俗例存在:

立尽价契陈起麟,系下洋墩住人,于康熙年间同兄起凤,将胡蜞垅并将军隔桥头田根二号,凭中卖与黄荣辉处,田价契载明白。讵荣辉将本田转卖与田中张处,得价银壹拾伍两。今特到张家尽出价银壹两,凑

---

① (明)李绍文:《云间杂识》。

成壹拾陆两整。自尽之后，其田听凭张家掌业，其田限十年听麟起赎。如是无银，听张掌管，再不敢再尽之理。今欲有凭，立尽契付照。

康熙十九年十二月十六日　　　　立尽契人　陈起麟（押）

代字　苏七官（押）①

该纸尽价契给我们提供的启示是：（1）至少康熙十九年，侯官县土地买卖中要求找价是客观存在的合理行为；（2）在原买主将原买田转卖于第三者时，原卖田人可以向第三者即第二个买主要求找价，并在获得新买主同意的背景下，与新买主签订尽价契以获得找价且保留十年取赎的权利。

不仅在沿海的福建，就是在内陆的徽州山区休宁县首村，康熙三十至三十七年（1691—1698），一位池荡地的卖主竟然连续向买主索要了三次找价，方才将池荡地卖绝。现谨将该连续找价契的文字照录于下：

清康熙三十年休宁县首村郁炳光第一次找价契

立贴绝池荡文契郁炳光，有祖遗池荡一处，于康熙三十年间，凭中陈思泉等绝卖与江处管业，当得过价讫。今复央原中陈思泉等至江处，加贴绝银叁两正。自贴之后，永无异说。恐后无凭，立此贴绝池荡文契为照。

随契收足贴绝银叁两整。（押）

康熙三十年　　月　　　　日立贴绝池荡文契　郁炳光（押）

见　贴　陈思泉（押）

张有伟（押）

孙汇吉（押）

永远大吉②

清康熙三十年休宁县首村郁炳光第二次找价契

立绝卖二次加绝文契郁炳光，因先年契卖池荡一处，当得过价讫。

---

①《康熙十九年侯官县陈起麟卖田尽契》，福建师范大学历史系编：《明清福建经济契约文书选辑》，第216页。

②《清康熙三十年休宁县首村郁炳光第一次找价契》，原件藏安徽大学徽学研究中心资料室。

又于康熙三十年得过加绝银讫。今复央原中陈思泉等至江处,加贴绝银贰两正。自加之后,再无不尽不绝,永无异说。恐后无凭,立此二次贴绝契为照。

随契收领贴绝银贰两整。(押)

康熙三十年　　月　　　日立二次贴绝契　郁炳光(押)

见　贴　陈思泉(押)

张友伟(押)

永远大吉①

清康熙三十年休宁县首村郁炳光第三次找价契

立绝卖三次加绝池荡文契郁炳光,有祖遗池荡一处,于康熙三十年间,凭中陈思泉等绝卖与江处管业,当得过价讫。今复央原中陈思泉等至江处,加贴绝银壹两正。自贴绝之后,一卖三绝,尽情尽理,再无不尽不绝,永无异言。立此三贴绝文契为照。

随契收足贴绝银壹两整。(押)

康熙三十年　　月　　日立贴绝池荡文契　郁炳光(押)

见　贴　陈思泉(押)

张有伟(押)

孙汇吉(押)

永远大吉②

在康熙三十年(1691)短短的一年之内,郁炳光就对原出卖于江处的池荡地连续进行了三次找价,找价银合计达6两之多。过去我们仅知道福建、浙江、江南沿海和江西地区的找价比较激烈,殊不知僻处内陆山区的徽州找价更是频繁。尽管郁炳光在第一次找价文契中就写明"自贴之后,永无异说",第二次找价文契中声明"自加之后,再无不尽不绝,永无异说",但依然进行了第三次找价,才最后"一卖三绝,尽情尽理,再无不尽不绝"。这三次找价都

---

①《清康熙三十年休宁县首村郁炳光第二次找价契》,原件藏安徽大学徽学研究中心资料室。

②《清康熙三十年休宁县首村郁炳光第三次找价契》,原件藏安徽大学徽学研究中心资料室。

有原中人陈思泉出面作为“见贴”人,这隐约告诉我们,“一卖三绝”已成为该地区约定俗成的民间“乡规”和“俗例”。尽管中央和地方官府此时并无任何显示找价合法化的信息,但郁炳光能够在一年之内找价三次,说明国家法、地方法规和民间俗例之间存在着极大的不对称。这也预示着国家法和地方政府,如不能及时对找价行为进行规范,找价行为有可能出现失控的局面。联想到前面我们引录的乾隆《安远县志》和乾隆《雩都县志》所记载的当地找价的乱象,这一推理应当说是成立的。而康熙年间任浙江天台县知县的戴兆佳显然开始了行动,他以“天台陋例,一正必有一找,又有了根方为卖绝,相沿成习”为理由,为消弭买者与卖者之间的找价冲突、缓和社会矛盾,向天台这一民间“陋俗”妥协,专门出示晓谕:“从前田产交关,凡有应找者,买主卖主请同原经秉公议处找价若干,立约交银,粘同找契具禀。本县批照用印存执,以斩葛藤。尔等速宜趁此清丈之时,了根找价,各领由单,各自立户,所谓一了百了,永无翻腾。倘经此番清找之后,敢有再起风波,定照违禁律治罪,决不姑容。”[①]戴兆佳以“律设大法,理顺人情,事贵因地制宜,难以拘泥成法”的名义,开了地方政府承认找价行为合法的先河。

事实上,找价现象蔓延和愈演愈烈的背后,有着极为复杂的社会原因和制度设置缺陷。土地持续性的上涨,导致原先以较低价格出卖土地的卖主心理失衡,希望找回现价与原卖土地价格的差额,即找“不敷”。不过,这只是问题的表面。那么,是什么因素造成了土地价格出卖时的低价呢?其中制度设计的缺陷显然更为重要。按照明代和清代前期十年一大造黄册的制度规定,土地、田宅买卖行为的产权合法转移,必须要在大造黄册之时交割。假如卖者甲在大造黄册的次年进行土地买卖,那么,买者乙则要到十年之后再次大造黄册之时,才能进行产权的交割。这样就势必会出现一个问题,那就是卖者急于出售,买者压低价格。对此,戴兆佳讲得很清楚,“至于找价一项,现奉抚宪通行饬令勒石,永禁催取,碑摹煌煌,功令炳若日星,曷敢违抗?但此一卖不容再赎,一价不许再找,乃据他处之契明价足者而言。若在天

① (清)戴兆佳:《天台治略》卷6《告示·劝谕买产人户速循天台旧例了根找绝以斩葛藤以清案牍事》。

台,则有难以一例施行者。天台田土交关,有正必有找,有卖契而无捣根,不许推收过户,所以买卖时立契成交,买主故意留难短少价值,以存日后捣根地步。卖者急于求售,姑且忍气吞声,以为将来翻腾张本”。也就是说,在土地买卖之时,买者和卖者就已经开始了利益的博弈。买者乘人之危压低价格,卖者忍气吞声急于出手或故意留难短少价值,但到大造黄册之年,买者不给找价以捣根,卖者就不许买者推收过割。衅端一开,便很难收拾,本来卖主出价捣根,已属忍痛求安,“在买者坐拥膏腴,固志得而意满;在卖者剜肉无填,呕心无血,能不喁喁然向隅而泣乎?”但“一开断赎断找之门,无论价未足、根未捣而税未过之活产,皆纷纷抱牍前来,即卖经数十余年,捣找数番。入户办粮之绝产,亦投讼棍主维,驾虚渎控,希图朦混。讼端蠭起,案牍星繁”。戴兆佳不得不再出告示:“示后不计年月远近,如正契之外已有捣根票约而卖主措不付税者,许买主速即赴禀,立押印收。若止有正契,果未经捣根者,亦许卖主请同原经公人与买主议明,遵循俗例,照依时值足价,呈验契券,印收完粮,以斩葛藤。敢有买主欺压乡愚,恃横措勒,定按律照豪强吞并之罪罪之。倘本无可据可找,犹然平地风波,违例刁渎,一经审出真情,必然重责枷示,以儆奸顽,决不稍为宽假。”①制度设计的缺陷,使得戴兆佳之类的基层县官在完成国家编制黄册任务和违反国家法照顾民间乡规俗例两者之间,进行着艰难的抉择,显然承担着巨大的政治风险。这就是找价产生、蔓延和找价之风愈演愈烈的全部原因。

然而,不管怎样,包括天台等地在内的各地因地制宜所制订的这种找价地方法规,终究不能够遏止住日益蔓延的“找价”陋俗,告增、索取“找价”的案件仍陡然增多。因此,我们看到,随后在许多地方,“找价”行为都被作为“恶风陋俗”而遭到地方官员的禁止和打击。禁止和打击“找价”行为,并不能从根本上将“找价”陋俗根除,相反还激化了社会矛盾,引发了买产者日益激烈的反抗。

在这一背景下,为了避免越来越严重的社会冲突,国家法终于开始向民间法妥协,以求寻找出国家法和民间法的某种整合方式,缓解社会矛盾,维

① (清) 戴兆佳:《天台治略》卷6《告示·严禁富户措找措赎刁民告找告赎事》。

护社会稳定。

康熙末年，找价行为依然没有得到朝廷的认可，但似乎有所松动。我们在康熙五十四年绩溪县梅里周先祖卖地官契中，发现了官版契纸印上了这样的条款：“凡有式纸纳过税粮者，毋许生端告找增价，违者重究。”①这条规定透露了一个重要信息，就是土地成交尚未纳过税粮者，可以告找增价。雍正八年(1730)户部终于在回复侍郎王朝恩的条奏中，由皇帝批准形成了补充《大清律》关于“典买田宅”条款的案例。自此之后，以例代律处置民间田产“找价”行为，终于有了法律上的依据。这条新增补的例规定：

> 卖产立有绝卖文契，并未注有“找贴”字样者，概不准贴赎。如契未载“绝卖”字样，或注定年限回赎者，并听回赎。若卖主无力回赎，许凭中公估找贴一次，另立绝卖契纸。若买主不愿找贴，听其别卖，归还原价。倘已经卖绝，契载确凿，复行告找、告赎，及执产动归原、先尽亲邻之说，借端措勒，希图短价，并典限未满而业主强赎者，俱照不应重律治罪。②

雍正八年(1730)关于田宅交易中出现的“找价”行为的立法调整，对民间久已存在的“找价”和贴赎的范围、找贴次数、性质以及其他违犯此例的处罚，作了相对较为明确的规范。当然，这一条例规定，在符合“找价”条件的情况下，卖主可以凭中公估进行一次“找价”。事实上，民间“找价”行为早已超过了此次例所调整的范围。以江西为例，雩都县民温仪上于康熙三十七年(1698)，将田租十六石六斗卖与钟桌仁为业，随后“找过价银八两五钱”。乾隆四年(1739)，温仪上之妻李氏以“家里穷苦”为由，再次向买主索“找价”银一两二钱。乾隆五年(1740)，李氏第三次以“年纪老了，没有养者”而向买主“找价”银十两。乾隆六年(1741)，李氏“因病起，没有得吃”，第四次向买主索“找价”银二两。这样，温仪上及其妻子李氏在康熙三十七年(1698)卖过

① 《康熙五十四年七月绩溪县梅里周光祖卖地官版契纸》，原件藏绩溪县梅里村。

② 马建石、杨育棠主编：《大清律例通考校注》卷9《户律田宅·典买田宅第三条例文》，中国政法大学出版社，1992年，第436页。

田产至乾隆六年(1741)四十三年的时间里,“前后共找价四次,俱立有契”[①]。由此可见,雍正八年(1730)规定的只许索找一次的“找价定例”,其实除了明确从法律上认可了“找价”行为的合法性以外,其他的规定早已滞后于民间“找价”行为的现状。

另外,雍正八年(1730)定例以后,一些地方还围绕定例制订了较为详细的实施细则,以便于地方官操作。乾隆五年(1740),浙江就发布了《严禁找贴恶俗》的告示,明确指出:

> 嗣后雍正八年定例以后所卖之产,契内注明回赎者,如未找过,不拘年限,准其回赎。如无力回赎愿卖者,准其找贴一次,另立绝契;已经找过者不准回赎,再找一次。如契内无回赎字样,亦无绝卖字样,俱不准回赎。除同日所立找契外,如未找过,许找贴一次;已经找过一次者,不准再找。其雍正八年以前所买之产,有回赎字样者,如未找过,依例听赎;如不愿赎,亦许量找一次;如有从未找过者,亦量找一次。[②]

乾隆十八年(1753)四月,刑部在议复原任浙江按察使同德关于“找价”问题的条奏并稍作修改后,正式将其作为《大清律》“典买田宅”条款的定例。该定例内容如下:

> 嗣后民间置买产业,如系典契,务于契内注明“回赎”字样;如系卖契,亦于契内注明“绝卖永不回赎”字样。其自乾隆十八年定例以前,典卖契载未明之产,如在三十年以内,契无“绝卖”字样者,听其照例分别找赎。若远在三十年以外,契内虽无“绝卖”字样,但未注明回赎者,即以绝产论,概不许找赎。如有混行争告者,均照不应重律治罪。[③]

这就是乾隆十八年(1753)清政府重新调整后的关于“找价”行为的定例。这一定例与雍正八年(1730)的定例相比,最大的变化就是明确规定了“找价”

---

① 刑科题本:乾隆八年十二月十二日来宝题。

②《成规拾遗》,转引自杨国桢《明清土地契约文书研究(修订版)》,第234—235页。

③ 马建石、杨育棠主编:《大清律例通考校注》,第437页。

的年限，即三十年之内。根据这一定例，只要在乾隆十八年(1753)即定例规定颁布之前三十年内，即使是“典卖契不明之产”或“契无‘绝卖’字样者”，亦可以“照例分别找赎”。至于三十年之外，如果契内并未注明“绝卖”字样，也无“回赎”字样者，那么该产业只有以绝产论处，而无“找价”的权利。否则，即要被科以“不应重律治罪”了。

乾隆十八年(1753)定例颁布以后，全国各地的卖产“找价”行为完全合法化。至此，只要是符合清王朝定例规定的“找价”行为，地方官府全部予以认可。各地找契格式和内容也趋于相同，一些地方专门印制了找契契纸，供卖产人使用。

至于此后各地出现的买卖田宅等产业中不止一次的“找价”行为，不少地区也基本予以承认。我们在《清代上海房地契档案汇编》一书中，发现一纸道光二十九年(1849)十二月郑贻茂等卖房地契：自卖产之日起，历经道光三十年(1850)八月加契，咸丰元年(1851)五月再加契、十二月绝契、十二月装修据和咸丰二年(1852)二月叹契，共五次“找价”，其产权才完全与原卖主彻底脱离。而咸丰八年(1858)十月戴心如等卖房地契，更是历经了加契、绝契、叹契、升高起居据、借据和永远叹契等六个环节或者说六次找价，才使买主最终获得完整产权。①

关于雍正八年(1730)和乾隆十八年(1753)田宅和土地买卖中的找价合法化以后的找价契约，目前所见甚多，现仅举数例于下：

乾隆十九年闽清县赵大受卖田尽契

立尽契赵大受，有民田一号，坐产十二都官塘地方，于乾隆前年间卖与张恒盛处为业，其土名种数租石银两钱文俱载原契内明白。又因乏用，托中再向继善张恒盛处，三面言议，尽出田价钱三千文。其钱即日交足，其田听从张家管业收租。自尽之后，面约备银两钱文对期照原尽契面一起赎回。如不赎归回，照旧管业。今欲有凭，立尽契一纸

① 《郑贻茂等卖房地契》(道光二十九年十二月至咸丰二年二月)，上海市档案馆编：《清代上海房地契档案汇编》，上海古籍出版社，1999年，第40—46页；《戴心如等卖房地契》(咸丰六年十月至八年十一月)，上海市档案馆编：《清代上海房地契档案汇编》，第64—68页。

为照。

乾隆十九年十二月　　日　　立尽契　赵大受(押)

中人　林汝大(押)①

乾隆三十八年南投县草屯镇陈蔡氏卖田洗绝增契

立洗绝增契妇陈蔡氏,先年有夫陈科有田出卖与陈碧端、朝兄弟,坐落土名茄荖圳北垢,数号段悉载原契。今因无银使用,请托原中见苦劝得业人陈碧端、朝备出增价员银拾壹大员,即日银契两交足讫。其田自增之后,氏子孙永远不敢复言再增等情。壹增千休,永断葛藤。此系二甘愿,两无逼勒。口恐无凭,立洗绝增契壹纸,付执为照。

为中人　郑亢叔(花押)

知见人　陈寅老(押)

代笔人　何众明(押)

乾隆叁拾捌年拾壹月　　日立洗绝增契　妇陈蔡氏(押)②

乾隆六十年安远县唐高魁找不敷赤契

亲立不敷契书人唐高魁,今因无钱使用,母子兄弟商议:即将先年卖出禾田在于徐迳新屋背大路下田乙丘,计租贰桶。丘角界至,正契载明,已得正价领讫。今思得乡例有不敷、加价、画字等项,再请原中相劝得业堂叔尚忠兄弟,再出办前项纹银叁两正。其银及契即日两交明白,不少分文,什实现银,并无货物准折。自今不敷之后,价足敷明,其田任凭买者永远管业,出卖者永断葛藤,永无生端异说。恐口无凭,亲立不敷一纸,日后为照。

叔婶古氏(押)

贵(押)

乾隆六十年　　月　　日亲立不敷契书人　高魁(押)

---

① 《乾隆十九年闽清县赵大受卖田尽契》,福建师范大学历史系编:《明清福建经济契约文书选辑》,第241—242页。

② 台湾逢甲大学历史与文物管理研究所"中部地区民间契约文书数位典藏":http://dspace.lib.fcu.edu.tw/bitstream/2377/28366/1/LBA250188.jpg。

著(押)

在堂母 徐氏(押)

在场叔 翠柏(押)

兄 高仰(押)

见钱人 鸿泰(押)

说合中叔公 文寿(押)

依口代笔公 书亭(押)①

综言之,正是因地制宜、因时制宜地适应社会经济形势的变化,通过不断地对田宅和土地买卖有关的法律规范进行调整和完善,明清两代统治者才最终解决了困扰他们的社会不安定局势,使得统治秩序得以维系。从明清时期田宅和土地等不动产买卖交易中有关“找价”的民间习惯法与国家制订法之间的矛盾、冲突,到最后国家法向民间习惯法的妥协与让步,明清两代统治者事实上已经完成了国家与社会关系的整合,从而在一定程度上维护了社会,尤其是乡村基层社会的稳定,强化了自身的统治。中华帝国社会内部结构富于弹性的全部奥秘,似乎也可从中找到一些答案。

① 原件藏江西省安远县博物馆。

歙县田面权买卖契约形式的演变,1650—1949

赵思渊

(上海交通大学历史系)

摘　要: 17世纪之后,徽州出现了田面权分化,并且逐渐形成了活跃的田面权交易市场。伴随这一过程的是,徽州各地形成了专用于田面权交易的契约形式。但是,契约形式的形成、发展,虽然以土地市场的发展为基础,却并不与土地市场同步。以歙县为例,虽然当地16世纪末已经出现田面权交易,但直到17世纪中后期才形成稳定的专用契约形式。此后,当地存在退型、顶型、交业、卖小买等多种田面权买卖契约形式。通过对《中国地方历史文献数据库》中收录歙县契约文书的检索、统计后笔者发现,田面权买卖在19世纪30年代最活跃,经过太平天国战乱,活跃度逐渐下降。至迟到18世纪40年代,退型契约已成为歙县田面权买卖最重要的契约形式;太平天国战前,顶型契约同样是当地田面权买卖的重要形式,但此后使用频率急剧降低;同时,退型契约应用于完整地权交易的情况逐渐增多,显示出这种契约的使用范围有扩大的趋势。契约形式反映了乡村土地市场中的权利观念,这种权利观念是基于一定的经济秩序与伦理形成的,这是迄今乡村地权结构研究中尚未充分予以重视的问题。

关键词: 退批　田面权　租佃关系　土地市场　经济秩序

引言: 契约形式与经济秩序

17世纪中叶徽州等地乡村的土地市场中,普遍出现了田面权与田底权分离,与此相应,用于田面权交易的契约形式也出现了。清代徽州的契约中常常见到“退批”“顶首”等契约形式,民国时期针对歙县的惯习调查也注意到当地流行着这些契约形式:

> 歙邑买卖田地之契约,有大买、小买之区别。大买有管业收租之权利,小买则仅有耕种权,对于大买主,仍应另立租约。大买契内注明立大买契人、今将某号大买田出卖与某收租管业等语;小买契内则书退、顶小买田人,今将受分校买田出退与某过割耕种字样。小买与永佃之性质相近,小买田之移转,大买主不得干涉。①

笔者认为这里所说的“永佃”暂可理解为田面权,也就是说,20世纪上半叶歙县最主要的田面权交易形式是“退”与“顶”。这些契约形式出现于何时?它们与田面权分化的历史过程是同步的吗?本文将以新近整理发布的徽州契约为基础,分析17世纪中叶至20世纪中叶歙县的田面权买卖契约形式的演变,并由此考察契约形式、用语所反映的土地市场经济秩序问题。

田面权的分化是明清之际土地市场发展的重要变化。这种分化从明代中后期开始发生,可能与赋役制度的变化有关。黄册制度废弛之后,土地每十年一次登记推收的约束越来越小;同时,条鞭法改革也使得田赋征收以土地为最主要依据,这使得田赋负担可以按照确定的额度在土地经营者之间分配。这种情况下,不承担田赋的田面权与承担田赋的田底权也就有可能发生分离。② 本来属于租佃关系范畴的佃户,或者开垦荒地投入工本,或者改良农田以提高土地收益;或者交纳押租钱;或者低价典卖土地而保留耕作权,从而形成分离的田面权。③ 由于这种分化,土地市场变得更为活跃,不承担土地税赋的田面权更容易在土地市场中交易。

---

① 前南京国民政府司法行政部编,胡旭晟、夏新华、李交发点校:《民事习惯调查报告录(上册)》,中国政法大学出版社,1998年,第234页。

② 赵冈、陈钟毅:《中国土地制度史》,新星出版社,2006年,第260页。

③ 杨国桢:《明清土地契约文书研究(修订版)》,中国人民大学出版社,2009年,第80页;赵冈:《永佃制研究》,中国农业出版社,2005年,第16页。

从市场发育的角度看,新的地权交易形式出现后,自然会出现相应的契约形式。赵冈、杨国桢、刘和惠等都认为"退批"的含义是"退佃还银",事实上也即认为这种契约形式的出现是田面权从租佃关系中分化而来的自然发展。① 但本文的研究发现,事实并非如此。"退批""顶约"等契约形式的出现,远远晚于田面权交易的出现,它们成为田面权买卖的主要契约形式,也经历了一个漫长的历史过程。

这说明,契约形式演化的过程,仅从市场发展的角度是不足以解释的,还需要考虑"支撑契约关系的秩序"②。契约关系能够维持,不仅仅是基于市场的利益原则和法律的威力,就中国社会来说,认可契约关系有效性的社会观念发挥着更积极的作用。③ 也就是说,经济生活中,人们利用既有的社会结构来构造一种稳定的、可持续的秩序。

因而可以说,明清以来的乡村经济生活中如此广泛地使用、书写契约,是基于特定的社会观念与经济秩序而实现的。如何分析、描述这种经济秩序,是明清契约文书研究中非常关键但研究十分不足的议题。岸本美绪分析乡村契约关系的经济秩序,是从诉讼案例切入,她分析卖妻契约在诉讼中是否会被认可,认为契约、礼教、生存在诉讼中是地方官将会平衡考虑的三个因素。这种衡平原则亦反映了当时的一般社会观念。④

但是,诉讼案件所反映的是经济秩序中的冲突,这尚不足以描述契约关系中存在的对于经济秩序的理解。有关契约关系的一般性的社会观念,更多地会在契约书写中体现出来。因而,研究契约形式是理解"支撑契约关系的秩序"的有效途径。

阿风已经对徽州契约形式的演变作了长时段的梳理,⑤并且在批契研究

---

① 刘和惠、汪庆元:《徽州土地关系》,安徽人民出版社,2005 年,第 105 页。

② [日] 岸本美绪:《明清契约文书》,[日] 滋贺秀三编:《明清时期的民事审判与民间契约》,法律出版社,1998 年,第 308—313 页。

③ [日] 岸本美绪:《清代中国的物价与经济波动》,社会科学文献出版社,2010 年,第 61—84 页。

④ [日] 岸本美绪:《礼教・契约・生存: 清代中国の卖妻・典妻惯行と道德观念》,《历史学研究》2014 年第 9 期,第 13—23 页。

⑤ 阿风:《中国历史上的"契约"》,《安徽史学》2015 年第 4 期,第 5—12 页。

中展示了契约形式与经济秩序之间的关系。[①] 阿风主要以例证的方式分析了批契的意义,本文则着重以数量统计的方式分析契约形式的历时性变化,并且选择田面权买卖这种存在更为广泛、在土地市场中具有重要地位的交易形式。本所所说的田面权买卖,是指将田面权按照一定价格完全转让,契约中不包含有关利息的约定,有时具有回赎约定的交易形式,典当、抵押、租佃则不在本文的考察范围之内。

本文仅选择歙县而没有考察整个徽州的田面权买卖契约。这主要是因为目前能够收集到的资料中,来自歙县的契约数量更大,也更为系统。此外,契约用语的差异有些是由于地域差异,而非由历时性因素造成。将分析对象局限于一个县,更有可能排除地域语汇差异对统计结果的影响。

一、歙县田面权买卖的契约形式

一般认为,徽州的地权分化出现于明代晚期,[②]从现有明代遗留下来的契约来看,明确的田面权交易契约最早出现于16世纪末,也即万历初年。如以下契约中,吴元镃将自己佃种的部分土地“转佃”与其侄吴应乔,转佃后,吴应乔仍应当向汪春交租。显然,这里的转佃就是将土地的全部耕种权利与部分收益权转让,符合田面权交易的性质。所以万历时期出现的这种转佃契约,实即田面权交易契约。

> 十一都吴元镃,原佃到寺口汪春门前佃种十王院田一丘,计田三亩,内取三秤零五斤,计佃价一两二钱伍分与子静,仍存佃租四秤零五斤,计佃价银一两五钱八分整,自情愿凭中转佃与侄吴应乔名下,与汪春取租无词。今恐无凭,立此转佃约为照。
>
> 日后有银听自取赎无词。

---

① 阿风:《明清时代妇女的地位与权利——以明清时期契约文书、诉讼档案为中心》,社会科学文献出版社,2006年,第30页。

② 刘和惠、汪庆元:《徽州土地关系》,第103—117页。

万历十年正月十五日立转佃约人　吴元镃

中见人　吴元鉴[①]

他们进而认为,徽州所流行的田面权交易形式"退批"起源于"退佃还银"的意思,即以补偿佃耕者工本的名义支付田面价格。[②]"退批"似乎是伴随着租佃权利转让出现的,事实却并非如此。本文认为,田面权分化后,乡村社会中形成稳定的契约形式需要一个历史过程。16世纪末田面权交易出现后,直到18世纪初才形成稳定而独立的田面权交易契约形式,在歙县,其代表是"退批"。一种新的契约形式被广泛使用,也即意味着新的经济秩序被接受了。

整个17世纪,徽州存在"转佃""出佃""顶首""出退""交业"多种说法来表示田面权交易,或者将田面权价格称为"粪草银"。这些说法可能都来源于赵冈等人所认为的"退佃还银",也即从租佃权利转化为田面权。这其中"出退""退批"等说法要到17世纪的最后一年才出现,此时田面权交易已经在徽州出现了至少1个世纪。可见,"退批"这种契约形式也许来自"退佃"这一说法,但是其形成与租佃权利转让、田面权分化并非同步。18世纪之后,"退批"才成为歙县田面权交易最主要的契约形式,"顶首""交业"的说法也仍然存在,但占比较少,且在19世纪之后有逐渐降低的趋势。

清初徽州乡村的田面交易远比明末活跃,这类交易在早期是以"转佃田皮"的形式出现的,笔者所见最早一件转佃田皮契出现于弘治九年,契约中约定:"其兑佃之后,听自永远输纳耕种,未佃之先,即无重复交易,税粮造册之日照数推割无词。"[③]清代之后,这样的转佃田皮契出现得更为频繁,《徽州千年契约文书》收录的最早的一份清代转佃田皮契写立于康熙三十三年,其中约定:"其田皮自今出佃之后,一听佃人随即耕种无阻,未佃之先,与内外

---

① 《歙县吴元镃转佃契约》,《明清徽州社会经济资料丛编》第一集,中国社会科学出版社,1988年,第423页。

② 赵冈:《永佃制下的田皮价格》,《中国农史》2005年第3期,第45—50页;刘和惠、汪庆元:《徽州土地关系》,第114页。

③ 《弘治九年祁门吴逸转佃田土赤契》,王钰欣、周绍泉主编:《徽州千年契约文书》宋元明编第1卷,花山文艺出版社,1993年,第275页。

人等并无重复不明交易,如有自理,不干佃人之事。”这里明确使用了“田皮”一词,而非弘治九年时较为模糊的“田土”。

清代歙县田面权交易契约中,几乎很少使用“转佃”“出佃”等说法,继之出现的田面权交易用语是“顶首”“顶头”。这种说法的本来意思是佃户之间耕种权利的顶让,后来衍生出田面权转让的含义。民国时期的法学家认为“顶首”是押租的意思。[①] 但就徽州来看,顶首契中,既不约定回赎或租佃期限,也不写明是否可以按照原价退佃,已经将其视作一种独立的业权交易。至少到乾隆时期,顶约、顶首在歙县已经比较常见。

> 立顶约人胡观迪今因欠少使用,自情愿将小买山壹业,土名平台山上段三号,自愿出顶与本家堂叔名下,前去下东锄种,三面言定,顶首九五色银叁两陆钱正,其银当即收足,其地随即过割,从前并无重复交易,倘有内外人等异言,係身承当,不干受人之事,恐口无凭,立此顶约存照。
>
> 乾隆三年三月　日立顶约人　胡观迪
>
> 中见代笔　胡言玉
>
> 同弟　胡元璧[②]

这份契约的交易对象是小买山,说明交易双方都明确其地权田面权的性质;交易价格被称为“顶首九五色银”,说明顶约即顶首权利的交易。这一语境下,顶首与小买具有相同的含义。18 世纪歙县所见契约中,“出顶”“顶约”“顶头”等用语还与“出退”等连用,这可能是因为这些词语在契约中本就具有相近的含义,也可能是因为在当地的经济生活中,这些用词之间具有着关联。

直到 19 世纪末,这种契约形式仍然存在,契约中所说的“顶约”或“顶首”是指田面权,而非转让田面权。如:“立典小顶约人姚观福,今将土名社田小顶麦田壹亩计包程姓大买租谷柒斤,麦分贰大斗,自愿凭中将小顶田并

---

① 施沛生编:《中国民事习惯大全》第一类第二编,上海书店出版社,2002 年,第 27 页。

②《乾隆三年胡观迪立顶约》,上海交通大学图书馆藏,档号:01111125010164。

柜子树叁棵，出典与张顺名下为业。”①19世纪的这些“顶首”“顶约”契约中，也已经将交易的对象称为“业”，可见田面权是一种独立产权的观念已经相当牢固。

明末歙县契约中出现了“交业”的说法，清代题名为“交业”的契约格式有3种不同类型。第1种表示买卖地权，这种交业契既应用于田面权交易，也应用于田底权及完整地权交易。以“交业”形式进行的田面权交易似乎约定内容更为灵活。如下文所引的这份契约中，交易的标的物是小买田，约定“其田听凭随即过割耕种”，说明这是田面权买卖。其交易的价格被称为“交业钱”，立契人自称小买交业人，可见“交业”可以作为表示田面权买卖的用语。

> 立小买交业人姚灶顺，今因欠少使用，自愿将承祖分受土名古盈墓口石桥头，田一丘，并田内青苗，尽行交与张名下为业，三面言定，估值价交业钱计七折钱拾壹两正，其钱比日收足，其田听凭随即过割耕种，在先并无重复交易，亦毋[无]威逼等情，倘有内外人等异言，係身承当，不干受人之事，恐口无凭，立此交业存照。
>
> 再批，其大买谷租与姚成昭对半均分无异，此照。
>
> 乾隆五十四年十一月　日立交业　姚灶顺
>
> 中见　姚成昭、姚子昌、姚正佳
>
> 代书　姚子如②

交业在清代徽州契约中表示买卖时，并不仅限于田面权买卖，田底权以及完整的地权买卖，都有使用“交业”的情况。从《中国地方历史文献数据库》中检索所见，完整地权及田底权交易中使用“交业”晚于田面权买卖，最早一份写于嘉庆十八年。契约中标明交易标的是“大小买熟地”说明是完整产权的交易，但是契约中未说明税粮是否过割，似乎又与一般的绝卖契约不同。

> 立交业人吴仲敏同弟吴佐廷，侄吴以道、吴松万等，今将土名官田

---

①《光绪三十年姚观福立典小顶约》，上海交通大学图书馆藏，档号：01120526070003。
②《乾隆五十四年姚灶顺立小买交业》，上海交通大学图书馆藏，档号：01111125010155。

大小买熟地山壹业，上至江全佩地，下至平凹横路，里至坑直上，外至吴喜贵、江全盛地，四至明白，凭中立据出交与张名下，前去管业作种，并吴玦昭、吴上有二人豆租在内，得受交业价足钱拾壹千文正，其钱当即收足，其熟地豆租随即交与张边管业作种无异，恐口无凭，立此交业为据。（下略）①

第2种是"卖契并交业"，这种契约书写格式主要见于民国时期。如下引契约中的交易是买卖完整地权（大小买），写明交易价格后，说明"其业比即交明经管"，这句话的含义和徽州契约中常见的"随即过割管业"的说法应该是一样的。因而这种契约格式就交易性质来说仍是地权买卖。但是书写格式中，契约将地权的买卖和使用权的转让分为两个部分，即"卖契"和"交业"。

立卖契并交业人汪吉炳，今因正用字，情愿将祖己业听字四仟壹佰八十九号，计地税叁厘贰毫正，土名瓦窑垂，大小买熟地一业，四至照依原形，今身凭中立契出卖与堂侄孙汪明德名下为业。三面言定得受价洋陆元正，其洋当即收足，其业比即交明经管。先前至今并无重复交易，无为[威]副[逼]等情，倘有内外人等亦[异]言，係身承当，不干受业人之事，恐口无凭，立此卖契并交业为用。

民国十六年十二月日立卖契并交业人汪吉炳

亲房　汪梅善

亲笔②

第3种是"交业票"，用于宗族或家庭内部的财产转让。交业票的特点是契约中并没有交易金额，也就是说，立契双方转移地权时不形成价格，这似乎是一种用于亲族内部的财产转移契约。因而同时有亲房与中见两类中人。

立交业票人姜灶德，今将土名竹林坞山地两业，出交与本家堂伯名

①《嘉庆十八年吴仲敏等立交业》，上海交通大学图书馆藏，档号：01111125010094。

②《民国十六年汪吉炳立卖契并交业》，上海交通大学图书馆藏，档号：01101118020025。

下为业，三面言定，无得阻执，係事两相情愿，并毋[无]威逼等情，倘有内外人等异说，自身承当，恐口无凭，立此交业票存照。

乾隆六十年四月日立交业票人　姜灶

亲房　姜进富、姜进文

中见　姜天喜、姜三益、姜灶法

代字　姜景华①

"出退""退批"是田面权交易契约中最流行的一种用语。目前所见最早的一份写于康熙三十八年：

立退批人朱寿先，今有分受小买田一丘，土名处岱段，三亩六(分)，出退路边一半与项云先名下，前去耕种，三面义[议]定，小买银壹两捌钱正，其银当日收倩，其田言定三年满，听凭早晚取赎原价壹两捌钱，无异说，倘有内外人等言论，俱係退人承当，不涉讨田人之事。□退批存照。

康熙三十八年十月　日　立退批人　朱寿先(押)

中人　洪顺卿(押)

项君玉(押)②

同时还出现了"退业"的说法：

立退业人胡积女，今将土名禄豆坞阴阳二培小买热地一业，出退与吴名下，小买价纹银叁两正，其银当即收足，其地听凭讨人管业无异，以前从无重复交易，恐口无凭，立此退业为用。

康熙四十年十一月　日　立退业人　胡积女

中见人　方文昭

依口代笔　黄③

①《乾隆六十年姜灶德立交业票》，上海交通大学图书馆藏，档号：01121218030020。

②《康熙三十八年朱寿先立退批》，上海交通大学图书馆藏，档号：01121118010069。

③《胡积女将土名禄豆坞热地退与吴名下管业契约》，康熙四十年十一月，黄山市档案馆藏，档号：434300－Q001－001－P11－0035。

这件契约中,胡积女交易的是一块"小买业",也即田面权,通过"出退",胡积女获得纹银三两,而"讨人"吴氏则获得"管业"的权利。这样的交易,显然可以视作田面权买卖。并且,"业"在清代的法律术语中有表达完整权利的含义,[①]也就是说,田面权已经被当作一部分独立的地权被交易,而脱离了租佃权利转让的范畴。

即,康熙四十年的这份退业契中,"退"已经不再表达"退还"的意思,而是表示田面权买卖。但是,18 世纪初徽州契约中的"退"并非全部表达田面权转移,表示退还含义的退契仍然存在。

立契出卖人江积友今因侄媳方氏身故,其侄世隆求称,在外年多,竟无分文寄回,理论家务事。今身故,缺少衣衾,棺椁无措,自情愿央中将承祖分受到墨字肆千肆百叁拾玖号,土名后山脚,计地税贰厘捌毫叁丝;又将墨字肆千肆百叁拾号,土名塘山坞口,计地税壹分柒厘柒毫;又将悲字壹千柒百柒号,土名小子坑墓湾,计山税捌毫,共计叁号,四至照依鱼鳞清册为规,凭中立契出与本都本图族侄名下为业。三面议定,时值价纹银肆两整。其银当成契日一并收足,未卖之先,并无重复交易,倘有内外亲房人等争论,一概俱系卖人承当,不涉买人之事。恐无凭,立此卖契为照。

其税听凭买人随即过割,并无难异,有墨字四千四百叁拾玖号,厨屋一间,土名后山脚壹屋,上在青天,下在黄土,再批。

顺治九年拾月日立卖契人江积友

见人江积寿、□□□、江天发、郭元道

代笔江瑞金

立退契人江云举,今因寓居在外,所有前契内山地共三号,只因管业完粮不便,自愿退还原主,管业完粮,并无异说,其契内价银,一并收清,恐后无凭,立此为据。

康熙四拾七年正月日立退契人江云举

---

① [日] 寺田浩明:《权利与冤抑:寺田浩明中国法史论集》,清华大学出版社,2012 年,第 72 页。

侄　江尚忠、江云卿、江坚佐

代笔中见　江圣余①

以上两份契约写于同一张契纸，显然康熙四十七年的退契是为顺治九年卖契追加订立的。退契中说明买主江云举因为旅居在外不方便管理产业，因而将土地退还原主。

田面权的买卖不是完整地权的交易，因而徽州的买卖契主要是指完整地权的买卖，但是也存在书写为“卖”或“杜卖”的田面权交易契约格式。以下契约中，小买田卖出后，约定八年取赎，这种契约格式与前述的退批基本相同。说明卖小买的交易内容也是田面权买卖。此外，这件契约中还有第二年的再批，加价之后卖断田面权。

立卖小买批人汪押吴，男长福，今将土名瑶田，计税贰亩四分，其田出卖与族伯名下为业耕种，三面言定，得受小买价银叁两陆钱正，其钱九五足色，其田租谷交纳岩镇程宅叁拾捌斗四升，其田板田，听凭族伯耕种，两无异说，捌年为满，之后卖人取原价不得外人取赎，恐后无凭，立此卖小买批存照。

再批，酒许银壹钱陆分

大清雍正六年八月日立卖小买人　汪押吴，男长福

中人　汪文俊

代笔中人　汪得云

雍正七年再批，加银壹两贰钱整，其田日后永远不得取赎。②

二、契约形式的历时性演变

17 至 19 世纪，歙县的田面权买卖形成了 5 种主要的契约用语，即转佃、

① 《顺治九年十月江积友立卖契康熙四十七年正月江云举立退契》，上海交通大学图书馆藏，档号：01111206010777。

② 《雍正六年汪长福立卖小买批》，上海交通大学图书馆藏，档号：01090903050030。

退、顶、交业、卖小买。那么，这些词语在当地的契约书写中是如何应用的？具有显著的规律，还是完全散乱的？检验这个问题，将有可能进一步验证：歙县的社会观念与经济秩序中，田面权交易是否经历了被认可，进而特异、独立发展的过程。这也从一个方面反映了当地土地市场中的权利观念与经济秩序。

本文分析契约书写用语规律的方法是建立数据表，从各种用语历时性的数量变化中观察可能存在的演变规律。徽州文书是迄今发现数量最多的民间文书群，已经公开出版的大型徽州文书资料集也有数种，本文选择《中国地方历史文献数据库》收录的歙县契约作为资料统计的来源。

《中国地方历史文献数据库》是基于上海交通大学馆藏民间文书制作的数据库，[1]之所以选择该数据库作为资料来源，首先因为它提供了足够多的样本来源。迄今公开出版的几种徽州文书资料集中，《明清徽州社会经济资料汇编》将田面权交易契约单列为一类收录(卖田皮契)，但总计 68 件，相较而言，《数据库》中收录的歙县田面权交易契约即有 800 余件。《千年徽州契约文书》中则几乎没有收录清代的田面权交易契约。《中国徽州文书》目前仅出版了民国部分，无法用于长时段分析。刘伯山编《徽州文书》虽然包含了大量的田面权交易契约，但因为使用归户编目，并且仅有纸质出版，目前笔者尚无能力将全部契约编制为数据库并统计其中的田面权交易契约。新近出版的《安徽师范大学藏千年徽州契约文书集萃》也因为同样原因未能进行统计。《中国地方历史文献数据库》则可以通过交叉检索限定文书的时间、地域、类型，从而较快地得到所需统计数据。

其次，《中国地方历史文献数据库》提供了“全样本”资料，使得统计分析可能避免“选精”“集萃”的陷阱。[2] 统计学中，使用统计对象的全部数据通常比随机采样的分析效果要好，这也就是所谓“大数据”的理念。[3] 该数据库

① 赵思渊：《地方历史文献的数字化、数据化与文本挖掘——以中国地方历史文献数据库为例》，《清史研究》2016 年第 4 期，第 26—35 页。

② 李伯重：《“选精”、“集萃”与“宋代江南农业革命”——对传统经济史研究方法的检讨》，《中国社会科学》2000 年第 1 期，第 177—192 页。

③［英］维克托·迈尔-舍恩伯格：《大数据时代》，周涛译，浙江人民出版社，2012 年，第 39 页。

虽然并未收录全部徽州文书，但是它使用“归户”方式收录、编制资料，也即以家户为单位，收录其全部留存资料。通过这样的编辑方式，数据库中收录的每一个文书群都最大可能地代表了一个经济活动单位的全部留存资料。这也就意味着，文书数量分布的历时性规律，更有可能反映人群经济活动的规律，从而降低人为选择造成的偏差。《中国地方历史文献数据库》中收录了上百组这样的归户文书，最有可能呈现出地权交易的时间、类型分布的原始状态。

《明清徽州社会经济资料汇编》《千年徽州契约文书》均为馆藏文书的选件，因此其时间、类型分布可能受到编辑者选择的影响，不能反映地权交易的原始状态。例如《千年徽州契约文书》清代民国卷中几乎没有“退批”类契约，这显然是后人编辑选件的结果。刘伯山编《徽州文书》及《安徽师范大学藏千年徽州契约文书集萃》是按照归户编目，同样具有“全样本”的优点，但是如前文所述，笔者目前尚无能力将其全部编目，如果有人能将这两笔资料的全部编目数据库化，将可进一步检验本文的统计结果。

本文使用关键词的全样本分析以检验提出的假设。确定关键词的方法，是在数据库中检索“小买”“田皮”两个表示田面权交易的用词，从而获得表示田面权交易的动词。从这些动词中排除“典”“当”“抵”三类抵押借贷型的交易，这类交易本文暂不讨论。经过检索后得到以下 10 个关键词：“退批”“退业”“退小买”“杜退”“退大小买”“顶首”“顶头”“顶约”“交业”“卖小买”。我认为这基本涵括了清代歙县的田面权买卖用语。前文述及的“转佃”在检索中并未出现，这主要是因为《中国地方历史文献数据库》中收录的明代契约较少，但也可由此推断清代歙县的田面权买卖几乎不适用“转佃”的形式。但是，邻近的婺源在清代则主要使用“转佃”作为田面权交易的契约用语，这种地域性差异也值得注意。

分析用词演变，方法是将每个关键词的检索结果都按照时间排序，然后以 30 年为 1 个时间单位，统计自 1650 至 1949 年各个时间段的契约数。之所以从 1650 年开始统计，是因为整个数据库中未见到早于 1650 年的包含上述关键词的契约，以 30 年为一个时间单位则恰好能将统计的时间范围分为 10 段。并且，整个数据库中，19 世纪之前的契约数偏少，如果时间单位分割太细，19 世纪之前的时间段很难得到显著的统计结果。

获得检索结果后,还需要合并部分数据。笔者将"退批""退业""退小买"的检索结果合并,称之为"退型契约";"顶约""顶首""顶头"的检索结果合并,称之为"顶型契约"。这是因为,以上两组词内部虽然有差异,但是所表达的含义基本相同,书写契约的格式也相同,可以视作同类型的契约用语。此外用"退"表达地权交易的还有"杜退""退大小买"两个词,单独统计。这是因为,通常"退"用于田面权交易,并非转让完整地权,而"杜"在徽州契约书写中通常的含义是断绝、完全转让的意思,因而"杜退"这种说法的出现有必要单独统计。同理,本来表示田面权转让的"退"用于完整地权,即"大小买"的交易,也需要单独统计。

如前文所述,清代徽州题名为"交业"的契约实际有3种不同类型,我仅统计其中的第一种类型。还有一些徽州契约书写中同时使用"顶首""退批""交业"等说法,如有的契约中立契人称为"立交业退小买青苗顶头人"①,《中国地方历史文献数据库》中也收录了不少这样的契约,统计中我对它们作了重复计数,这样统计,强调的是不同观念的变化趋势。

表1是按照以上检索方法得到的统计结果。从数据库中可以检索到符合条件的田面权买卖契约805件,数据库中收录歙县契约7 280件,也就是说田面权买卖契约占到11%。契约的总体时间段分布是,越早的时期保留下来的契约越少,这符合古文书留存的一般规律。1830年之后保留下来的契约占比为80.87%,这是由于文书保留情况造成的,还是说明19世纪上半叶是土地市场的一个转折期?这需要下文进一步验证。

表1 1650—1949年歙县田面权买卖契约用语时间分布

时段	退型契约	杜退	退大小买	顶型契约	交业契约	卖小买	合计	占比(%)
1650—1679	1	0	0	0	0	0	1	0.12
1680—1709	1	0	0	0	0	0	1	0.12
1710—1739	0	0	0	1	1	2	4	0.50

① 《歙县程阿鲍退小买田批(清乾隆四十六年)》,《明清徽州社会经济资料丛编》第一集,第193页。

（续表）

时　段	退型契约	杜退	退大小买	顶型契约	交业契约	卖小买	合计	占比(%)
1740—1769	8	1	0	4	0	2	15	1.86
1770—1799	19	0	0	19	4	1	43	5.34
1800—1829	42	2	0	37	3	6	90	11.18
1830—1859	115	10	1	59	20	13	218	27.08
1860—1889	71	10	5	32	18	18	154	19.13
1890—1919	88	8	12	26	18	24	176	21.86
1920—1949	47	2	5	16	11	22	103	12.80
合计	392	33	23	194	75	88	805	100.00

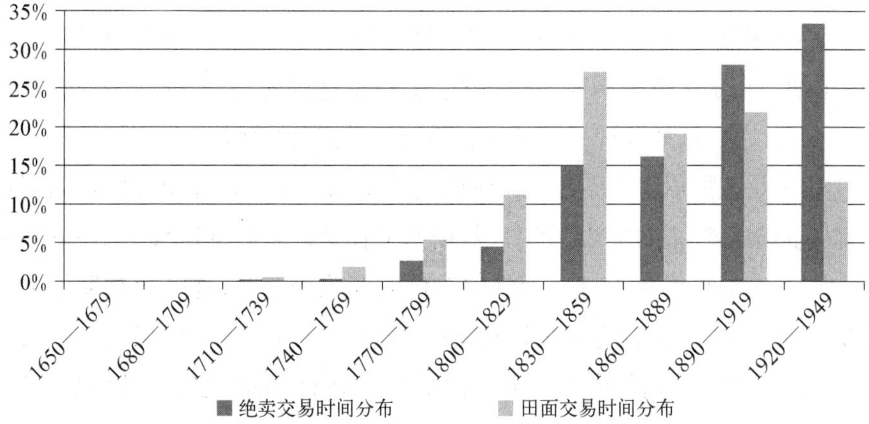

图 1　1650—1949 年歙县土地契约数量分布

另外值得注意的是，虽然契约留存数量随着时间上溯而递减，但并未随时段下移而递增，1830 至 1859 年期间保留下来的契约最多。这种现象似乎并不能用文书保留情况解释。笔者统计《中国地方历史文献数据库》中歙县的土地绝卖契约后发现，绝卖契约的分布是随时间递增的。也就是说，田面买卖契约的分布特征不是由文书保留情况造成的，而是由土地市场的某些因素造成的。目前的研究还不能解释究竟是什么原因造成了这样的情况，笔者的猜测是，道光萧条迫使人们为了生计出让地权。但这仍然是一个有待进一步探讨的话题。

为了进一步分析不同契约格式在当地的演变,我进而统计每种契约格式在该时段所占的比例,从比例的升降中,可以观察到契约格式的演变。从图 2 可见,退型契约在各个时段中的比例都比较稳定,大致在 50%上下,这无疑证明退型契约是歙县田面权买卖最主要的形式。1739 年之前,退型契约的占比波动很大,从表 1 可知,这是因为 1739 年之前的留存契约太少,不能说明契约格式演变的规律。

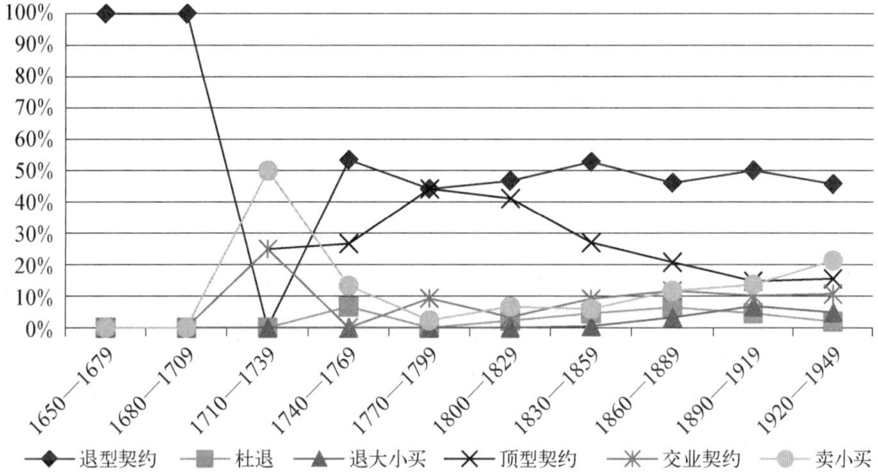

图 2　清代以来歙县田面权买卖契约格式占比时间分布

图 2 还可以证明,“杜退”“退大小买”等契约形式晚于其他退型契约出现,而且总体占比很低。整个统计时段内,杜退契约占比为 4.10%,退大小买契占比约为 2.86%,也就是说,这在歙县并不是常见的做法。由此可以进而推论,“退”在契约中代表田面权交易,这种观念在歙县的乡村社会中始终是比较强大的。但 1860 年之后,“杜退”“退大小买”契约的占比有逐渐增加的趋势,这似乎意味着将田面权视作完整产权的观点在当地得到了一定的认可。

1739 至 1829 年间,退型契约之外,占比最大的是顶型契约,尤其在 1770 至 1799 年间,占比为 44.19%,1800 至 1829 年间占比为 41.11%;此后则逐渐下降,到 20 世纪上半叶已经降至 15%左右。“顶首”本来的意思是佃户之间的顶替,这种说法包含着田面权交易来源于租佃关系的意味。与此形成对比的是，卖小买契约在1860年之前占比大致维持在10%以下，此后则有逐渐增加的趋势，到1920至1949年期间，已经提高至21.36%。目前并无直接证据说明以上两种相反的趋势是否具有内在关系，或者与某种制度或社会结构变化有关，但这种现象本身已反映出乡村社会应用不同的契约形式具有可依循的趋势。

此外，交业契约在各个时段的占比波动较小，始终维持在10%左右。如前文所述，交业在清代歙县契约中有3种含义，这一特点使其在约定契约内容时似乎更为灵活，但也相应更缺乏契约观念的稳定性，因而使用频率更低。

结　论

契约形式的演变是土地市场发展的结果，但也具有其内在的变化规律。本文重点考察了歙县田面权买卖的契约用语之演变，从中可见，一种新的地权交易形式出现之后，随之形成特定的、稳定的契约形式需要一个比较长的过程。歙县的田面权分化出现于17世纪初，从17世纪初至18世纪中叶，转佃、顶首、粪土、退批、交业等用语都曾经在契约中用以表示田面权买卖。就现有证据来看，至迟在18世纪中叶，也即雍正、乾隆之际，歙县契约中表示田面权买卖的用语趋于稳定与统一，退批成为当地最重要的田面权买卖契约形式。这意味着田面权交易契约形式在当地经历了100年左右的过渡期。19世纪中叶之后，退型契约应用于完整地权交易的情况逐渐增多，显示出这种契约的使用范围有扩大的趋势。赵冈与杨国桢虽然都曾指出，新的地权交易形式必然形成新的契约用语，但他们都未注意到契约形式的演化过程虽然受制于地权分化过程，但也具有一定的独立发展逻辑。契约形式反映了乡村土地市场中的权利观念，这种权利观念是基于一定的经济秩序与伦理形成的，这是迄今乡村地权结构研究中尚未充分予以重视的问题。

《永乐四年祁门李务本卖田地赤契》真伪考论

——徽州文书辨伪之一*

王裕明

（江苏省社会科学院历史研究所）

摘　要：遗存徽州文书数量多、价值高，辨别真伪是利用徽州文书的基本要求。《永乐四年祁门李务本卖田地赤契》是一份时人所作伪契，该契与宣德年间围绕田产争夺的谢李互控案有关。家庭继嗣是明清徽州社会的一个严重问题，绝户财产常引起亲族争夺。为获取利益，两造在争讼过程中不惜采取伪造文书等手段，提供虚假证据。由该伪契和谢李互控案也可看出，明代前期，徽州宗族内部控制相当有限。

关键词：徽州文书　契约　继嗣　宗族　土地买卖

随着民间文书的不断发现，学界越来越重视文书的整理和研究。遗存的民间文书，绝大多数都真实可信，但不可否认的是，其中也存在一些赝品、伪品。① 这些赝品、伪品文书，既有现今人所作，也有当时人所为。如何鉴真辨伪、存真去伪，是民间文书整理和利用的首要任务。

现存徽州文书中，《永乐四年祁门李务本卖田地赤契》就是一份时人所

---

* 本文已发表于《安徽大学学报》（哲社版）2018 年第 5 期。在修改过程中，得到安徽大学张朝胜教授的诸多帮助，在此深表谢意。

① 李义敏在《明清契约文书辨伪八法》（《文献》2018 年第 2 期）中说："近几年，我们在安徽、云南、江西、福建、浙江、陕西、山西、山东、河北、北京等地都曾发现契约文书的现代伪品，其中以山西和安徽两地作伪现象最为严重。"

作伪契。遗存下来的李务本归户文书有10余份，特点较为鲜明：一是时间早，形成于明代前期的永宣年间，距今约600年；二是种类多，既有田地买卖契约、田土清单等财产类文书，又有里甲、黄册抄底等赋役类文书，同时还有供状等诉讼类文书；三是馆藏分散，散藏于安徽师范大学图书馆、北京大学图书馆和中国社会科学院历史研究所等单位。在李务本归户文书中，黄册抄底和诉讼供状因学术价值高，业已引起学界高度关注。[①] 此外，对于《永乐四年祁门李务本卖田地赤契》，学界也有所引用，但对其真伪、生成以及背后的社会关系，皆没有深入探讨。

一、问题的提出

《永乐四年祁门李务本卖田地赤契》[②]现藏于安徽师范大学图书馆。表面上看，该赤契与一般土地买卖契约没有两样，都包括买卖事主、出卖原因、标的、契价、推收过割、担保事宜、立契时间、中见人和画押等项内容。不过，细细审读该契约，会感觉该赤契与其他契约还是有所不同。该赤契原文如下：

十西都李务本自叹吾生于世，幼丧父亲，惟与母谢氏孤苦艰辛，再

---

① 栾成显：《明代黄册底籍的发现及其研究价值》，中华书局编辑部编：《文史》第三十八辑，中华书局，1994年；栾成显：《明代黄册研究》，中国社会科学出版社，1998年；栾成显：《明代黄册研究（增订本）》，中国社会科学出版社，2007年；周绍泉：《透过明初徽州一桩讼案窥探三个家庭的内部结构及其相互关系》，安徽大学徽学研究中心编：《徽学》2000卷，安徽大学出版社，2000年；周绍泉：《退契与元明的乡村审判》，《中国史研究》2000年第2期；阿风：《试论明清徽州的“接脚夫”》，朱诚如、王天有主编：《明清论丛》第一辑，紫禁城出版社，1999年；阿风：《明清时代妇女的地位与权利——以明清契约文书、诉讼档案为中心》，社会科学文献出版社，2009年；阿风：《明清徽州诉讼文书研究》，上海古籍出版社，2016年；［日］中岛乐章：《明前期徽州的民事诉讼个案研究》，'98国际徽学学术讨论会论文；［日］中岛乐章：《明代乡村纠纷与秩序：以徽州文书为中心》，郭万平、高飞译，江苏人民出版社，2010年。

② 契名为笔者自拟。该契收入周向华编《安徽师范大学馆藏徽州文书》，安徽人民出版社，2009年，第15页。按，该书命名为“明永乐四年十二月二十七日祁门李务本卖田地住基屋宇契约”。

继义父不幸殒身。今务本方年一十四岁，忽感病患甚危，恐难全命，思知二父俱亡，全无追修斋七；有母谢氏，亦无依靠；兼以二妹年幼，未曾婚聘。今与母亲商议，将承祖田地、住基、屋宇，开列于中：

一、唐字四百一十六号，计田八分有零。东至能静及路，西至达先田，南至路，北至能静田，土名青林原恨丘。

一、唐字二百二十三号，土名过水丘，计田八分七厘一毛。东至谢开先田，西至谢显先田，南至开先田，北至显先田。

一、唐字二百二十四号，土名黄坞口，计田二亩二分九厘二毛。东至山及谢右田，西至坑，南至尚贤田，北至坑。

一、唐字六百七十八号，土名南山乔[桥]头，计田二分九厘二毛。东至溪，西至田，南至田，北至路。

一、唐字　号，土名李木坞，计田地一亩六分二厘五。东至地，西至田，南至坟山，北至山。

一、陶字二十一号，土名六保伦子坑口，计田五亩二角五十步。东至坑，西至山及李叔俊田，南至行路，北至坑。

一、唐字七百四十九号，土名郡坑源，计田五亩。东至山，西至坑及超然田，南至山，北至坑。

一、唐字一千五百三十七号，土名住基，并山，计地二亩七分。东至显先田，西至路、显先地，南至田及溪，北至岭。

右件前项田山基地屋宇，尽行立契出卖与本都谢能静名下，面议时价宝钞三佰贯，其钞并契，当日两相交付。其田地、住基、山、屋宇，一听买人收苗受税，永远管业。其税见在务本户内，候过割之日，听自起割前去，本家不在阻当，其田物件未卖之先，即不曾与内外人重复交易。如有一切不明及内外人占拦，一听赍此文赴官陈告理治，仍依此文为始。今恐无凭，立此文契为用。

永乐四年十二月廿七日　李务本(押)契

同卖母　谢氏荣娘(押)

依口代书族叔　李仲积(押)

凭人　谢曙先(押)

据其所载,买卖事主分别为卖主李务本、买主谢能静,出卖原因为无以用度;标的共有田地8号,分别为青林原恨丘、过水丘、黄坞口、南山桥头、李木坞、伦子坑口、郡坑源和住基等,每号土地详细记录了字号、土名、田地属性、面积和四至;中见人为谢曙先,代书人为李仲积,契价为三百贯,推收过割为从卖主户内过割,担保事宜为"本家不在阻当""不曾与内外人重复交易",立契时间为永乐四年十二月廿七日,画押为卖主母子、中见人和代书人等。除该契外,永乐年间李务本尚有卖给谢能静田地契约数份,面世的有北京大学图书馆所藏《明永乐四年祁门县李务本卖田白契》《明永乐五年祁门县李务本卖田白契(甲)》《明永乐五年祁门县李务本卖田白契(乙)》《明永乐八年祁门县李务本卖田地山场白契》①和安徽师范大学图书馆所藏《永乐八年祁门李务本卖田地赤契》②等5份。这6份田地买卖契约,不仅买卖事主相同,而且标的也多相同,具体如下。

《明永乐四年祁门县李务本卖田白契》,立契时间为该年三月二十日,卖主为李务本、母亲谢氏,买主谢能静,依口代书人李胜舟。在该白契所卖田地中,每号田地仅记录了土名和面积,没有记录字号和四至,所卖田地共6号,分别为黄坞口、恨丘、胡二坞、李木坞、南山桥头和郡坑源等。其中,黄坞口、恨丘、李木坞、南山桥头和郡坑源等5号田地,也为《永乐四年祁门李务本卖田地赤契》中所卖田地。

《明永乐五年祁门县李务本卖田白契(甲)》,立契时间为该年三月二十日,卖主为李务本、母亲谢氏,买主谢能静,依口代书人李胜舟。在出卖田地记录中,每号田地记录了土名、面积和四至,字号则或有或无,所卖田地共6号,分别为恨丘、过水丘、黄坞口、伦子坑口、胡二坞和郡坑源。其中,恨丘、过水丘、黄坞口、伦子坑口和郡坑源等5号田地,也为《永乐四年祁门李务本卖田地赤契》中所卖田地;恨丘、黄坞口、胡二坞和郡坑源等4号田地为《明永乐四年祁门县李务本卖田白契》中所卖田地。

---

① 张传玺主编:《中国历代契约会编考释(下)》,北京大学出版社,1995年,第723、724、725、730页。

② 契名为笔者自拟。该契收入周向华编《安徽师范大学馆藏徽州文书》,第18页。按,该书命名为"明永乐八年四月十五日祁门李和[务]本卖山田住宅基屋契约(赤)"。

《明永乐五年祁门县李务本卖田白契(乙)》,立契时间为该年三月二十日,卖主为李务本、母亲谢氏,买主谢能静,代书人李仲积。在出卖田地记录中,每号田地记录了土名、字号、面积和四至,所卖田地共2号,为伦子坑口和过水丘。2号田地,不仅为《永乐四年祁门李务本卖田地赤契》中所卖田地,也为《明永乐五年祁门县李务本卖田白契(甲)》中所卖田地。

《明永乐八年祁门县李务本卖田地山场白契》和《永乐八年祁门李务本卖田地赤契》,立契时间皆为该年四月十五日,卖主为李务本、主盟母亲谢氏荣娘,买主谢能静,依口代书人李仲积,见交易人谢曙先。在出卖田地记录中,两契每号田地记录了土名、面积和四至,字号则或有或无。所卖田地共10号,分别为青林原佷丘、过水丘、黄坞口、南山桥头、李木坞、郡坑源、郡坑口、胡丘末、住基、东畔伦子坑口。其中,青林原佷丘、过水丘、黄坞口、南山桥头、李木坞、伦子坑口、郡坑源和住基等8号田地,为《永乐四年祁门李务本卖田地赤契》中所卖田地;黄坞口、佷丘、李木坞、南山桥头和郡坑源等5号田地为《明永乐四年祁门县李务本卖田白契》中所卖田地;佷丘、过水丘、黄坞口、伦子坑口和郡坑源等5号田地为《明永乐五年祁门县李务本卖田白契(甲)》中所卖田地;伦子坑口和过水丘等2号田地为《明永乐五年祁门县李务本卖田白契(乙)》中所卖田地。

由此不难看出,这6份田地买卖契约,不仅关联性极强,而且也十分令人不解。为什么同一田地在数年间能够多次卖给同一人?为什么同一田地在同日可以两次立契出卖?为什么《永乐四年祁门李务本卖田地赤契》中所卖田地仍能在其后的永乐五年、八年中出卖?为什么《永乐四年祁门李务本卖田地赤契》和《明永乐八年祁门县李务本卖田地山场白契》两份不同年份契约皆载“今务本方年一十四岁”?为什么《明永乐八年祁门县李务本卖田地山场白契》和《永乐八年祁门李务本卖田地赤契》两份相同年份契约所载李务本年龄却分别为“十四岁”和“十八岁”?一份田产在当年或连续数年间被多次出卖,在正常情况下是不允许的。同一人的年龄,在不同年份相同,在同一年份却不同,这种情况也是不可能的。如此种种,其原因究竟是什么,值得深究。

二、契约真伪考

根据《永乐四年祁门李务本卖田地赤契》所载以及同其他文书的比对，可以断定该赤契为一份伪契，其理由如下。

字迹迥异。该赤契载明为李仲积“依口代书”。在李务本数份田地买卖契约中，除该契外，《明永乐五年祁门县李务本卖田白契（乙）》《明永乐八年祁门县李务本卖田地山场白契》和《永乐八年祁门李务本卖田地赤契》中，其依口代书人也为李仲积。遗憾的是，《明永乐五年祁门县李务本卖田白契（乙）》和《明永乐八年祁门县李务本卖田地山场白契》藏于北京大学图书馆，原文一时难以检阅，无法与该赤契进行比对。所幸的是，《永乐八年祁门李务本卖田地赤契》可以检阅。通过两契（图 1、图 2）的比勘可见，该赤契的字迹与永乐八年赤契明显不一样。永乐八年赤契字迹工整、流畅，而该赤契字迹粗糙、生硬，模仿痕迹十分明显，尤其是，该赤契中李仲积的画押模仿痕迹极为明显。一般而言，同一人笔迹应该相同，如《明永乐二年七月十三日祁门谢曙光卖祖山地契约（赤）》《明永乐五年三月初八祁门谢曙光卖山地契约（赤）》和

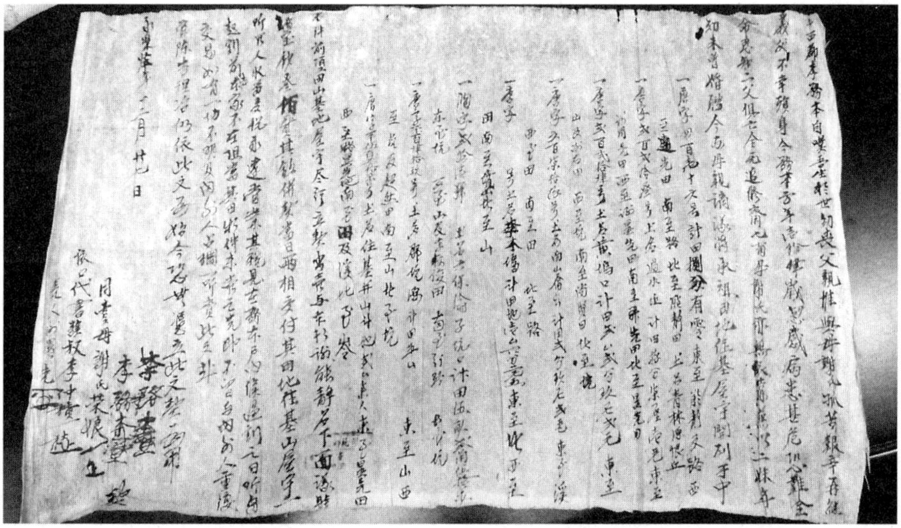

图 1　永乐四年祁门李务本卖田地赤契

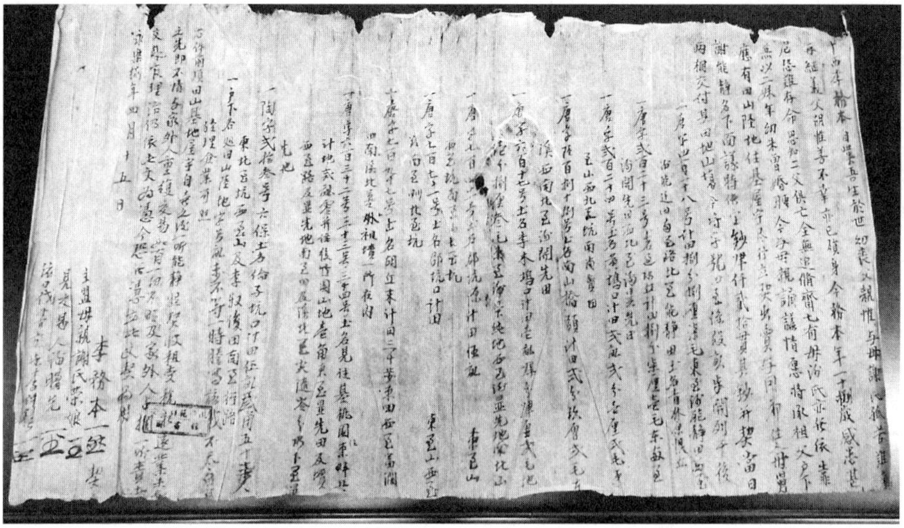

图 2　永乐八年祁门李务本卖田地赤契

《明永乐六年十月初十日祁门谢志中卖山田契约(赤)》等 3 份契约①,依口代书人皆为谢能政。通过比对,这 3 份契约的笔迹一致,明显出自一人之手。

叙事抵牾。该赤契所叙之事多与其他文书所载抵牾。

一是李务本的年龄。该赤契载:“今务本方年一十四岁,忽感病患甚危,恐难全命。”按此所载,永乐四年(1406)李务本为 14 岁。前引《明永乐八年祁门县李务本卖田地山场白契》载:“今务本年一十四岁。”按此记载,永乐八年(1410)李务本 14 岁,则永乐四年李务本应为 10 岁,而非 14 岁。又前引《永乐八年祁门李务本卖田地赤契》载:“今务本年一十八岁。”按此记载,永乐四年李务本应 14 岁,这与永乐四年赤契所载相符。两份永乐八年契约所载李务本年龄互为抵牾,因此从这两份文书中还无法断定李务本年龄。不过,据《永乐元年、十年、二十年、宣德七年祁门李舒户黄册抄底及该户田土清单》(下文分别称《李舒户黄册抄底》和《李舒户田土清单》)②载,李务本

① 原件藏安徽师范大学图书馆,见周向华编《安徽师范大学馆藏徽州文书》,第 13、19、20 页。

② 原件藏中国社会科学院历史研究所图书馆,见王钰欣、周绍泉主编《徽州千年契约文书》宋元明编第 1 卷,花山文艺出版社,1993 年,第 54—56 页。按,李舒,乾隆《三田李氏宗谱》卷 7《新田廿一至廿五世》载为“李舒原”。

“系洪武二十七年生”。即洪武二十七年(1394),李务本1岁。按此推算,永乐四年时,李务本应为13岁,而非14岁,这与永乐四年赤契所载年龄也不符。又据《宣德八年祁门李阿谢供状》[①]载:“阿谢思得男李务本,永乐元年册内年壹拾岁,承故父李舒户,永乐拾年壹拾玖岁病故。再继义父不幸殒身。”按此所载,永乐元年李务本10岁,则李务本1岁时当为洪武二十七年,这与黄册抄底记载相一致。由此推知,永乐四年李务本应为13岁而非14岁,也与该赤契所载年龄不符。综合而言,永乐四年李务本应为13岁而非14岁,该赤契所载应属错讹。

二是胡为(一作“惟”)善去世年份。该赤契载:“十西都李务本自叹吾生于世,幼丧父亲,惟与母谢氏孤苦艰辛,再继义父不幸殒身。今务本方年一十四岁,忽感病患甚危,恐难全命,思知二父俱亡,全无追修斋七。”其中的“义父”即胡为善。据此可知,该赤契立契时,胡为善已经去世,即胡为善在永乐四年十二月廿七日前业已去世。而据《李舒户黄册抄底》载:“正除男子成丁二口:义父胡为善,永乐九年病故。”可知胡为善死于永乐九年而非永乐四年。该黄册抄底又载,永乐十年,“正收妇女小二口:姐贞奴,永乐四年生。姐贞常,永乐六年生”;“姐贞奴,年七岁。姐贞常,年五岁”。贞奴和贞常系胡为善和谢荣娘所生之女,由此可知胡为善不但永乐四年健在,而且永乐六年(或五年)仍然健在。故而,该赤契所言胡为善去世年份也属错误。尤为重要的是,既然该赤契明言李务本出卖田地是在“再继义父不幸殒身”之后,就是说,该契立契时间是在胡为善去世之后,而胡为善永乐六年(或五年)仍然健在,这就说明该契立契时间不会早于永乐六年(或五年)。若《李舒户黄册抄底》所载胡为善去世于永乐九年属实,则该赤契立契时间不会早于永乐九年。不管怎么说,该契不可能为永乐四年十二月廿七日所立,立契时间应该在永乐六年(或五年)或以后。

三是所卖田地。前文已述,该赤契中所卖田地在其后又多次立契出卖,

---

① 原件藏中国第一历史档案馆,转引自阿风《明清徽州诉讼文书研究》,第264—265页。

此情有悖常理。所幸的是,《宣德十年祁门县谢能静供状》[1]明确载道:"永乐八年,务本久患,思借本家财谷无还",随"将户内田产,凭族叔李仲积评价,卖与谢能静"。按此记载,李务本将家内田地卖给谢能静是在永乐八年而非永乐四年。又《宣德八年祁门李阿谢供状》也载:"及将田地准还亲弟谢能静一节,彼时夫亡子幼,应用、丧葬、日用等项,节借父弟家财谷应用,事系务本存日,主将前项田土,凭族叔李仲积评价,立契明白,准还能静及备贰妹装具。永乐拾年册内,能静将准还产土及比先诡寄田亩,改收过户输纳,又非阿谢因男故后破荡李氏家业。"据其所载,李务本出卖田地为备两妹装具,是在义父胡为善去世之后,而非胡为善健在的永乐四年。同样,《永乐四年祁门李务本卖田地赤契》中卖田地的时间也不正确。又,若胡为善去世于永乐八年属实的话,则据上所述,《永乐四年祁门李务本卖田地赤契》立契时间不会早于永乐八年,就是说,该赤契不可能为永乐四年所立。

虽然胡为善去世时间一说是永乐九年,一说是永乐八年,但不管怎么说,《永乐四年祁门李务本卖田地赤契》明言李务本出卖田地是在"再继义父不幸殒身"之后,则该赤契立契时间是在胡为善去世之后,不可能为永乐四年。退一步说,即使胡为善去世时间既不是永乐九年,也不是永乐八年,但据上所述,一定不会早于永乐六年(或五年),所以,《永乐四年祁门李务本卖田地赤契》立契时间也不可能为永乐四年,最早也在永乐六年(或五年)。由此推知,《永乐四年祁门李务本卖田地赤契》为永乐六年(或五年)或之后所伪造。

三、伪造的原因

《永乐四年祁门李务本卖田地赤契》应由谢能静伪造,伪造的原因与宣德年间谢李互控案有关。具体说来,应是谢能静在谢李互控案中提供的一份证据。

---

① 原件藏中国第一历史档案馆,见《中国明朝档案总汇》第 1 册,广西师范大学出版社,2001 年,第 36 页。

该赤契出自谢能静之手。遗存徽州文书中,《李舒户黄册抄底》和《宣德十年祁门县谢能静供状》两份文书应由谢能静书写。比对两份文书,不难发现,两份文书笔迹一致,可以断定出自一人之手。将这两份文书同《永乐四年祁门李务本卖田地赤契》比对,可以看出,前两份文书书写工整、流畅,后者笔迹生涩,似乎并非出自一人之手。不过,细细比勘,不难发现,三份文书所写的“李务本”三字,极其相似,高度吻合。由此看来,《永乐四年祁门李务本卖田地赤契》可能为谢能静所作。现存的《明永乐十八年正月二十五日祁门谢阿胡出卖山地契约(赤)》[①]就是出自谢能静之手的一份文书。该赤契书写不整、笔迹生涩,与《永乐四年祁门李务本卖田地赤契》十分一致。尤其“谢能静”三字,与《永乐四年祁门李务本卖田地赤契》简直如出一辙。由此看来,《永乐四年祁门李务本卖田地赤契》为谢能静所作殆属无疑。

另,安徽师范大学图书馆还藏有《明洪武三十五年八月中秋日祁门谢氏兄弟(谢志显、谢志中)卖山地契约(赤)》《明永乐元年九月二十四日祁门谢阿许卖地基契约(赤)》《明永乐二年七月十三日祁门谢曙光卖祖山地契约(赤)》《明永乐五年三月初八祁门谢曙光卖山地契约(赤)》《明永乐六年十月初十日祁门谢志中卖山田契约(赤)》《明永乐九年十二月十五日李茂瑞出卖山契约(赤)》《明永乐十年十二月初七日李阳生出卖山地契约(赤)》《明永乐十一年二月初一日祁门方氏荣弟娘出卖山地契约(赤)》《明永乐十二年十月十七日谢福恩[兴]、谢福巧兄弟出卖山地契约(赤)》《明永乐十三年十月十二日祁门汪奇宗出卖山地契约(赤)》《明永乐十五年九月十五日祁门谢曙光出卖山地契约(赤)》《明永乐十五年十月二十五日祁门李双荫立卖山地契约(赤)》《明永乐十六年二月初三日祁门李茂昭出卖田契约(赤)》《明永乐十七年五月初三日祁门谢曙光出卖山地契约(赤)》《明永乐十九年十月十五日祁门李乙昌出卖山地契约(赤)》《明永乐二十年八月初一日祁门李诱循卖山地契约(赤)》《明永乐二十二年正月十六祁门谢则贤卖山地契约(赤)》和《明宣德元年五月初三日祁门李道弘立卖基地屋宇契约(赤)》[②]等 18 份

① 原件藏安徽师范大学图书馆,见周向华编《安徽师范大学馆藏徽州文书》,第 25 页。

② 原件藏安徽师范大学图书馆,见周向华编《安徽师范大学馆藏徽州文书》,第 11—28 页。

谢能静购买田地的赤契。这18份赤契书写者皆非谢能静,在书写“谢能静”三字时,与《永乐四年祁门李务本卖田地赤契》和《明永乐十八年正月二十五日祁门谢阿胡出卖山地契约(赤)》中所书明显不一致。这说明,不同的人在书写“谢能静”三字时,笔迹是不一样的。由此可以为《永乐四年祁门李务本卖田地赤契》出自谢能静之手提供反证。

该赤契与宣德年间谢李互控案有关。对于宣德年间谢李互控案,学界多有论述,这里再略为简述。宣德年间谢李互控案涉及祁门十西都王源谢能静、孚溪李舒和杨源李胜舟三个家庭,三方诉讼人物分别为谢能静家庭的谢能静,李舒家庭的谢荣娘,李胜舟家庭的李景祥和李景昌。其中,谢荣娘为李舒之妻、李务本之母;李景祥、李景昌两人为兄弟,为李胜舟之子。三家关系相当密切,谢能静为谢荣娘之弟、李胜舟好友,谢荣娘为谢能静之姐,李胜舟为谢能静好友、谢荣娘夫李舒同族。该互控案案由大致为:洪武年间,谢能静姐姐荣娘招赘孚田李舒,洪武二十七年(1394),子务本出生;三十一年(1398),李舒去世,留下相当田地。约永乐初年,因母寡子幼,荣娘招赘十四都一图胡为善来家。永乐四年(1406)、六年(1408)生有两女;九年(1411)(一说八年)为善去世,十年(1412)务本病死。务本去世后,李氏族人、务本族叔、与能静交厚的李胜舟,私下通过能静将自己次子景祥过继给务本为子。宣德七年(1432),荣娘以昭穆失序、疏违不行奉养为由,经投里老及首告本县,将景祥改正归宗。景祥归宗后,在姻亲谢彦良的唆使下,景祥兄景昌向府县控告谢能静侵占李舒家产。

该互控案核心是争夺李舒户土地。据《李舒户黄册抄底》载,洪武二十四年(1391),李舒已独立门户①并拥有一定的家产,这些家产包括民田地18.525亩、诸多山场和瓦房2间。在洪武二十四年黄册攒造后、永乐元年黄册攒造前,李舒户又先后数次购买了田地,主要有谢尹护户下田10.43亩、谢乞安户下田5.585亩、谢天锡户下田0.721亩、谢兆保户下田0.817亩和谢尹

---

① 李舒户是如何承继的?现存文书有两说,一是如《李舒户田土清单》所言,承继其父李得新;一是如安徽师范大学图书馆藏明代《十甲百户三代总图》所言,“洪武十四年承继妻父谢云龙”。兼之《李舒户田土清单》和《十甲百户三代总图》两份文书疑点重重,孰是孰非,更难以断定。

晓户下田1.637亩。至此李舒户田地达37亩之多。其中,所购谢尹护和谢乞安两户田地实为购自谢能静,购买时间在永乐元年、黄册攒造前夕。对于这两户田地,李景昌和李景祥兄弟认为是购买,谢能静说是诡寄。诡寄的原因是,永乐元年李务本承继李舒户,年仅10岁,属于"年幼无差",通过诡寄谢能静可以逃避赋役。[①] 从当时李舒户的家庭经济情况看,这两号田地应为诡寄而非买卖。至永乐八年(一说九年)胡为善病故后,荣娘怕李姓谋夺其田产,也为自身日后着想,兼之从其弟谢能静那里多次"借用财谷",于是趁务本尚在,将其夫李舒和胡为善在世时置下的田亩、屋基房屋卖给其弟谢能静。待李景祥过继后,谢能静批给李氏田地11亩。这11亩包括李舒生前购买的上坞田和胡二坞等田地。宣德七年,李景祥归宗后,李景昌、景祥兄弟并不甘心,"仍前贪财","捏计贰岁男善庆继务本为子"。李阿谢与族长李可大等商议,"摘应继亲族李永福男用通继务本为子",以杜李景祥兄弟"挟从贪财私谋"。李景昌兄弟无计可施,于是便告荣娘将李氏财产诡寄给其弟能静、谢能静侵占李氏财产。

该赤契应为谢能静在互控案中提供的证据。《李舒户黄册抄底》载:永乐十年,李景祥承故兄李务本户开除事产,"转除民田三十七亩七分六厘九毫。田三十五亩五分八厘二毫"。其中,"田二十九亩二厘三毫,永乐四年二月卖与谢能静为业","田陆亩伍分伍厘玖毫,永乐五年四月卖与汪进得为业","地二亩一分八厘七毫,永乐四年二月卖与谢能静为业"。显然,该赤契与《李舒户黄册抄底》记录相一致,用以证明《李舒户黄册抄底》相关内容。而《李舒户黄册抄底》应是谢能静在互控案中提供的证据。由此推知,《永乐四年祁门李务本卖田地赤契》也是谢能静在互控案中提供的证据之一。

需要说明的是,该赤契在今天看来还存在不少瑕疵。一是涂改文字。该赤契中文字涂改至少有5处。其一,在"唐字四百一十六号,计田八分有零。东至能静及路,西至达先田,南至路,北至能静田,土名青林原恨丘"中,涂改有2处:一处为"八分"2字,细细辨认,可知"八分"原文为"一亩";一处

---

① 栾成显:《明代黄册研究(增订本)》,第138—139页。

为"达"字。其二,在"唐字　号,土名李木坞,计田地一亩六分二厘五。东至地,西至田,南至坟山,北至山"中,涂改有1处,为"李木"2字,细细辨认,可知"李木"原文为"胡二"。其三,在"唐字一千五百三十七号,土名住基,并山,计地二亩七分。东至显先田,西至路、显先地,南至田及溪,北至岭"中,涂改有1处,为"南至田"的"田"字。其四,在"面议时价宝钞三佰贯"中,涂改有1处,为"佰"字,细细辨认,可知"佰"原文为"仟"。二是该赤契卖主"李务本"签名画押两次。就文字涂改而言,明代前期徽州田地买卖契约中,这种现象相当普遍。在安徽师范大学图书馆所藏明代洪武、永乐年间卖田地赤契中,就有《明洪武十九年七月十五日祁门李茂怡卖山契约(赤)》《明洪武二十四年六月十二日(十二都)冯伯润卖山地契约(赤)》《明洪武二十八年三月初七日祁门谢永寿卖山契约(赤)残》《明洪武三十年八月二十一日祁门李(鹏)宗铭卖山契约(赤)》《明永乐十一年二月初一日祁门方氏荣弟娘出卖山地契约(赤)》《明永乐十二年十月十七日谢福恩[兴]、谢福巧兄弟出卖山地契约(赤)》《明永乐十三年十月十二日祁门汪奇宗出卖山地契约(赤)》《明永乐十四年九月十五日李祖生出卖山契约(赤)》《明永乐十七年五月初三日祁门谢曙光出卖山地契约(赤)》《明永乐十八年正月二十五日祁门谢阿胡出卖山地契约(赤)》①和《永乐八年祁门李务本卖田地赤契》等,存在涂改现象。如《明永乐十七年五月初三日祁门谢曙光出卖山地契约(赤)》(图3)中存在多处涂改插字现象,明显涂改的有"土名仙人岩""伍拾""土名金"和"买人□行用"等处(下划线文字);"唐字二千壹十三号"中的"三"字、"唐字一千一百六号"中的2个"一"字,也似乎有涂改。又在"计山肆亩"和"又将土名"之间插入"令"字,在"水竹坞"和"经理唐字"之间插入"磨刀石"3字。由此看来,《永乐四年祁门李务本卖田地赤契》中的多处涂改,还不是判定其为伪作的依据。至于《永乐四年祁门李务本卖田地赤契》中李务本两次签名画押,原因不明,难以深究。

---

① 原件藏安徽师范大学图书馆,见周向华编《安徽师范大学馆藏徽州文书》,第3、4、8、9、20、21、24、25页。

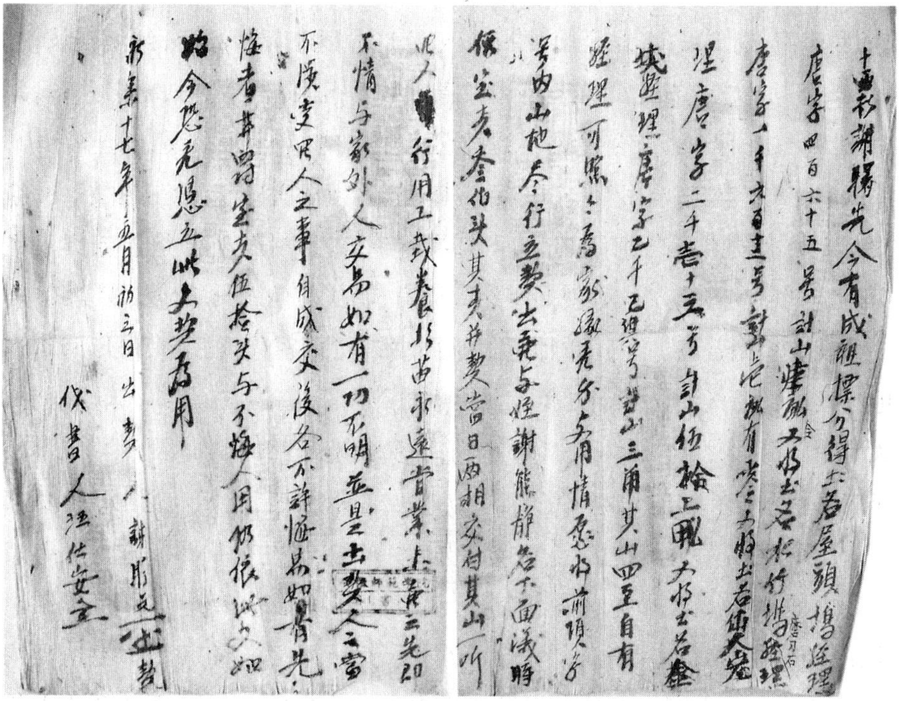

图 3　永乐十七年五月初三日祁门谢曙光卖山地契约

四、几 点 认 识

据以上对《永乐四年祁门李务本卖田地赤契》的分析，可以得出以下几点认识。

文书层面。该契是一份伪契无疑，作伪痕迹极其明显。该契应为宣德年间谢李互控案中，谢能静伪造的一份契约，主要用来证明《李舒户黄册抄底》内容。遗留下来的《李舒户黄册抄底》和《李舒户田土清单》等文书，也应是宣德年间谢李互控案时谢李两家的证词或证据，前者为谢能静提供的证据，后者为李景祥提供的证据。因而，这两份文书内容也不完全真实可靠。由此看来，利用遗存的李务本归户文书时，应加以辨正。若不加以辨正，以此来探讨家庭史、法制史和赋役制度史，恐有失偏颇。利用和研究徽州文书,首先需辨其真伪,其次应客观释读,再次是充分了解文书产生环境,这应是探讨遗存文书的基本路径。徽州文书众多,伪契可能不少,探讨徽州文书中的伪契也非常有意义。若能将徽州文书伪契一一辑出,探讨其产生的各种因素和社会背景,可以充分发掘伪契独特的学术价值。

尤应注意的是,数份李务本田地买卖契约,在书写和抄录过程中,也是错漏迭出,同一号田地的字号、土名、面积和四至在不同的契约中记录多有差异。如"唐字 416 号恨丘",其字号在《永乐八年祁门李务本卖田地赤契》中记录为"唐字四百一十八号",而在其他各契均记录为"唐字四百一十六号";其土名在《明永乐四年祁门县李务本卖田白契》和《明永乐五年祁门县李务本卖田白契(甲)》中记录为"恨丘",而在其他契约中记录为"青林原恨丘";其面积在《永乐四年祁门李务本卖田地赤契》中记录为"田八分有零",在《明永乐五年祁门县李务本卖田白契(甲)》中记录为"田一亩有零",而其他各契均记录为"田八分八厘七毫";其四至在《永乐四年祁门李务本卖田地赤契》中记录为"东至能静及路,西至达先田,南至路,北至能静田",在《明永乐五年祁门县李务本卖田白契(甲)》中记录为"东至路,西至超路田,南至谢定显田,北至能静",而在其他契约中记录为"东至谢能静田,西至谢能迁田,南至路,北至能静田"。如此种种,难以尽举。显然,属于民间文献的徽州文书,其书写不够严谨,因此在利用时需格外小心。

经济层面。徽州处于群山之中,土地贫瘠。两宋以降,随着人口的不断增长,人地矛盾日益突出,生存压力陡增。明代初年,徽州人均耕地仅有 2.75 亩。① 而谢李两家所争田地达 26 亩之多,按明初徽州人均耕地面积,相当于 10 人的耕地。在农耕社会,土地是人们赖以生存的基础,26 亩多田地对于徽州人来说,是一笔不小的财产,引人争夺势必难免。该讼争中,李胜舟之所以将自己之子过继给务本为子,目的是想通过继嗣占有务本户的家产。荣娘之弟、务本之舅谢能静之所以不采纳荣娘意见,自作主张,答应立胜舟之子继嗣李务本,应与李胜舟私下有所交易,可以侵占务本户部分家产。当时,在利益面前,人们往往并不顾及亲族关系,而且将所有友

① 刘和惠、汪庆元:《徽州土地关系》,安徽人民出版社,2005 年,第 38 页。

情、亲情和族情皆抛诸一边，有时敢于违背民间习惯和礼俗，甚至不惜违反国家法令。

社会层面。明清时期，徽州乏嗣家庭广泛存在，数量不少，所占比例应当不低，虽无具体统计，估计应不低于15%。[①] 家庭承继是明清徽州一个重要的社会问题，常常引起继嗣纠纷和产业诉讼，有力冲击着各种社会关系。其一，对私人关系的冲击。谢能静和李胜舟两人关系密切，待李胜舟去世后，两家为了争夺李舒户家产，反目成仇，不惜对簿公堂，两家友好关系到此结束。其二，宗族内部控制相当有限。明代前期，孚溪李氏虽然建立了宗族组织，但面对李胜舟将子景祥过继给李务本为子，李氏宗族明知有违族规，却没有干涉。又，谢能静和李胜舟作为谢荣娘的亲族，却在争夺务本户的家产，对荣娘漠不关心。同样，唆使李氏兄弟控告谢能静的，正是能静族人谢彦良。彦良对族人能静的利益并不关心，反而关心自己亲家、异族李氏兄弟。由此可以看出，明代前期，徽州宗族对族人管理的能力不及明代中后期强。

法律层面。两宋以降，徽州为名副其实的健讼之区。明初，徽州健讼之风仍相当盛行。对此，时人深有感触。洪武年间，绩溪舒頔说道：徽州虽为"文公讲学之地"，奈何"讼狱之繁剧"[②]。稍晚于舒頔的绩溪程通也说："(徽)人好斗，故其俗好讼。"[③]一般而言，徽州争讼主要集中于田土、坟墓、继承三大方面。其中，因继争讼往往又多因争夺继户财产而起，使得争继和争产两者相互交织，争讼因素更为复杂，波及面更广，诸多家庭和宗族牵涉其中，屡讼不止，危害较大。《永乐四年祁门李务本卖田地赤契》所反映的谢李互控案就是典型之一。该案由争继到争田，从宣德七年至宣德十年争讼不已，涉及谢李两族三个家庭，虽经里老调解，却未能达成妥协，直至对簿公

① 栾成显《明清徽州宗族的异姓承继》(《历史研究》2005年第3期)曾对同治《腴川程氏宗谱》进行统计，该宗谱登载人口4 460人，无传计1 083人，占总数的24.3%。

② 舒頔：《贞素斋集》卷3《绩溪县上梁文》，《景印文渊阁四库全书》第1217册，台北：台湾商务印书馆，1986年，第589页。

③ 程通：《明辽府左长史程节愍公贞白遗稿》卷2《送黄太守序》，沈乃文主编：《明别集丛刊》第1辑第20册，黄山书社，2013年，第201页。

堂。争讼过程中,两造为了自身利益,不惜以身试法,篡改、伪造证据,不论是谢能静的《李舒户黄册抄底》还是李景昌的《李舒户田土清单》,都不同程度地篡改事实,两造同时又伪造了部分李务本田地买卖契约。由此亦可见利益驱使下的徽州基层社会的某些面相。

从《丈量保簿》与《归户亲供册》看万历年间徽州府休宁县二十七都五图之事产所有情况*

［日］伊藤正彦

（熊本大学大学院人文社会科学研究部）

摘　要： 徽州府休宁县二十七都五图是迄今为止唯一一个既保存了一个里(图)明代赋役黄册副本又保存了同时期鱼鳞册的地方。本文根据上海图书馆藏《明万历九年休宁县二十七都五图得字丈量保簿》与安徽博物院藏《万历九年清丈二十七都五图归户亲供册》所载资料,对二十七都五图的土地占有情况进行了考察,发现二十七都五图业户占有土地的90%以上都在二十七都以内,其他占有五图土地者,也多为二十七都及与二十七都相邻的其他都的业户。这样的土地占有情况也佐证了里甲制解体前百姓的生活圈是以都为单位的这一观点。

关键词： 鱼鳞册　《明万历九年休宁县二十七都五图得字丈量保簿》　《万历九年清丈二十七都五图归户亲供册》　土地占有情况　都

前　言

安徽博物院藏的《万历二十七都五图黄册底籍》全4册(编号2∶24527)

---

* 本文为2013—2017年度科学研究费补助金基盘研究(C)《明末清初期、里甲制体制下の社会的流动性と阶层构成の变动に关する研究》的课题研究成果之一。

是迄今能看到的唯一一种记载了1个里或1个图全部土地情况的明代赋役黄册。以此为线索,笔者对万历三十年(1602)和万历四十年(1612)徽州府休宁县二十七都五图的阶层构造进行了考察,其结果见表1。

表1 休宁县二十七都五图的阶层构成

万历三十年(1602)	实在户 152 户	万历四十年(1612)	实在户 153 户
任官者、读书人辈出人户	6 户 3.95%	任官者、读书人辈出人户	6 户 3.92%
出租人户(地主)	54 户 35.53%	出租人户(地主)	50 户 32.68%
自作农人户	21 户 13.82%	自作农人户	24 户 15.69%
自小作农人户	58 户 38.16%	自小作农人户	63 户 41.18%
无产人户	13 户 8.55%	无产人户	10 户 6.54%

通过考察发现,直到明末,休宁县二十七都五图的里甲制仍然发挥着其职能,占总人户90%以上的业户拥有自己的事产(即田、地、山、塘等各类土地),而依靠自己持有的田、地维持再生产的人户则超过50%,处于这个阶层最上层的是一些虽未有通过科举考试者但也出了不少为官者的人户,还有一些人户中出了很多国子监生以及被称为"隐君""处士"的在野读书人。[①]

接下来需要弄清楚的是土地的分布情况以及交易情况、租佃关系等问题。本文拟对休宁县二十七都五图的土地分布情况作一探讨。

一、两种文书史料

要想分析休宁县二十七都五图所属人户占有土地的分布情况,可以利用的史料有两种。下面就对这两种史料作一简略介绍。其中一种史料是1989年10月与《万历二十七都五图黄册底籍》等文书一起被栾成显先生发

① [日]伊藤正彦:《明代里甲制体制下の阶层构成—徽州府休宁县里仁东乡二十七都五图の事例—》,[日]伊藤正彦编:《〈万历休宁县二十七都五图黄册底籍〉の世界》,2009—2010年度科学研究费补助金基盘研究(C)研究成果报告书,2012年。不过,由于史料的遗漏,文中对于辈出为官者、读书人的人户的论述有误,已在《〈明代里甲制体制下の阶层构成〉订误—任官者・读书人辈出人户をめぐって—》(《唐宋变革研究通讯》6,2015年)一文中予以修正。表1的数字为修正后的数字。

现的《万历九年清丈二十七都五图归户亲供册》(全1册),现收藏于安徽博物院(编号2:24582)。有关《万历九年清丈二十七都五图归户亲供册》(以下简称为《归户亲供册》)的内容,栾成显先生已经作了详细的介绍和评述,①在此无需赘言,仅简单介绍一下其概况。

所谓归户册,就是将鱼鳞册里记载的各色土地汇总到同一业户名下而攒造的一种土地文书。② 万历九年(1581)至十年(1582)张居正曾在全国范围内推行土地清丈,休宁县的清丈是由知县曾乾亨(字于健,江西吉水人,万历五年进士)主持,于万历九年八月至十一月实施的,《归户亲供册》正是休宁万历九年土地清丈所攒造的鱼鳞册相关文书。该册纵28.1厘米,横26厘米,厚约3厘米,1页2面,共计648页,记载了二十七都五图所属各户土地所有的全部资料,包括了各户跨图、跨都土地的所有情况。其中实在户143户(里长户、有产户110户,无产户33户),绝户40户,共计183户。该册有2处地方破损,导致第五甲吴京户和第十甲吴滨户的记载内容不全。另外,《归户亲供册》中的土地不是按田土的实际面积,而是按税亩(纳税面积)来计算的。所谓税亩,就是把各类不同等级的田土的实际面积换算成相应的纳税面积,从而大大地简化不同等级田土的繁杂的纳税科则。③

《归户亲供册》的记载内容有三大部分。首先是册首的"图总",列有二十七都五图所属各户土地及税粮总额。其次是从第一甲开始到第十甲为止各甲先列的"甲总",即该甲业户所有土地及税粮的总数。第三是各户归户的田土税亩及税粮数额。其中"实收"项目下先载本图土地总额,其次按田、

---

① 栾成显:《万历九年清丈归户亲供册》(《明代黄册研究》,中国社会科学出版社,1998年;增订本,2007年)。笔者在安徽大学历史系、安徽大学徽学研究中心各位老师的大力协助下,得到时任安徽省博物馆副馆长黄秀英以及其他工作人员的理解和支持,于2009年9月、2010年9月2次查阅了《万历九年清丈二十七都五图归户亲供册》,一同前往查阅的还有大田由纪夫先生和杨缨女士。

② 周绍泉([日]岸本美绪译):《徽州文书の分类》,新《史潮》32,1993年。

③ 休宁县于万历九年清丈以后开始采用税亩制。有关税亩制的详细内容请参见栾成显前引文,第148—149页。各类田土的实际面积换算成1税亩时的步数如下:一等正地30步,二等正地40步,三等正地50步;上田190步,中田220步,下田260步,下下田300步;上地200步,中地250步,下地350步,下下地500步;山240步,塘260步。

地、山、塘顺序开列各类土地所属的鱼鳞字号、土名和税亩数额。"新收"①项目下列有外图外都推来田土的内容，先列本都外图，后列外都外图，亦均开列每笔田土所属的鱼鳞字号、土名和税亩数额。"实在"项目先列该户"实收"与"新收"土地的总合，其次分列田、地、山、塘各类土地的税亩数额以及应征收的税粮数额。现将第一甲王元户的记载格式抄录如下，以资参考：

一户王元

新收

十三都一图带丈推来田地山塘四亩四分四厘

麦八升四合九勺　　米一斗七升四合一勺

羽字一千五百四十四号	后山	田六分五厘四毛
一千五百五十八号	墩上	田二分五厘
一千五百五十四号	桥头	田一分三厘八毛
羽字一千三百七十七号	塘子里	地二分六厘
一千四百五十三号	桥头	地一分四厘四毛
一千五百三十二号	后山	地一分四厘四毛
一千五百三十三号	仝	地五分八毛
一千五百三十四号	仝	地一分九厘六毛
一千五百六十号	墩上	地七厘二毛
一千五百六十号	仝	地一分六厘
三千六十九号	金竹村心	地一亩一分二厘八毛
羽字一千二百六十号	北塘	山四厘
一千三百四十三号	梓木坞	山一分八厘八毛
一千三百七十八号	塘子里	山三分二厘
一千四百五十二号	桥头	山二厘七毛
一千六百十八号	前塘	塘二分八毛

实在

① "新收"一般是指新增加的土地和税粮，把外图外都推来的土地列为"新收"是《归户亲供册》独有的记载方式。

官民田地山塘四亩四分四厘

麦八升三合九勺	米一斗七升四合一勺
一则官民田一亩四厘二毛	
麦二升二合三勺	米五升五合七勺
一则官民地二亩六分一厘二毛	
麦五升一合九勺	米一斗一合一勺
一则官民山五分七厘八毛	
麦六合二勺	米六合二勺
一则官民塘二分八毛	
麦四合五勺	米一升一勺

注：双划线为笔者所加。①

由于王元一户在二十七都五图内没有土地，所以“实收”一项空缺，只列有“新收”和“实在”项目。双划线的“羽”字，是以千字文编号的鱼鳞字号，从休宁县都图文书中可知，“羽”字是万历九年土地清丈时休宁县十三都一图的鱼鳞字号。② 王元一户占有的土地都在十三都一图的范围内，包括田 3 丘（1.042 0 税亩）、地 8 丘（2.612 0 税亩）、山 4 丘（0.578 0 税亩）、塘 1 丘（0.208 0 税亩），一共 16 丘（4.440 0 税亩）的土地。

另外一种文书是上海图书馆藏的《休宁县二十七都五图丈量保簿》（全 1 册，编号：线普 563585）。在徽州文书的世界里，“保簿”指的就是鱼鳞册。③ 根据栾成显先生的研究，从南宋的土地经界到明代的洪武丈量，土地清丈和攒造土地簿册都是以都保制下的一个保（大保）为单位，所以鱼鳞册也被称为“保簿”。遗留至今的洪武丈量时攒造的鱼鳞册，如中国社会科学院历史研究所收藏的《明洪武十八年歙县十六都三保万字号清册分庄》（编号：315010000001）和国家图书馆善本部收藏的《明洪武十九年休宁县十都六保罪

① 其中“新收”“实在”两项所载税粮分别为“麦八升四合九勺”和“麦八升三合九勺”，数据之间有出入。另外，“新收”项下山的总数与“实在”中的也不一样，前者为五分七厘五毛，后者为五分七厘八毛。《归户亲供册》虽有这样的不足之处，但这里主要是为了介绍登载格式，所以仍照原样抄录。

② 安徽省图书馆藏《休宁县都图里役备览》（编号 2：30710）。

③ 周绍泉（[日] 岸本美绪译）：《徽州文书の分类》，新《史潮》32，1993 年。

字保簿》(编号：16828)也都是以保为单位编制的。① 万历清丈以后，土地清丈和鱼鳞册攒造改为以1里或1图为单位，而“保簿”的名称却被保留了下来。

《休宁县二十七都五图丈量保簿》纵35厘米，横30.3厘米，厚约6厘米，共884页。每面4格，记载了得字9号至3544号的田土内容。不过得字10、14、16号残缺，因此实际上共记载了3532号内容。文书版心印有“休宁县【贰拾柒都伍图丈量保簿】○○叶数”，从都图文书中可知，“得”字是万历九年土地清丈时休宁县二十七都五图的鱼鳞字号。② 该册在上海图书馆目录中显示为“休宁县二十七都五图丈量保簿”，被认为是清代文书，实际上是万历九年土地清丈时休宁县二十七都五图的鱼鳞册，它正确的名称应为“明万历九年休宁县二十七都五图得字丈量保簿”③(以下简称为《得字丈量保簿》)。现在中国唯有休宁县二十七都五图完整地保存着1里或1图的明代赋役黄册副本(《万历二十七都五图黄册底籍》)以及同一时期攒造的鱼鳞册，具有很高的研究价值。

《归户亲供册》中，二十七都五图人户拥有图内田土的最后一个号数是4197号，由此可以推断二十七都五图大约有4200号田土，假设二十七都五图田土以4200号计，那么《得字丈量保簿》就保存了原来造册时84%的内容。鹤见尚弘先生曾对徽州府歙县十六都二图的鱼鳞册——中国历史博物馆(今中国国家博物馆)藏《万历九年丈量商字鱼鳞清册》进行过详细的分析，该鱼鳞册从商字1号编到2142号。④ 不管是鹤见先生1982年至1983年在中国进修时所查阅的鱼鳞册，还是笔者自身所查阅的鱼鳞册，都无法和《得字丈量保簿》相

---

① 栾成显：《弘治九年抄录鱼鳞归户号簿考》，《明史研究》1，1991年。同《洪武鱼鳞图册考实》，《中国史研究》2004年第4期。

② 安徽省图书馆藏《休宁县都图里役备览》。

③ 有关《明万历九年休宁县二十七都五图得字丈量保簿》的信息，笔者是从黄忠鑫先生(暨南大学历史系)的博士论文《在政区与社区之间——明清都图里甲体系与徽州社会》(复旦大学历史地理研究所，2013年)中得知的。黄忠鑫先生还提供了都图文书以及上海图书馆收藏的徽州文书等有关信息，谨致谢意。

笔者于2014年3月查阅并复印了《得字丈量保簿》。经有关方面许可，本文后面展示有《得字丈量保簿》和上海图书馆收藏的鱼鳞册的部分影印件。另外，在查阅复印之际，得到了当时华东政法大学张诗悦、尹梦佳两位同学的帮助，在此一并致谢。

④ [日]鹤见尚弘：《中国历史博物馆藏　万历九年丈量の徽州府鱼鳞册一种》，《和田博德教授古稀记念　明清时代の法と社会》，东京：汲古书院，1993年。

比。在张居正主导下编制的鱼鳞册中,其保存下来的内容最多,①值得我们注意。

万历九年攒造的鱼鳞册中有一些为活字印刷本,如中国社会科学院历史研究所收藏的《万历休宁二十九都七图欲字号活字版鱼鳞清册》(收于《徽州千年契约文书》宋元明编卷16、17,花山文艺出版社,1993年),《得字丈量保簿》同为活字印刷本,所载内容有字号、土名、土地的类别与等级、实际面积(步数)、计税金额(税亩额)、佃人、田土的形状(图示)、四至(按东西南北的顺序)、见业(业主)所属的都图以及所管业户的姓名等。(见图1影印件)。通过图2所载事例可以看出,业主为几户人家时,是按各户的实际面积(步数)登记的。这种记载样式与上海图书馆收藏的《明万历九年休宁县二十五都六图洁字丈量保簿》(1册,编号:线普563646)②、《明万历九年休宁县二十五都八图男字丈量保簿》(6册,编号:线普563646)③几乎完

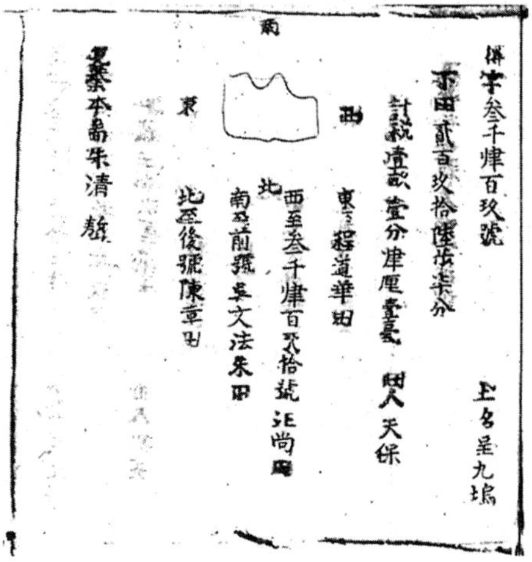

图1　《明万历九年休宁县二十七都五图得字丈量保簿》的记载例

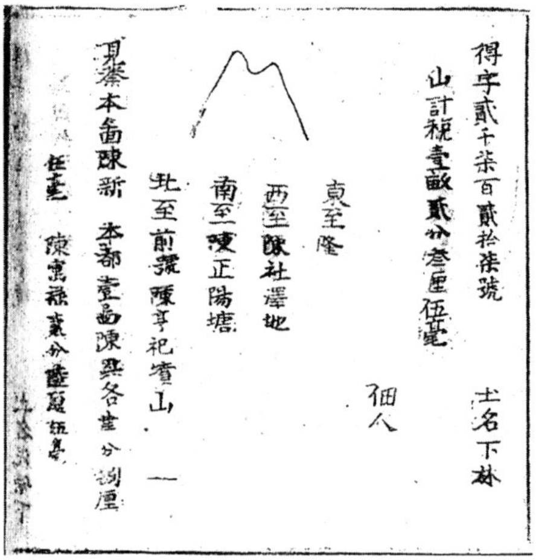

图2　见业为几户人家的记载例

① 从鹤见尚弘《鱼鳞册を访ねて—中国研修の旅—》(《近代中国研究汇报》6,1984年)一文来看,鹤见先生在中国进修时查阅的鱼鳞册有10种,其中中国历史博物馆收藏的《万历九年丈量商字鱼鳞清册》留存内容最多,有2142号田土。

② 该册在上海图书馆目录中显示为“休宁县二十五都陆图丈量保簿”,纵35厘米,横31.8厘米,厚约5.5厘米,记载了洁字649号至3856号的田土内容。

③ 该文书6册装为1套,在上海图书馆目录中的名称为“休宁县二十五都八图丈量保簿”,纵34.5厘米,横31厘米,厚约8.8厘米,记载了男字1号至3000号的田土内容。

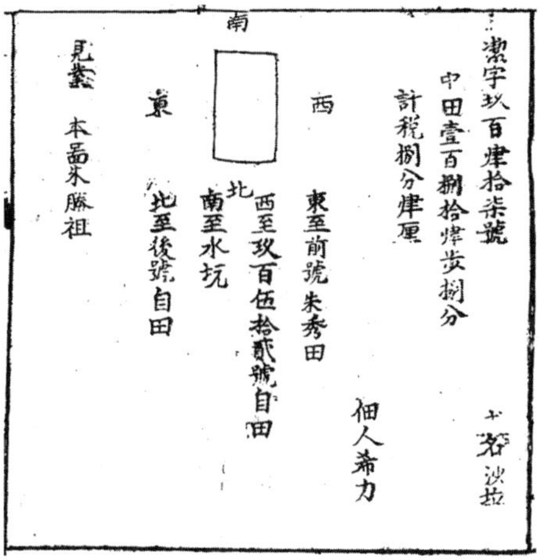

图 3 《明万历九年休宁县二十五都六图洁字丈量保簿》的记载例

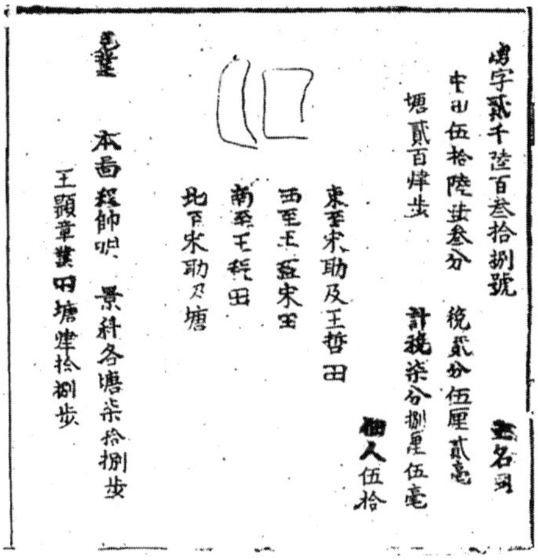

图 4 《明万历九年休宁县二十五都八图男字丈量保簿》的记载例

全一样(参见图 3、图 4 影印件),①和张居正推行丈量中攒造的其他鱼鳞册相比,其特点是记载了土地的等级以及佃人的一些信息。

二、刊发鱼鳞册的理由、鱼鳞册与《归户亲供册》的关系

休宁县万历九年土地清丈时攒造的鱼鳞册之所以被印刷出版,与当时主持清丈的知县曾乾亨有着很大的关系。万历《休宁县志》卷 3《食货志·公赋》中有当年曾乾亨为刊发鱼鳞册而写的一份布告,其文如下:

> 休宁县为酌定刊刷保簿,以便稽查,以垂永久事。照得国初丈量,原设保簿,便民经业,立法甚善。今奉明旨清丈,民业更新,若照先时保簿,画图填写,费用浩繁,致势家则有,弱民则无,后世疆界纷更,稽查实

① 不同之处在于《明万历九年休宁县二十五都六图洁字丈量保簿》用图表示田土形状时还标明了东西南北的方位,见图 1,而《得字丈量保簿》中却很少有方位的记载。《明万历九年休宁县二十五都八图男字丈量保簿》的版心为“休宁县【贰拾伍都　图丈量保簿】○○叶数”,图的地方是空着的。

难。为此欲垂永久,酌定画一之规,行令总书等,锓[锓]梓印刷,广布流行,以遗佥业人民,使有凭据,后世本本相同,不致滋生异议。为尔诸民亦世悠远之计,所愿世世相承,人人共守,不踏去籍之害,而增让畔之风。岂非本县与地方所深幸哉。

知休宁县事吉水曾乾亨书

当土地所有权发生变更时,如果由当事人自己抄写鱼鳞册,费用较高,这会造成“势家则有,弱民则无”的不公平现象,为以后处理土地纠纷埋下隐患。所以曾乾亨统一了鱼鳞册的规格并命令“总书等”将之印刷刊发下去,其目的是为了让各户都留有一份相同的证据,以免以后“滋生异议”。

从活字印刷的鱼鳞册得以保留下来来看,曾乾亨一定实现了他的构想。那么,曾乾亨的构想是如何实现的呢?上海图书馆收藏的《明万历九年休宁县二十五都八图男字丈量保簿》(以下简称为《男字丈量保簿》)与《得字丈量保簿》一样也是活字印刷本,其卷首刊登了二十五都八图里役们(包括图正1名、里长10名、量画2名、书算2名)纂写的文章,对自曾乾亨颁发布告到《男字丈量保簿》刊发的过程作了专门记述。文章写于万历二十四年(1596)十月,全文稍长,引用于下:

县主思虑休民产土,分法繁琐,基墓价重,强弱似难归一。立设保簿之规,印发序文,责令锓梓装刷,形迹相同,弊奸难施,是非可辨,无所容私。板料备成,预造数里,诸人称赞古今初起美事。嗣因税粮未清,概县查对,父故停业,退役归农。复思清丈千载奇遇,同板保簿传流永世,乃民业更新之本,实黄册契税之源,佥业世守为凭,续置推收有处,人户无惰虚粮,县总派征有维,止奸猾之强并,定奕世之根源,实为便民。公务委任,不得克终。秉心预承府县,千里赴告抚道,俱蒙批县示谕各乡准造。俯思当道无人提调,焉能概县通行。据凭图正原丈,查对册底,将本都八图男字保簿造完,售散该图拾排业户,诸人得见,豪弊难生,公正一乡之美望,经造永远之流传。非惟首业宜办,贤能善事,省费可备利益。后人置产胜如积金,遗裔如思卞和泣玉,流传古今之宝。愚立兹簿,难终概邑之功。特书簿首之后,愿乡都俊杰诸贤士同心而立赤帜云。

万历二十四年孟冬月　　　　　　　　　　注

	图正	汪惟忱
排年	汪本仁	程兴
	程显继	汪继志
	汪铣	程时通
	程文明	巴高隆
	程万里	王璘
量画	巴付隆	程廷嵩
书算	程积肆	王同仁
给予	都　图	收执

通过该文的记载,可以看出当初鱼鳞册的发行只限于“数里”的范围,里役们也认识到印发的鱼鳞册可以成为财产证明,有抑制不法行为的作用,所以他们向府、县,进而向巡抚、分守道请愿,得到县的许可后,于万历二十四年十月在二十五都八图重新印刷刊发了鱼鳞册。由此可见,鱼鳞册的印刷和发行是由里负责完成的,它不仅得力于曾乾亨的构想,也和里役们的支持与实际运作是分不开的。

另外,还应注意的是鱼鳞册的印刷品卖给了二十五都八图的人户。除此之外,据黄忠鑫先生考察,徽州文书里亦有关于民间买卖、收藏鱼鳞册的记载。上海图书馆藏《槐溪张氏茂荆堂田契册》(1 册,编号: 线普 563598)中就收有崇祯十四年(1641)九月十五日的一份契约文书,记载了张尚涌、张之遵、张之问三人决定共同购买并收存休宁县七都一图鱼鳞册(“夜字号册”)1 册和七都三图鱼鳞册(“果字号册”)2 册一事,购买 3 本鱼鳞册共花去 4 两 5 钱(包括购买鱼鳞册时花去的其他经费,3 本鱼鳞册本身的价钱为 3 两 6 钱)。[①] 从契约文书的日期来看,张尚涌三人购买的鱼鳞册应该是万历九年清丈时攒造的。

---

① 《槐溪张氏茂荆堂田契册》是明天启至清雍正年间休宁县七都张氏宗族田契、合同、文约的汇总,详见黄忠鑫《明清时期徽州的里书更换与私册流传——基于民间赋役合同文书的考察》,《史学月刊》2015 年第 5 期,第 102—103 页。

可见,正如曾乾亨和二十五都八图的里役们当初所企盼的那样,万历九年清丈时攒造的鱼鳞册在休宁县已成为人们证明自身资产来源的一个重要凭证。

综上所述,休宁县万历九年清丈时攒造的鱼鳞册中,之所以有一些被刊发,其缘由已经很清楚了。正如二十五都八图的里役们当初所希望的那样,这些印刷出版的鱼鳞册代代相传,流传至今。下面再来看看《得字丈量保簿》所载内容是否具有真实性,用来比对的是上海图书馆所藏的《著存文卷集》(全1册)①,该文书对明代的裁判过程有详细的描述,高桥芳郎先生曾指出其史料的珍贵性。《著存文卷集》是万历十年前后休宁县金氏与陈氏两个家族争夺名为著存观的祠庙的诉讼文书,争讼以金氏胜诉而告终,金氏一族把得到的诉讼卷宗刊刻成册。金氏和陈氏家族的家分别在十一都三图和二十七都一图,而两家争夺的著存观则位于二十七都五图,观产分布于二十七都各处。该文书与《得字丈量保簿》所记载的时间、地点一样,诉讼的中心人物如金氏一族的金革孙、陈氏的陈富,还有其他一些相关人士以及二十七都的图正、里长,因为在二十七都五图拥有地产,所以我们都能在《得字丈量保簿》中找到他们的名字。② 另外,在诉讼过程中,休宁县和徽州府都以鱼鳞册为调查核实的重要凭证;③金氏和陈氏家族也以鱼鳞册为证据来证明自身主张的正确性。结案后的万历十二年三月十六日,金革孙要求对休宁县的土地册籍进行修改,为此他向徽州府提供了"新册"所载的字号数、土名、实际面积等,④此"新册"正是万历九年清丈攒造的鱼鳞册(即《得字丈量保簿》),金革孙提供的内容与《得字丈量保簿》中记载的内容一致,可见《得字丈量保簿》的内容具有极高的真实性。

---

① [日]高桥芳郎:《明代徽州府休宁县の一争讼—〈著存文卷集〉の绍介—》,《北海道大学文学部纪要》46-2,1998年;后收于《宋代中国の法制と社会》,东京:汲古书院,2002年。笔者自己也于2010年9月查阅了《著存文卷集》,另外,还从三木聪先生那里得到了照片的影印件以及高桥先生抄写的资料,谨致谢意。

② 参见后面第3节的内容。

③ [日]高桥芳郎:《明代徽州府休宁县の一争讼—〈著存文卷集〉の绍介—》,《北海道大学文学部纪要》46-2,1998年;后收于《宋代中国の法制と社会》。

④《著存文卷集》(45)《金革孙の禀帖》。有关编号和名称,参见高桥《明代徽州府休宁县の一争讼—〈著存文卷集〉の绍介—》第340—344页。金革孙提交了得字2522—2529号、得字2531—2532号共计10号的田土信息。

下面对《得字丈量保簿》与《归户亲供册》的关系作一考察。如前所述,《归户亲供册》这一鱼鳞册相关文书,记载了休宁县二十七都五图所属各户名下所有土地的情况,其中也包括二十七都五图以外的情况,所以二十七都五图的鱼鳞册(即《得字丈量保簿》)以及与之相关的其他都图的鱼鳞册,都是编制《归户亲供册》的依据,因此,《得字丈量保簿》与《归户亲供册》的记载内容应该一致。但是实际上,两者的记载却存在少数不相符的地方,比如8户人家共计34号28.556 0税亩的事产在《得字丈量保簿》中有记载,而在《归户亲供册》中却无记载,具体情况见表2。

表2 《得字丈量保簿》与《归户亲供册》记载不一致的事产

第一甲	
王　茂(里长)	田3号2.411 0税亩(685下田,778上田,978下田) 地3号1.160 0税亩(85下下地,293上坟地,2405中地) 计6号3.571 0税亩
谢　社	田16号17.146 0税亩(35中田,38下田,40中田,87下田,95下田,137中田,162下田,167下田,168下田,298上田,330下田,367下田,380中田,382中田,413上田,443中田) 计16号17.146 0税亩
第四甲	
王　时(里长)	田1号0.884 0税亩(1876上田) 地1号0.219 0税亩(2274下地) 计2号1.103 0税亩
第五甲	
陈　章(里长)	田3号2.598 0税亩(917下田,2251中田,2682中田) 地1号0.056 0税亩(1483下地) 计4号2.654 0税亩
陈　宜	田1号1.689 0税亩(1013上田) 计1号1.689 0税亩
第七甲	
王齐兴(里长)	田1号0.860 0税亩(1883上田) 地2号0.390 0(749下下地,2455中地) 计3号1.250 0税亩

（续表）

第十甲	
金万政(里长)	山 1 号 0.600 0 税亩(696 山) 计 1 号 0.600 0 税亩
陈　祥	田 1 号 0.543 0 税亩(1040 下田) 计 1 号 0.543 0 税亩
计　34 号 28.556 0 税亩(田 26 号 26.131 0 税亩,地 7 号 1.825 0 税亩,山 1 号 0.600 0 税亩)	

注：圆括号内的数字为事产的号数。

通过比对《万历二十七都五图黄册底籍》万历十年册中开除、转除项(到下一次大造黄册时 10 年间损失的人口、事产记录)可知,这 8 户人家都在万历九年、十年卖出了田土。比如,编号为 16 号的土地,记载出入最多,为 17.146 0税亩。该业主是第一甲的谢社,他于万历九年分别卖给二十七都五图三甲朱清以及五都十图汪世荣、吴世隆共计 26.983 0 税亩的田和地,该数字远远大于 17.146 0 税亩,这可能是因为其中还包括了万历九年八月至十二月清丈之前卖掉的田土数额。由此看来,造成《得字丈量保簿》与《归户亲供册》记载出入的原因在于攒造《得字丈量保簿》后,土地买卖还在继续,故而《归户亲供册》不等同于《得字丈量保簿》,它还反映了清丈后土地买卖的情况。可见,《归户亲供册》不是万历九年清丈后马上编制的,其编制时间①应在万历九年清丈之后到万历十年黄册攒造完成之间。

三、休宁县二十七都五图的土地所有情况

本节根据《归户亲供册》与《得字丈量保簿》所载资料,对二十七都五图所属各户土地的分布情况进行了分析。《归户亲供册》记载了二十七都五图所属各户名下所有土地的情况,从中可以了解到各户的田土数额以及土地的分布情况。由于篇幅的关系,在这里无法给大家展示这些统计数据,相关的数据我

① 由于《归户亲供册》原件的攒造时期与抄本的抄写时期不同,这里是指原件的攒造时期。

已发布在其他论文[①]里,请大家参考。本文第一节中曾提到,一个鱼鳞字号地段有时分别属于好几户人家(参看图 2 中举的例子),因此,下面在论述业户拥有的田土数额时,不以号为单位,而以丘为单位(一个鱼鳞字号地段分别属于几户人家时,按字号计算田土数额会存在重复计算,因此,丘数比号数多)。

关于二十七都五图所属各户占有土地的分布情况,栾成显先生已经作了大致的考察,[②]在这里,我想向大家提供更为详尽的统计数据。根据《归户亲供册》所载资料,我将二十七都五图所属各户土地的分布情况列为表 3。[③] 先把这些土地分为本都和外都、外隅[④]两大部分,然后再分别按都图列出田土的丘数以及税亩额。二十七都五图共分 10 甲,①、②、③等数字表示甲数。例如二十七都五图①就表示二十七都五图一甲所属业户占有本都本图内 625 丘 426.151 3税亩的田土;而其他都、隅中一都一图则表示二十七都五图所属业户在一都一图占有 6 丘 0.887 0 税亩的田土,并且这些田土全部属于第七甲业户所有。

表 3　二十七都五图所属人户所有事产分布一览

二十七都	6 104 丘　2 862.129 6 税亩　(丘: 91.31%,税亩 90.95%)
二十七都	五图　2 984 丘　1 436.067 0 税亩　(丘: 44.64%,税亩 45.63%) ①: 625 丘 426.151 3,②: 943 丘 277.992 4,③: 27 丘 12.225 4,④: 126 丘 66.561 0,⑤: 230 丘 158.190 0,⑥: 50 丘 21.248 0,⑦: 192 丘 96.313 0,⑧: 224 丘 100.506 0,⑨: 125 丘 37.989 0,⑩: 442 丘 238.890 9
	一图　1 175 丘　802.226 5 税亩 ①: 251 丘 212.969 2,②: 20 丘 10.041 0,③: 474 丘 316.258 1,④: 16 丘 6.304 0,⑤: 160 丘 101.861 0,⑥: 97 丘 37.838 5,⑦: 17 丘 17.180 0,⑧: 98 丘 68.851 0,⑨: 18 丘 8.062 0,⑩: 24 丘 22.861 7

① [日] 伊藤正彦:《明・万历年间、休宁县二七都五图の事产所有状况に关する资料》,《唐宋变革研究通讯》7,2016 年。

② 栾成显:《万历九年清丈归户亲供册》,《明代黄册研究(增订本)》。

③ 有关所属业户占有土地的分布情况,参见拙作《明・万历年间、休宁县二七都五图の事产所有状况に关する资料》一文中的【资料 1】(《万历九年清丈二十七都五图归户亲供册》基本数据)。

④ 隅是县城的行政区划,相当于乡村的都。

（续表）

二十七都	三图　4 76 丘　183.439 7 税亩 ①：27 丘 2.925 0，②：93 丘 24.934 9，③：4 丘 0.659 0，④：174 丘 55.719 0，⑥：138 丘 90.113 0，⑧：3 丘 0.143 0，⑨：11 丘 0.640 0，⑩：26 丘 8.305 8
	六图　1 469 丘　440.396 4 税亩 ①：3 丘 0.218 0，②：42 丘 10.647 0，③：123 丘 32.409 3，④：276 丘 62.485 0，⑥：878 丘 275.775 1，⑧：65 丘 22.653 0，⑩：82 丘 36.209 0
其他都、隅　581 丘　284.815 9 税亩（丘：8.69%，税亩：9.05%）	
一都	一图　6 丘　0.887 0 税亩（⑦：6 丘 0.887 0）
	二图　2 丘　0.254 0 税亩（①：2 丘 0.254 0）
	六图　2 丘　0.739 0 税亩（①：1 丘 0.649 0，⑦：1 丘 0.090 0）
	七图　1 丘　0.030 0 税亩（⑩：1 丘 0.030 0）
二都	二图　1 丘　0.530 0 税亩（①：1 丘 0.530 0）
三都	一图　9 丘　2.569 0 税亩（⑨：9 丘 2.569 0）
	二图　19 丘　10.837 0 税亩（①：3 丘 1.936 0，④：2 丘 1.131 0，⑦：14 丘 7.770 0）
	四图　3 丘　2.270 0 税亩（⑦：3 丘 2.270 0）
	五图　39 丘　22.792 0 税亩（②：3 丘 0.097 0，④：1 丘 1.000 0，⑥：5 丘 1.049 0，⑦：17 丘 11.698 0，⑩：13 丘 8.948 0）
	六图　59 丘　50.650 0 税亩（①：3 丘 4.146 0，④：9 丘 7.160 0，⑥：5 丘 3.943 0，⑦：35 丘 29.466 0，⑩：7 丘 5.935 0）
	七图　6 丘　3.599 0 税亩（④：6 丘 3.599 0）
	八图　16 丘　7.406 0 税亩（①：7 丘 3.989 0，⑥：1 丘 0.190 0，⑧：7 丘 2.100 0，⑩：1 丘 1.127 0）
	九图　6 丘　3.100 0 税亩（①：3 丘 0.664 0，⑦：3 丘 2.436 0）
	十图　19 丘　12.066 0 税亩（①：1 丘 0.135 0，②：1 丘 0.098 0，⑥：2 丘 3.672 0，⑦：9 丘 6.115 0，⑧：1 丘 0.180 0，⑩：6 丘 2.001 0）
四都	二图　2 丘　0.055 0 税亩（④：2 丘 0.055 0）
	四图　1 丘　1.500 0 税亩（④：1 丘 1.500 0）
	七图　1 丘　0.035 0 税亩（⑧：1 丘 0.035 0）

（续表）

四都	九图　3丘　2.242 5税亩(①：2丘1.112 5,⑦：1丘1.130 0)
	十一图　1丘　0.165 0税亩(④：1丘0.165 0)
五都	十图　1丘　0.250 0税亩(⑦：1丘0.250 0)
八都	三图　3丘　0.270 0税亩(⑩：3丘0.270 0)
十一都	一图　3丘　0.200 0税亩(⑥：3丘0.200 0)
	三图　64丘　40.678 0税亩(①：15丘11.570 0,②：2丘0.972 0,③：4丘1.225 0,④：7丘4.651 0,⑤：2丘0.600 0,⑥：18丘8.394 0,⑦：1丘1.500 0,⑨：10丘5.532 0,⑩：5丘6.234 0)
十三都	一图　18丘　4.590 0税亩(①：16丘4.440 0,⑨：2丘0.150 0)
	二图　2丘　0.524 0税亩(⑨：2丘0.524 0)
	三图　53丘　22.480 0税亩(⑨：53丘22.480 0)
	四图　78丘　16.896 0税亩(⑨：78丘16.896 0)
十四都	五图　1丘　0.064 0税亩(⑦：1丘0.064 0)
	七图　4丘　2.365 0税亩(②：1丘0.032 0,⑥：1丘1.153 0,⑩：2丘1.180 0)
	八图　1丘　0.530 0税亩(④：1丘0.530 0)
	九图　5丘　0.533 0税亩(⑦：5丘0.533 0)
十七都	一图　1丘　0.520 0税亩(⑦：1丘0.520 0)
	七图　1丘　0.326 0税亩(⑧：1丘0.326 0)
二十四都	二图　24丘　2.485 0税亩(③：24丘2.485 0)
二十六都	一图　1丘　0.450 0税亩(④：1丘0.450 0)
	二图　35丘　21.564 0税亩(①：3丘1.002 0,③：7丘2.468 0,⑤：2丘1.881 0,⑥：6丘5.178 0,⑩：17丘11.035 0)
	四图　3丘　0.552 0税亩(③：1丘0.368 0,⑧：2丘0.184 0)
	五图　74丘　41.485 4税亩(①：31丘16.602 4,③：15丘8.544 0,⑤：6丘2.828 0,⑥：1丘0.020 0,⑧：13丘11.428 0,⑨：7丘1.063 0,⑩：1丘1.000 0)
二十九都	四图　6丘　2.865 0税亩(②：6丘2.865 0)
三十都	一图　2丘　0.357 0税亩(⑦：1丘0.260 0,⑧：1丘0.097 0)

（续表）

三十一都	三图　1 丘　0.240 0 税亩（⑨：1 丘 0.240 0）
西南隅	一图　4 丘　2.865 0 税亩（②：4 丘 2.865 0）
全体　　6 684 丘　3 146.695 5 税亩	

注：带圈数字为所属的甲。

通过表 3 可以看出，二十七都五图业户在本图占有的土地共计 2 984 丘 1 436.067 税亩，无论是丘数还是税亩额，都只占全图总额的 45%左右（丘数 44.64%，税亩额 45.63%），其余则广泛分布于本都他图以及休宁县 33 个都的其他都图，这些都图有一都、二都、三都、四都、五都、八都、十一都、十三都、十四都、十七都、二十四都、二十六都、二十九都、三十都、三十一都、西南隅等，计 16 都之多。

另外，各甲、各户占有土地的分布不均衡。例如，三甲业户在本都本图内占有的土地很少，只有 27 丘 12.225 4 税亩；在二十七都一图占有的土地却很多，高达 474 丘 316.258 1 税亩。本文第一节中提到过的一甲王元户，在本都本图内占有的土地为零，其名下 16 丘 4.440 0 税亩的土地均位于十三都一图，土地占有呈现出集中在一个都图的状态。但是，二十七都五图业户在本都一、三、六图占有土地的比例亦超过了 45%，所以业户占有的土地主要分布在本都范围内，丘数和税亩数都占 90%以上（丘数 91.31%，税亩额为 90.95%）。

《归户亲供册》上没有他图所属业户占有五图土地的记载，表 4 是根据《得字丈量保簿》整理的他图业户在五图内占有土地的情况，[①]按照都图分别列出了占有五图土地的户数和丘数以及各户的户名和丘数，户名和丘数之后括弧内的数字是所有者为户丁时的丘数。众所周知，明朝中后期的徽州，与广东、福建一样，存在着"总户—子户"这一经济形态，[②]即一个大户析产，

① 参见拙作《明・万历年间、休宁县二十七都五图の事产所有状况に关する资料》一文中的【资料 2】（《二十七都五图内の事产を所有する他图所属人户に关するデータ》）。

② ［日］铃木博之：《明代徽州府の户と里甲制》，［日］井上徹・远藤隆俊编：《宋—明宗族の研究》，东京：汲古书院，2005 年。

分成几个独立的子户，但在官府的册籍上仍作为一户（总户）而并未正式分户，户丁指的就是这一形态下的子户。①

表4　拥有二十七都五图事产的他图所属人户

二十七都一图	83户　1 779丘 陈兴456丘（户丁：富130丘，凤66丘，玉50丘，正阳43丘，润德33丘，寿14丘，祀7丘，奇3丘，润浔2丘，仁寿1丘，胜保1丘，文富1丘，良1丘，奉1丘，四郎1丘，保1丘，希1丘），王爵231丘（户丁：淮14丘，诏10丘，浦7丘，济7丘，梁5丘，洌5丘，沐4丘，良4丘，表4丘，诰3丘，世民3丘，樌2丘，本2丘，元1丘，应1丘，轩1丘，廷祯1丘，文进1丘，滚1丘，俊文1丘，舜1丘，■鲜1丘），陈振达157丘（户丁：阶63丘，枝28丘，春茂9丘，轩4丘，椿茂2丘，朋1丘，生1丘），陈寓禄124丘（户丁：浔39丘，浩19丘，皋15丘，汤12丘，敬10丘，贯7丘，庆7丘，禄7丘，椿6丘，儒5丘，象5丘，标5丘，遇4丘，逵4丘，达4丘，济4丘，九3丘，础3丘，阳3丘，显亮2丘，伟3丘，础3丘，新3丘，滨2丘，迈1丘，常1丘，成1丘，诚1丘，阶1丘，虎1丘，万1丘，富1丘，日1丘），陈天相106丘（户丁：祖阳15丘，重阳13丘，奉阳4丘，淮阳2丘，凤阳2丘，持阳1丘，东阳1丘，应锺1丘，春太1丘，春阳1丘），陈岩求77丘（户丁：仁寿20丘，应轸11丘，应亢6丘，应珮5丘，应张5丘，应晋4丘，应文4丘，应楼3丘，应武2丘，应光1丘，社泽1丘，仁倍1丘，应真1丘，子■1丘），陈法65丘（户丁：社记18丘，岩有1丘），著存观44丘（吕尚弘6丘，张时顺4丘，义浔1丘），汪明43丘（户丁：尚5丘，满5丘，有元1丘，松1丘），陈本42丘（户丁：社泽18丘），陈晋27丘（户丁：寿1丘，仁元1丘），吴文法22丘（户丁：文付14丘，文盛1丘），程道华21丘（户丁：进浔4丘），陈龙生20丘，陈嘉17丘（户丁：言2丘，尚礼1丘，上礼1丘），陈文讨17丘，陈鹏15丘（户丁：轩7丘），陈学15丘，朱曜15丘（户丁：源2丘，本1丘，良玉1丘），陈镌14丘，陈天盛14丘（户丁：文进7丘，天护3丘，天赐1丘），陈时阳13丘，陈善13丘，陈建忠13丘（户丁：言1丘），陈积社13丘，陈应时13丘，陈长13丘，陈光仪12丘，朱得真12丘，朱法11丘（户丁：咏1丘，元厂1丘），汪希11丘，陈天玘9丘（户丁：天寿5丘，天云1丘），陈亮8丘，陈相8丘，陈文灿8丘（户丁：生7丘），陈明5丘，陈寄得5丘，朱汝授4丘（户丁：济1丘），陈大4丘，朱天生4丘（户丁：有方3丘），陈贵4丘，郑才3丘，汪志2丘，朱永胜2丘（户丁：天锡1丘），陈胜祐2丘，陈三同2丘，陈进2丘，吴天志2丘，陈齐龙2丘，周进2丘，陈玉寿2丘，陈岩祐2丘，黄云2丘，陈耕1丘，陈樌社1丘，朱得信1丘，陈鹤1丘，陈球1丘，朱友1丘（户丁：有得1丘），王齐韵1丘，朱文广1丘，程金成1丘，陈坚1丘，陈应元1丘，汪鑑1丘，陈三得1丘，陈文付1丘，汪

① 栾成显：《黄册制度的几个基本问题》，《明代黄册研究（增订本）》，第286—291页。

（续表）

二十七都一图	齐顺 1 丘,叶龙 1 丘(户丁: 黑龙 1 丘),陈流 1 丘,陈二同 1 丘,陈文志 1 丘,汪禧 1 丘,陈天付 1 丘,朱自方 1 丘(户丁: 玄护 1 丘),汪本亨 1 丘,程罗 1 丘,毕浔个 1 丘,汪琰 1 丘,陈岩才 1 丘,陈时进 1 丘,程文法 1 丘(户丁: 盛),金聚海 1 丘
二十七都三图	3 户　11 丘 朱玄贵 7 丘,金万全 3 丘,朱持金 1 丘
二十七都六图	9 户　27 丘 陈甫 8 丘,陈付 5 丘,陈文 4 丘,李福 4 丘,金有祥 2 丘,汪天禄 1 丘,味春1 丘,汪得祐 1 丘,金齐 1 丘 二十七都他图所属人户: 95 户　1 817 丘
西北隅一图	2 户　7 丘 苏叔武 6 丘,汪胜 1 丘
西南隅二图	1 户　1 丘 巴麟 1 丘
三都六图	1 户　1 丘 吴玘 1 丘
八都一图	1 户　1 丘 叶龙 1 丘
八都四图	1 户　1 丘 陈社 1 丘
十一都一图	2 户　2 丘 汪班 1 丘,李周讨 1 丘
十一都三图	43 户　226 丘 金桐竹 84 丘,金经卫 17 丘,金湛英 12 丘,金神护 12 丘,金以用 11 丘(户丁: 文灵 2 丘,汝吉 1 丘,慈 1 丘),金革孙 10 丘,金子厚 7 丘,全文献 7 丘,金可仪 5 丘,金汝锴 5 丘,汪国英 4 丘(户丁: 明春 1 丘),金应陞 4 丘,金汝贤 4 丘,金一诏 3 丘,吴小保 3 丘(户丁: 本静 2 丘),金初孙 3 丘,金望孙 2 丘,金楯 2 丘,金泽民 2 丘,金应昂 2 丘,金继宗 2 丘,金守进 2 丘,金齐 2 丘(户丁: 浩龙 1 丘),汪本静 2 丘,金仲和 1 丘,金迪功 1 丘,严义真 1 丘,金四个 1 丘,金求英 1 丘,金攀龙 1 丘,金龙朋 1 丘,金仲治 1 丘,倪达乐 1 丘,金王陞 1 丘,金儒 1 丘,汪尚楷 1 丘,金景付 1 丘,金应元 1 丘,程珊 1 丘,金显祐 1 丘,金廷黄 1 丘,罗岩付 1 丘,金廷淑 1 丘
十三都二图	1 户　6 丘 程文 6 丘(户丁: 文林 1 丘)

（续表）

十三都四图	2户　2丘 戴时1丘，吴镃凰1丘
二十一都一图	1户　5丘 吴辛福5丘
二十六都四图	4户　13丘 洪云相4丘，洪章和4丘，吴大法4丘，朱允升1丘
二十六都五图	1户　18丘 汪登源18丘
三十都一图	3户　8丘 陈明宗5丘，陈明2丘，陈邦1丘　他都所属人户：63户　291丘
全体：158户　2 108丘（3 532个土地编号［字号］中，他图业户拥有1 879个，占比53.20%）	

注：户丁作为占有主体的事产也计入总户，圆括号内显示的是户丁占有事产的丘数。■处意为无法解读。

二十七都五图3 532个鱼鳞字号的土地有1 879个字号为他图业户所有，占53.20%。通过表4可以看出，占有五图土地的他图业户共计158户，除了本都他图的业户以外，还有三都、八都、十一都、十三都、二十一都、二十六都、三十都以及西南隅、西北隅的所属业户，共计7个都、2个隅的图。这158户不是户丁数，而是官府册籍上登载的户数，他们占有的五图土地共计2 108丘，其中有83户52.53%为二十七都一图业户，他们占有土地1 779丘，占总数的84.39%。据《著存文卷集》可知，二十七都五图内占有土地最多的是陈兴，为456丘，他曾担任过都正一职。另外占有土地较多的王爵（231丘）、陈振达（157丘）、陈天相（106丘）、陈岩求（77丘），也都是里长户。①

① 从《著存文卷集》(4)《巡按御史の批》、(9)《休宁县の详文》可知陈兴为都正，从《著存文观集》(10)《二十七都排年陈禄等告按院状》可知王爵、陈振达、陈天相、陈岩求为里长户。另外，据该史料可知在二十七都五图内占有4丘土地的朱天生也是二十七都一图的里长户。根据本文后面提到的安徽博物院收藏的《休宁县都图里役备览》所载可知，汪明也是二十七都一图的里长户，可是由于该书记载的是万历二十年二十七都二图从一图分出来之后的事，不能确定万历九年汪明也是里长，所以这里不把汪明算作里长户。《休宁县都图里役备览》记载的二十七都二图里长户朱法的情况相同。

再通过表 3 可知，二十七都五图业户在本都一图占有的土地为 1 175 丘 802.226 5 税亩，分别是五图业户在本图以外占有土地的 31.78%和 46.90%，①可以说二十七都内五图和一图业户占有土地的分布情况相当紧密。那么，为什么会出现这样的现象呢？相关都图文书为我们考察这一现象提供了依据。如安徽省图书馆收藏的《休宁县都图里役备览》（编号：2：30710）记载了二十七都一图、二图、五图的鱼鳞字号、充当里役的户名以及村落名等：

廿七都一图　必　男

一	王尚礼	上里桥
二	宗天生	合潭
三	王起元	陈村
四	陈世禄	陈村
五	陈天相	陈村
六	陈世曜	陈村
七	汪明	陈村
八	陈正茂	陈村
九	程曜	麻查干
十	陈德茂	陈村

廿七都二图　必　洁　效

下盈	一	朱有	下盈
冷水干	二	汪云	年由
	三	朱学	冷水干
出地山	四	朱魁	出地山
	五	朱德祖	作地山
西岸	六	朱正昌	下盈
	七	汪忠	下盈
	八	叶富	西岸
	九	朱福茂	下盈
	十	朱法	下盈

廿七都五图　得　效　良

陈村	一	王茂	陈村
佃村	二	朱国	扬冲
	三	朱学源	下盈
扬冲	四	王正芳	陈村
水路岭	五	陈章	陈村
	六	朱贵	水路岭
	七	王永昌	陈村
	八	陈元和	陈村
	九	王正顺	甲首金来
	十	金正茂	烟冲　河村

（笔者注："下盈"即为霞瀛）

① 二十七都五图业户所有的土地总数减去其在五图内占有的土地数，并与其在一图内占有的土地数相除而得到的数值。

都图旁边的文字为攒造鱼鳞册时的千字文编号，第一个文字是万历九年清丈时的编号。一到十的数字表示十个甲，该文书还列出了各甲充当里役的户名以及该甲人户所在的村落名。《休宁县都图里役备览》可能是清代后期的抄本，①不能直接反映明末万历年间的情况。二十七都二图是万历二十年(1592)从一图中分出来新设的，万历九年时一图、二图本来是一体的，②因此考察万历九年二十七都一图时应该把一图和二图合起来看。值得注意的是，二十七都一图、二图、五图30个甲中有半数以上，即18个甲的自然村都为陈村和霞瀛(自然村为陈村的有12个甲，霞瀛6个甲)，五图和一图主要是由陈村和霞瀛这两个自然村的人户组编而成，这就使二十七都五图和一图业户占有土地的分布情况呈现出相当紧密的状态。

除此之外，还有一点值得注意的是，占有二十七都五图土地的他都者，其所属都大多分布在二十七都周围，特别是占有土地较多的十一都、十三都、二十六都，与二十七都相邻，又有率水相通，往来便利。有关休宁县内各都的位置，请参照唐力行《明清以来徽州区域社会经济研究》(安徽大学出版社，1999年)中的附图1《明清徽郡三邑分都图》。

综上所述，二十七都五图和一图的业户大多来自同一个自然村，双方都占有对方相当数量的土地；与二十七都相邻的其他都图的业户也占有五图的土地；另据《归户亲供册》可知，二十七都五图业户占有土地的90%以上都在本都范围之内。这些反映了当时业户占有土地大致限于一都大小的范围内。岸本美绪先生曾指出，16世纪中叶以后，随着里甲制的瓦解，中国的乡村社会发生了结构性的变化，其中一个显著的特征就是以都为基础的生活领域(长江三角洲则以区为范围，以都为基础划分)遭到破坏，人口向城市流动。③ 本文则在业户占有土地的地域分布层面佐证了岸本的里甲制解体前

① 《休宁县都图里役备览》的卷末记载有嘉庆二年(1797)的事情，所以被推测为是嘉庆二年以后的抄本。

② 据万历《休宁县志》卷1《舆地志・沿革》所载，二十七都二图为万历二十年所设。从二图的鱼鳞字号与一图同为“必”字可知，二图是从一图分出去新设的。

③ [日] 岸本美绪：《明末清初の地方社会と〈世论〉》，《历史学研究》573，1987年；后收入《明清交替と江南社会》，东京：东京大学出版会，1999年。

人民的生活圈是以都为单位的这一观点。

结 语

休宁县二十七都五图的里甲制直到明末还发挥着其职能,所属各户大都拥有自己的土地。从业户占有土地的地域分布情况来看,90%以上都在二十七都之内;五图和一图的业户大多属于同一个自然村,双方都占有对方相当数量的土地。

二十七都五图业户占有土地的地域分布情况以及他图业户在五图占有土地的情况,这些均反映了里、图还有都,都是有其具体地理位置的,也就是说,它们是一种具有领域性的乡村行政区划。提出地域社会论的森正夫先生就曾指出,都与里、图是"具有一定空间界限的地理范围",是一种属于实体概念范畴的地域社会。[①] 可是,作为乡村行政组织的里、图并不是从里甲制实施之初就具有领域性的。正如栾成显先生所指出的那样,从南宋的土地经界到洪武清丈,都保制下的保是土地清丈和鱼鳞册编制的单位,在明代的都之下,既有按户数原则编制的里、图建制,又有作为土地清丈和鱼鳞册编制单位的保的建制,里、图是在张居正推行土地清丈之后成为土地清丈和鱼鳞册的编制单位的,这也标志着里、图从此具有领域性了。[②] 另外,前已叙及,休宁县印刷了大量鱼鳞册以售卖并为民间所收藏。本文发现的这些史

① [日] 森正夫:《中国前近代史研究における地域社会の视点—中国史シンポジウム〈地域社会の视点—地域社会とリーダー〉基调报告》,《名古屋大学文学部研究论集》83 史学 28,1982 年;后收入《森正夫明清史论集》第三卷《地域社会・研究方法》,东京:汲古书院,2006 年。

② 参见栾成显《弘治九年抄录鱼鳞归户号簿考》,《明史研究》1,1991 年;栾成显《黄册制度的几个基本问题》,《明代黄册研究(增订本)》。在本文第三节中提到,万历二十年从二十七都一图中分出来新设了二图,但从二图的鱼鳞字号与一图同为"必"字可知,当时二图还只是一种人户编制单位。到了清顺治年间,成为土地清丈和鱼鳞册编制单位、有了自己的鱼鳞字号之后,二图才具有领域性。另外,有关乡、都、里或者图这些宋代以后的乡村行政组织的领域性是如何形成的,我在《领域性の生成—明代徽州鱼鳞册关系文书をてがかりに—》(第四〇回宋代史研究会,2014 年 8 月)和《明代里甲制体制の性格—鱼鳞册关系文书の知见から—》(共同研讨会《明代中国と日本—政治と法制—》,富山大学人文学部东洋史研究室,2014 年 11 月)等报告中均有提及,有机会再详细论述。

实,可以说为考察乡村行政组织、土地登记簿册的性质提供了非常宝贵的素材。

本文只是对《得字丈量保簿》的初步探讨,《得字丈量保簿》可以用来研究的内容还有很多,利用其中关于田土的等级、佃人以及土名等的记载,还可进一步了解和认识二十七都五图的空间地理分布、肥沃土地的分布情况以及租佃关系,不过这些问题只有留待以后再探讨了。[1]

① 有关租佃的具体情况,请参见[日]伊藤正彦《地主佃户关系の具体像のために—万历九年休宁县二十七都五图における租佃关系—》,[日]三木聡编《宋—清代の政治と社会》,东京:汲古书院,2017年。

明清婺源乡村行政组织的空间组合机制*

黄忠鑫

（暨南大学历史地理研究中心）

摘　要：以《入清源约出晓起约叙记》为代表的民间文书详细记录了明清乡村行政组织的演变过程。婺源乡村行政组织以“图”为顶点，将图甲（里甲）与保甲、乡约有机结合起来，构成了多种空间组合形式。“甲”在其中扮演了十分关键的角色。这类组织的本质是差役，民间社会在组合过程中形成了注重负担公平分配的运作机制。

关键词：婺源　图甲　保甲　乡约　明清

引　言

历史时期，中国基层行政组织和区划的地域差异极大，几乎达到因县而异，不易形成整体的规律性认识。但这一课题的研究具有重要意义：可以了解国家权力在基层社会的运行情况①，能够弄清“县范围内各色人等的生存状态”②，辅助

* 本文是国家社科基金青年项目“明清徽州都图里甲制度的区划形式与运行实态研究”（项目编号：16CZS070）的阶段性成果之一。

① 胡恒：《皇权不下县？——清代县辖政区与基层社会治理》，北京师范大学出版社，2015 年。

② 王家范：《对江南史研究前景的看法》，《江南与中外交流》，复旦大学出版社，2009 年，第 403 页。

历史政区边界的精确复原①。因此,县以下区划的探讨,应该成为今后中国历史政区地理研究的长期努力方向。②

目前,关于明清时期乡里、都图等空间形态的讨论较为有限。张研重点阐释了清代县以下行政区划的性质,认为里甲与保甲创设伊始具有"反地域性",但逐渐向基层社会的固有权力结构妥协和修正,形成"地域性"。③ 周振鹤、刘桂奇等对上海、广东等地展开的复原工作证明,"里""保""图"等作为地理单元存在。④ 他们还论述了县以下区划的边界和范围、层级、性质等问题。但一如行政区划的研究需要联系官制、官僚机构的运行,县以下区划与基层行政组织、差役胥吏群体的结合论证也应是题中之义,惜在现有研究中并未引起重视。

明清时代的基层行政组织,最常见的当属里甲(明中叶以后又称为图甲)、保甲和乡约。三者之间存在着复杂关联。现代学者大多基于功能角度展开讨论,如孙海泉指出里甲制向保甲制转变的标志是保甲开始行使钱粮催科、编查人户等职责;⑤段自成认为清代北方乡约与保甲、里甲都有职能互相渗透的现象,同时也应注意乡约与保甲相互制约的安排以及里甲自我调整得以延续的情况。⑥ 这些乡村行政组织功能的实现,也取决于人员构成与编排方式。明代赣南推行保甲与乡约结合的治理模式,但黄志繁发现保甲的实际作用大于乡约,且二者的推行需要借助地方宗族势力。⑦ 廖华生归纳了婺源蚺城约保组织具有乡约领导保甲、一年一换以及由富户充任、徭役化的特点。⑧ 常建华指出,安徽、福建等地的乡约皆以里甲为基础,约下设

① 郭声波:《序》,王旭:《宋代乡的建置与分布研究》,西安地图出版社,2015 年,第 7 页。

② 郭声波:《中国历史政区地理的圈层结构问题》,《江汉论坛》2014 年第 1 期。

③ 张研:《清代县以下行政区划》,《安徽史学》2009 年第 1 期。

④ 周振鹤、陈琍:《清代上海县以下区划的空间结构试探》,《历史地理》第 25 辑,上海人民出版社,2011 年;刘桂奇、魏超、郭声波:《清代广东乡都图里建置沿革研究》,南方日报出版社,2015 年。

⑤ 孙海泉:《论清代从里甲到保甲的演变》,《中国史研究》1994 年第 2 期。

⑥ 段自成:《清代北方官办乡约研究》,中国社会科学出版社,2009 年,第 226—256 页。

⑦ 黄志繁:《乡约与保甲:以明代赣南为中心的分析》,《中国社会经济史研究》2002 年第 2 期。

⑧ 廖华生:《清代蚺城的约保》,《安徽史学》2006 年第 5 期。

“甲”，轮会制度就是在里甲制基础上改造而成，甲长往往就是一族之房长，可视作宗族所控制的里甲排年订立了乡约；乡约还带有保甲治安稽查等功能，是清代宗族的保甲乡约化之表现。① 与宗族等民间力量的互动过程中，各地基层行政组织的主导形式和运行效果之差异不断凸显出来。但这些研究都没有从空间角度（如管辖范围大小、距离远近以及村落格局等）衡量基层行政组织的运行实效。

对于县以下区划与组织的探索中，社会史领域的研究较为丰富，历史地理学的讨论有待进一步加强。但无论哪一种视角，现有研究都存在着空间形态与组织运作相脱节的情况。另外，史料挖掘是推动研究深入的一个必要条件。周振鹤就认为：“文献资料的不足是最重要的困难之一。这种困难并不只发生在中古时期，甚至对明代的都图制度，目前学术界的研究也都不够深入。”②明清以来徽州地区留存了数量庞大的民间历史文献，能够让我们展开显微镜式的观察，为我们提供精细可靠的样本参照，从而不断推进县以下区划和组织的研究。《入清源约出晓起约叙记》反映了婺源县东乡的乡约与图甲、保甲之空间组合形式和运行机制，是明清时期县以下区划研究的理想个案。

一、关于《入清源约出晓起约叙记》

《入清源约出晓起约叙记》（以下简称《叙记》），抄本一册，收藏于安徽师范大学图书馆，主要内容是婺源县东北部以胡氏族人为首的几个村落，从先前的乡约组织转投到另外一个乡约的过程。除了对既有事件经过的叙述之外，《叙记》也照抄了若干相关文书，最早的一份是明天启六年（1626）的《晓起约议单抄白》。开篇的《四图约记》称，该簿册是在康熙四十三年（1704）进行誊抄和汇编的。不过，末尾又抄录了四份合同文书，最晚的是清

① 常建华：《清代宗族“保甲乡约化”的开端——雍正朝族正制出现过程新考》，《河北学刊》2008 年第 6 期。

② 周振鹤、陈琍：《清代上海县以下区划的空间结构试探》，《历史地理》第 25 辑，第 124 页。

康熙五十四年(1715),可知此后十余年间,该簿册仍有陆续补录。

全书由"伭让草集",而末尾补抄的数份合同签署人皆有胡伭让,可以推断该簿册为胡伭让所抄录保存。至于《叙记》的地域归属,书中收录的文书《因石镇源私卖祖坟畔地,六派共立合同戒后抄白》标注胡伭让所属村落为龙尾东段。该书题名的"清源"和"晓起"以及书中提到的"城口""龙池"等村落名称,都见于《婺源县志》的记载,[①]且皆属于十都。而《四图约记》也有明确记录,"盖自十都四图升于大明万历十九年始,既升四图,即立四图乡约"。可见,该文书反映的地域是婺源县东北部十都。《兆兴公远售公支下子孙等合同》自称胡氏宗族自明初即"卜居龙尾东岸,历今三百有年"。查1985年《婺源县地名志》,龙尾于元初建村,主要姓氏为陈、江两姓,而东岸村为胡姓所建,已28代。[②] 该村自称为龙尾东岸(段),主要原因在于龙尾上社在周遭村落中颇为著名,[③]而东岸等村亦将其视为"本家万年香火",形成了一定的社会文化认同。村落的地域范围(参见图1)、族姓构成均与簿册所记吻合。依此断定,《叙记》系婺源县东岸胡姓的民间文书汇编。现将其基本构成简要介绍如下。

首先是具有导言性质的《四图约记》,其内容描述了十都四图设立之后又编为两个乡约(清源约、晓起约)的情况。胡姓为第十甲,户名"胡先",编入晓起约。全约又分为四甲七姓。由于乡约二甲的下村汪姓后入,被江公展"嘲其原非本图约共立,永不得为约正",双方一度交恶。而"及至公展物故,后辈不识升图立约之本义,肆欲妄行,而有一甲孙锡元、三甲江自汉等,倒戈助焰,左袒二甲汪征等,一二三甲,连名出呈,呈摒四甲,另报一约,不与共编保甲"。因而东岸胡氏宗族决定退出晓起约,加入清源约,时间为康熙四十二年。次年,胡伭让认为"升图立约,至今岁远年深,墨迹遗忘,口传失

---

① 乾隆二十二年《婺源县志》卷3《疆域四·坊都》,《中国方志丛书》华中地方第677号,台北:成文出版社,1985年,第298—299页。

② 婺源县地名委员会办公室编:《江西省婺源县地名志》,内部出版,1985年,第57页。

③ 该社的基本情况,现存民间文书《目录十六条》有详细记载。参看王振忠《清代前期徽州民间的日常生活——以婺源民间日用类书〈目录十六条〉为例》,载陈锋主编《明清以来长江流域社会发展史论》,武汉大学出版社,2006年,亦收录于氏著《明清以来徽州村落社会史研究》,上海人民出版社,2011年。

真，皆莫知升图立约之大义，故有横逆之频加，以致两相矛盾，故力采前由，潜心后议，略叙而识之，以俟后之来者有鉴焉”，故编定此书。

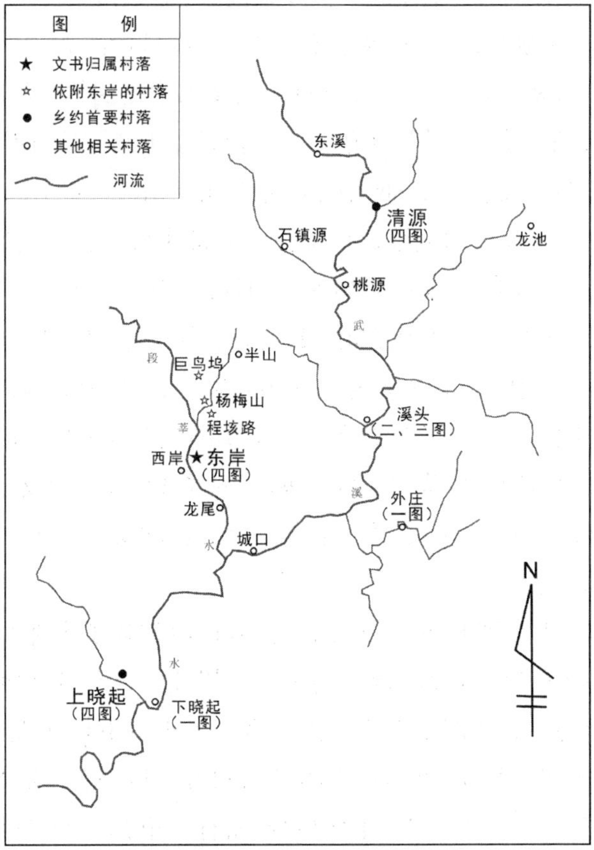

图 1　婺源县十都村落地名示意图①

紧接其后的《本家约记》作了进一步的补充说明。胡氏宗族在加入晓起约之初，“惟有巨鸟垓廖姓、杨梅山曹姓与石镇源迁居程垓路胡姓者，原附本家约属”。转入清源约后，各方就共同承担约保职役时的经费补贴等事项重新订立合同。编辑者认为，“此皆共见共闻之事，故会其说而录之”。

此后主要是文书原件的抄录汇集：(1) 天启六年的《晓起约议单抄白》，为全约共同订立，旨在明确应役原则；(2) 康熙四十二年八月《本甲晓起约

① 根据《江西省婺源县地名志》所附《城口公社地名图》改绘。

议约抄白》，是胡姓退出晓起约前最后一次与同甲的洪、孙、叶等姓承充约务的合同；(3) 康熙四十二年《本家议墨抄白》，是胡姓宗族遭到晓起约排挤后，准备联合呈告官府，要求本族务必同心协力，按照锅头均摊费用的合约；(4)《晓起一二三甲连名呈词》和官府批文，也为我们了解晓起约其他三甲的立场以及官府编立保甲等具体细节提供了一定帮助；(5) 康熙四十二年九月《入清源约合同抄白》、康熙四十四年四月和十一月新编保甲的合同以及康熙四十九年正月《胡先与城口洪芳生两半甲甲长名洪岸共充一年合同抄白》，是为胡姓加入清源约以及编立保甲的具体合约，后两份合约为入约合同的附件和补充条款；(6) 康熙四十三年二月《清源约议本家轮充乡约议约抄白》和康熙四十二年十二月《本家入清源约合同抄白》，是胡姓内部应对加入新乡约、保甲组织的约定，前者将《康熙四十二年十月初五日通族均点烟灶单》作为附录抄入，后者详细叙述了胡姓出入新旧乡约的经过，较之卷首的《四图约记》更为细致；(7)《保甲牌文录》，将康熙四十二年九月登记的保甲门牌按照原件样式誊录，其中，第十甲第一户即为胡佐让，胡佐让时年六十，职业为“训蒙生理”，由此可以知晓《叙记》编者生平的大体情况；(8) 叙说本图册书由万历二十年以来历次承充和订约的情况，但并没有抄录合同；(9)《里长总记》，主要记录康熙十年至五十年胡姓内部历次抓阄承充里长的情况；(10) 康熙四十九年《辛卯岁四图合同抄白》为图甲设立“甲催”的文书，第四图各姓共同约定轮充顺序。

附于簿册末尾的四份文书分别是：康熙五十四年六月《因石镇源私卖祖坟畔地，六派共立合同戒后抄白》，是婺源东北乡胡姓六派为保存全族坟产的合约。康熙五十年和康熙五十四年合族关于确定龙尾上社请佛轮次的两份合同。康熙十三年《兆兴公远售公支下子孙等合同》，制订了不许招留异姓及应保持坟产等规定。这些文书提供了胡姓宗族活动和地域构成等重要社会背景信息。

通观《叙记》全书，基本达到了编者胡佐让所谓的“力采前由，潜心后议”之目的。他通过小字补注等形式，记录了各文书原件的保存人和保存形态。如康熙四十二年的《入清源约合同抄白》的旁注说明称：“此正合同，本甲原领有二张。因在低源众屋内抄写，不见了一张，只有正合同一张，系大杞边收执存照。其后复又寻出一张,系仁先手收执。”由此可见,胡佐让在宗族内部多方搜罗、汇编,较为真实地抄录了文书信息。不仅如此,他还不时加入自身的叙说,将一些条理复杂的事件简明扼要地记录其中,如承充乡约、册书的多次变动等。尽管没有一一抄写文书原文,却也尽可能地将乡约、保甲和图甲等乡村行政组织在当地的推行状况作了全面的记录,具有较高的史料价值。

二、图甲的设立与构成

宋代以降,婺源县共划有五十个都。东北部的十都,原有三个图。康熙九年以后的都图文书《婺源都图九口十三田》中,十都只载有晓起、外庄和溪头三村,说明它们是该都最重要的聚落。① 结合地名志与都图文书对于族姓、建村年代的记录可以看到:第一图的十个总户中,姓氏构成较为单一,只有汪、叶两姓,与下晓起汪氏和外庄叶氏的大族完全对应。晓起,今分为上下两村,下晓起在唐代即由汪姓建村,外庄则是在南宋初年由叶姓建村。②第二、三图的姓氏构成更为单一,均为程姓。而溪头村自南宋初年建村后,一直是程氏宗族的聚居地,③也是这一小区域的中心,不仅在图甲中拥有压倒性的数量,也是当代乡镇的驻地。可见,十都最早的三个图,对应的是晓起、外庄和溪头三个大型村落与宗族。

第四图增立于万历二十年(1592),④恰为十年一次的里甲编审时点。增设图甲通常是人口、土地增加之表现。从图1可以看到,原有的三个图所辖村落,基本位于十都东南部的武溪水沿岸。该都西北部山地、武溪水上游以及支流段莘水等沿岸的村落人群尚未体现在图甲总户之中。而第四图所辖

① 《婺源都图九口十三田》,清代抄本一册,复旦大学历史地理研究中心王振忠教授惠赠复印件。

② 《江西省婺源县地名志》,第70、58页。

③ 《江西省婺源县地名志》,第55页。

④ 康熙《婺源县志》卷2《坊都》,《中国方志丛书》华中地方第676号,台北:成文出版社,1985年,第181页。

各村落正是位于这些地区。清源,《叙记》中又作青源,应为青石滩,明初建村,[1]位于武溪水的上游。东岸、西岸等村位于段莘水沿岸,大约是明初才建村。另外,位于河流上段的上晓起的建村时间也比下晓起要晚。[2] 可见,新增图的村落建村时间相对较晚,因而在明中后期才独立设置户籍赋役序列。虽然在地域上相隔较远,但为了满足十甲一图的轮役规则和编排形式,它们共同组合成一个新图。

与老图甲相比,四图十甲总户名的姓氏构成复杂而多样。据《四图约记》曰:"一甲洪芳生、二甲洪胡、三甲洪遇春、六甲曹启先、九甲吴汪詹,五排联合为清源约。四甲孙国用、五甲孙义兴、七甲江永兴、八甲叶洪鼎、十甲胡先,五排联属为晓起约。"《婺源都图九口十三田》的记载稍有不同:一甲胡芳生、二甲洪胡、三甲洪遇春、四甲孙国用、五甲孙义兴、六甲曹启先、七甲江永昌、八甲洪叶鼎、九甲吴汪詹、十甲胡先。差别只在于第一甲和第七甲。七甲姓氏一致,户名略有不同。但一甲究竟是洪姓还是胡姓,需要进一步深究。该图两个乡约的名称,来源于首甲的所在村落。清源村的主姓是洪氏,上晓起的主要姓氏有洪、孙、叶、江等。[3] 从姓氏对应来看,晓起约第四、五、七、八甲总户姓氏与今日上晓起一致,第八甲叶洪鼎户,当为叶姓和洪姓的合户名。清源约中的一甲总户应为青石滩的洪姓,都图文书的记载因读音近似致误,当以《叙记》为准。

新图成立之后,便采取了一般图甲的运作方式,承担赋役户籍单位的职能。全图共设置有册书(书手)一名。据胡伭让叙述:

> 本图册书自万历二十年间造解皇册起,至康熙二十三年甲子岁,该七甲江永兴承充。因洪贞生上手出牌捉江永兴承认,是以互口相讼。身以书达七甲江公展先生、江枚云丈调释终止。通会下五干另议书手合同五张,每甲执一张为照。本甲合同系西岸尔绥收执。今轮七甲册书系西岸尔绥代充一轮。再照,合同承充即廿三年甲子,尔绥承充系代

---

① 《江西省婺源县地名志》,第 55 页。
② 《江西省婺源县地名志》,第 70 页。
③ 《江西省婺源县地名志》,第 70 页。

七甲江永兴充当一轮。

由此可见,该图册书由十甲轮流担任。但康熙二十三年(1684)江姓与洪姓因轮充顺序和人选发生纠纷,在胡姓调解下,通过重新订立此后五年("下五干")的书手合同,得以解决。商议的结果是胡姓代替七甲江姓承充册书一轮。册书的具体事务,可参照南明弘光元年(1645)黄姓的一份合同。[①] 黄记仁以津贴银两的形式,承充本家黄计寿户的四甲册书,而"前去应官点卯,领本图底册、造递年实征,十年内当官开局公宴等项支费,至大造之年,京府县册各甲排年黄册对同,请排年酒席及上司催攒册书,一应使用杂差",均由其承担。因此,册书在应对官府差役、编造各类赋役册籍方面发挥了极为重要的作用。

册书的轮充,是图甲组织运作的基本内容。这一差役在清代中叶以后的婺源乡村社会中更多被称为"缮书"。[②] 据一份光绪二十五年的合同称:"自愿立承充五甲缮书字人吴烈庭,今承到本房友善公众名下,原因向例排规,轮充缮书,每甲承充五年。兹值光绪丙申,轮流本家缮书,已充三年,因所托非人,费用不支,仍有二年,未曾卸役,不能承理无人",因而在本房众人推举下担任缮书,负责"本年接征及上下忙乡收及一切图规、公馆大食等费"。[③] 由此可见,各甲轮充缮书过程中,难免会发生选人不当、经费不支、维持艰难的情况,但在宗族组织的支持下得以延续。缮书的轮充期限是五年,应与五年编审徭役制度密切相关。编审之制始于明代,是黄册制度的衍生物。清代废除黄册之后,则成为基本赋役制度。[④]

图甲还有里长的设置,主要负责税粮的催征。胡姓为第十甲胡先户,据《里长总记》载:"本图自升图起,孟勋公身房充当二轮,孟熹公思达叔房充当二轮,孟照公伭琏兄房充当二轮,茂棣公下望股充当一轮,金泽金华房共充

---

① 王钰欣、周绍泉主编:《徽州千年契约文书》清民国编第 1 卷,花山文艺出版社,1993 年,第 5 页。

② 黄忠鑫:《清代中叶徽州的顺庄滚催法探析》,《中国农史》2015 年第 1 期。

③ 黄志繁等编:《清至民国婺源县村落契约文书辑录》第 3 册《秋口镇(三)》,商务印书馆,2014 年,第 877 页。

④ 栾成显:《明代黄册研究(增订本)》,中国社会科学出版社,2007 年,第 233—234 页。

一轮。”此后是康熙十年至五十年的轮充记录。四图增于万历二十年，至康熙十年，共79年，说明里长轮充基本保持了十年一轮的规则。胡姓主要是宗族内部以津贴的方式，由各房轮流承担里长。不过，由于第四图是新增图甲，涵盖了若干村落和族姓，内部凝聚力有限。里长在通图范围内的催征税粮，难免遇到困难。如康熙四十年，由孟勋房的胡佐让承充，“众贴工食银十两”，但是“因晓起七甲八甲钱粮不交，三年不能当完，众议贴银十两，身仍实赔银四两”。相比于巨族大村垄断一个或多个“图”的情形，村落人群在地理分布上的涣散，成为四图里长贴赔的重要原因。这也是明清图甲组织面临的普遍问题。有鉴于此，在康熙末期的地方官员倡导下，新的运作方式开始推广。十甲共同订立了《辛卯岁四图合同》。

> 立议合同十都四图十排人等，今轮遵奉县主蒋大老爷示谕颁行，为图甲赋役不均，各甲钱粮多寡不一，如每甲择粮多之户，点一名为甲催，各催各甲之粮，劳逸均平之政。此系爱民之至意，征纳之粮规重担，轻分则无拖累之苦，民心悦服，诚为百世不易之善政也。是以通图会集，立议成规，其各甲承充应催之年，凡催办米豆、上号落号、供应一年等项事例，俱系现年应催承当料理，不得赔累众甲。其递年粮编，俱系各甲催率各户之粮，照依官限赴县上纳，不得贻累现年应催。自今议立之后，各甲遵依点定甲催，齐赴县报明投递，承认各催各甲之粮，悉照官限完纳。倘有飞差重任，举报事情，现年应催通图会议，不得私举妄报，以滋多事。凡有违拗者，即会十甲公举呈究，事在必行，立此合同一样十张，各执一张为照。
>
> 此例久行，无容再议。倘遇新例，变更私议，亦遵此例合同为率。周行十载至二轮九甲止，再通十排酌议。其营米、黄豆，自一甲为始，十甲止，各甲办纳，永远遵行。各甲照粮算与经催上纳毋辞。再批。（后略）

各甲之间税粮多寡不均，通过设立甲催，各催各甲，可以将税粮逋欠造成的连带责任下移到“甲”一级。对于十都四图这样人户居住分散的图甲组织而言，这一变化较之此前十甲轮役无疑是便利易行的。而随着甲催机制的运转，“甲”逐渐成为赋役运作的基本单元，里长职役自然取消。该举措表明地方官府已注意到图甲组织的地域范围大小与税粮征收效率的关系。

《里长总记》载,胡姓在订立合同的前一日“算年头账,本门三面众议,催头遵依祖例轮充,三面拈阄为定”。从乾隆三十九年一份顺庄滚催的合同可以看出,十六都一图三甲“余一同”总户之下由七个“户丁”构成:瑄公房二股、琡公房二股、瓘公房一股、瑰公房一股、珩公房一股、璜公房一股、资公房一股。他们还约定,“官点外甲欠户九股同领,官点本甲欠户各房自领供给,日后各户毋得生情异说”①。充当甲催还被写入嘉庆十五年金田黄氏的分家书中,分家书详细规定了家庭内部的轮充规则。② 这些都体现出宗族等民间社会组织对于甲催的支持。

从里长到甲催、册书按照甲轮充等情形表明,明代中期以后,“图”这一层面是较为稳定存在的,其主要代表由里长向册书转移,“图”级的职能随之停留在以编造赋役册籍为主。位居下层的十个“甲”是“图”的基本构成,但甲催的产生取消了“图”内十甲轮催的机制,强化了“甲”独立缴纳赋税的职能,其作为实体单元的状态进一步凸显出来。

三、乡约差役的日常运作

明代乡约制度可以从广义和狭义两个层面来理解。以里甲(里社)为基础,结合社学、乡饮等制度,设立里老与旌善、申明二亭,以调解民间纠纷、施行教化为特征的是广义乡约;而设立约正宣讲六谕的为狭义乡约。③ 按照这一标准,婺源十都四图的乡约是伴随图甲而成立的,应属于广义范畴。同时,乡约也要考虑所辖村落的分布情况。对于地域相连较为紧密的大型聚落和宗族,基层行政组织的空间构成相对单一,有一村只立一图一约的情况,如本都的溪头。④ 四图则因为“烟邨涣散,分立两乡约,一清源,一晓起,

---

① 黄志繁等编:《清至民国婺源县村落契约文书辑录》第16册《大鄣山乡(一)》,第7890页。

② 黄志繁等编:《清至民国婺源县村落契约文书辑录》第8册《江湾镇(二)》,第3595—3597页。

③ 常建华:《明代宗族研究》,上海人民出版社,2005年,第200页。

④ 溪头,又名溪源,实际分为上、中、下三村,皆为程姓。《新安上溪源程氏乡局记》载:“中溪源为二图,上溪源为三图,图虽分属,亲则一本。”面对二图即中溪源混淆乡约和图甲征派原则的解纷,上溪源全村以“本约三图”的名义订立合同,共同“全约保局”。可见,上溪源便是一村设置一图一约。参见王振忠《明清以来徽州村落社会史研究》,第17、36页。

各五排为一约,以人烟均,统属易也”。可见,乡约更注重地域相邻、人口平均,在空间上对原有图甲排年进行了分割。

乡约的重组同样是依据人户家庭(即烟灶)数量。“自立晓起约之后,而有下村汪姓附入本图约内,平均烟灶,编定四甲。”图甲排年仅体现孙、江、叶、洪、胡五姓(其中孙姓两排年,叶、洪朋立一户),而乡约将实际管辖的孙、叶、洪、胡、江、汪、周等七姓按照居住村落划分为四个甲。汪姓在赋役户籍序列上不属于四图,但因依附晓起约,独立编为乡约的第二甲。此外,《叙录》没有交待周姓的情况,但他们极有可能也属于四图,作为子户或寄户依附于其他总户之下。

关于乡约的日常运作方式,天启六年《晓起约议单抄白》有较为详细的记录:

> 立议单乡约孙文成、孙贵忠、江应轮、洪良知、洪仁周、文广、胡宗、孙贵德、叶国祯等原于远年共立晓起堡乡约,世守至今。内胡先甲下约名胡宗,住居龙尾东岸、半山、西岸,向共立约,凡县官老爷及巡司查乡,一应俱照锅头供解,恐后人心不一,推故不出,今本约三面共立议单,通公为照,凡本县正佐老爷亲临查约,一应公务,并照锅头均出。如巡司及查乡公差,递年贴银一钱,付约正收公用。倘邻约欺凌生端,约众自当相护。此系共图共约,并无异议,胡先甲下,永远存照。
>
> 天启六年　三月廿四日立议单晓起堡乡约约正孙文成
>
> 约副孙贵忠、约赞江应轮、洪良知
>
> 约讲洪仁、周文广、胡宗
>
> 老人孙贵德、堡长叶国祯
>
> 前约正生员孙大鼎
>
> 里长孙义兴、书人叶祥

由于各姓“共图共约”,即便居住并不相邻,但在应对知县、巡检司等“本县正佐老爷亲临查约”等各项公务时,需要按照先前的编约原则,以人户(锅头)数量进行供解。遭到邻约欺凌时,应该共同担当。从职能上看,这份合同并没有涉及约讲教化,而是把乡约视作差役。同时,文中刻意指出胡姓居住在龙尾东西岸和半山一带,与晓起有一定距离,又提出"胡先甲下,永远存照",似乎是专门针对胡姓而订立的。

立合议文书人中,有约正、前约正各一人,约副一人,老人一人,里长一人,皆为孙姓;约赞二人,约讲三人,为江、洪、周、胡四姓;堡(保)长一人,为叶姓。可见,当时汪姓尚未加入晓起约,六姓都承担了基层行政组织的各个职位。其中,叶姓担任保长,没有在乡约中任职,而孙姓尤为重要,垄断了两任约正以及里长之职。但据《四图约记》称,约正应由七姓轮流充当。"惟二甲内,向来举其约正",只是因为七甲江公展认为"原非本图约共立,永不得为约正",一度引发风波。汪姓并非图甲总户,参与万历二十年的增图立约时,遭到嘲讽并阻扰其成为约正。纠纷不了了之,但也说明了乡约头目的"份"与图甲密切相关,至少能够成为地方社会竞争的托词。

至于如何轮充,《四图约记》只提及胡、汪两姓纷争过后,"约众立墨,照依四甲轮充,自一甲起,至四甲止,每甲轮充三年,周而复始。不敷烟灶,各甲自理。此则今时拥立之新例也"。《本家入清源约合同抄白》载:"近因康熙三十二年因江、汪两家相讼,新议有合墨,各甲轮充硬驮,不得敷斗别甲。自一甲充起,三年一换。"可见,"新例"始于康熙三十二年(1693),正式确定了各甲轮充的年限,或表明此前尚未完全形成约正充当的秩序。康熙四十二年八月的《本甲晓起约议约抄白》展现了各甲之下轮充的规则:

> 立议约晓起堡第四甲孙叶洪胡,今因本堡晓起乡约,迩来照甲轮充,三年一换,本甲四姓共编晓起约第四甲。今值本甲承充,佥议孙叶洪胡四姓朋充轮流值月,孙姓孙国晋、叶姓叶正英、洪姓洪梦凝、胡姓胡倓让同赴官承认。日后约内凡有不法事情,众已有议,各甲各姓自理。如本甲内有等情,亦系各姓自理。其宣讲圣谕及飞差支费,照依甲内现在锅头敷用,毋背前议,有妨公事,立此合墨一样四张,各执一张为照。
>
> 第一龟[阄]洪梦凝承值一年起,该九个月止
>
> 第二龟[阄]孙国晋承值　　,计九个月止
>
> 第三龟[阄]叶正英承值　　,计九个月止
>
> 第四龟[阄]胡倓让承值　　,计九个月止

胡姓因住居窎远，孙叶洪三姓谊属同舟，约务代为料理，再批。（后略）

“本堡晓起乡约”表明了乡约与保甲的密切相连。第四甲由四姓共同构成，该甲轮充3年，共36个月，每姓轮值9个月。附带条款称，胡姓“住居窎远”，乡约事务由同甲其余三姓代理，说明胡姓虽编入晓起约，但对乡约事务似乎鞭长莫及。乡约的实际运行，仍是以上晓起周围村落为主要力量。

更耐人寻味的是该合约订立的时间。同年十二月《本家入清源约合同抄白》曰：“该康熙四十一年九月，三甲充满，轮该本甲第四甲承充之期。因张老爷丁艰，延至四十二年，蒋老爷新莅，行编保甲。本甲以孙、叶、洪、胡四姓于八月二十五日同往邑承接，轮充乡约。”可见由于知县更换，乡约轮充的运行竟拖延近一年才得以持续。而此时由于再次推行保甲，乡约与之关联，一并向地方官府报告承接事项。而仅仅一个月之后，胡姓便改投清源约，此或说明了胡姓由于新编保甲而被其余各甲排挤，属于突发事件（下文详论），而合约本身则体现了约甲运作的一般情况。

清源约轮充的空间组合方式更为多样。据《本家约记》载：

即今现充康熙四十三年清源约正，顶名乡约洪华生，保长胡勋。自约自保，承役应官，轮充一年。其公私各项约内费用，悉照本家约内锅头多寡均派。四股各议一人，承值共理约务，均敷照烟灶，眼同支用，庶事有责成之望，以期光祖之名。嗣后若以里甲轮充，即系六年轮充一年。若照保甲册户数轮充，即以十年轮充一年半。其半年与清石滩合编保甲一甲，亦合轮充一年，周而复始。

胡姓入约次年便成为约正，期限是一年，“自保自约”，以已在晓起约订立的“洪华生”作为约正名并立“胡勋”为保长名。[①] 约正和保长之下，按照胡姓四大支派的保甲烟户数量平均分摊费用，四派各出一人轮值约正。不仅如此，清源约的轮充方式可能因事因时而异，为了让后代明白其中规则，故专

---

① 这两个约正、保长的拟制姓名，在《目录十六条》中也有反映。参看王振忠《明清以来徽州村落社会史研究》，第99页。

门记录,以备不虞。若按里甲轮充,则清源约除了旧有五甲之外,还需算上胡姓一甲,共计六甲,因而六年轮流一次,每甲一年。若按保甲轮充,则依据一保十甲的顺序,十年一轮,每甲一年;而胡姓又与清石滩共充一年,故应为一年半。那么,不仅乡约自编的"甲",里甲(图甲)和保甲之"甲"都有可能成为乡约轮充对象。

婺源北乡水沫村汪家留存的一份道光三年(1823)乡约合同,还记录了类似的轮流方式:

> 立议合墨。沧、左两源,轮约规模,五姓同立,盖为先年人烟均少,未遑立约,暂附词源。乃因近岁户灶益增,常虑约窎,涉履维艰,矧居北乡,附寄东约,崇山峻岭,干公不便。是故,今春世美支裔邀集左源共议,呈请县主孙宪准升,给戳均号履和,保名叶吉。约轮五姓,分照十干。甲、庚两年左坝程役,水末吴姓丙岁充当,戊乃洪役,壬约在汪,沧源王姓乙与丁年、己、辛并癸五载。沧源嗣后,按轮循环不替。①

沧坑(沧源)王氏,梓槎(左源、左坝)以及水沫的吴、洪、汪三姓,因为人口繁衍,共立一个乡约,与词坑乡约脱离依附关系。他们按照五姓人户数量多寡,分配了十年干支与族姓对应的轮充方式。道光十三年(癸巳年,1833)约邻族众共同订立的劝谕文书中,乡约是王兴财、王成保。② 同治十三年(甲戌年,1874)汪福美公支裔人等立禁约合墨则载当年的乡约是程明盛、程有余。③ 这些年份与族姓的对应完全符合乡约合同的规定,说明其轮充方式保持了至少50余年。也因此可见,婺源县内数量众多的乡约,轮充主体是各宗族和村落,地域表征十分显著。

另外,在"四甲七姓"的乡约格局下,还有不少依附人群。仅东岸胡姓之下,就有巨乌垓廖姓、杨梅山曹姓以及程垓路胡姓(由石镇源迁入)附着,采取"在外敷斗"的形式参与胡姓份下的乡约运作。在胡姓加入清源约之后,其一并随之改投。可见,乡约组织中存在着层层依附的复杂关系。

---

① 黄志繁等编:《清至民国婺源县村落契约文书辑录》第2册《秋口镇(二)》,第344页。
② 黄志繁等编:《清至民国婺源县村落契约文书辑录》第2册《秋口镇(二)》,第346页。
③ 黄志繁等编:《清至民国婺源县村落契约文书辑录》第2册《秋口镇(二)》,第378页。

四、保甲的编排与轮充

早在明正德五年(1510),王阳明就已经在江西庐陵县推行乡约与保甲相结合的治理模式。万历元年(1573)在全国推行的保甲乡约法具有“保甲与乡约合一、借助里甲、里社的一般性特点”①。而保甲与里社结合,有助于乡约扎根基层社会,实现地域化。② 就婺源而言,隆庆五年(1571),知县吴琯有过“设保甲,置乡约”之举。他“遍访善恶,得其实,躬巡村落中,弗率者系于约所,同众面诘,置之法,不少贷,四境肃然”③。从中很难看出乡约与保甲的关系,似乎两者各自编排推行。万历年间的《沱川余氏乡约》则指出,乡约与保甲互为表里,编排保甲有助于乡约的推行,但实际上编排情形是“计吾邑之各都,其广者,如吾都例,可编十保,其次者可编八九保,其狭者可编六七保,每保十甲,每甲十家”④。这是以“都”为单位编排保甲,其所谓的乡约保甲结合并不明显,或许只是功能运作上的互相配合。明清易代之后,知县蒋国祚于康熙四十二年整顿重编保甲,其缘由与具体编排方式未见载于地方志等文献,而在《叙记》中得以被抄录、保存。

> 近见尔婺民纤微细事辄诉县控。本县每批约保理明,约保竟不为理明,揆厥所由,皆系每村自联一乡,自号一保,名虽公报,实则私举。每每徇情匿弊,欺异唆远,其害不可枚数。今本县另编保甲,必要照例而行,十家为一甲,十甲为一保,十保为一乡约长,公举保甲甲长编着当之,零星居住者必要附在两邻,每约每保,均挨编定,不许缺少一户。

蒋国祚在处理地方诉讼官司时,发现约保并不得力。究其本质,是因为各村

---

① 常建华:《明代宗族研究》,第205、221页。

② 常建华:《国家与社会:明清时期福建泉州乡约的地域化——以〈福建宗教碑铭汇编·泉州府分册〉为中心》,《天津师范大学学报》2007年第1期。

③ 康熙《婺源县志》卷6《官师志·名宦》,第630页。

④《沱川余氏乡约》卷1《保甲三则》,第23页,明万历四十八年刊本,上海图书馆藏。据常建华介绍,国家图书馆还藏有与《沱川余氏乡约》内容一致的《沱川余氏宗祠约》,参见氏著《明代宗族研究》,第300—301页。

自立保甲，"名虽公报，实则私举"，互相隐瞒，阻碍案件审理。可见，随着时代变迁，明代中后期编成的保甲已经演变为与各个村落相对应，为地方宗族等势力所把持，难以实现官府要求各村各姓相互制约、共同维护秩序的需求。有鉴于此，蒋知县下定决心整顿并重编保甲。他要求打破村落界限，以家为单位，以十进制编立保甲，十保为一乡约，将保甲与乡约合并为同一体系。在编制过程中，对于零星民户，采取"以近附近"的原则和操作方式。这一要求为晓起约一、二、三甲所利用，他们在《连名呈词》中声称：

> 生等晓起地方，原注四甲，一约一保。惟第四甲孙、叶、洪、戴，人烟繁杂，又兼龙尾胡姓，东西岸及半山、低文、程周路、水底播等处，踞距晓起二十余里，仅注二户附入第四甲册内，其余隐漏不报，一以烟繁涣散，一以难查约束，波累情弊，致本乡舆情不服。今儿奉实行保甲，原为附近就便，俾乡约保长不时盘察。今生等一二三甲士民集议，编造人户清册，另报一约一保，至于四甲孙、叶、洪、胡、戴，听各附近另编，任其从便，则彼此相安，公私两利。……

晓起约的一、二、三甲认为，第四甲各姓居住于东岸、龙尾一带，距离晓起路程颇远，分布较广，难以清查烟户，进行约束。因此他们希望趁着重编保甲之机，利用"以近附近"的理由，将第四甲排除在外，自立约保。① 东岸胡姓对此愤愤不平，认为这是"一二三甲恃衣衿之势，将本家胡姓原编二户烟灶，与一二三甲瓜分，意图欺剥苛敛"。因此，他们订立合同，即《本家议墨抄白》，准备付诸官司，"倘日后启颂之时，无论呈告本家何人名字，一并出发各项公私费用，俱系照本家锅头均敷，不致累及出身之人"。不过，双方似乎并没有展开诉讼，第四甲也转而投入清源约。九月初十日订立的《入清源约合同抄白》称："清源约原编保甲册只有三甲，送官轮充约务。今奉县主蒋老爷清编保甲，必使以近附近，毋许遗漏，以十甲为一约保，诚属盛举。"他们同样打着"以近附近"、增补清远约力量的旗号，转而投之。因此，清源约也进行了重

① "以近附近"原则在民间社会被灵活运用乃至滥用，这在十都溪头村文书《新安上溪源程氏乡局记·（康熙十四年）与下村争曹村上屋充当差排合同》中也有反映。参见王振忠《明清以来徽州村落社会史研究》，第36—37页。

编:"今将原编三甲与半山、东西岸胡姓附近共编为十甲,举报约保甲长应官。"也规定了应对差役的方式:"倘日后如有飞差费用,仍照十甲敷出烟灶,不得执拗。其命盗各事,各管各甲。"

保甲的十甲之间既有协作,也保持一定的独立性。康熙四十四年十甲订立新约,明确轮役规则,作为前一合约的补充文件。

> 立议合同新编十甲等,原因康熙四十二年遵奉县主老爷蒋新编保甲,十门为一甲,十甲为一保,十保为一约,故将原议合同阄定,周而复始。今将各甲甲名述此:一甲洪芳生,编定甲半;二甲洪胡,编定四甲;三甲洪遇春,编定一甲;六甲曹启先,编定一甲;九甲吴汪詹,编定一甲;十甲胡先,编定甲半。今将新编十甲拈阄定后,自乙酉年起方思山洪应成阄得;丙年城口洪连清、石滩洪壬阄得;丁年城口洪年;戊年龙池坎曹君得;己年东溪洪得;庚年九坎洪士德;辛年山背洪春;壬年清石滩洪廷、半山东西岸胡勋;癸年吴汪詹;甲年半山、东西岸胡勋。(后略)

这一轮役规定记录了清源约编定保甲的十甲构成和地域分布。从地域相连的三甲到按照烟户数量排定的十甲,民间社会创造出报官的十个完整之"甲",以及实际上的"半甲"和搭配轮充等规定。如名义上的第十甲胡先户,在实际承役时算作1.5个甲,而这里出现的两处半甲又为后续的调整提供了契机。胡、洪二姓在全体合同之后,还于十月自行约定,进行协调:"其丙年原阄定清石滩与城口执年,其壬年清石滩与半山东西岸共役。今三处议定,丙年清石滩独任一年,壬年以近附近,半山与城口独当一载,俱属情愿。"这里,"以近附近"原则又有了新的应用方式,即便全体抓阄完毕后,各方仍可私下凭借"以近附近"的理由,更换轮充次序和方式。清石滩因此得以完整承担一年的保甲事务,而城口与半山胡姓因为地域临近而编为同一轮。

根据实际进行调整,灵活运用官府条款的情况,还可以从康熙四十九年正月《胡先与城口洪芳生两半甲甲长名洪岸共充一年合同抄白》体现出来:

> 立议墨洪芳生、胡先等,同属四图户籍,一里十排轮充,盖为人烟涣散,分为两约摄当。近于康熙四十四年遵奉新例,颁编约式,以近附近,听从民便,并不得挟故扰拦出入,是以胡先甲下与城口相近,宜归清源

约内。曾于前岁上五甲各宅集齐会酌，复另编甲，其山背龙池坋吴汪詹编为一甲半，共满十甲。图册以成一约，俱各阄定每甲轮充一年，独任以支约务。其胡先兴与城口两半甲，甲长名洪岸，共充一载。今两甲面议，应充之年，胡先阄得上半年承值，城口阄得下半年承值。其甘结小费值月据充支登账，倘遇行约及往邑举报，一应重务，每家着一人赍费同往料理，并不得以上春下季推诿。其一年支费总候封印后清算，两家各支若干，俱系两半均派均认。庶轻重均膺，毋致独亏之弊也。（后略）

胡姓与城口洪姓共同编为一甲，各占半甲，是为了满足十甲的编制规定。而呈报官府的甲长名为“洪岸”，显然是拟制姓名，绝非实在人名。轮充顺序也是由民间自行抓阄而定，这都说明此时保甲依旧保持着“名虽公报，实则私举”的特征，民间社会原有秩序和运作方式并没有因为官府的重编保甲而被打破。

关于依附乡约保甲各姓的详细情形，《叙记》语焉不详。道光二十八年八月婺源鸿源村吴、江两姓重新订立的合约，却有更多的细节展示：

立复议合墨人鸿源吴凤华仝江法新，祖葬吴村土名施姑坞东西两培，凤、莫二号山场，锄种扦苗，以供国课，来有六十余载。所是官差临查门牌烟户，均系吴姓约内照应。又恐偷窃花利之徒，概行严禁。江姓递年规例□于天贶节日请神之期，是以备席以感乡约业主照应之劳。今因吴姓业主众多，尤恐照应不到，及为照□，只得两相嘀酌，江姓办足钱四千五百文，付入乡约会内。此项以为永远折席之仪，无得异说。其于吴姓新年演戏，照依家头。日后兴旺，均照多寡，江姓不得推躲。其门牌讲约之费，每家原照老规，递年付与乡约收领。（后略）①

从合约可知，江姓依附吴姓，并非身份卑微，而是在祖茔周边从事山场经营并缴纳税粮。但是在保甲乡约的编排上，依据就近原则，附入鸿源吴姓，缴纳印制门牌、讲约的费用。所有官府清查保甲户口，全部交由吴姓处理。作

① 黄志繁等编：《清至民国婺源县村落契约文书辑录》第4册《秋口镇（三）》，第1238页。

为回报,江姓每年定期筹备酒席。但由于吴姓人口增多,江姓难以承受,双方重新约定报酬方式,即江姓交 4 500 文至吴姓乡约会内,作为酒席费用的折算,但新年演戏仍按照人户多寡摊派。可见,保甲乡约之下的族姓依附关系极为普遍。而所谓依附,实际上是江姓将保甲乡约事务交由吴姓承办,以一定的钱款和仪式作为交换。那么,在这样的依附关系之下编造的保甲登记是否能够如实反映出各姓的实际构成呢?

康熙四十二年九月十九日官府颁给的保甲门牌与自行订立的《清源约议本家轮充乡约议约抄白》附件《康熙四十二年十月初五日通族均点烟灶单》也有一定出入,现将两者分别归纳如以下两表。

表 1 保甲门牌中的户名构成与人户数量

甲 别	保甲户名	生 理	男妇数量
第一甲	胡德禄	耕作	7
	胡应敖	耕作	5
	胡应寿	耕作	6
	胡应周	耕作	4
	胡	未上	0
第十甲	胡佐让	训蒙生理	10
	胡佐熊	耕作	7
	胡时行	耕作	7
	胡元佑	在家	7
	胡一旦	耕作	7
	胡有利	耕作	8
	胡安贵	耕作	5
	胡兴贵	耕作	6
	胡起生	耕作	7
	胡华树	耕作	10
总 计			96

表 2 烟灶数量与族姓、地域构成

村　落	族姓/支派	烟灶数/无妻灶数	实际均派灶数
东　岸	胡,兆兴公支派	12/1	11
	胡,远售公支派	18/4	14
西　岸	胡,容户支派	12/1①	11
程垓路	胡,祖户支派	12/2	10
低源、半山	胡,高户支派、显户支派	19/3	16
巨鸟垓	詹	5	5
杨梅山	曹	3	3
程垓路	胡,石镇源迁居派	1	1
总　计		82/11	71

对照上列两表可以发现两个方面的问题。一方面,胡姓呈报官府的男妇人口总数为 96 口,而族内与依附其下的詹、曹等姓统计的烟灶总数是 82 灶。从表面上看,两者数字较为相近,考虑到时间上差距几个月,发生人口变动也符合常理。但是,"灶"所登录的姓名皆为男性,还标出无妻者,在某种程度上具有家庭的含义。换言之,即便扣除无妻的 11 灶,按照每灶 5 口计算,胡姓及依附各姓人口总数应在 420 人以上,而不仅仅是呈报的 96 口。另一方面,保甲户名中,既有实在人名,如胡伭让等,也有一些姓名不见于烟灶清单者,如胡华树等,有可能是杜撰的姓名。另外,第一甲还有一户胡姓缺载,据小字说明为"其门牌显其担去未上",说明此人已脱离保甲编制。更重要的是,保甲门牌的姓名皆为胡姓,根本没有詹、曹等依附各姓。这些细节都表明保甲门牌登记是存在很大漏洞的,仅依据保甲户名信息,是无法发现背后的复杂构成的。官府将这样的保甲统计数字作为依据,是难以进行有效的管理和控制的;而对于民间而言,具有实际意义的不是门牌数字,而是

① 据胡伭让称,胡姓共有 73 灶,算上依附的胡姓(1 灶)及詹、曹二姓后通约 82 灶。但根据清单加总后,胡姓为 72 灶,似乎需要将宗族外的胡姓一并算在内才能得出 73 灶的总数。但是,西岸共有 11 灶,其中"茂秀"灶无妻,但该名又不见载于 11 灶之中,因而笔者推论西岸应为 12 灶,实际均派灶数是 11 灶。这样总数便能吻合。

烟灶清点的实际数额，且该数额成为轮役运作的基本凭据。

结　论

图甲、保甲、乡约三类基层行政组织的头目，均属差役，与流品官僚有着本质上的差别。因此，在实际运作机理上，差役组织更多是自下而上应付摊派的税粮差事，而官府衙门则是自上而下地获取人力与物资。相应地，县以下区划与州县政区、县辖政区（或称为次县级政区）的空间形态也有极大差异。行政区划的划定，主要以获取资源的山川形便和权力制衡的犬牙交错为依据。而民间社会在组合构成基层行政组织和地理单元时，更多考虑的是依据实际人户情况，平均分配差役负担，形成了较为公平合理的轮充差役之机制。即便有官府倡导“以近附近”的原则，但在这样的考虑之下，也会被灵活运用，进而塑造出形式多样、较为破碎的空间组合形态。

从外在形式上看，清康熙年间的重编调整后，婺源县乡村形成了“图”居于起点、图甲—乡约—保甲的三层统辖关系。但在图、保、约的组织中，“甲”的编排尤为民间社会所看重，具有类似于“股份”的意义。十都四图的组成，是依据十进制的编排方式，便于推行十年一轮的催征应役方式，但其中的“甲”往往能够通过族姓信息对应到具体的村落和宗族。实行按甲催征之后，图甲之“甲”的地域对应性更为明显。乡约组织虽依照图甲编成，但又根据实际情况和自身运行原则进行了重编。其下的“甲”清晰对应了地域相邻的村落与依附人群。保甲也是按照十进制的编排模式，但民间社会亦制定了依据村落的一“甲”、半“甲”的搭配组合规则，地域对应的特征也十分显著。因此，“甲”应当是我们观察差役型县以下区划和组织的切入点。

晚清徽州塾师的日常生活空间
——以胡廷卿账簿为核心的考察

董乾坤
（安徽大学历史系）

摘　要：个人生活空间问题，学界已有讨论。然而不同地域、同一地域不同阶层的人群所构建的生活空间并不相同。他们因不同的传统习惯、身份，形成了不同的行为方式，结成不同的社会关系。生活于晚清民国时期徽州府祁门县南乡的一名生员，在鸦片战争后的环境中，由于传统的经商网络与习俗，以及自己特殊的身份与职业，构建出了自己的生活空间格局。对他个案的探讨，有利于丰富传统乡村民众的生活面相，加深对此一问题的认识。

关键词：晚清　塾师　生活空间　胡廷卿账簿

一、胡廷卿生活的各级空间地名统计

民众作为社会中的一员，生活于社会中，其行动与思维皆受制于此，这一点在社会学、人类学以及历史学中皆有讨论。① 但社会亦存在于一定的空间之中，因此空间、社会、社会组织以及民众之间的关系，一直成为学界探讨

---

① 参见［美］马歇尔·萨林斯《文化与实践理性》，赵丙祥译，上海人民出版社，2002 年；［法］列维-斯特劳斯《结构人类学》，张祖建译，中国人民大学出版社，2005 年，第 86 页；［法］福柯《规训与惩罚》，刘北成、杨远婴译，生活·读书·新知三联书店，2007 年。

的对象之一。[1] 有关个人生活空间,前辈学者已有讨论,在20世纪90年代中期,日本学者稻田清一即对江苏省吴江县一位乡居地主柳兆薰的日记中的地名加以细致统计,讨论晚清乡居地主的生活空间与社会结构问题。[2] 六年后,中国学者洪璞亦利用包括柳兆薰日记在内的两部晚清日记中的地名记载,通过生活空间和社会关系两个视角,探讨了地主自乡下移居至城镇后生活空间与社会关系的变化。[3] 此后,学界则鲜少涉及,直到十多年后,刘永华利用晚清民国时期徽州府婺源县一家小农祖孙三代所留下的排日账,对此问题作进一步研究。他首先根据账簿并结合实地走访复原了账簿的记录者——婺源北部程家的活动空间范围,然后指出程家活动空间范围的确立与六个因素有关,即粮食种植、茶叶生产、亲戚往来、集市贸易、食盐贩卖及齐云进香。可以看出,这六个方面基本上涵盖了小农家庭日常生活的四个方面:农业生产、社会交往、贸易往来及宗教信仰。然而,他的研究并未止步于此,他还从时间的纬度,历时性地考察出程家在六十多年间其生计模式发生了变化,而这些变化又导致了活动空间范围的变化。最后他通过程家个案的研究指出,中国传统的乡村并未如费孝通所概括的是"孤立、隔膜"的,而是在各种因素的作用下,活动空间较大,空间的流动性也较高。[4]

上述三位学者的研究成果,为本文的讨论带来了启发。但是,此一问题尚有探讨的空间。稻田清一与洪璞的研究,皆是从宏观上探讨生活空间、社会结构以及社会关系问题,然而仅是对社会现象的复原,对产生现象的原因并未涉及。刘永华对婺源农家的探讨不仅勾勒出了这家人的生活空间,也

---

① 关于此,可参见[英]德雷克·格利高里、约翰·厄里编《社会关系与空间结构》,谢礼圣、吕增奎等译,北京师范大学出版社,2011年;朱国华《社会空间与社会阶级:布迪厄阶级理论评析》,《江海学刊》2004年第2期;王丰龙、刘云刚《空间的生产研究综述与展望》,《人文地理》2011年第2期;王丰龙、刘云刚《空间生产再考:从哈维到福柯》,《地理科学》2013年第11期;宋秀英《段义孚的地方空间思想研究》,《人文地理》2014年第4期。

② [日]稻田清一著、张桦译:《清末江南一乡村地主生活空间的范围与结构》,《中国历史地理论丛》1996年第2期。

③ 洪璞:《乡居·镇居·城居——清末民国江南地主日常活动社会和空间范围的变迁》,《中国历史地理论丛》2002年第4期。

④ 刘永华:《从"排日账"看晚清徽州乡民的活动空间》,《历史研究》2014年第5期。

揭示出其中的原因。本文所要讨论的胡廷卿则是一位乡村塾师，与刘氏探讨的小农所生活的地域相同，都在徽州府，且时段相近。不过，从社会阶层来看，由于二者身份不同，其生活的空间却呈现出不同的面貌，且其背后的原因亦有较大区别。由此可以发现，在徽州府内，不同阶层的人物由于职业与社会身份上的差异，他们各自构建了自己的社会关系与生活空间，两者相较，可以看出同一时空中不同阶层的人群有着各自的生活图景。另外，相较于上述三位学者的研究，本文可资利用的文献更为丰富，如笔者在田野调查中所获得的族谱、分家文书等，由此可以对更多问题加以讨论，亦可以窥测出更丰富的社会面相。从这个意义上说，笔者以为，本文的讨论对于丰富地方社会以及比较不同阶层人群的差异具有一定的学术意义，借此亦可重新审视学界所提出的一些理论问题。因此，笔者不揣浅陋，对此问题作进一步研究，谬误之处，敬请方家指正。

在探讨胡廷卿的生活空间之前，首先对本文中“空间”一词的含义作一个交代。① 本文对“空间”概念，主要是从两个层面上加以使用：第一，胡廷卿及其家人所居住生活、因各种原因到过的地方；第二，胡廷卿及其家人虽未去过，但对胡廷卿的日常生活产生影响的地方，如广州、饶州等。

本文所要讨论的胡廷卿，为徽州府祁门县南乡人，有关胡廷卿的情况，在民国时所编撰的《贵溪胡氏支谱》里有较为详细的记载，兹录如下：

> 兆祥，名品福，字廷卿，号和轩，邑增生。曾修阖族宗谱，倡办本村养正国民小学校，精通医学。民国癸亥年(1923)，寿登八秩暨泮水重游，县长徐公赠“泮水耆英”匾额。生道光廿五年(1845)十月十二申时，殁民国十三年(1924)二月三十申时。原娶郑氏，未婚而卒。继娶汪氏，生道光廿七年(1847)六月二十卯时，殁光绪廿九年(1903)十月十五卯时。②

① 关于此，刘永华曾对空间作过简单的交代，见其论文《从“排日账”看晚清徽州乡民的活动空间》，《历史研究》2014年第5期第162页注释②。

② 胡承祚编纂：《贵溪胡氏支谱·愿公派下图七时慎派下》，民国十三年(1924)刻本，第80a、b页。现藏于贵溪胡恒乐先生家中，承蒙惠允使用，特此致谢。

由此可以确定胡廷卿生活于晚清民国之间，他是一名生员，且在地方社会中是一位颇有影响的人物。当太平军于同治二年（1863）最后一次被祁门军民驱逐出祁门时，胡廷卿十九岁（虚岁，以下同）。同治七年，二十四岁的他参与了本门宗族出拼本都（即十二都）七保白石坑东培山山业分单①，可以看作其介入家族事务的开始。光绪七年（1881）其父胡昌陞去世，作为长子，他正式接手家务，②他于该年的六月份开始记账，本文所利用的核心资料即是他从此时直至民国四年（1915）持续记载的系列账簿。

这些账簿被收入《徽州千年契约文书》，影印出版，使学界得以识见。对于这批账簿，学界此前已有利用，但皆未涉及生活空间的讨论。③ 胡廷卿账簿种类较多，综合起来，可分为流水簿、各项誊清簿、茶叶簿、祀会簿以及粮局兑则共计五类，其中流水簿是账簿的主体部分。④ 本文所用账簿基本是流水簿。流水簿的主要内容是胡廷卿在日常生活中的家庭收支记录，但不限于此，也包含对自己所经历事件的记载，是介于账簿与日记之间的一种类型，类于排日账。由于账簿中详细记载了胡廷卿以及与他相关人物的活动地点，为笔者探讨晚清乡村民众的活动空间问题提供了翔实的资料。由于资料的保存情况，笔者所得数据并非全部。其中光绪二十三年（1897）的记录，笔者未能找到，而光绪二十八年至三十一年（1902—1905）、光绪三十三年（1907）、宣统元年至民国元年（1909—1912）这九年的数据由于流水账未能保存下来，笔者只能利用胡廷卿的《洋蚨总登》《春茶总登》以及《各项誊清》的相关记载加以补充。其时间跨度为光绪七年至民国元年（1881—

---

① 刘伯山主编：《徽州文书》第2辑第1册，广西师范大学出版社，2006年，第331页。

②《贵溪胡氏支谱·愿公派下图七时慎派下》。

③ 王振忠：《新近发现的徽商“路程”原件五种笺证》，《历史地理》第16辑，上海人民出版社，2000年；王裕明：《晚清上海德安押当票探析》，《安徽史学》2003年第6期；邹怡：《产权视角下的徽州茶农经济》，卞利主编：《徽学》，安徽大学出版社，2008年；邹怡：《徽州六县的茶叶栽培与茶叶分布》，《历史地理》第26辑，上海人民出版社，2010年；王玉坤：《清末徽州塾师胡廷卿的乡居生活考察——以〈祁门胡廷卿家用收支账簿〉为中心》，《贵州师范学院学报》2015年第5期；王玉坤：《近代徽州塾师胡廷卿的家庭生计》，《安庆师范学院学报》（社会科学版）2015年第3期。

④ 王钰欣、周绍泉主编：《徽州千年契约文书》清民国编第14—18卷，花山文艺出版社，1993年。

1912)，共计三十二年。

笔者统计了胡廷卿系列账簿中记载的全部地名，统计的方法是将账簿中所载地名全部表格化，然后使用 Excel 表格做统计列表，最后将各个地名按照不同的区域划分出来，进而探讨相关问题。虽然这些数据并不完整，无法反映胡廷卿生活空间的全部，但它基本反映了胡廷卿生活空间的大体比例，并不影响笔者对相关问题的分析。

通过对相关资料的梳理，笔者对其资料中所记载的地名进行了全面统计并加以分类，兹将胡廷卿账簿中所提及的地名按照不同等级列表如下。

表 1　1881—1912 年各行政区地名分布统计表

省份	府名	县级地名	次数		
安徽省	徽州府	黟县	2	1 354	1 412
		休宁	16		
		歙县	33		
		婺源	16		
		祁门	1 301		
	池州府	石埭	27	32	
		青阳	4		
		贵池	1		
	宁国府	太平县	5	5	
	安庆府	望江	2	4	
		太湖	1		
		怀宁	1		
	六安州	英山	2	2	
江西省	饶州府	景德镇	86	108	124
		饶州	16		
		浮梁	3		
		乐平	3		

（续表）

省 份	府 名	县级地名	次 数		
江西省	九江府	浔阳	10	15	124
		湖口	3		
		都昌	1		
		德化	1		
	抚州府	抚州	1	1	
广东省	广州府	广州	13	13	13
湖北省	汉阳府	汉阳	4	4	4
湖南省	长沙府	长沙	1	1	1
江苏省	江宁府	南京	1	1	1
浙江省	临安府	杭州	1	1	1

表 2 胡廷卿祁门县地名记载分布表

地 点	地名数	次 数
南 乡	113	912
城 中	1	333
西 乡	11	27
东 乡	1	1
未 知	22	28

表 3 南乡部分地名记录次数列表

地名	次数	地名	次数	地名	次数	合 计	
塔坊	154	石坑	28	新义	16	地名数	次数
溶口	102	侯潭	26	严潭	12	12	475
程村碣	38	郭口	20	板溪	11		
奇岭	38	石岭	20	石溪	10		

上面三个表格从省际、祁门县城以及祁门南乡三个层次分别标识出了胡廷卿的生活空间范围。那么这些空间是如何形成的,其背后的因素有哪些?下文将对这一问题加以分析。

二、五口通商后的区位格局与经商传统

胡廷卿的生活空间其实与当时的社会背景以及徽州的经商传统有很大关系。由表1可以看出,在这32年中,与胡廷卿产生联系的地方按照行政区划不同,有7省12府(州)26县。在胡廷卿1 557次提到的180个地名中,有1 537次属于安徽与江西两省,占据总数的97%,这反映了胡廷卿的活动范围以安徽为中心以及与祁门县传统经商路线一致的事实。① 也可以看出,与胡廷卿生活发生联系的省份基本集中于南方各省。除去江西省在清代以前即与祁门县的紧密关系外,广东、湖北与其关系较为紧密,其中广东尤为突出。

从表4可以看出在与广东等5省的联系中,商品买卖占据了主要地位。除胡廷卿于光绪十四年(1888)去江苏省南京参加乡试外,其他4个省他均未去过。但由于与他相关的诸多人员从事商业活动,因此通过这些人物,他间接与上述各省产生了联系。综合表中信息可以发现,在5省20条的记载中,以商品为媒介的联系高达14条,其中广东货物占13条,这充分说明广东作为商品进出口贸易中心之一的事实。虽然此时上海已取代广州的地位,汉口与九江已是祁门红茶的集散地,但是由于祁门安茶的传统经销路线是销往广州,②因此至清末时仍有诸多祁门商人往广州贩茶。表中的胡俊明、胡兆瑞皆是兼营茶叶的商人。而光绪二十九年(1903),胡廷卿

---

① 祁门县传统的经商路线,即沿阊江南下,过浮梁、饶州,经鄱阳湖口入长江这一路线。关于此问题,笔者将另撰专文讨论。明代以后,至广州的路线,可参见王振忠《瓷商之路:跋徽州商编路程〈水路平安〉抄本》一文,《历史地理》第17辑,上海人民出版社,2001年。

② 具体可参见张燕华、周晓光《论道光中叶以后上海在徽茶贸易中的地位》,《历史档案》1997年第1期;王振忠《徽州社会文化史探微——新发现的16—20世纪民间档案文书研究》第三章《清代徽州与广东的商路及商业》相关内容,上海社会科学院出版社,2002年;郑建新编著《祁门红茶》,上海文化出版社,2008年。

长子胡云青(阳开)也曾代胡俊明前往广州销售茶叶。而日顺则是由祁门红茶的创始人胡元龙所创办的日顺茶厂,主要制作红茶。由于贵溪村内普遍种植茶叶,经营茶叶的商人众多,他们或是南下广东,或是经饶州而至九江,顺长江西上武汉,在售卖茶叶的同时,从当地购买日常所需物品回来。如表4中胡廷卿的两个儿子阳开与佛子都利用去汉口贩茶的机会采购了大批货物回来。光绪二十四年的这次货物,分别采自汉口、九江,支用英洋12元5分,银8两5钱5分7,①说明这批货物数目很大,否则不会以洋、银计算。

表4 胡廷卿与广东等五省交往记录表

年	月	日		涉及人物	省份	货 品	页码	卷数
光绪九年	腊月	念九	收		广东	糖	120	十四
光绪十九年	十一月	冬至	收	霭庭先送	广东	白糖糕	496	十五
光绪二十一年	十一月	初九	收	瑞记送	广东	金橘	152	十六
光绪二十五年	小春月	初八	收	瑞记送	广东	瓜线、橘饼、佛片	11	十七
光绪二十五年	腊月	廿六	收	瑞记送	广东	通书	26	十七
光绪二十六年	十一月	十五	收	瑞记送	广东	果子	110	十七
光绪二十六年	腊月	廿六	收	俊明送	广东	白糖糕	122	十七
光绪三十二年	嘉平月	廿四	收	瑞记送	广东	果子,4样	140	十八
光绪三十二年	嘉平月	廿四	收	日顺送	广东	果子1包,4样	140	十八
光绪三十四年	嘉平月	初十	收	瑞记送	广东	历书1本	214	十八
光绪三十四年	嘉平月	初十	收	瑞记送	广东	果子2包,约2斤,4样	214	十八
光绪二十九年	七月	未知	收	阳开往	广东	沽茶,代俊明叔	309	十七
光绪二十九年	腊月	未知	收	阳开自	广东	买回货物	387	十七

① 王钰欣、周绍泉主编:《徽州千年契约文书》清民国编第16卷《光绪24年〈收支总登〉》,第331页。

（续表）

年	月	日		涉及人物	省份	货　品	页码	卷数
光绪十三年	八月	十三	支		湖北汉阳府	廖姓钱40文，游学	445	十四
光绪二十四年	蒲月	十六	收	阳开买来	湖北武汉	货物	331	十六
光绪二十八年	未知	十五	收	佛子自	湖北汉口	到家	325	十七
光绪二十八年	五月	十五	收	佛子手自	湖北汉口	带回恒丰英洋3元	330	十七
光绪十八年	五月	念日	支		湖南长沙府	叔、侄钱30文，游学	334	十五
光绪十四年	七月	十六		胡廷卿往	江苏南京	参加乡试，八月廿六到家	27	十五
光绪十一年	暑月	廿九	收		浙江杭州	锡箔，支钱100文	213	十四
光绪十八年	六月	廿六	支		江西湖口	支钱20文，游学，湖口，姓曹	339	十五
光绪二十年	三月	十二	支		江西都昌	钱40文，游学，都昌，姓王	27	十六
光绪二十二年	五月	廿一	支		江西饶州	钱50文，游学，姓何，2位	207	十六
光绪二十五年	五月	廿一	支		安徽望江	钱40文，游学，姓施	493	十六
光绪二十六年	九月	廿九	支		安徽怀宁	钱30文，游学，姓韩，名□轩	101	十七

胡廷卿之所以与汉口、九江，特别是景德镇产生联系，实际上与此一时期祁门红茶的兴起与汉口、九江作为通商口岸的开放以及传统的经商范围有着密切的关系。咸丰十年(1860)，中英签订沿江通商条约，清政府被迫开放镇江、九江和汉口三个沿江城市，从此外国势力沿长江进入内地，其中九

江和汉口成为中外交易的沿江中心城市，这些内陆沿江城市亦成为祁门茶商的活动聚集地。① 此时，由于绿茶的滞销，贵溪人胡元龙受到自福建退职的黟县人余干臣启发，于光绪四年(1878)在贵溪开办日顺茶厂，试制红茶并取得成功。据胡元龙之父胡上祥立于光绪十七年(1891)的分家文书记载：

> 戊寅(笔者注：即光绪四年)，祁南红茶本号开创，至丙戌，已历九载。不意元龙随手支用，无知妄作，好行小慧(惠)。丙戌，九江卖茶失机，号内加作三班，我全不识。②

这段记载表明，祁门红茶的销售区域主要是在九江，但是由于汉口的茶叶需求量大，其价格高于九江，因此亦有部分红茶分销于汉口。据编纂于光绪二十三年(1897)的《时务通考》记载：

> 论茶叶一事，据英商天裕行所报情形，谓本年宁州头春红茶，在华历四月间即经华商运到九江，径行送往汉口者比平常之好茶较美，其最上之宁州茶，系专售与俄商，而俄商亦愿出价争相购买，每担给价八十两至八十八两之数，后到之祁门茶色，味稍逊于宁州，然其上等者若在本口出售，价值平平，及运之汉口，其价便高，有俄商愿出每担七十两之值。从前，此等祁门茶，俄商并无人过问，而本年则竟置买三四成之谱，此亦意料所不及者也。③

这里指的应该是光绪二十三年前一两年的情形，但它说明，祁门红茶在当时的国际市场上占有一席之地，其质量虽不如江西宁州红茶好，但在汉口，由于俄国茶商的需求量大，价格亦不低。而表5中有关与九江、汉口联系的记载即发生于光绪二十二年至光绪三十年间(1896—1904)，且均在四五月份，

---

① 相关研究可参见陈慈玉《近代中国茶业之发展》，中国人民大学出版社，2013年；[美]罗威廉《汉口：一个中国城市的商业与社会》，鲁西奇译，中国人民大学出版社，2005年；王振忠《徽州日记所见汉口茶商的社会生活——徽州文书抄本〈日知其所无〉笺证》，复旦大学文物与博物馆学系编《文化遗产研究集刊》第2辑，上海古籍出版社，2001年。

② 该文书现藏于贵溪村胡松龄先生处，承蒙惠允使用，特此致谢。

③ 见(清)杞庐主人编纂《时务通考》卷17《商务·茶叶·九江》，光绪二十三年(1897)点石斋石印本。

这期间正是出售茶叶的季节。这时，胡廷卿的两个儿子皆已进入壮年，正是做生意的年龄，因此，胡廷卿本人虽居于贵溪村内，但远在千里之外的九江和汉口则因为茶叶而与其发生了联系并获得当地的信息，进而在其日常生活中产生了影响。

表 5　与九江、汉口联系相关记载具体信息表

年	月	日	记　　载	页码	卷数
光绪二十二年	五月	十三	本年浔市竹布价银六钱二分	204	十六
光绪二十四年	五月	十六	阳开自浔买来货物	331	十六
光绪二十四年	五月	十六	阳开在浔做衣服	331	十六
光绪二十四年	五月	十六	阳开买来汉、浔货，英洋十二元零五分	331	十六
光绪二十八年	四月	十九	往饶，由饶至浔	308	十七
光绪二十九年	五月	初六	佛子浔回来，买各物，计英洋十五元九角三分	340	十七
光绪三十年	五月	十九	佛子帮瑞馨祥茶号（五月十九自浔由饶到家）	397	十七
光绪二十八年	五月	十五	佛子自汉到家，计开所买各物一单	325	十七
光绪二十八年	五月	补十五	收佛子手恒丰英洋三元，汉口带来	330	十七

他们在经商的同时，在经商地或沿途购买商品回祁门，以满足祁门民众的日常生活需求。有关广州的情形，已如前述，这里再以景德镇、九江及饶州为例（见表 6）。由表 6 可知，在所有记载中，除去因为同一件事而分别记录之项外，共 107 次，其中有关货物的记载是 63 次，加上办事兼买货物的 3 次，共 66 次，其余分别是佛子在景德镇方长春号工作、做学徒的记载 6 次，给佛子送去日常物品及零花钱者 5 次，自景德镇回家的记载 6 次（其中包括佛子的同事），收到佛子的来信 3 次，佛子请客记载 3 次。其中引起笔者注意的则是胡廷卿有关九江竹布价格和饶州（即鄱阳）洋价的记载。这两处记载，

一处是民众日常消费所用之布，一处是与日常的洋、钱兑换有关的经济活动。在晚清，由于英洋（即墨西哥洋元）的大量流入，白银的大量外流，洋和英洋逐渐取代了银在中国社会中的流通，由原来的银、钱换算转变为洋、钱关系。在大宗买卖中，一般支用洋，而日常零花钱及涉及数额较小时，多支用铜钱。因此，民间经常用洋来换取铜钱以满足零用。在胡廷卿的账簿中有多次换钱的记载，两者的比价并不稳定，且换钱的地点亦不固定，同一时间不同兑换点的比价也会有差异。他将饶州的洋价记录下来，以此来了解更大范围的行情，实际上是为了在换钱过程中不至于吃亏。显然，胡廷卿之所以能获悉远在百里之外的九江和饶州的布价、洋价，是由于经商加速了人员的流动并由其带来及时信息。

表 6　景德镇、九江、饶州（鄱阳）三地记载事由统计表

所涉地点	事　由	次数	所涉地点	事　由	次数
景德镇	办事、买货	3	浔阳	买货	6
	俸洋	3		售茶	1
	工作	6		竹布价	1
	回家	6	饶州	货物	12
	货、钱	45		信件	1
	礼物	3		洋价	1
	请客	3		游学	1
	送钱	5		未知	1
	信	2			
	收洋	3			
	未知	4			

三、影响生活空间的现实因素

普通民众的生活空间固然与所处的地理环境以及传统习惯紧密相关，

但作为不同的个人，由于自身差异以及主观上的差异，现实中不同的人对自己生活空间的构建又显示出不同的面貌。基于此，笔者拟从胡廷卿日常生活中的购物与职业身份两个方面，对此加以探讨。

（一）购物

清代以后的祁门县，在空间上以祁门县城为中心划分 4 个区域，即东、西、南、北四乡，民间又以去往县城的道路为标准，称其为四路，同时，县城称为“城乡”自成一乡。四乡与城乡一起共 5 个地域单位，代替了政府所设置的行政区划意义上的六乡，在现实社会中起到了动员民众与社会运作的作用，而胡廷卿所在的贵溪村就位于南乡的十二都。

笔者对胡廷卿账簿中所有祁门县地名进行统计，共计地名 148 个，1 301 次记录，通过辨认，其分布如前文表 2 所列。从表 2 可知，除胡廷卿所生长的南乡外，祁门县城是与其联系最为密切的地点，在 32 年中有 333 次记录，平均每年有 10 次以上，这说明祁门县城作为祁门的治所，已成为祁门民众重要的生活场所。西乡出现的地名有 11 个，表明其与西乡的联系亦较广。而胡廷卿与东乡、北乡的联系则极少，在胡廷卿账簿中，有关东乡的地名仅有“横路上”1 个，而北乡则完全没有。

如果我们再将镜头放大，聚焦于与胡廷卿发生联系的南乡，则会发现胡廷卿的记录频率亦呈现出多少不均的面貌。笔者统计了 32 年中所提及的南乡 113 个地名后发现，除贵溪外，记录 10 次以上的地名有 12 个，其记录次数高达 475 次（见表 3），占据全部记录数的 31.72%，接近三分之一。如果再将祁门县城的记录算进去，则达到全部次数的 53.11%，占据了一半以上。由此可以说明，胡廷卿生活的核心区域即是以贵溪村为中心上述区域。

在表 3 中的 12 个地名中，塔坊、溶口、侯潭、程村碣皆是小商品的集散地，它们分布于阊江两岸。那么胡廷卿的购物行为与它们有着怎样的关系呢？

为了说明问题，下面笔者即将账簿中所载购物次数超过 20 次的地名统计出来加以分析（见表 7）。

表 7 胡廷卿购物记载表

地 点	店家、人物	商 品 种 类	次数
邑 中	文星堂、德茂店、湧源隆、仁和店、祥茂等	肠油、茶、茶油、破片、鲞鱼、酱油、白菜、洋青布、毛笔、还账等	186
塔 坊	同兴、森大号、振宝号、振康号	苧、亥、生糖饼、亥、烟、白面姜、糖枣、茶蛋、酒、白面云、子、染衣服、面、砂糖、香干、米齐、油、酱油等	143
贵溪村	义田米局、瑞记、四寿、根、翠根、鹤臣、鉴三、祖根、牡丹、秀阳、起龙、阳春、长生、悦、奇生、益美店、复美店、鹤卿店、善根、根基等	米、锡箔、亥、平酒、稻谷、树、东川、柴、砖、茶油、布	46
景德镇	汪鸿昌号、敬承栈等	买米，还账，麻酥、帽、米、黄条、菜油、茶饼等	40
程村碣	烟担、育隆号、立成油坊	烟、菜油、茶油、亥、火炉、东川、芝麻、茶子	37
溶 口	仁和店、鹿生、复成店	条丝烟、米、炉、钵、白米齐、白糖面姜、果子、小酥	27

上表中有关购物的记载共计 479 次，值得注意的是，表 3 中出现次数较多的侯潭，在胡廷卿的购物行为中并未出现，说明两者产生联系另有它因。结合资料与走访，笔者将各地与胡廷卿所在的贵溪村的距离以及所占购物次数列表如下。

表 8 购物地点距离贵溪村里程及购物次数所占比例表

地 名	距离（华里）	比例（%）
邑 中	45	38.8
塔 坊	25	29.9
贵溪村	0	9.6
景德镇	185	8.4
程村碣	20	7.7
溶 口	15	5.6

结合表7和表8,我们可以发现,胡廷卿的购物行为与其所处距离的远近并不一致,他在本村的购物次数仅有46次,所占比例不到10%,而距其分别为45里、25里的祁门县城和塔坊则分别有186次和143次。更为特殊者,在距离185里之遥的江西省景德镇,购物次数竟也超过距其仅20、15里的程村碣和溶口。如果再从所购商品的种类来看,其在各地所购商品皆是日常生活用品,并无多少差别。

(二)胡廷卿的职业与身份

生活空间不仅由购物活动决定,对于不同的人而言,其职业及所处的社会阶层也会影响他的生活空间范围。光绪十三年(1887),祁门县内的贵溪胡氏族人在渚口胡氏后裔胡廷琛的组织下,在城内设谱局,进行了祁门胡氏族谱的五修。胡廷卿作为贵溪村的三位代表之首,参加了本次修谱活动。这在他的账簿中有相关记录:

> 暑月十六,往邑到城祠谱局。
> 暑月廿七,邑中回家。
> 七月初六,往邑到谱局。支钱二百,局中零用。
> 七月廿一,回家。谱局借来钱二百。[①]

胡廷卿在本次修谱中跟同村的胡日升、胡标一同担任校对工作。[②] 显然,从这四条简单的记载中,可以看出本次修谱是在城中的胡氏宗祠一本祠内进行的,从胡廷琛撰于光绪十二年(1886)的谱序可知,修谱的准备工作较早开展。于光绪十三年(1887)开始校对工作,并于光绪十四年(1888)刊刻。[③] 在修谱之后的第二年,胡廷卿获得了邑增生的资格,从而成为一名生员。邑增生与邑庠生的区别在于不能享受政府提供的月米资助,但具备了参加乡试

---

① 王钰欣、周绍泉主编:《徽州千年契约文书》清民国编第14卷《光绪13年〈进出流水〉》,第440、441、442页。

② (清)胡廷琛编修:《祁门胡氏族谱·修谱人名》,清光绪十四年(1888)刻本,现藏于上海图书馆。

③ (清)胡廷琛编修:《祁门胡氏族谱·谱序》。

的资格。祁门县在国家所规定的生员额数之外又增加数额的规定，始于太平天国期间。由于祁门县民众在设置团练抵抗太平军的过程中牺牲极大，为了表彰他们的义行，在祁门乡民的请愿下，朝廷特诏增设生员额数，据载：

西乡绅团禀辞，恳请援乡民助战例，加广合邑文武学额。七年八月奉府宪林学宪沈准礼部咨开，咸丰七年二月初六日，内阁抄出，奉上谕：安徽巡抚福奏请将休宁、祁门永加学额等语，安徽休宁、祁门县文、武学额，着永远增广各二名用，示朕嘉奖忠义至意，钦此！①

胡廷卿正是这一政策的受益者，光绪十四年(1888)他即赴南京参加了乡试。邑增生资格的获得为他带来了很大的荣誉，他于该年的六月廿九日再次“往邑中为谱事”②，从湖南长沙人金士翘所撰的谱序为本年的四月份来看，③此时的族谱正处于刊刻之际，胡廷卿此次去谱局并未耽搁太久，第二天即返回家中。因此笔者推测，这次胡廷卿主要是为在谱上增加他的“邑增生”头衔而去。与此同时，贵溪村内的村民们亦开始为其设宴庆祝饯行，包括当时祁门县最高学府东山书院在内的各种教育机构、会社及个人都送来了乡试费。甚至石埭县的琉溪胡氏族人亦送来了路费。由此看来，获得邑增生并有资格参加乡试在当时的祁门社会中是一件相当有影响的事情。

有关本次去南京的行程，从下面表9的记载亦可看出。胡廷卿自南京出考棚(洋棚)后，乘轮船(洋船)逆江而上至安徽铜陵县的大通镇，④登陆后雇挑夫从陆路回到家中，自七月十六日起程至八月廿六到家，前后历40天。据徽商所编的路程歌，自大通有一条道路可以到达歙县的西乡，其以歙县西乡的郑村为起点，路线为：郑村→稠墅→丰口→许村→荆岭→茆山→箬岭→文雅街→谭家桥→胜虹桥→岭上长源→佛子岭→五里亭→三口镇→坟山→岭屿下 甘棠→三折岭→垮弓岭→浮坵坦→穰家河→荫凉桥→博古桥→曹家

① 同治《祁门县志》卷36《杂志·记兵》，页码待考。

② 王钰欣、周绍泉主编：《徽州千年契约文书》清民国编第15卷《光绪14年〈进出流水〉》，第24页。

③ (清)胡廷琛编修：《祁门胡氏族谱·谱序》。

④ 有关大通镇的考证，参前揭王振忠《徽州社会文化史探微——新发现的16—20世纪民间档案文书研究》，第385—389页。

塝→陵阳镇→分水岭→将军庙→龙口→石垅→诸备店→江村→柏家桥→七里头→青阳县→元桥→大通。① 可见，这条道路是徽商经常走的一条路线，否则不会被编成歌谣。胡廷卿上岸登陆后，想必亦是由该路线先到达歙县，然后沿歙县至祁门的道路到家。

表 9 胡廷卿参加乡试记录表

月	日	记　录	页码	卷数
七月	初一	乡试费六千	25	十五
	初八	收侯潭干廷叔岳送赆仪钱四百文	26	
	十二日	瑞记备酒一席，乡试饯行		
	十三日	善祀备酒一席，饯行		
	十四日	学中备酒一席，饯行		
	十六日	起程	27	
		收森林兄送程仪钱四百		
		收瑞记送程仪钱四百		
		收东海兄送程仪钱四百		
		收如屏先送程仪钱六百		
		收列林送程仪钱二百		
		收端庆送程仪钱二百		
		收宇福弟送程仪钱二百，令手		
		又侯潭钱四百		
		收常丰粮局乡试钱六千文		
		收庆余粮局乡试费十一元		
		补收楠荫送钱二百		
八月	十八	与达五弟仝伴，自试馆出城到洋棚	28	
	十九	上洋船		

① 据《由歙县至和悦洲路程》，参前揭王振忠《徽州社会文化史探微——新发现的16—20世纪民间档案文书研究》，第384页。

（续表）

月	日	记　录	页码	卷数
八月	廿	到大通	28	十五
	廿一	上路，叫担同行		
	廿六	到家		
九月	初五	收阊阳文约乡试费洋三元，仰手		
	初五	收东山书院乡试费洋四元		
	初五	收石邑蕃芸、占先二位送程仪洋一元，收米饼二包，糕一包；据伊说，众送		

除此之外，作为乡村的一名知识分子，他亦扮演着多重角色，这在他的记载中有详细的反映，限于篇幅，笔者兹举几例，以示说明（见表10）。

表10　胡廷卿在日常生活中所扮演的角色记载表

年	月	日	记　　载	页码	卷数
光绪八年	二月	初二	收（溶口）连顺贽敬钱四百文	22	十四
光绪十一年	四月	十二	收石坑来合八字钱二百	199	十四
光绪十二年	十一月	廿二	收冬至神主会首人鱼四斤，计二十二尾，为写对联送	372	十四
光绪十四年	正月	十八	收三元会礼生亥二斤	497	十四
光绪十七年	七月	初七	收李庆余先拼排牙坞山分中资洋一元；又笔资洋一元，为写拼契	282	十五
光绪十七年	七月	廿五	收郭口碧桃选星期喜包钱二百，廷奉手	284	十五
光绪十八年	三月	初三、四	分小课钱三百二十	327	十五
光绪十八年	四月	十八、九	课赏资钱四百八十，计钱八百	327	十五
光绪二十年	十二月	初四	收陈广道送钱二百四十，为做金字祭轴	65	十六
光绪二十一年	暑月	初八	收四盛中资钱一百二十，为新路上茶莉园地事	129	十六

（续表）

年	月	日	记　　　　载	页码	卷数
光绪二十一年	未知	未知	代赔本洋七角一分，为和讼事，福子与桂廷先构讼	315	十七
光绪二十五年	暑月	十七	收板溪康姓送笔资洋一元，杰手，代作谱序	496	十六
光绪二十五年	十一月	初三	白石坑东坑做分单钱六百六十九	432	十六
光绪三十年	未知	□六	收仁和连生发包钱二百，为择期做门楼	432	十七
光绪三十二年	清和月	十六	收治病喜包钱二百，日顺号，婺源人	95	十八
光绪三十二年	暑月	初九	往石坑，为乌茶段山北人盗斫事；经中允定祭坟封山演戏（在石坑）八，禁树，命偿洋四元，收洋三元，交地生收	110	十八
宣统元年	六月	廿	收茶厘钱（分得）一千四百四十，薪水	475	十七
宣统二年	七月	念二	收茶厘薪水钱一千三百二十，照四人分	495	十七

表10中所列的18条记载，仅是所有记载中极小的一部分，但从中可以看出胡廷卿的不同身份。对于乡村民众来说，大凡婚姻、建房、看病、买卖土地、修谱等事项，胡廷卿皆能满足他们的要求。对于本宗族来说，他又是一个能解决宗族内部、宗族与其他宗族之间矛盾的管理者、调停者。对于国家而言，他则负责管理设于当地的茶厘局以征收当地茶厘，是国家的代理人。对于政府主导而由当地士绅具体管理的东山书院来说，他又充当了代课教师的角色。而这些角色，将其与当地周围，如表中所提及的郭口、板溪、溶口、白石坑等邻村的民众发生密切的联系，同时亦使其与“北人”（即江北人）以及政府、书院产生了接触。胡廷卿的多重角色，使其生活空间远远广于普通的民众。

除商业因素外，与胡廷卿发生联系的还有一部分由先秦时期即已流行的一种求学方式——游学来实现。① 游学,自古有之,不同的时代,国家对游学的政策不同,游学者的目的及游学的地域亦有不同,他们或是为讲学传播自己的思想而游,如孔子;或是为了求学扩展视野而游,如司马迁;或是为了获取高官显宦的赏识而游。清代以前,游学活动皆是在国内不同地区进行,而到了晚清,在清政府的鼓励下,有许多游学海外的士子。但对于绝大多数的普通士人而言,在国内游学依然是普遍的现象。在胡廷卿的账薄中,有多次因外地儒生来其馆中游学而支付费用的记载(见表4及表11)。从胡廷卿的记载来看,游学之人有祁门县内来的,有来自安徽望江、怀宁的,甚至有从江西、湖南、湖北来的。他们或是只身一人,或是结伴而行、叔侄同行。对于远道而来的学友,有时是村内的公共组织出钱,有的是塾学出资,但大多是胡廷卿本人承担,其出资额度多则100文,少则20文,在资金不足的情况下,还会以米代钱。显然,这些游学之士,在游历过程中增长了见识,扩大了交往圈。但在屡次接待这些游学之人的过程中,胡廷卿本人在与其接触交往中应该也会增加对这些人所在地方的了解。这一点,众多的农民、佃农等是无法实现的。

表11 胡廷卿账簿有关游学记载一览表

年	月	日	事 项	页码	卷数
光绪十二年	三月	十八	支钱二十,游学派	337	十四
光绪十二年	四月	十八	支钱一百,游学	337	十四
光绪十二年	七月	十四	支钱十二文,游学派	357	十四
光绪十二年	十一月	初十	支钱四十文,众付游学	370	十四
光绪十三年	八月	十四	收秀峰书舍米二升,前付钱六十文,二次,游学	446	十四
光绪十八年	巧月	初八	支钱二十文,游学,西路人仰春	342	十五
光绪十九年	五月	初十	支钱二十四,游学	480	十五

① 关于此,可参见陈雁《东汉魏晋时期颖汝、南阳地区的私学与游学》,《文史哲》2000年第1期;申万里《元代游学初探》,《中国史研究》2006年第2期;聂济冬《游学与汉末政治》,《山东大学学报》(哲学社会科学版)2007年第6期;张季《清季游学取才的兴起》,《现代大学教育》2011年第2期。

（续表）

年	月	日	事　　项	页码	卷数
光绪二十年	九月	十九	支米一升，游学，邑洪家人	55	十六
光绪二十年	九月	廿六	支钱二十四，游学	56	十六
光绪二十六年	九月	廿九	支钱四十六文，游学，如意店	101	十七

余　论

综上所述，晚清时期胡廷卿的这一生活空间格局，与其所处的地理位置以及传统的商业格局密切相关。鸦片战争以后，沿江、沿海城市的被迫开放，使得祁门民众的经商格局得以改变。其中，汉口、九江作为祁门红茶售卖的中心地区，使胡廷卿的生活与两者的联系有所加强。同时，日常生活中的购物行为及胡廷卿本人的身份与职业也决定了其生活空间的构成。

人类社会产生之后，购物这一经济行为即成为日常生活极为重要的一部分，在这一频繁的重复活动中，结成了固定的社会关系，这些关系由此成为一种结构而支配着民众的生活。由于胡廷卿账簿中，跟购物有关的地名记载频次最多，可以说它囊括了胡廷卿日常生活中所有的购物行为，因此，利用这些记载，可以为我们建构徽州民众的购物模式提供证据。经由此模式，亦可以对施坚雅所提出的“区域市场体系”理论以及中国其他地区作一重新检讨和比较。

美国人类学家施坚雅曾根据对成都平原的实地考察，从空间体系与经济体系的角度对集市进行了分析，认为集市贸易体系由基层市场（standard market）、中间市场（intermediate market）、中心市场（central market）三个向上递进的等级构成，[①]这一“区域市场体系”一经产生，即在国际学界产生重要影响。[②] 它为不同学科的中国研究者提供了一个崭新的视角，在理解中国

① 参见［美］施坚雅《中国农村的市场和社会结构》，史建云译，中国社会科学出版社，1998年。
② 见［美］施坚雅《中国农村的市场和社会结构》，史建云译。

传统社会方面具有重要的学术价值。① 然而不久后，学者们从各自研究的区域中所得出的经验出发去验证施坚雅模式时，却发现这一模式并不适合。② 同时，中国其他地区皆围绕一定的村落形成了大小不同的市镇，它们有固定的日期，定期把顾客、商人等各类人物聚集在固定的街道，南方叫“趁墟”，北方叫“赶集”“赶会”。在这一天，买卖双方完成商品的交易以及包括解决纠纷在内的其他事项，并形成颇富特色的街头文化。③

现在再以徽州府为例，对上述模式作一检讨、比对。既有研究成果表明，在徽州地区并未形成固定的集市，它们多是沿着交通要道的两侧，沿街或沿河形成街道，附近民众可随时来此购物，并未形成固定日期的集市。④ 关于这一

① 有关施坚雅模式的意义，刘志伟认为：“施坚雅的‘区域’是在他早年提出的中国社会的‘网状交叠层级体系’的分析架构基础上推演出来的，这个‘网状交叠层级体系’的形成，以理性的经济人的交换与交往行为作为论证的逻辑出发点。”指出了施坚雅对摆脱王朝历史框架所做的贡献。参见刘志伟、孙歌《在历史中寻找中国——关于区域史研究认识论的对话》，香港：大家良友书局有限公司，2014 年，第 19 页。

② 相关文章可参见：Lowrance Crissman，“Marketing on the Changhua Plain，Taiwan（《台湾彰化平原的市场》）”，*Economic Organization in Chinese Society*，Stanford Press，1972；Barbara Sands and Ramon H. Myers，“The Spatial Approach to Chinese History：A Test”，*The Journal of Asian Studies*，Vol.45，No.4；Helen F. Siu，“Recycling Tradition：Culture，History，and Political Economy in the Chrysanthemum Festivals of South China”，in *Comparative Studies in Society and History*，32，4(1990)：765—795；萧凤霞《文化活动与区域社会经济的发展：关于中山小榄菊花会的考察》，《中国社会经济史研究》1990 年第 4 期；刘永华《传统中国的市场与社会结构——对施坚雅中国市场体系理论和宏观区域理论的反思》，《中国经济史研究》1993 年第 4 期；David Faure and Helen Siu，*Down to Earth: The Territorial Bond in South China*，Standfoud University Press，1995；林美容《祭祀圈：信仰圈与民俗宗教文化运动的空间结构》，收入《地方文化与区域发展研讨会论文集》，台北，1996 年；王铭铭《空间阐释的人文精神》，《读书》1997 年第 5 期。

③ 参见王笛《街头文化：成都公共空间、下层民众与地方政治，1870—1930》，李德英、谢继华、邓丽译，中国人民大学出版社，2006 年。

④ 有关徽州市镇的研究，可参见杨春雷《试论明清徽州市镇与社会转型——兼与江浙市镇比较》，《安徽史学》1996 年第 4 期；唐力行、申浩《差异与互动：明清时期苏州与徽州的市镇》，《社会科学》2004 年第 1 期；［韩］朴元熇《明清时代徽州的市镇与宗族》，《上海师范大学学报》（哲学社会科学版）2005 年第 1 期；何建木《商人、商业与区域社会变迁——以清民国的婺源为中心》，复旦大学博士学位论文，2006 年；梅立乔《明清徽州商业市镇的发展》，载王鑫义等编《安大史学》第 3 辑，安徽大学出版社，2008 年；陶荣《近代徽杭公路的开通与徽州市镇社会近代化》，《黄山学院学报》2009 年第 2 期；王振忠《湮没的古镇》，《读书》（转下页）

特点形成的原因，王振忠曾指出："在徽州，很难找到华南各地那种定期集市的记录，这可能与十户九商的徽州社会密切相关——从来往书信等资料来看，几乎全部的日常生活必需品通常都由外埠经商的家人寄回徽州，以至于俭啬的徽州人几乎不需要一般农村那样的定期集市。"[①]这一点与上述由广州、江西、汉口地名记录的统计分析所得出的历史事实一致。一方面，由于徽州地区特有的购物模式让胡廷卿的生活空间相当广泛，除周边零散的市镇之外，府城、浮梁甚至九江、武汉以及遥远的广州都被纳入这一范围。在胡廷卿的日常生活中，他购物所选择的市场并未按照商品的种类、生活距离的远近而形成所谓的三级市场模式。同时，在祁门也未形成定期的集市，而是呈现出一种分散模式。其决定及变化的因素是与经商区域、交通路线、售茶时段密切相关的。另一方面，从购物的种类来看，他在各地所购的商品并无多大差异，因此，商品种类与购物地点也未形成必然的联系。显然，成都平原以及其他地区所形成的购物模式对于徽州地区而言，并不适用。这一点充分体现了传统的经商习惯以及由此形成的商业圈给徽州民众的日常生活带来的特殊面相。

(接上页)2010 年第 6 期；王振忠《新安江》，江苏人民出版社，2010 年；陈杰《再论明清以来徽州市镇——以区域史的视野》，《江南大学学报》(人文社会科学版)2015 年第 6 期。

① 见王振忠《明清以来徽州村落社会史研究——以新发现的民间珍稀文献为中心》，上海人民出版社，2011 年，第 180 页。

《新安忠烈庙神纪实》与宋元时期的汪王信仰

章　毅
（上海交通大学人文学院）

摘　要： 通过对各类文集、方志、金石碑刻，尤其是元代新史料《新安忠烈庙神纪实》的解读可以发现，徽州著名的汪王信仰肇兴于北宋时期。但在南宋朝廷的不断敕封之下，汪王神才经历了从新安“土神”到忠义“武神”的正统化演变。进入元代，汪王信仰则进一步呈现出明显的“行祠化”特征，并在元末出现了“宗祠化”趋势。宋元时期徽州汪王信仰的形成与发展，根源于神主本身所具有的浓厚地方性，但也是不同历史时期内，地方社会与中央王朝之间交错复杂的政治关系的体现，见证了地方精英群体的发育过程及其内在的文化诉求。

关键词： 宋元　徽州　汪王信仰

序　　论

敕封地方神祇历来是中央王朝管治地方社会的重要手段。唐宋以降，随着南方区域的不断开发，南方各地具有强烈地域性的神祇能否列入王朝的“祀典”，不仅关系到地域神的合法性，也成为地方社会能否融入王朝秩序的明显标志。从另一个侧面来说，围绕地方神祇所产生的民间信仰，也并不仅与基层民众的宗教诉求有关，同时也是地方精英群体能否在朝廷和乡邦之间成功扮演双重角色的重要指标。对长期以来深受学界关注的徽州区域社会历史而言，情况亦是如此。

徽州虽然在明清两代以活跃的商帮著称于世，但已有的资料显示，直到唐代后期，该地的开发程度仍然不高，户口登记长期寥落。直到北宋，地方官仍有“黟歙难治”“汤镬最沸”的观感。南宋建都临安才使徽州地缘政治的重要性陡增并由此进入全面开发的时期。徽州到临安的水陆行程，分别缩短为到汴梁的五分之一和七分之一，成为位置重要的“辅郡”和“内郡”。行政管治明显改善，出现了一批知名的守令，各项公共事业由此得到有力的支持。伴随着科举体系的展开，当地还产生了数量可观且影响力广泛的士人群体。以至于到南宋后期，已经出现了“黟歙股肱郡，新安文物都”①的说法。

汪王神是徽州最具影响力的地方神祇之一，其神主为隋唐之际著名的地方豪强汪华，以其为中心所产生的汪王信仰，逐步成熟于宋代以来徽州地域历史的发展进程之中。它一方面受到地缘政治变迁的强烈影响，另一方面也与当地新兴的科举士大夫密切相关。②

一、《新安忠烈庙神纪实》及其文本

唐代以降，涉及徽州汪王信仰的史料数量众多，根据我们的初步统计，直至元代为止，比较重要的史籍大约有 40 种，有正史、地志、类书，更有文集和碑刻。其中绝大多数产生于宋元两代，宋代约 16 种，元代约 19 种。除了这些传统文献，近年来一些珍稀史料也逐渐受到学者们的关注，为研究视野的开拓提供了新的可能，《新安忠烈庙神纪实》即为其中最重要的一种。《新

---

① （宋）马廷鸾：《碧梧玩芳集》（影印清文渊阁《四库全书》本，上海古籍出版社，1987 年）卷 22《馆中送郑著作》，第 1b 页。

② 关于明清以来徽州汪王信仰的学术成果已颇为丰富，但对宋元时期该信仰的形成与发展，学术界的认识仍不够充分，可参考者主要为冻国栋《唐宋间黟、歙一带汪华信仰的形成及其意义》，《魏晋南北朝隋唐史资料》第 25 辑，武汉大学出版社，2009 年；汪柏树《新安之神、靖民之神——罗愿〈新安志〉关于汪华的研究》，《黄山学院学报》2009 年第 1 期；丁希勤《唐宋汪华的神话故事与徽州社会变迁——以〈新安忠烈庙神纪实〉为中心》，《安徽史学》2013 年第 3 期；董乾坤《地方政治势力的兴起与历史人物形象重塑——以罗愿〈新安志〉汪华记载为中心的考察》，《安徽大学学报》（哲社版）2015 年第 5 期。

安忠烈庙神纪实》藏于中国国家图书馆，馆藏著录信息称其为元人郑弘祖所辑，明人汪仪凤所刻。其版本有二，分别为成化三年翻刻天顺四年刊本以及明正德重修本，均为15卷，分为乾坤两集。成化本仅存乾集(4卷)1册，其余坤集(11卷)则仅存5篇(属第4卷上)。正德本则为全帙，共4册15卷。前者因有缩微胶卷，流传稍广，后者则仅藏于善本室，少为人知。①

仅从《新安忠烈庙神纪实》(后文简称《忠烈纪实》)的目录来看，该书所收文章篇目即有110余篇之多，其中一半以上是与宋元时期的汪王信仰有关的敕诰、祭文、碑记等，内容丰富。该书无疑是研究宋元时期汪王信仰的一个重要资源。但同时让研究者心存疑虑的是，该书未见于任何明清时期书目的著录，那么，书中所保存的自称是产生于宋元时期的史料，其真实性究竟如何呢？我们可以通过三个方面来进行检验。首先的一个证据来自该书无意中对于元朝怯薛轮值制度的记载。《忠烈纪实》卷3《江浙等处行中书省照详泰定三年八月回奉札付全文》记载了元朝泰定二年四月的一次朝议：

> 泰定二年四月二十三日，撒儿蛮怯薛第三日，慈仁殿后鹿顶殿里有时分，火儿赤答失蛮，速古儿赤阿儿思兰出，宝儿赤阿撒、秃忽鲁，殿中桑哥失里，给事中八里歹等有来。倒剌沙左丞相、泼皮右丞、杨参政、搭剌海参议、岳实术郎中、脱脱员外郎、忙兀歹都事、直省舍人捏迭干等奏过下项事理，和旭迈杰右丞相等众人商量了奏有：……洞庭庙蒙山神、盐池土神、彭蠡龙王、汪王神、广惠庙神、凤州土神名字的神祇，于官民勾当里有济限护佑灵验，有他每根底封名号么，道与将文书来的上头，教礼部太常礼仪院官人每定拟呵。他每依着典故，合加封的加封，合改封的改封，合创封的创封。②

虽然会议内容包含了对汪王神封号的讨论，但对于元史学者来说，这份材料

① 已有的文本研究参见[日]宫纪子《徽州文书新探：〈新安忠烈庙神纪实〉より》，《东方学报》77，2005年；章毅《明刊宋元史籍〈新安忠烈庙神纪实〉研究》，《安徽史学》2016年第6期。

② (元)郑弘祖辑：《新安忠烈庙神纪实》(15卷，存5卷，乾集全，1册，明成化三年翻刻天顺四年汪仪凤刊本，国家图书馆藏)卷3上《江浙等处行中书省照详泰定三年八月回奉札付全文》，第16b—17a页。

也是研究元代统治核心的怯薛集团的重要史料。该文中可以看到"怯薛轮值"的具体方式,尤其是怯薛集团成员在御前奏事中的排序问题。[①] 如果这是一条比较可靠的元代史料,那么该卷《江浙等处行中书省照详泰定三年八月回奉札付全文》中的其余文字也应产生于元代。

第二个证据来自《忠烈纪实》中所载文献与明刊《新安文献志》中同篇异文之间的比较。《忠烈纪实》卷 4 上载有至元十八年(1281)徽州士人汪梦斗《忠烈庙显灵记》一文,该文亦见载于明代中期程敏政所编徽州文献集成《新安文献志》,但题名为"歙乌聊山忠烈庙享神辞"。二者相较,除了篇名不同之外,还存在着多处明显的文字出入(见表 1)。

表 1　《忠烈庙显灵记》与《歙乌聊山忠烈庙享神辞》异文比较

编号	《显灵记》(《忠烈纪实》)	《享神辞》(《新安文献志》)
(1)	将仕郎徽州路儒学教授汪梦斗撰。朝列大夫徽州路总管府治中汪元龙书丹。嘉议大夫徽州路总管赵与稹纂额。	无
(2)	至元十八年辛巳岁春正月,祁门寇作,总管中顺大夫赵侯、管军宣武将军甘侯,提兵往讨平之。凯旋,赵侯延见吏民曰:"噫嘻,尔所谓越国汪王神者,始吾未知其何如神。国家一统,天下百神受职,有司简治祀典,非社稷风雨师、岳镇渎海,若古帝王忠臣烈士,不在此荣。江淮故多淫祀,吾此来见郡人祠越公甚谨,心固未能舍。"	至元十八年辛巳岁春正月,祁门寇作,总管中顺大夫赵侯、管军宣武将军甘侯,提兵往讨平之。凯旋,赵侯延见吏民曰:"噫嘻,尔所谓越国汪王神者,始吾未知其何如神。"
(3)	非越公其神其能,密赞大造,开阖阴阳,岂遽与吾意之所期者应?可谓灵也已。国家受天明命,奄有万方,靡不至服,如彼狂悖,固当即就禽薙。方其雨妨于事,既不能不诿之神,今真应若是,不有以侈嘉贶昭景铄,不可。	非越公其神其能,密赞大造,开阖阴阳,岂遽与吾意之所期者应?可谓灵也已。

资料来源:(元)郑弘祖辑《新安忠烈庙神纪实》卷 4 上,第 20a—22b 页;(明)程敏政编《新安文献志》卷 49,黄山书社,2004 年点校本,第 1039—1041 页。

如果仔细分析,不难看出,两者最主要的分别在于,前者保留了不少元朝文献的特点,即元代的官称,对元朝国家的崇敬之词等,而后者则完全将

① 刘晓:《元代怯薛轮值新论》,《中国社会科学》2008 年第 4 期。

这些文字删去了。这显然也提示了《忠烈庙显灵记》产生时间更早、更原始，也更具有元代的特点。依此推断，我们也可以大致认为，《忠烈纪实》中的元代史料整体上有着相当的可信度。

第三个可以确证《忠烈纪实》可信度的指标是它的早期史源。从成化本《忠烈纪实》的序跋来看，该书虽然最终辑成于元人郑弘祖，由明人汪仪凤刊印，但他们却并非真正的作者，该书的内容别有来源。《忠烈纪实》共有序言4篇，第三篇《忠烈事实序》为元代后至元五年（1339）徽州路总管府达鲁花赤必剌所作，序中简述了该书的来历：

> 岁在丁丑（后至元三年），余适守是邦，耳熟声灵，首告至而奠焉。一日，庙僧慧心持是编来谒，谓："王在唐史，虽缺于专传，而功德在民者，何可无纪？宋乾道间，郑侯升卿始裒王勋绩，笔之方册。咸淳辛未（七年），王侯应麟复命郡学录胡立忠增辑刊定。元贞乙未（元年），板毁不存，而述作之续出者，率未登载，览者病莫睹其全。兹拾遗帙新闻编次之，凡族系出处、源流封爵、陵庙本末、碑记祝文歌咏，及签筹灵感、昭著事迹，列为一十五卷，议绣诸梓。士庶咸叶而克成。俾序其概于卷端。"①

据弘治《徽州府志》，元代的后至元时期，徽州路达鲁花赤确为必剌，②因此写序一事仍属可信。从这篇序也不难看出，《忠烈纪实》的实际编纂人是元代后期忠烈庙的庙守慧心，但他也只是将"述作之续出者"进行了"拾遗"和"编次"而已，在此之前，更为重要的编纂人是南宋咸淳时期（1265—1274）的学录胡立忠，以及乾道时期（1165—1173）的徽州知州郑升卿。据弘治《徽州府志》，"胡立忠，绩溪人，宝祐中举，授国学录"③。在《忠烈纪实》当中，我们也的确经常可以读到胡立忠的评论和解说。他在卷首的《云岚山王墓图说》中记述道：

---

①（元）必剌：《忠烈事实序》，（元）郑弘祖辑：《新安忠烈庙神纪实》卷首，第2b—3a页。

②（明）彭泽修、汪舜民纂：《徽州府志》卷4《职制》，第25a页。

③（明）彭泽修、汪舜民纂：《徽州府志》卷6《选举》，第48a页。

> 王墓在郡北七里云岚山,一名云郎山,盖万山之胜处也。……天复二年,刺史陶雅首为经始墓殿,又缭垣架亭,复立石人石兽之属。咸平元年守李维,大中祥符二年守方演皆尝增修。嗣而葺之者非一。每岁禁烟,郡守躬率僚属,行扫松之礼。士民之上冢者,悉如祀其考妣然。……先是,墓路阻,溪崖往返孔艰。嘉定四年,守赵希远图为便捷,取道于民田或园,而偿其直者七十家,较旧路五里而近。……迄今辀骑骈阗,时祭不辍。

该文不仅交待了云岚山汪王墓庙的来历,提供了南宋几任知州祭拜墓庙的具体情形,还揭示出在胡立忠所处的年代,人们对于汪王神早已"时祭不辍",达到了"辀骑骈阗"的程度。从这些细节来看,胡立忠对南宋后期徽州的汪王信仰显然非常了解。因此,如果说"郡学录胡立忠"曾经"增辑刊定"了这部《忠烈纪实》,是颇为可信的。

该篇序文又称:"宋乾道间,郑侯升卿始裒王勋绩,笔之方册。"也就是说,南宋乾道时期的徽州知州郑升卿才是最早的编纂人。《忠烈纪实》中第四篇序言为元代辑成此书者郑弘祖所写,郑序也称:"宋乾道间,郡守郑侯刊王《事实》,版逸于火。尔后屡有作者,纪录无法,识者病之。"①该序也表明,《忠烈纪实》的蓝本来源于南宋郑升卿所编印的有关汪王崇拜的题名为"事实"的文本。

实际上,关于这一说法还有更有力的旁证。南宋徽州士大夫罗愿在其名著《新安志》中有《汪王庙考实》一文,其文末称:

> 先是郡太守郑公精意在民,祷王必应。政成,欲传广其威灵,得告命于官府,得诗文于金石,复访求遗事,于是州之人士及耆老王实辈各致所闻。既已诠次,愿于公辱礼闱知己之分,窃从假观之,亦欲一出意见,而卷帙既定,方亟于攻木,不敢有所动摇。②

可见,罗愿《汪王庙考实》之文,商榷的对象正是当任知州郑升卿主持编纂的

---

① (元) 郑弘祖:《序》,(元) 郑弘祖辑:《新安忠烈庙神纪实》卷首,第 5a 页。
② (宋) 赵不悔修、罗愿纂:《新安志》卷 1《祠庙》"汪王庙考实",第 32b—33a 页。

有关汪王信仰的著作，而且该书在当时“卷帙既定，方亟于攻木”，已在刊印的途中。如果进一步查检南宋尤袤所编的《遂初堂书目》也不难发现，《汪王事实》正是当时列入“地理类”而被收藏的书籍。①

由此，我们不仅确认了与《忠烈纪实》一书有关的几位主要的知识贡献者，而且将该书的史源追溯到南宋的咸淳乃至乾道时期。只有在确认了书中众多史料的可靠性之后，我们才有条件借此深入了解汪王信仰在宋元时期的发展过程。

二、宋代汪王信仰的正统化

汪王信仰的神主汪华，是崛起于隋唐之间的徽州土著豪强。其事迹见于几种主要的唐代史料，包括《新唐书》《旧唐书》和《资治通鉴》，以及宋代的两部大型地志《太平寰宇记》和《舆地纪胜》。而对于现代史家来说，汪华这类土著豪强，虽然最终都被唐帝国大一统的政治秩序消融，但他们的根源却在于南朝的地方性的酋豪势力。② 而正是这类历史人物身上所带有的浓厚的地方性，才使得他们在兴起之地“殁后为神”，广为崇拜。

汪华逝后即成为徽州（歙州）当地能够保境安民的“土神”。无论是其官治之所乌聊山，葬地云郎山，还是其祖居地登源，均建有汪王庙，遇有水旱疾疫，其庙即成为重要的祷祀场所。早在五代时期，当地的汪王信仰已显端倪，“赤地三年，群祀咸举。歙有汪王，实食其土”③。延及元代，民众中崇奉汪王的活动一直相当活跃，不仅举办灯会，“迎神三献曲，遗爱一炉香”④，而且演戏酬神，“鼓钟镗鞳，吹笙间簧，紫髯扬扬，红袍玉带，为

① （宋）尤袤：《遂初堂书目》（影印清文渊阁《四库全书》本），第42b页。

② 万绳楠整理：《陈寅恪魏晋南北朝史讲演录》，贵州人民出版社，2007年，第180—181页；毛汉光：《五朝军权转移及其对政局之影响》，见氏著《中国中古政治史论》，上海书店出版社，2002年，第318—322页。

③ （宋）沈辽：《云巢编》（影印清文渊阁《四库全书》本）卷6《西峰和尚赞》，第25a页。

④ （元）唐元：《筠轩诗稿》卷5《十五夜溪上观社公灯后二夜观汪王灯会》，（元）唐元等：《唐氏三先生集》，《北京图书馆古籍珍本丛刊》影印明正德十三年刻本，书目文献出版社，1988年，第497页。

子为孙,为侯为将"①,最终演变为一种深具人心的民俗,"清晨闻钟鼓,民俗祀汪王"②。

在唐宋史志当中,汪王故事的核心环节,除了"保境"之外,还有"受封"。如果说前者充分体现了汪王神的地方性,那么后者则体现了他在王朝秩序中的位置。

北宋真宗大中祥符二年(1009),汪华受封为"灵惠公",这是汪王神正式进入王朝祀典的开始。虽然在此之前半个世纪,歙州文人汪台符就撰写了《歙州重建汪王庙记》(962),但从该记的文字来看,州城乌聊山汪王庙的出现不会早于五代时期。该记中一些含混的文字甚至还透露出,汪王信仰在唐代有可能尚在"淫祀"之列。③ 北宋大中祥符二年三月的《追封灵惠公敕》见载于《忠烈纪实》,文字非常简略,仅称"歙州越国公汪王神,奉敕宜特追封灵惠公"④。只有比较同年二月歙州知州方演的《奏乞追封表》,才能了解其事件的脉络:

> 今伏睹封禅大赦节文,忠臣烈士皆令精洁致祭。又赦书有未尽者,许分析奏闻。其越国公汪王神,伏乞皇帝陛下圣造,特赐圣泽,别赐追赠,所贵劝天下忠义之士,慰一郡系赖之心。臣生为歙人,幼睹其异,幸因东封大礼,辄敢闻天。⑤

由此可知,这是歙州知州方演借着宋真宗泰山封禅的时机,吁请将汪王神列入祀典,而方演本人也正是歙州当地新兴的科举士大夫的最初代表。不过,从敕告的简略文词可以看出,当时的朝廷态度实际上颇为平淡。而"灵惠公"本身也只是一个颇为普通的封号。这种情形显示出,直到北宋中期,汪王神还远没有得到朝廷的重视,与此同时,新兴的歙州科举士大夫的影响力

① (明) 唐桂芳:《白云集》(影印清文渊阁《四库全书》本)卷6《重建茆田灵显庙碑记》,第29b页。
② (元) 李昱:《草阁诗集》(影印清文渊阁《四库全书》本)卷3《宿新安驿》,第5a页。
③ (五代) 汪台符:《歙州重建汪王庙记》,(宋) 李昉:《文苑英华》卷815,中华书局,1966年影印本,第5—6页。
④ (元) 郑弘祖辑:《新安忠烈庙神纪实》卷3上《追封灵惠公敕》,第3a—3b页。
⑤ (宋) 方演:《奏乞追封表》,(元) 郑弘祖辑:《新安忠烈庙神纪实》卷3上,第3a页。

也颇为有限。正如王安石所称:“歙之为州,在山岭涧谷崎岖之中。自去五代之乱百年,名士大夫亦往往而出,然不能多也。”①

大约经历了百余年的沉寂之后,直至北宋行将结束的徽宗时代,对汪王神的加封才又重新开始,而其中主要的因素则与王朝对“方腊之乱”的平定有关。《三封王告》记载:

> 因睦寇方腊至境,王云中以刃麾贼,事平,都帅以闻,加封“灵显”二字。敕:朕以庆赏之权,驭封爵之柄,奖于忠顺,罔间幽明。徽州忠显庙英济王,武烈之功,久严方祀。威灵之德,能警群迷。比昭风马之祥,卒弭干戈之悖。云雷顺序,山川廓清,乃即旧封,肆加显号。……可特封显灵英济王。②

北宋宣和四年(1122)汪王神被加封为“显灵英济王”,是因为在“睦寇方腊至境”之时,汪王神能够在云中“以刃麾贼”,有功于王朝平定“寇乱”。宣和时期对“方腊之乱”的平定,是徽州这一地名出现的缘起,同时这也意味着中央王朝对这一地区管治的进一步深入。因此,汪王神转变为“显灵英济王”,实际上正可以看作徽州逐步脱离边陲状态的标志。

真正关键性的变化产生于南宋时代的中期。乾道四年(1168)三月十五日,徽州知州郑升卿代表祁门县士庶,递出了加封汪王神的申请,理由是在“疾疫大作”时,汪王神能护佑一邑的平安:

> 伏见本邑忠显庙信顺显灵英济王,忠义之节显著,于唐御灾捍患,有功于民,不可概举。庙额封爵,累锡于本朝。凡邑之水旱疾疫,有祷必应。又如绍兴二十三年、乾道二年,邻邑疾疫大作,罹其灾害者,不可胜数。邑人相与祈安于王,遂荷其阴相,疾疫不作,民无夭折。其福惠于民,彰著如此。乞备申敷奏加封。③

---

① (宋) 王安石:《临川先生文集》卷 89《广西转运使孙君墓碑》,《四部丛刊初编》影印明嘉靖刊本,上海书店出版社,1989 年,第 3a 页。

② (元) 郑弘祖辑:《新安忠烈庙神纪实》卷 3 上《三封王告》,第 4b 页。

③ (元) 郑弘祖辑:《新安忠烈庙神纪实》卷 3 上,第 6b 页。

这一请求很快得到了朝廷的批准。汪王神由此获封为“信顺显灵英济广惠王”,[①]也即后代常说的“八字王”,在封号的文字形式上已达到最高等级。

而就在当年夏天,知州郑升卿又向转运司呈报了汪王诸子在抗旱致雨方面的灵异功能,并由此动议对汪王诸子和夫人进行敕封:

> 本州管下,自五月下旬以来,阙少雨泽,虑伤禾稼。升卿等躬率官僚,自六月十一日,遍诣寺观神庙祈祷,未获感应。升卿等职在牧民,不遑安处,遍询民情。本州城北七里,地名云岚桥,有英济汪王墓,并城南龙井山,有忠助庙八郎君,乃英济汪王之子。每遇雨旸愆期,民有疾疫,虔诚祈祷,必获感应。遂于本月十五日早,躬亲出门外,迎请两处神像于城内忠显庙致祭。未至庙所,甘雨随至。早晚诣庙拈香,并皆得雨。[②]

相关的申请最终使汪王夫人和诸子(八子)先后在乾道五年(1169)和八年(1172)分别获得封号,[③]从而使得汪王神出现了一个家族的谱系。

除了汪王神封号的不断升级和敕封范围的不断扩大,在南宋的中期,汪王神本身还面临“正名”的问题。在崇尚道统的氛围中,唐史中汪华故事的“反叛”色彩,使徽州新兴的科举士大夫始终无法释怀。因此罗愿在其《汪王庙考实》中,专列了“纳款”一节,讨论隋唐之际汪华归唐的种种历史细节。罗愿最终认为:

> 王庙食此邦逾五百年,而民爱敬之久而愈新者,不惟能出云雨、御灾厉,亦由其起不失正道,始终出于靖民。故天下方乱,则以身蔽六州之人,及其粗定,闻真王而遂归之。事合天心,为天所相,是以生享其祚,而没食其土,以能悠久。然则不斗一民,不烦一旅,间关自托于唐者,乃王之大节本意,不可以不白也。[④]

汪王神的名节是否符合“正道”,不仅是罗愿的关注重点,也始终是此后深受

---

① (元) 郑弘祖辑:《新安忠烈庙神纪实》卷 3 上《五封王告》,第 7b 页。

② (元) 郑弘祖辑:《新安忠烈庙神纪实》卷 3 下《本州申转运司状》,第 1a—1b 页。

③ (元) 郑弘祖辑:《新安忠烈庙神纪实》卷 3 下《初封夫人告》,第 3b 页;卷 3 下《初封王子告》,第 13a 页。

④ (宋) 赵不悔修、罗愿纂:《新安志》卷 1《祠庙》,第 29b 页。

理学影响的徽州士人的关切目标。虽然理学原则与真实历史之间的紧张关系并不容易完全消除，但到了南宋中期，汪王神的“忠义”的形象已逐渐被人们接受。

也正是在此基础之上，南宋后期才出现了对汪王神的更高规格的敕封，并使其最终成为“国祀”的“正神”。宋理宗宝祐六年(1258)，朝廷第十次加封汪王神，封号为“昭忠广仁显圣英烈王”：

> 徽州乌聊山忠显庙神，昭应广佑显圣英烈王，生也沉毅，没而昭明。慕化识机，名位已都于前代；御灾捍患，灵祠遂显于皇朝。郡久恃以为安，人有呼而辄应。霸国之山川如旧，乌聊之影响常新。兹观多士之忱辞，欲广一家之訑典。礼由义起，人欲天从。肆命有司，恩徽已洽于四世；顾瞻正庙，宠荣可后于一身。其因故称，易畀二美。朕惟忠者，臣之节，历万古而长存；仁者，心之德，溥六合以流行。繄尔之休，于斯为称。①

据敕告所述，此次敕封是因为“多士之忱辞”，即多位大臣的推荐。南宋后期的徽州已经是一个相当成熟的科举社会，不仅进士人数众多，而且在嘉定(1208—1224)之后颇多显宦，其中程元凤更在宝祐三年(1255)入居相位，进入了宋廷的权力中枢。② 有“多士”来推动汪王庙的敕封并不令人意外。其中比较值得留意的是汪王封号的拟定。与之前的封号相比，新封号“昭忠广仁显圣英烈王”以“昭忠”代替了“昭应”，以“广仁”代替了“广佑”。这意味着朝廷褒奖的重心，从“灵应”转移到了“忠义”，从“护佑”转移到了“仁德”。正如敕告所说，“忠者，臣之节，历万古而长存；仁者，心之德，溥六合以流行”。这一转换，大幅度减弱了汪王的“地方性”色彩，从而凸显了其“正统化”的面向。在此时的宋廷心目中，汪王神已然是王朝的“正神”。

这一趋势在南宋末期的最后二十年并未减缓。德祐元年(1275)四月，因为避宋恭帝赵㬎之讳，汪王庙的庙额由“忠显庙”更改为“忠烈庙”，③成为

---

① (元) 郑弘祖辑：《新安忠烈庙神纪实》卷 3 上《十封王告》，第 13a 页。

② (元) 脱脱等：《宋史》卷 418《程元凤传》，中华书局，1977 年，第 12522 页。

③ (元) 郑弘祖辑：《新安忠烈庙神纪实》卷 3 上《改赐庙额敕》，第 12b—13a 页。

此后六个多世纪中汪王庙的定名。同时,汪王神也得到了第十一次敕封,这也是宋王朝内最后一次敕封,封号为“昭忠广仁武神英圣王”。敕告称:

徽州忠烈庙神,昭忠广仁显圣英烈王,生而烈士,殁则正神。明德在民,宜得通百世而祀。阴功及物,何止活千人之封。属边尘之未清,致内寇之俶扰。浸迫近境,实繁有徒。灵若降于云中,厉遂驱于山左。允矣英威之孔灼,见于士庶之所陈。方人心危疑之秋,倚神为重;则国家褒崇之典,于礼亦宜。①

此时的南宋王朝早已风雨飘摇,元兵已攻陷了半个江南,临安城危在旦夕,的确是“人心危疑之秋”。在这封敕告中,汪王神不仅是“正神”,甚至成了宋廷亟需倚赖的“武神”,需要他祛除“山厉”,彰显“英威”。南宋的命运当然无法挽回,但汪王神在此期间积累的敕封却足以使其成为真正的“国祀”,显赫的“正统之神”(表2)。

表2 汪王神在宋代的敕封

敕封	时间
初封灵惠公	宋真宗大中祥符二年(1009)三月
敕赐忠显庙	宋徽宗政和四年(1114)三月
再封英济王	宋徽宗政和七年(1117)十二月
三封显灵英济王	宋徽宗宣和四年(1122)六月
四封信顺显灵英济王	宋孝宗隆兴二年(1164)闰十一月
五封信顺显灵英济广惠王	宋孝宗乾道四年(1168)三月
六封昭应显灵英济广惠王	宋宁宗嘉定四年(1211)十一月
七封昭应显灵英济威信王	宋理宗淳祐八年(1248)十二月
八封昭应广灵显德英烈王	宋理宗淳祐十二年(1252)九月
九封昭应广祐显圣英烈王	宋理宗宝祐二年(1254)三月

① (元)郑弘祖辑:《新安忠烈庙神纪实》,卷3上《十一封王告》,第13b页。

（续表）

敕　　封	时　　间
十封昭忠广仁显圣英烈王	宋理宗宝祐六年(1258)正月
敕改赐忠烈庙	宋恭宗德祐元年(1275)四月
十一封昭忠广仁武神英圣王	宋恭宗德祐元年(1275)四月

资料来源:《新安忠烈庙神纪实》卷首,第 6a—13b 页。

三、元代的行祠化和宗祠化

汪王信仰的正统化过程,在宋代已经完成。进入元代,这一事实得到了相当程度的承认。在被纳入蒙元统治大约三十年后,徽州社会逐步安定,至大二年(1309),当地士大夫汪承直通过徽州路总管府报江浙行省,提请元廷重新考虑汪王神在新朝的封号问题:

> 徽州路总管府至大二年二月,准池州路总管府判官汪承直牒呈。窃见徽州路土神昭忠广仁武神英圣王汪氏,讳华,生有神灵,长而骁勇。属季隋之世,群雄并兴,抚六州之民,按堵如故。在唐纳土而职迁留守。入宋封王,而血食新安。雨旸响应于须臾,疫疠潜消于萌蘖。庙名忠烈,人仰英风。前朝之诰命犹存,圣代之褒崇尚缺。愿追旧典,嘉锡新封。①

从《忠烈纪实》中汇集的史料来看,至大二年的这一申请得到回应的速度并不快,直到泰定二年(1325)四月元廷召开的御前会议才讨论到此事,并于第二年(泰定三年,1326)七月才作出批复:

> 徽州路申汪王神……宋封昭忠广仁武神英圣王。太常礼仪院议得,陟宋以来,屡加封号,八字王爵,已极尊崇。今江浙行省请改锡嘉

① (元)郑弘祖辑:《新安忠烈庙神纪实》卷 3 上《江浙等处行中书省照详泰定三年八月回奉札付全文》,第 14b—15a 页。

名，若准所请，改封昭忠广仁武烈灵显王。右札付徽州路总管府。准此。①

不过，因为还有查勘取证的过程没有完成，这一批复也并没有成为即时颁发的敕命。元统二年(1334)，徽州路耆老汪宗宝为此再次发起申请，请求将此事落实：

> 徽州路元统二年，据耆老汪宗宝等状告……泰定三年八月二十日申奉到江浙等处行中书省札付，该准中书省咨，奏奉圣旨，改封昭忠广仁武烈灵显王。切照江东道信州路自鸣山神、广德路张真君，俱奉圣朝嘉封，赐以圣旨。今本路昭忠广仁武烈灵显王，如蒙一体，颁降宣命，庶彰神灵，下慰民望。②

该请求经过徽州路达鲁花赤郄释鉴的“保结关请”，“江东建康道肃政廉访司徽广等处分司佥事朵儿只班、中议书吏伯也忽台”的查勘，最终在至正元年(1341)得到了元顺帝的圣旨：

> 上天眷命，皇帝圣旨。……徽州路忠烈庙昭忠广仁武神英圣王，生而先几之知，没而及物之仁。有感遂通，无远弗届。箕风毕雨，阴阳听其翕张；黟水歙山，春秋安其耕凿。盖聪明正直而一者，故水旱疾疫必祷焉。爰易显称，庸光休烈。尚其体兹，敬共明神之意，庶无忘夫阴骘下民之功。式克顾歆，以承茂渥。可改封昭忠广仁武烈灵显王。……至正元年闰五月日。③

该条敕封的信息，也见载于《元史》的《顺帝本纪》。④

从提出申请到敕命下达，汪王神在新朝的重新认定虽然经过了漫长的三十年，但从至正敕命的内容以及“昭忠广仁武烈灵显王”的封号来看，蒙元王朝显然接受了前朝的传统。元封相比宋封，汪王神封号中的“武神”降为

---

① (元)郑弘祖辑：《新安忠烈庙神纪实》，第17b—18a页。

② (元)郑弘祖辑：《新安忠烈庙神纪实》卷3上《申请》，第18a—18b页。

③ (元)郑弘祖辑：《新安忠烈庙神纪实》卷3上《申请》，第18a—21b页。

④ (明)宋濂等：《元史》卷40《顺帝本纪》，中华书局，1976年，第861页。

“武烈”,“英圣”改回“灵显”,褒奖的程度略有降低,但“昭忠”“广仁”称号的保留则意味着汪王神的“正统性”并没有受到任何影响。

与这一现象相匹配,在元代的徽州,郡城乌聊山上的汪王庙仍然是地方守宰祷雨禳旱的重要祭祀场所。延祐时期的徽州路达鲁花赤大都,“有惠政,……尝岁旱祷黄山及汪王祠而雨”①。后至元时期的本路判官马桢,“佐治新安……乃延见父老,询民水旱疾疫所以致祷祀者。众谓忠烈王自唐至今,以功劳血食,祷应如响,侯识不忘。明年春,霪雨害麦,民且忧饥年。侯白僚长,率厥官属诣祠下,斋戒以请。翌日,天体霁然。麦遂倍收”②。当地士人观览乌聊山汪王庙,也往往会产生强烈的自豪感:“昔日六州曾卷土,此邦千载尚尊王。高陵夜雨鸣弓剑,原庙春风洁豆觞。灯火万家元夕夜,谁悲狐兔满连昌。”③民间的赛祀活动也颇为活跃,“郡城乌聊山,香火特盛。每以岁正月十八日,赛祀逾旬”④。

与此同时,元代徽州的汪王信仰也出现了“行祠化”的特征。“行祠”可以看成“本庙”的分支,但又未必有上下统属的关系,毋宁说只是反映了不同区域人们各自的崇拜需求。正如元代名儒陈栎所说:“乌聊之外,行祠相望,苦竹丛祠,威灵孔彰。”⑤在徽州郡城的乌聊山汪王庙之外,各地“汪王行祠”的出现,无疑体现了元代徽州汪王信仰的流行趋势。

元代徽州的汪王行祠数量颇多,比较重要者分布于歙县的茆田、槐塘,休宁的万安、临溪,黟县的横冈,以及婺源的大畈。歙县茆(茅)田的汪王行祠见载于元初方回的《茅田汪王庙》诗:“殿阁犹如许,兵戈岂不无;终然香火在,直与子孙俱。”⑥该庙曾在元末的壬辰(至正十二年,1352)之乱中毁于兵燹,但在四年之后的丙申年(至正十六年,1356)很快就得到了当地士民的重建。元末儒者唐桂芳(1308—1381)《重建茆田灵显庙碑记》记载:“茆田距城

① (元) 仇自坚:《记先祖嘉议公遗事》,(明) 程敏政编:《新安文献志》(影印清文渊阁《四库全书》本)卷 54,第 28a 页。
② (元) 郑玉:《师山集》(影印清文渊阁《四库全书》本)卷 4《重修忠烈陵庙记》,第 13a 页。
③ (元) 胡炳文:《云峰集》(影印清文渊阁《四库全书》本)卷 8《题富山汪王庙》,第 6a 页。
④ (元) 方回:《瀛奎律髓》(影印清文渊阁《四库全书》本)卷 28“陵庙类”,第 19b—20a 页。
⑤ (元) 陈栎:《定宇集》(影印清文渊阁《四库全书》本)卷 14《祭越国汪公文》,第 8b 页。
⑥ (元) 方回:《桐江续集》卷 3《茅田汪王庙》,第 7a 页。

三十里，遗庙壬辰毁于兵燹，丙申，同里闵义善、程文，募檀者家，浸复旧规。”①歙县槐塘的汪王行祠有“汪王庆生楼”的别称，至少在至治初年(1321—1323)就已经存立。② 且直到明初，仍是当地士人引以为荣的景观。唐桂芳之子唐文凤(子仪)在永乐二年(1404)即曾为该庙撰写过《槐塘行祠图说》，认为汪王神“生能为国之柱，殁为神，郡民有祷皆然，所求即应，真乃天地间公正之神”③。

休宁万安山，古名万岁山，在隋唐曾为“歙州治所”，因此又被称为“古城下”。这里的汪王庙比较古老，南宋中期即已设立，“故城以王所依凭，道人吴智诚始斥(资)，大而新其祠。经始于乾道壬辰，鸠工于淳熙己亥”④。该庙在元代仍是休宁县内重要的汪王行祠。元代显宦汪泽民(1273—1355)有《题古城石头壁》诗，该诗副标题即为“上有汪王庙”，诗称：“至今万岁山头庙，犹有居民说古城。”⑤休宁临溪的汪王行祠不仅是祭拜之地，也是人们的过往休憩之所。元末朱升记载道：“至元后戊寅……六月庚午，里友人朱升与程可大、詹伯璋行憩于临溪里汪王行祠之门。”⑥

黟县横冈的汪王庙也颇为有名。元末名儒汪克宽曾为其撰写庙碑：

> 黟县横冈故有庙，岁久隤圮。至正四年甲申春二月，里人程仪凤兄弟捐赀改作，秋七月落成，堂寝门庑，为屋一十六楹。栋宇宏丽，丹漆辉耀，肖像尊严，轩牖疎达。复构四楹于庙之西偏，命祝史某居之，以职熏修之役。仪凤割田十亩，俾某世食其入，而缮葺其庙宇焉。十年庚寅夏四月，仪凤请予文勒诸丽牲之碑，乃叙其岁月而系以迎飨送神之诗、厥田疆亩，列之碑阴。

---

① (元) 唐桂芳:《白云集》卷6《重建茆田灵显庙碑记》,第29a页。

② (元) 唐元:《筠轩文稿》卷10《西南隅新建土地祠记》,(元) 唐元等:《唐氏三先生集》,第551页。

③ (明) 唐子仪:《槐塘行祠图说》,(元) 郑弘祖辑:《新安忠烈庙神纪实》卷首,第30b页。

④ (清) 赵绍祖:《安徽金石略》卷2《徽州府》,第16b页。

⑤ (元) 汪泽民:《题古城石壁》,(明) 程敏政编:《新安文献志》卷57,第13b—14a页。

⑥ (明) 朱升:《朱枫林集》卷8《汪师善哀辞》,《四库全书存目丛书》影印明万历歙邑朱氏刻本,台南:庄严文化事业有限公司,1997年,第11a页。

由此可知，横冈的汪王庙建立于至正四年(1344)，有屋十六间，规模廓大，且有专门的庙产和庙祝，而由该庙的庙貌也不难推知各地汪王行祠的具体情形。

综观这些汪王行祠所在地，可以发现一个共同的特点，即它们实际上并非处于偏僻之地，而是分布于交通要区。其中最为典型的是歙县的岪田和休宁的万安。岪田在徽州府城以西三十里，在明代被称为岪田铺，徽州府城南向通往闽浙赣三省的陆路官道正是从岪田开始一分为三。西线官道经由休宁县城、祁门县城进入江西，经饶州府可达江西省城；中线官道经由休宁县五城、婺源县大阪，过江西玉山县，经福建崇安县可至闽北的建宁府；东线官道经由休宁县临溪，过马金岭进入浙江的开化县，经常山县可至浙西的衢州府。① 可以推想，如果从这三个不同的方向进入徽州，岪田正是到达徽州府城之前，最重要的交汇点。

万安在休宁县城以东十里，在明代以万安街而著名。与岪田相比，万安的重要性在于它是水、陆两条交通线的交汇处。明代徽州商人黄汴纂有地理书《一统路程图记》，该书卷7《江南水路》记载：

> 江西由休宁县至浙江水路。南昌府。三十里，黄家渡。四十里，赵家围。……祁门县。陆路。……十里，渔亭。下水。廿里，齐云岩。三十里，休宁县。十里，万安街。三十五里，屯溪。……五十里，街口。巡司。八十里，淳安县。……九十里，富阳县。九十里，江头。十里，杭州府。②

可见休宁万安正处于从南昌到杭州的水路交通线上。而在另一位明代徽商程春宇编纂的商业地理书《士商类要》中，我们还可以发现，休宁万安到歙县岪田之间的路程，还是徽州腹地通向浙江杭州的陆路交通线的一部分。

> 杭州府。……四十五里至余杭县。起旱。……二里，北岸。二里，大佛。七里，蔡坞口。三里，章祁。十里，稠木岭。三里，七里头。七

① (明)程春宇辑、杨正泰点校：《士商类要》卷1，上海古籍出版社，2006年，第312—314页。
② (明)黄汴纂、杨正泰点校：《一统路程图记》卷7，上海古籍出版社，2006年，第273页。

> 里，徽州府。二十里，岩镇铺。十里，茆田铺。二十里，万安街。十里，休宁县。①

从上述引证可以看出，无论是歙县茆田还是休宁万安，其交通位置的重要性均颇为明显。实际上，本文之前所提及的诸多汪王庙的所在地也大都具有类似特征。在这些地点出现颇具规模的汪王行祠，应当体现了在元代的新形势之下，逐渐扩大的士人和商人群体在社会经济各方面的实际需求。

在诸多的行祠之中，特别值得关注的是婺源大畈（亦称大阪）的汪王庙。婺源大畈地处徽州府南向通往江西上饶和福建崇安的交通主线之上，地理位置颇为重要，这一点与其他汪王行祠的所在地并无不同。但比较特别的是，根据元末儒者赵汸《知本堂记》的记载，这个庙宇与后代的"宗祠"颇为相近：

> 郡汪侯仲玉，……乃即星源大畈田中创重屋为楹间者五，其上通三间以为室，奉始得姓之祖，神主中居，及初渡江者，及始来居大畈者，而昭穆序列左右者十有□世。又为庙于屋南，像其祖之有封爵在祀典者，配以其子孙之有功德者四人。重屋之下，有堂、有斋舍，延师其中，聚族人子弟而教之。庙有庑、有门，时享月荐，买田以给凡费者若干亩。合而名曰知本堂。以族人之属尊而年长者主祀事焉。……有封爵而在祀典者唐越国公，国朝封昭忠广仁武烈灵显王。②

汪同（仲玉）是元末徽州著名的乡军领袖，他所建造的知本堂，不仅包含了可以敬拜祖先和教育子弟的奉先之所，也包含了祭拜汪华的汪王庙，并由族内长老主持"祀事"。如果仔细分疏这些称谓复杂的神主，还可以发现，它们之间已经呈现出一种谱系性的联系。总之，这是个"宗祠化"色彩颇为浓重的汪王行祠。

对这种地方信仰宗族化的倾向，我们之前的研究主要从大畈汪氏的历史以及元代后期徽州社会的理学化趋势的角度进行解释。③ 而《忠烈纪实》

---

① （明）程春宇辑：《士商类要》卷1，第315页。

② （元）赵汸：《东山存稿》（影印清文渊阁《四库全书》本）卷4《知本堂记》，第16a—17b页。

③ 章毅：《元明之际徽州地方信仰的宗族转向：以婺源知本堂为例》，《中国文化研究所学报》第47期（2007年）。

中的新材料，则为我们提供了新的理解途径。从表 3 可以看出，南宋王朝通过对十四组“人物”在不同时期的多次敕封，到南宋末期，已经制造了一个复杂的汪王神自身的宗族系谱。而其中的不少“人物”，尤其是所谓的汪王八子，在元明时期的各类汪氏谱牒中往往都居于“族源”的重要位置。如果说，在元明之际，徽州汪王信仰已经表现出一种“宗祠化”的倾向，那么，除了元代后期理学的影响之外，南宋王朝的敕封，可能也是一个不可忽视的文化因素。

表 3　宋代汪王神家族谱系的形成

编号	神　主	关系	封号(初封/终封)	封次	时　间
01	汪华	本人	灵惠公/昭忠广仁武神英圣王	11	1009—1275
02	钱氏	正妻	灵惠夫人/协德辅顺昭惠妃	7	1169—1264
03	建	长子	忠惠侯/崇德衍福广佑王	8	1172—1275
04	璨等	八子	忠利侯/崇顺衍惠公等	6	1172—1264
05	僧莹	父	世惠侯/世惠垂贶善应灵明侯	5	1199—1275
06	郑氏	母	协惠夫人/协惠赞佑善积昭福夫人	4	1199—1264
07	献	第九子	忠护侯/崇福衍正公	5	1201—1275
08	黄氏等	九媳	昭顺夫人/昭顺协灵夫人等	2	1201—1264
09	勋、许氏	祖父母	灵庆侯/衍庆灵佑广济侯； 灵裕夫人/衍庆灵裕协佑夫人	3	1241—1264
10	潞、睿	弟	协济侯；协佑侯	1	1241
11	泰、刘氏	曾祖父母	基福侯/基福昭佑侯； 基善夫人/基善衍祐夫人	2	1258—1264
12	嵇氏等	小妻	柔则夫人/柔则淑惠夫人	2	1258—1264
13	修	长孙	福惠侯	1	1275
14	天宝、铁佛	堂弟	协济侯；协顺侯	1	1275

资料来源：《新安忠烈庙神纪实》卷首，第 6a—13b 页。

结　语

作为中古时期南方山地的土著豪强,汪华崛起于隋唐之际的徽州,最终降顺于唐朝的大一统。在其殁后,当地民众尊其为汪王神,并由此形成历史悠久的汪王信仰。在唐五代时期,汪王信仰仍被看作一种不入祀典的“淫祀”,与之相对应的,则是当时徽州区域的边陲状态。

北宋中期,在崭露头角的地方士大夫的推动下,汪王神首次受到王朝的敕封,成为合法的神祇。但封号规格的低下、敕封频率的寥落,都显示出汪王神此时在王朝的万神殿中并不居于显要位置。南宋是重要的转折期。随着徽州成为王朝的“近服”地区,当地行政管治水平大为提高,士大夫群体迅速壮大,新兴的科举精英频繁发起敕封的申请,迫切希望在王朝敕命的过程中,实现对汪王信仰的“正统化”。在他们看来,汪王神不应被看成一个动乱时代的反叛首领,而应是大一统时代的“忠义”之臣。偏安的政治格局、紧张的对外形势,也使南宋王朝亟须汪王这样的“武神”来协助抗敌御侮。上下呼应的结果,造成了南宋王朝对汪王神的十一次敕封,也使汪王神最终具有了“昭忠广仁武神英圣王”的显赫声名。

南宋时期汪王信仰的“正统化”成果在元朝得到了相当程度的认可。随着当地社会经济的发展以及地方精英群体的扩大,元代徽州的汪王信仰出现了“行祠化”的新趋势。除了郡城汪王祖庙依然“香火特盛”之外,郡内不少水陆要冲都兴建了汪王行祠,满足了各地士绅和商旅的旺盛需求。其中的一些汪王庙还与祭祀祖先的祠堂建在了一起,汪王神与祖先神的谱系也能相互贯通,呈现出一种“宗祠化”的倾向。这一趋势反映了元代后期士大夫的宗法意识和理学观念的发展,但不可忽略的是,它也继承了来自南宋的文化遗产——对汪王神屡次敕封所自然形成的家族谱系。

如同近世众多的东南地区的民间信仰一样,宋元时期徽州的汪王信仰,其根源在于神主本身所具有的浓厚的地方性,但该信仰的流行与发展,却也印证了不同的历史时期内,地方社会与中央王朝之间交错复杂的政治关系,以及地方精英群体的发育程度和文化诉求。

宋明时期的祖先祭祀和地方社会[①]

郭锦洲
（香港浸会大学历史系）

摘　要： 明中叶一宗发生在徽州的官司，争论如何分辨一所建筑物是祠堂还是庙宇。表面上这似乎是一般的产权案件，但其背后却意义深远，让我们对徽州宗族多了一个新理解：原来明朝徽州人对祠堂的理解，是需要多次官司才能弄清楚的。要了解徽州宗族，首先要明白宋明时期徽州祖先观念的变化，在这个过程中，谱系运用、户籍登记、控产方法和祭祀礼仪都带来重要影响。本文的目的，就是尝试解释这段过程的变化。

关键词： 徽州宗族　祭祀　礼仪　控产

万历四十年（1612），徽州歙县知县刘伸[②]审理了一宗与祠堂有关的案件，案件中，县城吕氏宗族成员吕应松等人被控图谋霸占一所名为吕侍郎祠的神庙和斩伐神庙附近的林木，吕氏则声称吕侍郎是他们的祖先，吕侍郎祠是他们的祠堂，他们一直在祠内祭祖，而祠旁的山地林木都是属于他们的。最后知县刘伸判吕氏败诉，其判词如下：

---

① 本文得到中华人民共和国香港特别行政区政府大学教育资助委员会第五轮卓越学科领域计划“中国社会的历史人类学研究”项目赞助，特此鸣谢。另外本文也刊登在以下论文集，唯题目和内容稍有不同，参考郭锦洲《祖先观念和祭祀的转变——明朝的徽州宗族》，载李金强、郭嘉辉编《从明清到近代——史料与课题》，台北：万卷楼图书股份有限公司，第117—144页。

② 刘伸任歙县知县约在万历中期。参考（清）丁廷楗（约康熙时期人）、（清）赵吉士（约康熙时期人）编修《徽州府志》（康熙三十八年[1699]刊本）卷4，台北：成文出版社，1975年，第3b页。

> 审得吕应松贪利盗卖官物,……今将据为一姓之业,则凡海内崇报之祠,不少为其子孙者,皆亦得以己意而据之乎、伐之乎? ……试问朱文公之祠在新安者多矣,文公之子孙,不闻一一而据之也。①

刘伸的判词显示出,在明朝徽州人的观念中,“血缘”的宣称并不足以表示该祭祀场所属某一宗族的祠堂,正如在徽州的朱熹祠,在祠内祭祀朱熹并不等于该祠为朱姓子孙所有。官司并未因刘知县的判词而完结,吕氏后来上诉至徽州府和都察院,他们的理据是“如曰公祠,必系众建,从来修葺何人? 如曰官祠,必系官祭,从来对越者何宦?”②“对越”解作帝王祭祀天地神灵,在此则表示官府并无派代表于吕侍郎祠内祭祀。换句话说,吕氏声称参与营建和祭祀仪式的从来就只有吕氏族人,并以此证明该祠是吕氏祠堂。刘知县的判词和吕氏的辩解,其实都是在尝试解答一个问题:“什么才是祠堂?”从以上的例子可知,在明朝万历年间,要分辨哪一所建筑物是祠堂,是需要打多次官司才能弄清的问题。

宗族是研究明清社会史重要的课题,而祠堂则是宗族的核心。近年,不少学者立足于华南,以历史人类学的角度研究中国各地的宗族历史,并透过比较各地不同的发展,尝试展示出一幅与传统史学有别的中国社会史。就以科大卫的珠江三角洲研究为例,他认为在华南地方社会,明朝嘉靖年间的礼仪改革是祠堂变化的其中一个关键:嘉靖年间礼仪改革之后,百姓模仿《明集礼》内家庙的形制,大量兴建“家庙式”祠堂(参考图 1)。这类型的祠堂有特殊的型制,例如三进的格局、高出的台阶和外卷的屋檐。祠堂的意思与家庙等同起来,而在这些“家庙式”祠堂内,祭祖范围可以超越四代,拜祭始祖;但在嘉靖之先,这一类型的祠堂其实并不普遍。③

① (明) 吕仕道(约万历时期人):《新安大阜吕氏宗谱》(万历五年[1577]刊本;1935 年重刊)卷 6《歙县刘公审语后附诉言》,第 12b—13a 页,该谱藏于犹他家谱学会。关于《新安大阜吕氏宗谱》的编刊时间,可参考栾成显《新安大阜吕氏宗谱研究》,《徽学》6 卷(2010 年 12 月),第 133—151 页。

② 吕龙光(约民国时期人)序:《新安大阜吕氏宗谱》卷 6,第 14a—15a 页。

③ 科大卫:《祠堂与家庙——从宋末到明中叶宗族礼仪的演变》,《历史人类学学刊》1 卷 2 期(2003 年 10 月),第 1—20 页。

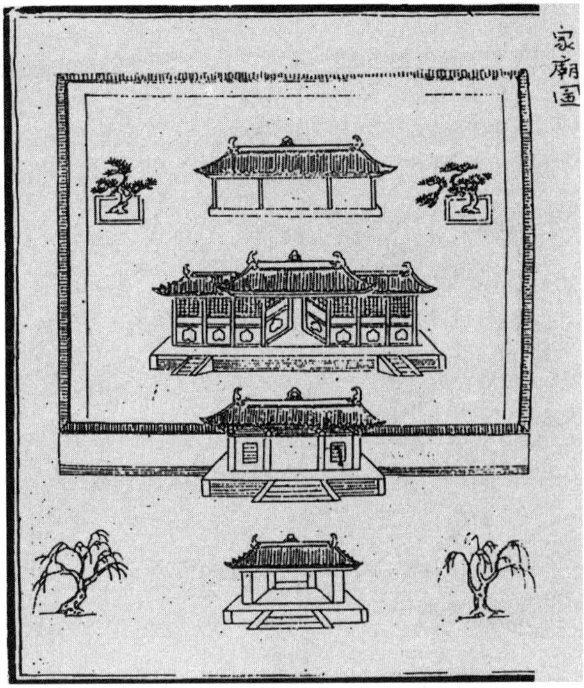

图 1　家庙图①

如果我们借助华南研究的经验来看中国其他地方，则会发现一个有趣的现象，就是在不同的地方社会，当地人所称为祠堂的建筑物，与华南的“家庙式”祠堂有很大分别。例如在湖北，祠堂内是有戏台的；在台湾，祠堂只是一间小小的三合院。以徽州为例，当地固然有大量的“家庙式”祠堂，而且其兴建时段同样不会早于明朝嘉靖年间，由此可知中央王朝的礼仪改革同样影响着徽州；但同时，徽州亦有非“家庙式”的祠堂，就以刚才提到的吕氏官司为例，吕氏声称属于他们的吕氏宗祠，便不是“家庙式”祠堂(参考图 2)。

对于不同地方所存祠堂形式的差异，我们的问题不应在于“哪一种祠堂才是正确的形式?”因为不同地方的人对祠堂的理解，都存有一套“正统”的观念，即认为他们当地的祠堂是“正确”的形式，其他地方的祠堂形式才是“错误”。而这套“正统”观念，其实与王朝礼仪的推广息息相关，而不同的地

① 转载自科大卫《皇帝和祖宗——华南的国家与宗族》，江苏人民出版社，2009 年，第 125 页。

图 2　太平兴国寺图①

方社会，亦会因应各自不同的历史，在不同时期和不同背景下，接受、融合、修改和实践这套王朝礼仪。正因为不同地方有不同的“正统”观念，当中没有“正确”和“错误”，所以，我们问“祠堂的‘正确’形式是什么？”是没有意义的。相反，我们的问题应该是“当地人什么时候认为这个建筑物才是祠堂？”因为尽管各地对祠堂的“正统”观念不同，但各地总有一段时间去接受这套“正统”观念。另外更重要的问题是：“在当地人确立祠堂观念之先，当地社会是以什么礼仪来与中央王朝建立关系的？”只有透过这两个问题，我们才

① 转载自《新安大阜吕氏宗谱》，建筑原有建筑物名称，但由于印刷后模糊，所以笔者另行加上太平兴国寺与吕宗伯祠名称。参考吕龙光序《新安大阜吕氏宗谱》卷 1，第 54a—54b 页。

可以了解地方社会与王朝的关系在不同的时段出现怎样的变化。本文的目的,就是尝试解释明朝中叶徽州的祠堂是建基于怎样的旧礼仪上演变而成的。

一、神明和祖先

在徽州社会,祖先和神明形象重叠。在宋朝已有文章记载,受祀于庙宇或社坛的地方神明往往亦被视为当地人的祖先,而且这套祖先和神明重叠的观念一直延续至明清时期。这一观念对研究徽州社会的变化非常重要,但同时这一观念亦容易误导后世学者,使其误以为宋元时期以神明祭祀方式崇拜祖先便等同于明清时期的宗族祭祖仪式。其实,我们只要细心察看宋明时期祭祀礼仪的变化,便会明白这两段时期的祖先观念分别很大。

地方神明汪华是一个可以用来描述祖先观念的变化的非常好的例子。汪华是隋末时期的徽州人,战乱时割据一方,后来投降于唐高祖李渊。明清时期,徽州不同地方的汪氏宗族多视汪华为祖先,祭祀于祠堂内。但同时,汪华亦是徽州的地方神明,自宋至明清一直受历代朝廷承认、册封神号,被列入祀典之内。在五代,已有数据显示出汪华这位地方神明与政权的关系,唐末歙州刺史陶雅的幕僚汪台符①,在902年写了一篇《歙州重建汪王庙记》,极力推崇汪华在地方上的功劳,但在字里行间只称汪华为"越公"和"汪王",并没有提及汪华具有官府册封的称号和庙号。更重要的是,该文章建立起汪华亦神亦祖的形象。文章作者汪台符一方面颂扬主子,另一方面声称汪华是自己祖先:

> 台符越公之裔,浔阳之吏,祖能神、主能贤,辞或不直作神之羞,辱主之命。②

---

① 汪台符生平可参考(宋)罗愿(1136—1184)《新安志》(《四库全书》本)卷6,台北:台湾商务印书馆,1976年,第6b—7a页。

② (五代)汪台符:《歙州重建汪王庙记》,收入(宋)李昉(925—996)《文苑英华》(影印文渊阁《四库全书》本,上海古籍出版社,1987年)卷815,第7a—9a页。

“浔阳公”是指陶雅,汪台符宣称自己是汪华的后人和陶雅的下属,他认为如果自己不写这篇文章,不表扬祖先和主子的功劳,等同羞辱了二人。汪台符其实是借汪华的形象来影射陶雅的上司淮南节度使杨行密,所以这篇文章的政治意味甚重,详细内容在此不作分析,但需要特别注意的是,汪台符只声称汪华是自己祖先,却没有提到汪华与当时其他汪姓者的关系,这点与后来南宋汪华被奉为所有徽州汪姓者祖先有所不同。

南宋时期,宋室首都由开封迁往临安(今杭州),徽州与杭州以水路新安江相连,徽州的山林经济作物大量输往杭州,其地位亦变得非常重要。就在这一背景下,地方神明汪华的形象出现变化。南宋淳熙初年(约1174)编修的《新安志》,是官修的徽州地方志,当中记载了大量关于汪华的资料,包括宋朝政府多次册封神号和庙额,在乾道四年(1168)的一次册封中,汪华已是一位具有八字封号的神明,其神号已非常尊崇。根据韩森(Valerie Hansen)的研究,官府给当时未被国家系统承认的地方神授与封号和庙号,是将地方社会纳入王朝体系的方法,神明的封号越长,代表其神力越大、越受政府重视;同样,地方社会亦乐意将神明如何福佑地方社会和忠心于政权上报给官府知道,以这个方法来得到中央承认。宋徽宗年间(1100—1126),全国各地的封神赐额数字大增。[①]《新安志》的《姓氏》部分提及当地六个著姓,汪姓是其中之一,而汪姓的祖先便是汪华:

> 唐歙州刺史汪华居新安,故望出新安。今黟歙之人,十姓九汪,皆华后也。[②]

南宋《新安志》“十姓九汪”这套说法与五代时汪台符的文章有很大分别:汪台符的文章只提到汪华是他个人的祖先,但《新安志》“十姓九汪”的说法却是指徽州大部分人都是汪姓,这些汪姓者都是汪华的后人。[③]

---

① Valerie Hansen, *Changing Gods in Medieval China, 1127 - 1276*, Princeton, N.J.: Princeton Univesity Press, 1990, pp.79 - 104.

② (宋) 罗愿:《新安志》卷1,第23b—26a页。

③ (宋) 罗愿:《新安志》卷1,第16b页;(宋) 邓名世:《古今姓氏书辩证》(绍兴四年[1134]卷15),《四库类书丛刊》,商务印书馆,1992,第10a—10b页。

到了元末至正十六年(1356),徽州文士唐桂芳(1308—1381)撰写的《重建茆田灵显庙碑记》便再次提到"十姓九汪"这套观念,但同时亦加以发挥。茆田灵显庙是祭祀汪华的行祠,唐桂芳为这所汪华庙宇写文章时提到:"歙十姓九汪,本其谱系。"①其与《新安志》的区别在于唐桂芳自己加上的"本其谱系"这一句,其意思是,当地的汪姓可以"谱系"联系上神明汪华。

谱系是证明后人与祖先关系的一种重要的方式。人类学家弗里德曼(Maurice Freedman)的宗族研究便指出,华南宗族便是透过谱系,包括文字谱系(族谱)和仪式谱系(祠堂内的祭祖),来显示宗族内祖先与后人的关系及宗族成员的资格的。所以谱系的重要性在于让我们区分了"族"(clan)和"宗族"(lineage)。"族"和"宗族"都是声称有共同祖先的群体,但是"族"以松散形式存在着,不一定有把成员一代一代联系上共同祖先的谱系;"宗族"除了承认有着同一祖先之外,更依赖一代一代的谱系来控制财产,并明确列出"房派"之分。宗族成员捐赠给祠堂的财产并非"族"内所有成员都可共享,而是按谱系和祠堂祭祀礼仪来决定谁有份。②

如果以这个谱系的角度来分析徽州社会,则会发现元朝初年和末年,徽州人的祖先观念有一个很大的变化,即元朝初年,徽州人描述祖先的方式,不会超越四代。元初建德路总管方回(1227—1307)的文集,收录了多篇文章以阐述其家庭状况、编修族谱和对祖先的描述。方回提到:"歙之方氏,皆东汉贤良洛阳令赠太常方公储之后。"③这位方储,其实也是徽州当地的地方神明,受祀于柳亭真应庙,但在方回的文章中,并没有描述一条方氏后人与

① (元)唐桂芳(1308—1381):《重建茆田灵显庙碑记》(约1356),见氏著《白云集》(《四库全书》本)卷6,台北:台湾商务印书馆,1973年,第28b—30b页。

② Maurice Freedman, *Chinese Lineage and Society: Fukien and Kwangtung*, London: Athlone P.; New York: Humanities P., 1966, p.169.关于"族"与"宗族"的分别,可参考Morton Fried, "Clans and Lineages: How to Tell Them Apart and Why — with Special Reference to Chinese Society", *Bulletin of the Institute of Ethnology*, No.29 (1970): 11-36。同样,伊佩霞(Patricia Buckley Ebrey)和华琛(James L. Watson)认为"族"与"宗族"的中国字义太容易混淆,而特别提出两者的定义,参看Patricia Ebrey and James Watson, ed., *Kinship Organization in Late Imperial China*, Berkeley: University of California Press, 1986。

③ (元)方回(1227—1307):《先祖事状》(1275),见氏著《桐江集》(《续修四库全书》本,上海古籍出版社,1995年)卷8,第8a—11a页。

方储联接的谱系，而柳亭真应庙亦不是一所属于方氏所有的庙宇。[①] 方回较能掌握的祖先资料，是祖先的坟墓，而他提及的祖先坟墓，最早的是高祖的坟墓，他的文章亦没有提及其他如祠堂之类的祭祀场合。方回所编制的谱系被称为"图"，是一份以其父亲与四位叔父为中心的谱系，祖父、父亲、自己、儿子和孙儿五代人的名字被放进"图"内。方氏的族谱，并非要追溯远祖，而是要将他自己和四位叔父的家庭联系起来，成为一个血缘组织。综合以上的资料，方回所知道并能描述的祖先背景，不会超出高祖之四代祖先的范围。

方回死于1307年，没有多少关于方回后人的资料留传下来，所以要追寻方氏描述祖先方式的发展，需要参考其他资料。根据徽州师山书院山长郑玉（1298—1358）撰写的《方氏族谱序》，有"方君名某"邀请他为方氏写族谱序，谱序内容没有指出这位方君与方回有何关系，也没有提到写作年份，但以郑玉生平来推断，该文应该著于1340年代。在序文内，郑玉说他"观方氏族谱"之后，称赞方氏"行谊于斯谱，尤用心"，原因是方氏族谱与以前的谱系有所不同：

> 自宗法废，而先王所以睦族之意竟不可见，独赖谱系之存，世数犹可考也。……方君之谱不及者，世则远矣，而于源流行实，复备录焉，所以著其始也，其亦识隆杀之等，而尽亲亲之道者哉。予每在世之奸人侠士，妄取前代名公卿，以为上世，自诧遥遥华胄，以诬其祖，以辱其身，如郭崇韬拜子仪之墓者，其亦可诛也。已至若以为谱系有限，高曾之外，即不复著，而不知先王制服以情后世，著谱以考其源，二者义实不同。如苏明允之序其族谱者，其亦隘矣。方公之谱举无此弊。[②]

五代时期，后唐将领郭崇韬因为冒拜郭子仪坟墓而受到嘲笑，[③]郑玉引用此典故来指斥妄称祖先为历史显赫名人的做法。但如何判断是否妄称则需要

---

① （元）方回：《歙县柳亭真应仙翁庙记》，见氏著《桐江集》卷2，第5a—7a页。

② （元）郑玉（1298—1358）：《方氏族谱序》，见氏著《师山集》（影印文渊阁《四库全书》本）卷1，第6a—8a页。

③ 郭崇韬资料可参考（宋）欧阳修（1007—1072）《新五代史》卷24《唐臣传第十二·郭崇韬》，中华书局，1974年，第251页。

谱系来证明后人与祖先之间的关系。郑玉称赞方氏族谱的谱系已超越了高、曾、祖、考四代范围。郑玉认为古礼的五服之制，是以亲情作考虑，但谱牒的目的，是要追溯始祖，二者意义不同。所以他认为苏洵所著的族谱，谱系只覆盖五服内的族人，祖先只追溯至高祖，实在过于狭隘；而方氏族谱，则没有此问题。换言之，这本方氏族谱的谱系，已突破了谱系不超过五服的规限，向上追溯高祖之前的祖先。而根据郑玉的描述，元朝中后期的谱系，重点在于"考其源"的功用，即以谱系来追溯远祖。亦正因为这个原因，谱系在联系远祖的同时，亦能够联系上神明。

元末明初的族谱没有多少留传至今，但幸运的是，在当时徽州士人的文集内，收录了不少他们替别人族谱所写的序。从这些序文中，大约可知当时的谱系已突破了四代祖先的范围，编修追及远祖的谱系已是普遍的做法。① 关于元朝谱系的变化，需要另文详述，但对于元朝的谱系，我们还要注意的一点就是，当时虽然已有文字谱系，但在祭祀仪式上，祭祀历代祖先的礼仪仍未普及。方回在真应庙内祭祀神明方储，但在真应庙内并没有祭祀自方储以下历代祖先的礼仪，所以真应庙的祭祀仍是一套祭神仪式，与明清时期的祠堂祭祀相距甚远。另一个例子是郑玉，郑玉在至正十五年（1355）写的《郑氏石谱序》中提到，他在其祖父的墓背上刻了十五代族人的石谱。② 这幅刻上十五代族人的石谱或许会给人一个错觉，让人以为当时郑氏已能组织人数众多的集体祭祀，但实际上刻碑的坟墓属于郑玉的祖父，而不是石谱上的始祖，所以当墓祭时，祭祀的参与者只会是郑安的后人，而不是始祖的后人。根据郑玉祖父的墓道碑，郑安有五名儿子、十五名孙，所以尽管石谱记载了十五代族人，但确实参与墓祭的人数应该不会超过五十人。③ 在墓背刻石谱其实是古老的习惯，在北方颇普遍。④ 但要注意的是，郑氏的石谱并不

---

① 关于元末明初徽州士人的文集，可参考（元）唐桂芳《白云集》；（明）唐文凤（约1414前后在世）《梧冈集》；（元）朱升（1299—1370）《朱枫林集》。

② （元）郑玉：《郑氏石谱序》，《师山集》卷1，第13b—14b页。

③ （元）揭傒斯（1274—1344）：《歙令郑君墓道之碑》，收入（明）郑烛（约嘉靖时期人）辑：《济美录》卷1，《四库全书存目丛书》，台南：庄严文化事业有限公司，1996年，第3b—6a页。

④ 王日根：《从墓地、族谱到祠堂：明清山东棲霞宗族凝聚纽带的变迁》，《历史研究》2008年第2期，第75—97页。

是由祖先流传下来的，而是由郑玉刻在其祖父十世祖郑安的墓背上的。换句话说，郑玉是在利用传统的方法来表达出一套创新的祖先观念。

总括来说，在宋元时期徽州人的祖先观念中，祖先便是神明。元朝谱系的改变亦同时改变了徽州人联系他们与祖先、神明关系的方法；直到明朝，后人与祖先的关系在祭祀上才开始出现变化。但在讨论祭祀变化之先，我们还要先明白徽州成为明王朝一部分之后，新的王朝制度怎样影响着当地的祖先观念。

二、里甲户籍制度与祖先

根据杨纳的研究，朱元璋早在龙凤四年（1358）仍未建号洪武之时，便已占据徽州，当时徽州已是一个早与南宋和元朝王朝建立联系并发展出固有传统的地方。所以朱元璋早期管治徽州的方法，并不是推行重大的地方改革，而是依循旧有传统政策来征取徽州地方大族的兵源和粮食，以支持其军队在其他地方的战事。① 到了 1368 年，朱元璋在南京登上帝位，建号洪武后，便意图推行多项例如里甲户籍的全国性政令。但不要误会这些新王朝政令会将地方社会改头换面，事实上，这些政令必须配合旧有的祖先观念，才能在地方社会实际运作。

朱元璋起初占据徽州时，以“自实田”为其征税办法，由居民自报占田数额，再由官府查勘登记。徽州在癸卯（1363）、甲辰（1364）和乙巳（1365）年都有登记土地，编造册籍。② 这些册籍与后来朱元璋定都南京后推行的里甲户籍非常不同，前者纯粹是土地登记，科徭是根据拥有土地多少而定；后者是以户为主体，官府根据登记者所属户内的人丁和田地两项数据，将登记者编入不同等级的里甲户，登记者是因应其户的等级大小而承担相应的赋役。因此，刘志伟的研究认为，里甲户籍制度除了是土地登记外，更是一种户口登记，具有“编户齐民”的意味，只要百姓被编入户籍内，则属国家一员，所以

---

① 杨纳：《龙凤年间的朱元璋》，《元史论丛》第 4 辑，1992 年第 2 版，第 215—216 页。
② 杨纳：《龙凤年间的朱元璋》，《元史论丛》第 4 辑，1992 年第 2 版，第 215—216 页。

里甲制是将地方社会纳入国家体制的重要措施。[①] 里甲制度是国家政策,但在徽州实际运作时,是以什么作为登记入里甲的资格的呢? 撰于洪武四年(1371)的《真应庙宗支合同》提供了一些线索:

> 圣旨命韩国公李为严查天下百姓,军民匠户人等知悉:各姓供报,官给民由,始终本末,某处来历,某处为官,以分良贱事。韩府查得,"方姓之族……今验方姓支图,历朝所遗,迁居甚明,果是世家大族也"。韩府验过吾氏宗支图,并伟、储、干公等容像,赐印供报,官给民由可据。今为子姓繁衍,分派迁居散住,昭穆难以齿序,因而立有支图,流传后代。日后子孙照各迁居祖宗之名,相接流传,以为宗亲之验。立此支图,一样十纸,各执一纸,永远存照。[②]

这篇文章指出,替方氏验证祖先来历的人,便是鼎鼎大名的韩国公李善长,这点反而使人对文章的真实性提出疑问,但这并不表示我们不能利用这些资料作历史研究。[③]《真应庙宗支合同》所反映的,并不单是明初中央王朝在徽州推广里甲户籍制度的情形,还说明了登记入里甲的资格。

"民由"即是"民由户帖"的简称,是登记入里甲户籍的证明。方氏能够成功取得"民由",先决条件是方氏能够提供祖先谱系和官历,以此证明"某处来历"。但本章的重点不是要考据这点,而是要指出当时人认同祖先谱系与户籍登记的关系,而且两者都是"以分良贱",即成为王朝子民资格的关键。

根据引文,李善长查验过方姓祖先方伟、方储和方干的容像和方氏"支图",方伟和方储是汉朝官员,方储更是真应庙内受祀的主神,方干则是唐朝诗人。"支图"的内容明显不是将这几位远祖联系至明朝族人的谱系,因为

① 刘志伟:《在国家与社会之间:明清广东里甲赋役制度研究》,中国人民大学出版社,2010年,第28—93页。

② (清)方善祖(约乾隆时期人)修:《歙淳方氏柳山真应庙会宗统谱》(乾隆十八年[1753])卷18,第29b页。该谱收藏于上海图书馆。

③ 族谱内所述说的祖先的故事,如何反映出当其时的地方历史。参考刘志伟《历史叙述与社会事实——珠江三角洲族谱的历史解读》,《在国家与社会之间:明清广东里甲赋役制度研究》,第233—255页。

正如《真应庙宗支合同》的内容所记载的，他们的世系已是“昭穆难以齿序”，所以只能将各地方氏各自的谱系以合同的方式并合起来，称之为“支图”。“支图”一式十份，分给十“派”，即十个住在不同地方村落的方氏，并在合同之后列出这十派方氏的名称和居住地。郑振满的研究指出，宗族是可以透过合同方式建立起来的。[①]《真应庙宗支合同》的内容，正是十派方氏以合同方式建立起来的。

根据《方氏统谱》，在16世纪之先，参与柳山真应庙的只有方氏苏磻派[②]，根据朴元熇的研究，苏磻派方氏居于徽州苏村和磻溪，与柳山真应庙地缘最近。[③] 但自16世纪开始，各地方氏开始参与柳山真应庙的运作。一份著于正德八年(1513)的《方氏族谱请户部钤印部牒》提到，在弘治年间，方氏为了柳亭方储庙的拥有权与僧侣打官司：

> 弘治间，被叛僧福清等杂以他神，混处庙中，将产盗卖，图泯改寺，庙业几覆。族众方达、方原等鸣公具奏，蒙恩命抚按断勘，庙业复旧。远宜等诚恐将来支庶散处，虑庙食沦亡，将愈久而愈失其传也。为此，告投通状，前赴本部，请给部印，钤盖谱牒。……准此，移文所属有司查验，勘方氏族众，与告词相同，合给全印，共计壹百伍拾叁颗，钤盖谱牒壹册，付远宜等收执，遗传来世，永守弗替。[④]

这份《方氏族谱请户部钤印部牒》是由“磻溪里举监儒生方远宜、方纪达、方明育、方元滢”呈上地方政府的。在整件事件中有两批方氏族人参与。一批是在弘治十五、十八年的官司中出钱出力的参与者，例如方达(即方彦达)和方原，方达更一度被官府拘禁，而千余缗官司费用，则由方墀一人支出。如参考族谱，方达、方原和方墀都属于苏磻派，族谱没有记载他们取得任何功名。另一批则没有参与官司，而是在官司后呈请官府的方远宜等人，他们希

---

① 郑振满：《明清福建家族组织与社会变迁》，湖南教育出版社，1992年，第103—118页。

② 明朝洪武年间称之为苏磻派，到万历年间则分析为苏村派和磻溪派。

③ [韩] 朴元熇：《明清徽州宗族史研究：歙县方氏的个案研究》，中国社会科学出版社，2009年，第43—44、211页。

④ (清) 方善祖修：《歙淳方氏柳山真应庙会宗统谱》卷18，第41b—42a页。

望官府在方氏族谱上盖印,承认他们所宣称的方氏历史和真应庙的拥有权。他们名义上是以“磻溪里举监儒生”与官府打交道的,但根据族谱,他们并不属于苏磻派,而是属于其他派别。我们还须注意最后的结果:官府答应在方氏族谱一册上盖上一百五十三颗印。而这份盖满官印的族谱,是由方远宜等人,而不是苏磻派族人保管。这个安排显示出各派族人各取所需,苏磻派寻找到了有力的方姓盟友。而且在以后的日子,官府承认了方氏十派、他们的共同祖先方储和共同拥有柳山真应庙等说法。

对于明初时期的方氏,祖先故事非常重要,因为他们是透过悠长的祖先谱系或显赫的祖先传说,成功登记入里甲户籍,成为明朝子民的。对于那些没有登记入户籍的人来说,祖先同样重要,因为他们只要能透过通谱,与那些已登记入户籍的人建立共同祖先的谱系,他们的社会身份和地位同样可以受政府承认。

到后来,自然繁衍的人丁数字没有更新在户口登记内,百姓甚至为了逃避赋役,以“相冒合户”来隐瞒原来的人丁事产,这些最终都会导致严重的失实。当时的徽州官府亦明白其中问题所在,嘉靖《徽州府志》的编者便提及:“夫按计书观户口,信蕃庶矣,而著籍岂尽实!往余少尝属役于里中,睹编户流移,十常三四,其著籍者亦赤立无物业,每遇征需,卒不能取之下户,即里长破产以偿,苟处苛责,官府不知也。”①府志编者指出,如果只看册籍的户口登记记录,便会以为人丁增加、地方繁荣,但登记入户籍的数据,又岂会完全真实?编者指出,他年少时曾在里甲中服役,目睹所登记的户口,十之三四都因时间流逝而导致内容失实,有的登记入户口者,更是全无资产;每当官府征需,不能从下户取足需要,便将矛头指向里长,由里长补偿所不足的,最后导致里长亦破产,官府不知就里,便处处苛责。在此户籍登记严重失实的情况下,地方衙门之所以能够继续运作,是因其各寻自救的方法,改革赋役制度,所以早在正统年间,便有地方政府推行“均徭法”“均平法”。各地政府在不同时间有各自的改革,但大体上,改革的整体趋向是赋役折银和定额

① (明) 何东(约嘉靖时期人)序、(明) 汪尚宁(约嘉靖时期人)编修:《徽州府志》(嘉靖四十五年[1566]刊本)卷8,上海古籍书店,1981年,第44a—44b页。

化,最后集大成的便是万历年间的一条鞭法。①

刘志伟和科大卫都指出,广东地方政府赋役制度的改变是如何影响了地方社会的发展。② 同样,徽州也经历过这段赋役改革。明朝徽州府出版过两次府志,其内容非常具体地反映出徽州赋役改革的整个过程。《徽州府志》第一次出版于弘治年间,序于弘治十五年(1502);第二次编修府志,志序于嘉靖四十五年(1566),两者相差约六十年。如果比较两本《徽州府志》,则会发现在嘉靖年间,徽州府已将力役折银,将户籍由户口登记变为纳税的户口。③ 当中的改变,单看两本地方志都是用“户”这个词是很难明白的,但如果用英文,赋役改革前的“户”是 household,改革后的“户”即是 account,这样更能明白改革的重要变化。

徽州的赋役改革,是征税不再以里甲户籍内的“户等”④为标准,改变为根据丁粮多寡来征收,但并不是完全取消里甲制。原因是,在旧有制度下,官府征役找里长,征粮则找粮长,如果里甲完全解体,官府马上面对的问题就是不知找谁来承担责任。如果没有里长、粮长的帮助,单靠衙门差役,实在难以征取幅员广阔、参差零散的丁田赋税,所以官府便需要想办法,将百姓以里甲的名义编众在一起,便于征取赋税。而新的编众方法,已不是朱元璋当初的设计。嘉靖《徽州府志》便有一段记录,表达了编排里甲的变化:

> ……下户慨多无赖流移,而上户富民又皆自窜于中下之间,以相影射,多者一人数户,或数十户,故今之受害者偏在中家,中家小有田业,无

① 刘志伟:《在国家与社会之间:明清广东里甲赋役制度研究》,第 119—185 页。

② 刘志伟:《在国家与社会之间:明清广东里甲赋役制度研究》,第 237—275 页;David Faure, *Emperor and Ancestor: State and Lineage in South China*, Stanford, Calif.: Stanford University Press, 2007, pp.79 - 124。

③ (明)彭泽(约弘治时期人)、(明)汪舜民(约弘治时期人)编修:《徽州府志》(明弘治十五年[1502]刊本)卷 2,台北:学生书局,第 34b—39 页;弘治《徽州府志》卷 3,第 72—74 页;嘉靖《徽州府志》卷 8,第 4、24a—38b 页;康熙《徽州府志》卷 6,第 60b—63b 页。

④ 在明初里甲制的设计中,政府会把户分为九个等级,所以明初政府收税的方式并不是比例税,而是等级税。等级税的意思是,每一户并不是多一人丁便多交一份税,而是当人丁和田地数字过了一个界限时,便会被评定为大户,赋税额亦大量增加;相反,土地和人丁都不足以成一户的畸零户,可免差役。参考刘志伟《在国家与社会之间:明清广东里甲赋役制度研究》,第 247 页。

余赀，一更重役，无不折而入于贫，此诚可悯也。分户之弊，亦难尽罪民，以避粮长收头重差耳，然户多分而粮长收头重差益苦矣，乃若签粮长收头，使富民不得巧免，编均徭，使轻重不至偏注，则今守令良法，补偏救敝。……大抵朝廷之科派愈繁，则齐民之规避愈巧，则有司之权制愈密。总之一切之法，莫如令民归并迩者（按：迩者，解作近人、亲近的人，可以是地缘上或血缘上），有司逐年归并，但能行于本甲。或有同姓非族、下户，误而并入，犹为害耳。今欲讲其法，惟不限本甲，通籍十年，……欺隐之弊可尽抉也，使九等之户，各自占籍，黄册之外别为一书，著之令甲，班之编民，家晓户习，吏不得缘为奸利，则赋可平，役可均，而善政举矣。①

根据嘉靖《徽州府志》的记录，在过往的赋役制度下，因为下户经常流移，官府难以追寻；上户亦利用分拆户口办法②，来冒充中、下户，最严重是一人可分拆为数户或数十户。所以最受害的是中户，因为中户有少量田业，想分拆也无法分拆，一旦担任重役，便无法不落入贫困境况。府志编修者以同情的语调指出，“分户”问题亦很难怪罪百姓，他们只不过想避免担任“粮长”“收头”这些重差，但不断地“分户”却又造成恶性循环，导致更难找到人担任该差役，令“粮长”“收头”的工作越来越沉重。而解救办法，便是“签粮长收头”和“编均徭”。“签粮长收头”本文已解释过，意思是特定指派富户担任力役，不再轮佥，“编均徭”即是将力役折银，平均分派给各户。这是当时知府何东序解救时弊的办法。我们要特别注意府志编者最后的几句话，他认为朝廷越多繁琐的科派，百姓越会想更多法子避免承担，而地方衙门便更需要严密的权宜之制来应付，而最好的应付方法就是要百姓“归并”入与自己的血缘（同姓）或地缘（本甲）相近的人。引文没有太多解释“归并”的意思，但可以肯定，“归并”是针对之前提及“分户”的权宜之制，故可以理解为不同的子户根据地缘或血缘合并共编为里甲。

府志编修者特别警告，“归并”时不要误将同姓不同族“归并”在一起，或

---

① 嘉靖《徽州府志》卷8，第44a—44b页。

② 百姓为了避免被编入需要承担较重赋役的上户，通常便采用“花分子户”的方法，即尽量将人丁田产分拆入不同的户内，让每户只拥有少量的丁产，好使“户等”保持在“下户”。参考刘志伟《在国家与社会之间：明清广东里甲赋役制度研究》，第248页。

"归并"了下户。我们要留意"或有同姓非族、下户,误而并入,犹为害耳"一句,"归并"的标准,是不可以"同姓非族"。换句话说,官府是鼓励"同姓同族"的"归并"的,这套政策,在社会的实际运作,便是宗族的发展,因为决定"非族"或"同族"的,不是官府,而是民间编修的族谱和共同祭祀。他们只要建立共同的祠堂和族产,再创立一个虚构的户口来为祠堂缴税,便成了宗族。

所以整个赋役改革并不等于完全取消里甲制度,而是官府保留里甲的"外貌",但实际上以"族"的观念作为其中一项编排里甲的重要原则。这点非常影响祖先的观念,因为人们编修谱系、决定谁是祖先时,要同时考虑王朝制度上的编户齐民和赋税制度。

三、控产与祖先

明朝百姓愿意登记入里甲户籍和设立户口,并不是因为他们愿意交税,而是因为通过登记,他们的社会地位和财产会受到政府保障,对他们来说也有好处。但单单登记户籍和户口并不足够,他们还需要具体的控产方法。周绍明(Joseph McDermott)的研究指出宋明时期徽州社会控产方法的转变,宋元时期佛寺的"常住田"是当时普遍的控产方法,即百姓捐赠田地给佛寺作为"常住田",用以供养僧侣,让僧侣为他们祭祀祖先;佛寺不像个人有生死,财产也因此不会分裂,这对田产的累积有极大的好处,所以佛寺就如一个永恒的控产机构。除了佛寺外,庙宇和土地社都是控产机构,百姓将田产捐赠给神明,以神明的名义控产。到了明朝时期,控产机构则主要是宗族祠堂,财产是以祖先名义登记的,祠堂不会因宗族成员的去逝而有所改变,所以祠堂也是一个控产机构,从商业史的角度来看,佛寺、庙宇、土地社和祠堂有其一脉相承之处。①

---

① 值得补充的是,周绍明认为明朝徽州宗族在控产上与佛寺有所不同,宗族祠堂并不是用来控制大片土地的,而是让徽州商人融资的组织。参考 Joseph McDermott, *The Making of a New Rural Order in South China*, Cambridge: Cambridge University Press, 2013。关于祠堂控产,可参考 Maurice Freedman, *Lineage Organization in Southeastern China*, London: University of London, Athlone Press, 1958。

在控产方式的转变过程中,必须留意里甲制度的影响力。如前所述,不少徽州人的祖先是当地神明,受祭于庙宇内,而在明初里甲户籍下,庙宇本身以及属于庙宇的田地,都被登记在“庙户”之内。根据弘治《徽州府志》,徽州孙公祠有“庙户”,“弘治十四年知府彭泽立休宁民郑向为庙户,新安卫致仕千户于明捐歙县田二亩,……原田共一十三亩,……入祠以备秋祭修理与守人食用及香灯之费”①。“庙户”是一种户籍登记,登记入“庙户”者,负责庙宇的打理和祭祀,“庙户”内的产业则用于“香灯之费”和供应“庙户”登记者的“食用之费”。但从法律上,登记入“庙户”的田产,是由“庙户”登记者所拥有,与捐赠者无关。

“庙户”登记制度带出的问题,是田产究竟是由捐赠者拥有,还是由“庙户”登记者拥有。位于徽州篁墩的世忠庙,庙内祭祀地方神明程灵洗。程灵洗(514—568)是南北朝时南陈将领。关于程灵洗死后受祀和受神明册封的资料,由宋至明朝都有记载。② 同时,明朝程氏宗族视程灵洗为其祖先,徽州名宦程敏政(1445—1499)声称早在宋朝时,程姓祖先便捐赠田地作世忠庙的庙产,所以世忠庙的田产应该属于程氏。但事实是,世忠庙的田产全部被登记入“世忠庙户”,而“世忠庙户”的登记人却并非程氏族人,而是负责看守世忠庙的庙祝方氏。程敏政非常不满世忠庙田由登记在“世忠庙户”名下的方氏所掌控,两次致书徽州知府王问,游说“忠壮公庙田,当正其户”。他强调必须将方氏等人除出“世忠庙户”,否则,方氏必会盗卖田产,因为“盖人既入于庙中,则事产即其己物”,即方氏登记入“世忠庙户”,庙内事产便是其“己物”。程敏政认为庙宇和田产是属于程氏的,这个说法当然是程氏的一面之词,在当时的里甲户籍制度之下,方氏才是“庙户”的拥有者,他们要承担的力役,就是派一名家庭成员担当庙祝,“庙户”内的田产,除了用于维修

---

① 参考弘治《徽州府志》卷5,第36a—36b页。府志只记录两所庙的庙户,但实际应该不只两所。

② (宋)罗愿:《程仪同庙记》,见氏著《罗鄂州小集》(影印文渊阁《四库全书》本)卷3,第8a—9b页;(宋)胡麟(嘉熙中举明经):《梁将军程忠壮公碑》,收入(明)程敏政编:《新安文献志》(影印文渊阁《四库全书》本)卷61,第1a—4b页;(宋)程珌(1164—1242):《世忠庙碑记》,见氏著《洺水集》(影印文渊阁《四库全书》本)卷7,第40b—42a页;弘治《徽州府志》卷5,第35b页。

庙宇和祭祀开支外，亦要用于供养“庙户”成员。①

程氏希望将“庙户”转为程氏的愿望，要到嘉靖年间才实现。嘉靖十三年(1534)的《世忠庙田府帖》指出，因嘉靖三年(1524)大水冲毁了忠壮公墓，再次引起了一连串方、程两氏的纠纷和官司，最后结果是方氏脱离“世忠庙户”而另编入“方姓户籍”，而“世忠庙户”三十二亩田产则由程氏拥有。②

虽然嘉靖年间程氏控制了世忠庙及其庙产，但这所世忠庙并不是科大卫所指的“家庙式”祠堂。“家庙式”祠堂是一种具有特殊形制的祭祖建筑物，根据《明集礼》的家庙图，其外形是：地台高出地面，一列梯级连接中门，屋脊翘角，四柱三间，其中间为寝室。科大卫认为，在明朝中期以前的珠江三角洲，这类建筑并不常见，但自明朝嘉靖年间开始，百姓庶民模仿品官祭祖的礼仪，大量兴建“家庙式”祠堂，导致宗族社会的形成。③ 反观世忠庙的外形，“前后二殿，各四楹，两庑门”，很明显不似《明集礼》的家庙。另外，世忠庙内的格局，“忠壮公像居中，正宫董氏夫人像居后，都督忠护侯文季像居左。从神二，左曰孙璟，右曰赵铭……”④，庙内有五尊神像，正祀是忠壮公程灵洗，之后有他的正室董氏，左方有他的儿子程文季，偏殿还有从神孙璟和赵铭。从以上种种描述得知，世忠庙并不具有家族祭祖的意味。

嘉靖十五年(1536)，世忠庙再次出现重要的变化。根据嘉靖十六年(1537)所著的《礼部札付》，方氏在上次官司败诉后，“纠地恶汪昱、方汉、方松、方齐、方切、方黑等，于嘉靖十五年六月初二日夜，放火故烧祠宇，以快私忿”⑤。世忠庙在嘉靖十五年被火烧毁，这宗案件最终闹至京师，由礼部裁

① (明)程敏政：《与太守王公论世忠庙产书》，收入(明)程弘宾(约万历时期人)编：《歙西岩镇百忍程氏本宗信谱》(万历十七年[1589]序)卷9，缺页码，该谱收藏于犹他家谱学会；(明)程敏政：《与太守王公论重修世忠庙事宜书》，收入(明)程弘宾编：《歙西岩镇百忍程氏本宗信谱》卷9，缺页码。

② 《世忠庙田府帖》，收入(明)程弘宾编：《歙西岩镇百忍程氏本宗信谱》卷9，缺页码。

③ 科大卫：《祠堂与家庙——从宋末到明中叶宗族礼仪的演变》，《历史人类学刊》第1卷第2期(2003年10月)，第1—20页；科大卫：《皇帝与祖宗——华南的国家和宗族》，卜永坚译，第118—126页。

④ 《忠壮公宅墓庙坛基址》，收入(明)程弘宾编：《歙西岩镇百忍程氏本宗信谱》卷9，缺页码。

⑤ 《礼部札付》，收入(明)程弘宾编：《歙西岩镇百忍程氏本宗信谱》卷9，缺页码。

决。裁决结果除了惩治方氏外，更重要的是命令徽州府衙门联同程氏，再建新庙。这所新庙由官府协助重建，建成后亦由官府掌管，不再由程氏掌控，程氏子孙要另择地点重建“程灵洗庙宇”。[①] 自此以后，祭祀程灵洗的仪式分为祭祖仪式和祭神仪式。一篇名为“世忠庙灾六邑子姓设主致祭文”的材料记载：

> 嘉靖十五年丙申夏六月念七日，邑裔孙程某等谨以牲醴之奠，致祭于“显祖考镇西将军忠壮公之神”，“祖妣惠懿董氏夫人之神”，“祖考都督忠护侯之神”……中宫灾变之忽作，痛心刻骨……故鼎新祠宇，想轮奂之如故……[②]

程氏在嘉靖十五年六月七日举行祭祀，祭祀日期是在火灾后五日，而在祭祀中，仪式已不是塑像，而是神主。神主有三：程灵洗、其夫人董氏、其子都督忠护侯程文季。而祭文内容便提到世忠庙火灾，程氏另建了一所新的“祠宇”。无论是《礼部札付》中新建的“程灵洗庙宇”，还是《世忠庙灾六邑子姓设主致祭文》中的“新祠宇”，都表示程氏另外建了一所新建筑来祭祀程灵洗，而这所新建筑已不是神庙，而是一所“家庙式”祠堂。嘉靖三十八年（1559）的《墓祠感》[③]写道：

> 方遂毁庙以逐道士，于是当道遂以其庙名诸官，而令程氏另立家祠。夫官庙乡人祈福者也。家祠后裔报本者也。始焉，乡人祈福于墓下，后裔感之而作致报本之意于今所，遂致祈福者，并归于报本之所；而报本之所，渐为祈福者所专。盖初之失辨，方以公祀为荣，以乡人之祈赛为盛，不虞其后之见溷也，未立之防。慨而报本者居远而渐弛，祈福

---

① 《礼部札付》，收入（明）程弘宾编：《歙西岩镇百忍程氏本宗信谱》卷9，缺页码。

② 《世忠庙灾六邑子姓设主致祭文》，收入（明）程弘宾编：《歙西岩镇百忍程氏本宗信谱》卷9，缺页码。

③ 此文作者是程霆，文后没署著作日期，但可推断著于嘉靖三十八年（1559）左右，因该年程氏内部为了忠壮公的墓地打官司，作者曾为此事著文。参考（清）程霆（约雍正时期人）：《议复忠壮公真墓檄》，收入《忠壮公墓辟伪录》（雍正九年[1731]序）卷1，第47b—51a页；《徽州府胡二尊案下正派告词》，收入《忠壮公墓辟伪录》卷2，第1b—2a页。

者居近而常,势固有此尔。①

引文显示出当时人已明白祭祖仪式和祭神仪式的分别。作者用“家祠”这个词来形容该所由程氏另立的祭祀建筑,以区别由官府重建和管理的世忠庙。作者强调“官庙”和“家祠”的分别,“官庙”是乡人祭神的地方,而“家祠”是同姓族人祭祖的地方,所以作者认为,世忠庙的问题就是混淆了祭神和祭祖的场所。值得注意的是,自“大礼议”发生和嘉靖十五年夏言上奏折让庶民可以祭祀始祖后,“家庙式”祠堂便在地方社会普遍起来。② 时人已有分辨“官庙”和“家祠”的概念,所以引文作者采用“家祠”这个词,其实已暗示这所由程氏重建的“家祠”,不是以前那套“官庙”模式,而是一所“家庙式”祠堂,内里不再是以塑像而改以神主来祭祀程灵洗及其他程姓祖先。尽管引文作者未有描述该所“家祠”的祭祀方法,但一篇著于雍正九年(1731)的岩镇程氏族谱或可作补充,其中记载:“本派子孙奉公及寿五公主入黄墩家庙春秋享祭。”寿五公是岩镇程氏的迁始祖,而这所黄墩家庙便是明嘉靖年间另建的“家祠”,岩镇程氏便是当时奉迁始祖木主入“家祠”。③

程敏政修纂统宗谱,联系徽州各地的程氏宗族后,世忠庙便象征着整个统宗的中心。虽然程氏宣称神明程灵洗是他们的祖先,并且有谱系支持他们的说法,但如果没有一套祭祀祖先的仪式,他们仍是不能透过祖先控产。由此可见,在神明和祖先形象重叠的徽州,神主祭祀祖先这套方式非常重要,因为以神主祭祖的仪式能够有效地分别出祭祖和祭神的观念。当徽州人开始具有分辨祭祖和祭神的观念时,祠堂和神庙的分别便随之而清晰。

忠壮庙祭祀的争议,关注点在于庙宇本身和庙产田地属于程氏还是方氏,对于庙宇本身的性质,是没有质疑的。而在本文一开始便提及的吕侍郎祠,也和忠壮庙一样,在明中期开始出现产权的争议,但不同的是,争议关键

① (清) 程霆:《墓祠感》,收入《忠壮公墓辟伪录》卷1,第40b—41a页。

② 科大卫:《祠堂与家庙——从宋末到明中叶宗族礼仪的演变》,《历史人类学刊》第1卷第2期(2003年10月),第1—20页;常建华:《明代宗族研究》,上海人民出版社,2005年,第12—22页。

③ (清) 程廷谔(约乾隆时期人)修:《岩镇程氏家谱》(清乾隆十年[1745]序)卷5,第38a页;卷6,第1a页。该谱藏于犹他家谱学会。

在于该祠的性质是庙宇还是祠堂。

吕侍郎祠内祭祀的神明是一位吕姓的土地神，其神威不及程灵洗，明朝《徽州府志》都没有记载吕侍郎的封号和该祠的庙额，只是在介绍一所建于唐朝的佛寺太平兴国寺时，才提及寺旁有一所吕侍郎祠。① 徽州歙县的吕氏宗族认为这所吕侍郎祠是吕氏祭祖的场所，到隆庆二年（1568）更邀请其他地方的吕氏捐田入祠并将该地的迁始祖神主放入祠内，而吕侍郎祠的名称亦改为吕宗伯祠。② 隆庆六年（1572）五月，吕氏向官府呈请，成立一个“吕宗伯祠户”来登记各地吕氏所捐赠的田产。③

在万历三十九年（1611），吕氏斩伐了吕宗伯祠附近两株树木，此事掀起轩然大波，导致当地里排状告至县官：

> 西关一、二图里排李灿光、汪彦鉴、胡伯祥、巴应德等呈阴占官祠、强伐官木事。窃见本境太平寺内有吕公祠，公讳渭，仕唐朝，原为歙州司马，历升礼部侍郎。百姓众僧咸思其德，共于免征地上建祠，尸祝尊为十寺都土地，勒碑纪迹在祠，祠前塝下古木二株，相传数百载，围大丈余，长高百尺，亦系免征之地，府志历册可稽在。昔本府古太爷修理文庙，欲伐此木，堪舆备陈利害，故仍蓄养至今，岂料吕姓奸恶，吕应松等横行无忌，旧腊廿七日将二木擅砍。……役等往观，又见祠内毁灭故牌，新列神主，本寺经堂改为私室，切思祠系一方神祠，原非一姓家庙，地慨免征，官地木即官府栽培，若容擅伐行私。
>
> 万历四十年正月十二日具呈里排李灿光、汪彦鉴……④

里排李灿光等人指控吕氏，并不单是斩伐官木，还有霸占官祠。他们承认吕文公祠是为纪念唐朝吕渭所建，但并不同意纪念吕渭的祠便是属吕姓所有。他们的论据是，吕公祠不是一所“一姓家庙”，而是一所“一方神祠”，所以不属吕氏所有。这套“神祠”论据建基于两点：首先，祠与树木所在地是免征官

① 弘治《徽州府志》卷 10，第 51a—51b 页。

② 吕龙光序：《新安大阜吕氏宗谱》卷 1，第 49b—50a 页。

③《立户呈》，吕龙光序：《新安大阜吕氏宗谱》卷 5，第 101b—102a 页。

④《豪党因伐木拒骗诳歙批衙呈》，吕龙光序：《新安大阜吕氏宗谱》卷 6，第 54b 页。

地，所以祠和木都属官有，不属吕氏；其次，尽管祠内有吕氏神主，但李灿光等人认为吕氏神主都是由吕应松等人“新列”的，所以不承认吕公祠是“家庙”。换句话说，在李灿光等人心目中，“家庙”和“神祠”的分别在于，前者放置神主，坐落于民地；后者没有神主，坐落于官地。李灿光等人的观念，是以土地登记和祭祀仪式决定祭祀建筑物的性质和拥有权。

面对李灿光等人的指控，歙县吕氏同样呈官诉状反驳：

> 具诉状生员吕承训、吕应卿等，族众吕应松、吕应光等诉，为保祖鸣冤事详诉……碑帖可查：弘治十四年重修宦品坟祠，给帖存照；正德辛巳，拆而复修；嘉靖十一年被汪宦谋为风水，生祖节告，断还里排，比有甘结；隆庆六年，陈情复建，亦给帖证；万历九年，生族佥丈，惧豪再夺，告明升科，户寄西关二图，坟祠税载本户，系竭字一千三百二十八号，并竭字一千三百三十三号地，共四分七厘零，迭纳钱粮，收附可证；万历二十三年，祠宇倾颓，生与叔仕龙等拆祠重造，里排举贺无言，续发乡科，亦挂旗扁。近因祠前坟后二木枯枝毁祠，且碍风水，去腊初七会众伐除，岂料坊长李灿光等谋夺祖祠，献投贵显，正月十二鼓众诳台，捏为官祠官木。……果系官祠，何不均沾祭享；免征即为官地，谕葬岂是官坟。且今纳税多年，何复捏为官物。况当汪豪被占，地仍免征，伊祖程涣、巴文政等结称，吕祠基地系分字三号，词称系子孙吕太祥等祭祀不缺，即无冒认，等因且佥丈状税，系伊祖父征粮审图，尽属伊手，历有公结何突诳诬据捏？
>
> 万历四十年二月初六日具诉状生员吕承训、吕应卿，族众吕应松……①

吕氏反控李灿光等人，指他们是为了谋夺祖祠，才捏称吕宗伯祠是官祠。吕氏为了证明他们拥有吕宗伯祠，列出由弘治十四年至万历二十三年这段时间中，关于吕侍郎祠的官府文件和纳税的票据，如万历九年(1581)的丈量文件。这些文件有部分更是由李灿光等人的祖父负责具结。这些具结文件提

① 《歙县派原诉词》，吕龙光序：《新安大阜吕氏宗谱》卷6，第55b—56b页。

到，弘治年间的吕氏族人吕太祥等人，在吕侍郎祠内“祭祀不缺”，所以吕氏质疑，如果该祠是“神祠”的话，为何参与祭祀和分享祭物的人只是吕氏族人，而不是大众。综观吕氏的反驳，亦是从土地登记和祭祀仪式两方面入手。

吕氏个案指出，分辨吕宗伯祠是“一姓家庙”还是“一方神祠”主要是看祭祀场所内是否有一套神主祭祀祖先的仪式。我们需要注意，李灿光等人并未否定这套分辨方法，他们只不过认为吕氏的祖先神主是吕氏临时放进祠内的。在《新安吕氏宗谱》内便有一段描述，记载吕氏分辨祭祀场地的方法：

> 据云祠有宗祠、公祠之别，非必其无别也，宗祠祀统宗之祖，公祠祀不迁之主，……特其有专祀为百世不迁者耳。……且志载吕侍郎祠，则三侍郎神主，刘公且鼎列而跪拜之，胡伯祥安得而毁之也，于法为不赦矣。生亦窃怪，神主庞杂，俨然宗祠，宜招物议，且亲尽宜祧，安在百世不迁？宦主之外，另立宗祠，可也。若宦主附祀，亦仿诸文庙，试观文庙不一其人，岂必文宣师孑然独享，乃为愉快耶？①

因为徽州的祖先和神明形象重叠，所以对徽州人来说，公祠（神祠）和宗祠（家庙）都是祭祀祖先的。但根据以上说法，明中叶时，两套祭祀方式已有所分别。公祠是祀“不迁之主”，即祭祀对像是不会移除的，而且祭祀方式是“专祀”；宗祠是祀“统宗之祖”，祭祀仪式是以“神主”作为祭祀对象，而且会“亲尽则祧”，即随着后代繁衍，相隔遥远的远祖“神主”会被移除，祭祀方式不是“专祀”，而是“神主庞杂”，即不会单单祭祀一位祖先。耐人寻味的是，族谱作者自己也质疑吕宗伯祠的性质，因为根据作者描述，一方面吕宗伯祠内祭祀的是“神主”，而且“神主庞杂”，理应是“统宗之祖”宗祠；但另一方面，如果吕宗伯祠严格执行“亲尽则祧”的话，便不应该放置唐朝的吕渭和宋朝的吕文仲、吕溱三侍郎这些远祖的神主。作者为了自圆其说，便声称祠内放置三侍郎神主，是因其被知县“刘公”刘伸祭祀过和承认，所以里排胡伯祥

---

①《豪称公祠非宗祠辩语》，吕龙光序：《新安大阜吕氏宗谱》卷6，第11b页。

等人不能毁掉。而在三侍郎以外的其他神主,则是仿效文庙附祀的方式。事实上,在《新安吕氏宗谱》内便记录了安放在吕宗伯祠内的二十一个神主,由一世始祖唐朝的吕渭至二十五世婺源吕烈(在隆庆二年提出会宗的婺源吕氏族人),但并不是每代祖先都会放置于祠内,而是如先前所提到的,各地吕氏签立"合同"、捐赠财产后,方能将其始迁祖放进祠内。所以对于吕氏来说,吕宗伯祠是一所统宗祠。在官司中,另一个证明吕宗伯祠属谁的重点,是土地登记。李灿光等人指称吕宗伯祠属于官祠,因为其地基是免征地。吕氏反驳,为祭祀他们的祖先吕渭,唐朝已建了建筑物;到宋朝,官府尊重吕氏,才给予祠寺免征的优待,所以尽管地属免征,祠仍属于他们。①

结　论

明朝忠壮庙和吕侍郎祠这两个个案,解释了为何祠堂能够代替神庙,成为地方社会普遍的控产组织。这两所建筑物,肯定不是流行于明中叶的"家庙式"祠堂,而是神庙;但依靠祭祀于神庙内的祖先来控产,田产的拥有权是很不稳固的。

"忠壮庙户"和"吕宗伯祠户"能够建立起来,必须依靠政府的行政制度,但行政的制度必须配合礼仪才能在地方上运作起来。忠壮庙和吕宗伯祠的争议尤如一枚硬币的两面,以不同的方式体现出祖先观念和祭祖礼仪的转变。忠壮庙所展示的,是徽州旧有祖先和神明形象重叠的观念,尽管程氏族人认为庙内祭祀的是他们的祖先,但整套礼仪却是神明祭祀,所以庙产并不能受宗族控制。吕宗伯祠的争议关键在于祠内是否一直有一套神主供祖先祭祀,如有的话,吕宗伯祠便是祭祀吕氏祖先的"一姓家庙";没有的话,便是祭祀吕侍郎神的"一方神祠",祠宇本身与名下的祭田亦不属吕氏所有。

其实,祖先是地方神明这个观念,并非徽州独有,近年不少研究显示出,"亦神亦祖"的情况在中国南方颇为普遍。谢晓辉的研究指出,湘西的神明白帝天王也具有祖先形象,因为当地经历过明朝土司制度的影响,特别是王

---

①《先有坟祠而后免征说》,吕龙光序:《新安大阜吕氏宗谱》卷6,第10b页。

朝的影响力将土著杨氏信奉的天王与正史里北宋的杨家将联系起来,同时加添上了一层祖先面纱。[①] 而贺喜在她的研究中认为,高、雷、琼三州在明中叶以前是一个神明力量非常强大"家屋社会",但到明中叶期间,宗族礼仪的风气由外地传入,当地人便意识到以神明为祖先并不合乎正统礼仪,于是改变了神明的形象。最明显的例子是将鸟首人身的地方神明雷祖,改变为具有祖先形象的陈文玉,但新礼仪难以洗掉旧有的传统,结果新旧礼仪重叠,造成雷祖祠内有两个雷祖神像,一个是读书人形象的陈文玉,另一个是鸟首人身的雷祖。[②] 这两个例子说明,虽然不同地方都出现了亦神亦祖的情况,却会因应不同的发展而有所差异。徽州的独特发展在于,其宗族礼仪是明中叶时期从神庙祭祀这个传统上蜕变出来的。

---

① 谢晓辉:《苗疆的开发与地方神祇的重塑——兼与苏堂栋讨论白帝天王传说》,《历史人类学学刊》卷 6 第 1、2 期(2008 年 10 月),第 67—109 页。

② 贺喜:《亦神亦祖:粤西南信仰建构的社会史》,生活·读书·新知三联书店,2011 年。

清代藏书家汪启淑的商业经营与社会生活

——对几份新见契约文书的解读*

王振忠

（复旦大学历史地理研究中心）

摘　要：汪启淑是清代前期江南著名的藏书家、篆刻家，颇为出版史、艺术史学者所关注。不过，尽管其人系徽州盐商一向尽人皆知，但因书阙有间，以往学界对他的盐业生涯所知甚少，有关其人生平事迹的诸多细节亦皆不得其详。有鉴于此，本文拟以田野考察所获契约文书为主，对汪启淑的生卒年代、在江南各地的活动场所以及其盐业经营与社会生活等诸多侧面，作一较为细致的勾勒。论文指出：在迄今尚存的徽州文书中，土地契约占绝大多数，而有关商业方面的契约文书并不多见。在这批新近发现的汪启淑相关文书中，不仅有涉及盐业经营的契约，还有一些与桑梓故里相关的土地契约、分家文书。据此，我们可以较为细致地探讨盐商的经营活动和社会生活，考察徽商由盛转衰的过程，故而弥足珍贵。从中可见，乾隆时代的徽州盐商，通过租售盐引，成为凭执根窝获利的有闲阶层。正像汪氏多方面的艺术成就一样，作为徽商的汪启淑，其商业经营亦涉及诸多行当。而就现有资料来看，他既是盐商，又是典商、出版商，甚至也被后人视作医家。这些不同的侧面，反映了盛清时代徽商“贾而好儒”的性格特征及其在文化上的诸多建树，其影响一直沿续到近现代。

关键词：徽商　汪启淑　盐业　契约文书　社会生活

---

* 本文在收集文献及实地考察的过程中，曾得到歙县绵潭村民汪卫东和汪启淑后人的热心帮助，复旦大学历史地理研究中心博士生赖锐同学协助清绘了相关的地图，特此谨申谢忱！

一、方志、文集所见汪启淑的生平事迹

乾隆三十七年(1772)四库开馆,征集天下遗书,命各地藏书家进献。在东南地区,范懋柱、鲍士恭、马裕和汪启淑四家献书最多。而在这四位藏书家中,除了天一阁的范懋柱之外,其他三位皆是徽商。个中,马裕为扬州盐商,而汪启淑则为浙江盐商。

关于汪启淑,徽州方志中最早的记载见于道光《歙县志》卷8之五:

> 汪启淑字慎仪,绵潭人,官兵部郎中。工诗好古,与顾之斑、朱樟、杭世骏、厉鹗诸人相倡和,继西泠诸子之轨。乾隆三十七年,应诏献书五百余种,极邀宸奖,赐《古今图书集成》一部。别于启淑所进《建康实录》《钱塘遗事》,亲题二诗以赐。后四年,赐《平定伊犁战图》一册。五十二年,《赐小金川战图》一册。所著有《水曹清暇录》《讱庵诗存》若干卷。又酷嗜金石文字,辑有《飞鸿堂印谱》《汉铜印丛》诸书。

由于汪启淑的活动主要是在徽州之外,因此在他活动过的一些地区,当地的方志中也有相关的记载。例如,汪启淑因在浙江经营盐业,寓居钱塘(今杭州),故《杭郡诗续辑》中有一段记载:

> 汪启淑字讱庵,安徽歙县人,寓郡之小粉场,颜其厅事曰飞鸿堂。嗜古有奇癖,藏书百厨。乾隆三十七年,诏访遗书,启淑家进呈六百余种,恩赏《古今图书集成》一部,士林荣之。得古印几万纽,汇为《讱庵集古印存》三十二卷。凡同时工铁笔者,悉重聘,延之家园,亲与参订,务合古法,亦盈万纽,汇为《飞鸿堂印谱》四十卷。又续得汉铜旧刻,成《汉铜印丛》十二卷,极印人之大观。选国朝名媛诗二千家有奇,为《撷芳集》八十卷。少工吟咏,当杭世骏归田,日与厉鹗诸人结社南屏。启淑以终贾之年,骋妍抽秘,进与诸老抗行。一官工部郎中,归老松江,间来湖上,其清兴犹不少减云。[①]

---

① 民国《杭州府志》卷170《流寓》。

这条资料是说汪启淑在杭州小粉场建有著名的"飞鸿堂"。对此，清杨文杰所著《东城纪余》卷上"飞鸿堂"条也有类似的记载。此外，他还指出——汪启淑有一些杂著，其中之一为《小粉场杂识》。关于汪启淑在小粉场的活动，据《前尘梦影录》记载，杭州"横河东运河之支流，西湖水灌市河，从城外过坝入焉。东西夹以双桥，如眉影窥镜。《梦粱录》云：崇新门外小粉场前普安桥，又名横河桥，其东名广济桥。今但名东、西横河桥，而小粉场则里人仍称之。其地近城闉，树色高下，屋瓦参差，雨篷烟艇，早暮聚集。汪秀峰先生于雍、乾时富而好礼，所交皆知名士，凡金石书画，无不好而笃嗜者"①。与汪启淑差相同时的袁枚，在其所著《新齐谐》卷8中指出："杭州汪慎仪家，园亭极佳，园在小粉墙北街。"②这些都说明，小粉场附近的景色绝佳，汪启淑飞鸿堂之园亭也极为上乘。

此外，汪启淑因经营浙盐的运销，又曾在松江一带活动，故嘉庆《松江府志》卷83中也有他的小传：

> 汪启淑字慎仪，歙县人。父某，业鹾，徙娄县，居金沙滩。启淑癖爱古刻，家有开万楼，藏书数千种。兼喜篆籀，穷搜历代图章万余纽，编成《讱庵集古印存》《飞鸿堂印谱》《汉铜印丛》《退斋印类》以及各种印谱，共成二十七种。高宗纯皇帝巡幸江南，进呈诗赋，后以赀入选，官工部都水司员外郎，升兵部职方司郎中。会四库馆开，诏直省搜访遗书，启淑献六百余种，钦赐《古今图书集成》全部、《大小金川战图》两分。乞假归南，著有《水曹清暇录》《说文系传》《酒帘倡和》，并采海内闺秀诗，刊成《撷芳集》传世。又有《讱庵诗钞》若干卷，未梓。年七十二，卒于松。

此一传记，是目前所见各类方志中记录其生平最早的一段文字。其中提及其父迁居娄县从事盐业，并说他是通过捐纳步入宦途的。不过，文中所言汪启淑有"《讱庵诗钞》若干卷，未梓"，似不确。③ 另外，小传中还说汪氏最后

---

① 《前尘梦影录》卷下。

② （清）袁枚：《新齐谐》卷8"梁武帝第四子"，嘉庆间刻随园三十种本。

③ 今见有《讱庵诗存》6卷，为清乾隆间刻本，收入《四库未收书辑刊》第10辑，第28册。

卒于松江,时年七十二[1]——此一信息是此前各类传记中未曾提到的。

除了此一小传之外,汪启淑在松江府的活动,还见有光绪《南汇县志》卷6的记载:"乾隆二十年,秋谷不熟。二十一年春,犹饥,宪檄劝谕绅衿富户量力助捐。"南汇属松江府辖下,也是汪启淑从事盐业期间时常来往的场所。当时,汪启淑捐钱十七千,这当然是以侨寓徽商的身份参与捐输的。

此外,汪启淑在扬州一带也有活动。[2] 他著有《邗沟集》,与同是出身歙县的扬州盐商江春、程晋芳等人皆有交游,故在乾隆时人李斗的《扬州画舫录》中亦有一处记载:

> 汪启淑,字秀峰,浙江杭州人,官刑部员外郎,性情古雅不群。刻有许氏《说文系传》、郑樵《通志》、《撷芳集》一百卷、汉印图书谱无算。因《撷芳集》少二十卷,征诗来扬州,持论与汪中多所抵捂,拂衣而去[3]。

这一段史料说汪启淑是浙江杭州人,显然是因其长年生活在杭州的缘故。[4] 由于《扬州画舫录》的作者李斗之自序作于乾隆六十年(1795),当时汪启淑还在世,故此一小传可能是目前所见有关汪启淑最早的一篇传记。文中提及汪启淑曾刊刻了不少著作,集中反映了他在出版事业方面的贡献。

此外,对于汪启淑的盐业经营状况,文献中也有极为简单的描述。如近人徐珂在《清稗类钞》中曾载:

> 歙县汪启淑,字讱葊,号绣峰,世业鹾,拥高赀,尝剖巨珠为小印,侈丽极矣!

---

① 光绪《娄县续志》卷20:"年七十二卒。"

② 乾隆十一年,"冬为销寒会,会者周京、金志章、梁启心、丁敬、杭世骏、全祖望、顾之麟、吴城、丁健、汪启淑"。(《厉樊榭先生年谱》)

③ (清)李斗:《扬州画舫录》卷10《虹桥录上》,中华书局,1960年,第245页。关于这一点,焦循于嘉庆五年在扬州得《焠掌录》,他在书末跋曰:"秀峰来扬,访江都汪容甫明经,见面两相争詈,尝饮于汪对琴比部家,擎杯忽大恸,举座为之罢席,亦奇士也。"

④ 袁枚《随园诗话补遗》:"秀峰,婺州人,生长杭州,家素饶裕,慕顾阿瑛、徐良夫之为人,爱交名士,少即与吾乡杭、厉诸公交往。……"这大概是因为汪启淑也时常活跃于兰溪一带,故被袁枚误称为"婺州人"。

文中的“绣峰”应作“秀峰”，此处记其人“剖巨珠为小印”，意在烘托盐商之豪侈。

综上所述，迄今为止所见有关汪启淑的各类传记，提及其人的生平事迹主要有：

1. 除了桑梓故里之外，汪启淑曾在杭州、松江、兰溪、扬州等地活动；

2. 乾隆开四库馆，献书六百余种（一说五百余种），获赐《古今图书集成》等；

3. 穷搜历代图章，编有《飞鸿堂印谱》《讱庵集古印存》等；

4. 著有《水曹清暇录》等。

不过，上述各类传记也存在以下两个方面的问题。

一是生卒年不详。因现存的传记史料都未提及汪启淑的生卒年，故1998年杨辉君点校的汪启淑之《水曹清暇录》前言，直接指出“生卒年不详”。而张撝之、沈起炜、刘德重主编的《中国历代人名大辞典》，也未提及他的生卒年。管见所及，王锷、伏亚鹏点校之《藏书纪事诗》①倒是提及汪启淑的生卒年，不过却将之定为1728—1799年，此一说法颇为后来研究者所沿袭，②但其卒年显然有误。

二是在其生平事迹中，都只有汪启淑在文化方面的建树，而有关其人的商业经营状况则付诸阙如。迄今为止，大家只是笼统地知道他是从事盐业经营的徽商，但其具体情形则不甚了了。特别是他在松江一带的盐业经营状况，更是完全不曾被提及。

二、从民间文献看汪启淑的生平经历

数年前，我因编辑《歙县的宗族、经济与民俗》一书，曾两度前往歙县绵潭考察。绵潭位于新安江北岸，是汪启淑的桑梓故里。在当地，我收集到一些与

---

① 北京燕山出版社，1999年，第423页。

② 如张健《清代徽州藏书家与文化传播研究》一书中有“汪启淑及其‘飞鸿堂’藏书”一节，即沿用此一说法。（安徽师范大学出版社，2015年，第64页）

明清时代徽商相关的珍稀文献,[①]这些文献,为弥补此前汪启淑传记资料之不足,提供了重要的新史料。

图1 汪启淑画像

(一)关于汪启淑的生卒年

在这批文书中,有一册佚名无题抄本,从内容上看,应属于民间文书中的“金银袋簿”。所谓金银袋,与汪启淑差相同时的歙县人吴梅颠,在其所撰的《徽城竹枝词》中这样描述:

> 墓祭三回重本源,清明冬至及中元。
>
> 寒衣烧献金银袋,但只清明许乞墦。

上揭的“墦”即坟墓,“乞墦”可能是指墓祭。这首竹枝词描述的是徽州人在清明、冬至及中元祭祀时,都需要焚烧金银袋以祭奠祖先。根据近年来劳格文教授与我在徽州的调查,在当地人的讲述中,金银袋是用纸糊成、类似信封式的袋子(约长35厘米,宽25厘米),内装金银锡箔、冥钞,袋上以毛笔正面写上祖先名讳,背面则写着“×年×月×日……封”的字样。在歙县,每家每户都备有一册“太公簿”,俗称“金银袋簿”(有的也称为“水源木本”),用以

---

① 我曾据此考证芳坑江氏徽商的先世经商地,参见拙文《徽商·毛文龙·辽阳海神——歙县芳坑茶商江氏先世经商地“平岛”之地望考辨》,《江南社会历史评论》第6期,商务印书馆,2014年。有关汪启淑的文献,近年仍有流出绵潭者,如:“书适安草庐诗后,即请讱庵先生教正。多才徐孝穆,高馆葺绵潭,黄海何年别,青山到处探,梦怜姜被冷,舞爱月姬憨,三叠阳关唱,周郎细细谙。藉甚长安道,人传秋水篇,滥竽殊世好,锦瑟思华年,麟管香生梦,隃麋淡扫笺,谁倩参末座,袭屐斗翩翩。畹兰鲁芳拜稿。”另外,韦力《甲午春得书记(中)》亦提及汪启淑辑《锦囊印林》2卷(清乾隆十九年汪氏香雪亭钤印本,巾箱本,册页装,1函2册),见《东方早报·上海书评》2014年7月6日。

记载本户历代祖先的名字，以便于在书写“金银袋”时加以参照。而在绵潭汪启淑后人家中找到的这册金银袋簿，其上就有汪启淑的明确记载：

皇清诰封奉直大夫工部都水司	府君汪公
朝议大夫户部山东司	显先高祖讱葊
中宪大夫兵部职方司	孺人方氏
郎中加三级	

其下的署名是他的“玄孙男存育、存位，来孙男立功、立森仝百拜”。另外，金银袋簿还记录：汪启淑“字慎仪，号秀峰，又号讱葊”①，“墓小溪”（墓地位于歙县小溪，小溪在绵潭的东北、棉溪口之西北）。他的生卒年是“雍正戊申年七月初二日子时，嘉庆戊午三年九月三十日”。可见，汪启淑应生于雍正六

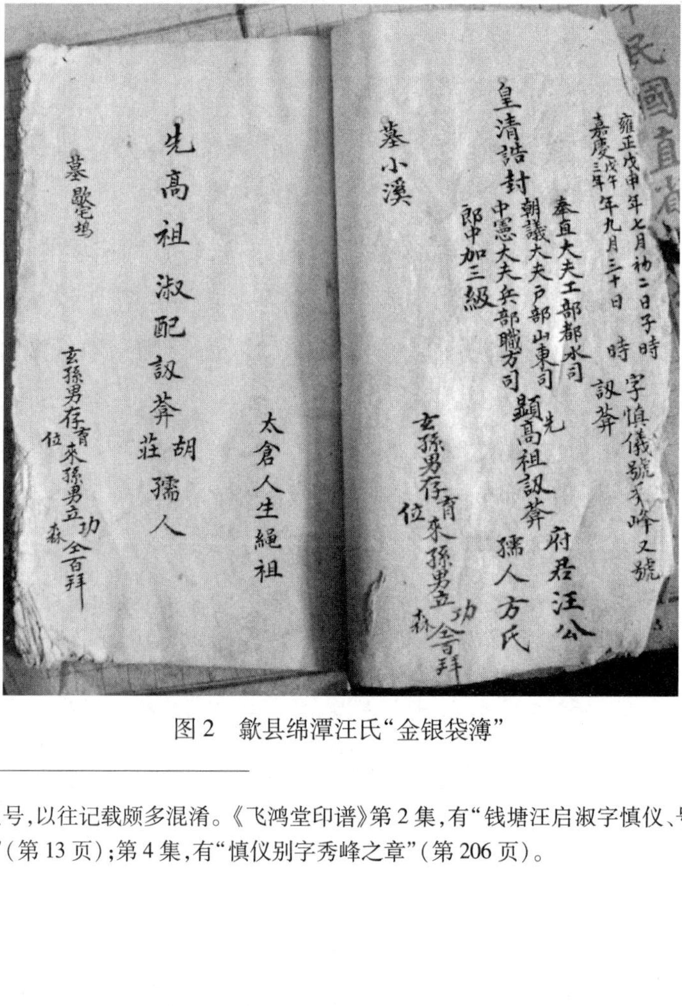

图 2　歙县绵潭汪氏“金银袋簿”

① 关于字、号，以往记载颇多混淆。《飞鸿堂印谱》第 2 集，有“钱塘汪启淑字慎仪、号秀峰鉴藏图书印”（第 13 页）；第 4 集，有“慎仪别字秀峰之章”（第 206 页）。

年(1728)七月初二①,卒于嘉庆三年(1798年)九月三十,享年七十一岁。光绪《娄县续志》卷20写作"年七十二卒",显然是根据民间的算法。

(二)关于汪启淑在松江的活动

1. 问舍求田

在这批契约中,有数份契约相当引人瞩目。其中之一为:

立加绝文契管数人茅魁,上年奉主命,曾将娄县三十九保一区十二图金沙滩厅房一所,央中卖售王[汪]府,得受房价银五伯[佰]两正。今因前价木[不]敷,复央原中曲议杜绝银贰伯[佰]两正,其银当日交足,自绝之后,恁从拆卸改造,永远居住,与售主无涉。此系两相情愿,各无异言,恐后无凭,立此加绝文契为证。

计开

银色九八　平十三号,九兑。

康熙贰拾捌年三月　日立加绝文契管数人茅魁(押)

中　章尔谷

吴俊生(押)

曾在御(押)

章斯臧(押)

郁倩英

年　月　保

实收契见房价加绝银两足

见仝前

这是一份加绝文契,也就是与"找价"相关的契约,亦即土地交易完成以后,卖主仍向买主索取加价的文书。娄县是清代松江府的附郭县之一,于顺治十三年(1656)析华亭县置,治所在今上海市松江区松江老城。据嘉庆《松江

① (清)汪启淑编:《飞鸿堂印谱》第1集,第169页,有徐钰的"生于戊申"印,与此恰相吻合。徐钰为徐鼎(调圃)之弟,见(清)汪启淑《飞鸿堂印人传》卷7。

府志》卷83记载:“汪启淑字慎仪,歙县人。父某,业鹾,徙娄县,居金沙滩。”此外,光绪《娄县续志》卷20亦载:“汪启淑字慎仪,号秀峰,其先为歙县人,因业鹾于松,居松之西关外金沙滩,遂家焉。”①上揭加绝文契,就是有关金沙滩房屋交易的契约。

从汪氏的“金银袋簿”来看,汪启淑的父亲叫汪岐亭(字左黄),生于康熙乙丑年(二十四年,1685)十二月初五日,卒于乾隆丙辰年(元年,1736)二月十七日。值得注意的是,上揭契约的形成时间是康熙二十八年(1689),是时,汪岐亭才四五岁,而将娄县三十九保一区十二图金沙滩厅房出卖的时间,更早于康熙二十八年。由此看来,购买房子的主人应当是汪岐亭的父辈甚至祖辈。方志所言其父因业鹾徙居娄县金沙滩的说法,可能并不完全确切,汪氏始迁松江者应早于汪岐亭。

另外,根据“金银袋簿”所载,汪岐亭的妻子方氏,从姓氏上看应是歙县人,续娶的康氏则为松江人。他另有两个小妾顾氏和沈氏,一是苏州人,一是松江人。由此可见,汪岐亭的主要生活范围应在以松江为中心的江南一带。

契约中的三十九保一区十二图,据乾隆《娄县志·疆域》:“三十九保有区二,属一区者曰乡二图、乡四图、七图、八图、南北十二图。”②故金沙滩应位于三十九保一区的南北十二图。那么,汪岐亭、汪启淑何以定居此处?这显然与当时的盐业经营有关。据光绪《娄县续志·建置》:

> 松江批验所大使署在集仙门外三五十九图,……今废。
>
> 盐仓在集仙门外三五十九图批验大使署侧,今废。

根据盐法志的记载,松江批验所在府治西南二里娄县地方,该所专掣横浦、浦东、袁浦、青村、下砂五场引盐。其中,下砂头场引盐赴掣,由一灶港经奉贤县蔡家桥,转入青村港,过南桥,出黄浦抵所,凡一百一十五里。③ 由此

---

① 《飞鸿堂印谱》第5集中,有“何似金沙滩上放憨时”(第207页)。

② (清)谢庭薰修、(清)陆锡熊纂:《娄县志》,清乾隆五十三年刊本,台北:成文出版社,第145页。

③ 嘉庆《钦定重修两浙盐法志》卷1《疆域》,第58页。

可见，汪氏父子卜居此处是因为当地毗邻盐务衙门，这与淮南盐商聚居于扬州河下颇相类似。今查清代中叶的《松江城守营讯舆图》①，该图中的府城西南方，有一“金沙滩桥”的地名。而这一地名，在今上海市松江区仍然存在。从各方面的证据比对来看，汪启淑侨寓的松江西关外金沙滩，应即迄今尚存的“金沙滩桥”一带。

金沙滩在松江府城的西关外，这里，除了是早期盐务衙门所在地之外，也是当时比较繁华的区段。据晚明范濂指出：“东西二门，系商贾辐集之地，故倭夷回禄之后，宦室富民或以此更新，或以次修复，遂成都会。而西尤加三倍于东。”②清代前期，这一带经历了官府系统性的整治。③ 从相关文献来看，此处也是徽商聚居的地方。光绪《娄县续志·建置》：“新安义园在谷阳门外护龙桥北，徽人之商贾力作于松江者众，病故后，旅榇所在暴露，程师羲、查家驹、汪绳蕙、黄楚珍、黄德达、程诗嘉募建是所，停厝掩埋，集有公款，存典生息。咸丰年间，司事程礼智，将公款置田一百七十余亩，以期久远。”这段史料反映的时间可能较晚，但徽商在当地的活动应由来已久。④

上引的加绝文契，内容是茅魁曾将娄县金沙滩厅房出卖与汪府，获得银500两。根据江南一带的习惯，后又加找了200两。该份康熙二十八年(1689)的契约文书，说明早在康熙前期，汪家就在松江府娄县金沙滩一带活动了。

事实上，徽商汪氏在松江一带的盐业经营可能还可上溯到明代。《敕修两浙盐法志》卷2《图说·松江批验所图记》：

……至明崇祯十三年，用御史冯垣登言，始建所于松江，辖掣昆、

---

① 谢国兴主编：《方舆搜览——大英图书馆所藏中文历史地图》，台北：“中央研究院”台湾史研究所，2015年，第201页。此图为上南下北，左东右西。据编者判断，年代为清道光二十年至二十二年(1840—1842)。

② (明)范濂：《云间据目抄》卷2《纪风俗》、卷3《纪土木》，《笔记小说大观》第13册，江苏广陵古籍刻印社，1983年。

③ 乾隆《娄县志》卷2：“雍正中，筑金沙滩一带沿城石岸。乾隆五年，重修西门外护城石堤。”

④ 黄敬斌在《郡邑之盛：明清松江城的空间形态与经济职能》(《史林》2016年第6期)一文中提及，在松江府城西门外有徽州会馆，虽然此一会馆的始建年代不详，但可作为徽商活动的一个旁证。

常、嘉、太、华、娄、上、青等州县引盐。商人汪肇章等捐建于斗武浜，在府城西南二里，去运司三百五十八里。①

运盐河旧名放生河，自建所后，易今名。……水流沙积，年久湮淤。康熙六十年，商人汪承章等议请设法疏浚，松江府知府周锝元实董其役，按闸旧址，筑坝蓄水，合西北泖、瀫巨流，由北而东，循河故道，潮回流迅，沙不停淤，舟楫顺行，商民便之。②

上述的"汪肇章""汪承章"等，都是盐业的旗号，其的名未见记载，不过，他们都在明末清初于松江府各地修浚河道、筑坝蓄水。这些汪姓的徽商，可能就与汪启淑的祖先有关。③

此外，在这批新见的徽州文书中，另有一份契约记录：

立卖田文契俞铨英，为因粮银急迫，今央中龚曰父等，将自己二十五保二图过字圩田壹亩正，卖到汪府管业，三面议得价银肆两正。其田自卖之后，听从过户输粮，耕种召租，并无上下言阻，恐后无据，立此卖契为照。

计开　四址：东至龚地，西至张田，南至沈浜，北至盛地。

乾隆肆年四月　日立契俞铨英（押）

中友　龚曰文（押）

沈廷章

杨占堂

钱书文（押）

实收契内银俱足。

这份1739年的卖田文契，与前引的加绝文契都说明——在盛清时代，歙县绵潭汪氏曾在娄县一带求田问舍。而之所以如此，显然与他们的盐业经营密

① 《敕修两浙盐法志》卷2，第69页下。

② 《敕修两浙盐法志》卷2，第70页上—下。

③ 原位于上海南市区（今属黄浦区）城隍庙旧址的雍正十年（1732）《善信乐输鼓亭工食碑》中，捐输者中，首列"鹾业公所汪"，应是汪姓的徽州盐商。（上海博物馆图书资料室编：《上海碑刻资料选辑》，上海人民出版社，1980年，第19页）

切相关。此一动向，与清代前期徽商在江南各地的贸易以及土著化进程是完全吻合的。①

2. 盐业经营

在新见的这批文书中，还见有两份珍贵的盐业契约，其中之一为：

> 立合同议单亲友章盈海、周侍彤、薛树三、徐位人、徐丕文等，今有汪秀峰先生祖遗上、南、南下砂汪世丰名下汪茂丰、汪洪发等年额季引完照壹万引，议租与孙存斋先生配掣，自熊院九掣，乾隆叁拾壹年秋冬租起，至叁拾肆年春夏止，租销陆掣，期满仍还汪处，彼此不得阻措，在地公店公销……

“汪秀峰”即汪启淑，其家族从其祖上开始，就在上海、南汇一带从事盐业经营。契约中称呼甲方为“汪秀峰先生”，乙方为“孙存斋先生”，这说明书写契约者对于汪启淑和孙存斋皆颇为敬重。孙存斋即孙述曾。据清朝官员履历，“孙述曾，浙江人，年四十三岁，由贡生遵川运例加捐知府。乾隆四十二年三月内用湖南宝庆府知府”。从现籍上看，孙述曾是仁和（今杭州）人，祖籍是否徽州不得而知，但他与长年居住在杭州的汪启淑颇相类似，也是通过捐纳步入宦途。合同议单中提及的“汪世丰”是汪氏家族经营盐业的花名旗号，其下另有“汪茂丰”“汪洪发”等子户，②他们所控制的盐引是10 000引。当时议定，从乾隆三十一年（1766）秋冬租起，到三十三四年（1769）春夏为止，租与孙承斋经营。

合同议单中的“上、南、南下砂”，是指上海、南汇和南下砂。清雍正四年（1726），上海县划出长人乡与下沙盐场建立新县南汇。据《敕修两浙盐法志》卷1《疆域》记载：

---

① 关于这一点，《清高宗实录》卷1255乾隆五十一年辛未上谕也称：“上年江苏、安徽、山东、湖北等省被旱较重，民气未复，如江苏之扬州、湖北之汉口、安徽之徽州等地方，商贩聚集，盐商富户颇多，恐有越境买产、图利占据者，不可不实力查禁。”

② 据光绪《南汇县志》（民国十六年重印本）卷6记载，雍正十年（1732），南汇海潮灾害；十一年旱，岁歉且大疫；十二年春犹饥，诸多商人参与捐输。其中，“鹾商汪茂丰捐银五十两”。另据嘉庆《松江府志》卷26，雍正十一年，汪茂丰等“或收瘗尸棺，或出谷赈济，其好义尤可风焉”。

下砂场，旧在上海县十九保新场镇，今属南汇县。[1]

新场镇，元初迁盐场于此，故名。今为下砂场盐课司，一名南下砂，一名石笋里。元时北桥税司杜浦巡司皆徙此，歌楼酒肆，贾衔繁华，县不是过也。[2]

当时，嘉兴松江分司属下有西路场、鲍郎场、海沙场、芦沥场、横浦场、浦东场、袁浦场、青村场、下砂场、下砂二场、下砂三场。[3] 下砂场也就是南下砂，即新场镇。

根据盐法志的记载，浙省引盐行销本省十一府及江苏之苏松常镇四府、太仓一州，安徽之徽州一府、广德一州，并江西之广信一府。在浙江，雍正四年(1726)，以巡抚兼理盐务。至乾隆五十八年(1793)复专设盐政。[4] 合同议单中的“熊院”，应指浙江巡抚兼管盐政熊学鹏，此人系江西新建人，进士出身，于乾隆二十七年(1762)十一月出任浙江巡抚。[5]

上揭契约中提到了“公店”一词。何谓公店？歙县民间日用类书《简要抵式》抄本记载：“公店，股分之店。”则公店当为合股经营的店铺。而就盐业经营的语境来看，“公店”应是代替盐商从事买卖的机构。乾嘉时代，在扬州新城五城巷就有引行公店，而在丁家湾则有丁家湾公店，凡替盐商经手代办的商厮商伙全都集中于此，所谓“门非曝卤煎沙地，货有甲乙丙丁纲，交易无私黄夜盛，不关已事为人忙”[6]。上揭这首诗，说的是丁家湾一带靠近盐商聚居的扬州新城南河下和北河下，这里虽然并不是淮盐生产的地区，但交易却十分忙碌，其对象则是各个年份的纲盐。当时的淮盐运销是以每年的干支纪年作为名称，称为“某某纲”，如乾隆元年为丙辰年，则当年运销的淮盐也就称为“丙辰纲”。此一契约中提到的“公店”，应当也与此类似。

在上揭的合同议单中列有 14 条协议，其中的前 3 条是：

---

① 《敕修两浙盐法志》卷 1《疆域》，第 27 页上。

② 《敕修两浙盐法志》卷 1《疆域》，第 28 页上—下。

③ 《敕修两浙盐法志》卷 7《户口》。

④ 嘉庆《钦定两浙盐法志》卷 22《职官二》，第 593 页。

⑤ 嘉庆《钦定两浙盐法志》卷 22《职官二》，第 596 页。

⑥ (清) 林苏门：《邗江三百吟》卷 1《播扬事迹 · 丁家湾公店》，广陵书社，2005 年，第 15 页。

一、议上、南销数，世丰名下两股正引宪照，向销壹万余引，孙处租销。除上、南额引壹千柒百贰拾捌引外，余盐请照过掣。

一、议□议之日，兑交押租九七元丝足兑银捌千两，租期满日，汪处照数兑还孙处。

一、议引租，每引九七平色足兑银肆钱，每掣领引之日，先兑银壹千贰百两，总以实销之数为准，或有长短，掣后揭算找付。

汪启淑所有的“汪世丰”名下之10 000余引，租与孙存斋销售。孙存斋租借盐引，需先交议押租8 000两，这笔钱等租期届满时，由汪启淑如数交还与孙氏。第3条规定了转租的费用，即每引需银4钱，总计10 000余引，每次运掣就需要支付4 000余两，先行兑银1 200两，余银待掣后揭算找付。据此推算，每年汪启淑仅靠出租这些根窝，就可获利4 000余两。

第4、第5条，是租借双方的交接账目：

一、议叁拾壹年春夏以前，若有引课、帑杂未完，俱系汪处自行办纳；秋冬以后，一切课费、摊捐，俱归孙处承办，与汪世丰号无涉。

一、议汪世丰号子户汪茂丰、汪洪发、汪□□[日昌]、汪世茂名下叁拾壹年以前并无承领兵本、帑息未完，止有叁拾壹年冬世丰承领新帑壹宗，汪处自行办纳；倘有随程完缴之举，孙处随程完纳，即于引租之内除算。

双方的租借是从乾隆三十一年(1766)秋冬开始，故春夏以前的课税等，仍由汪启淑名下的汪世丰自行承担，此后则由孙存斋负责。第5条还提到汪世丰号下的子户，计有汪茂丰、汪洪发、汪日昌和汪世茂。当时约定，在交接期间，如有必须随秋冬以后完缴属于汪世丰原先的债务，则由孙存斋先行缴付，以后再根据实际支付的银两，在引租内扣算。所谓“程”，也叫“程引”或“引程”，亦即盐引之义。① 其中提及的“帑杂”“帑息”“新帑”等，是指两浙帑

① 关于这一点，《敕修两浙盐法志》卷10《程式》中，有“松所帖式·给商运卖限帖”：“两浙盐院为给帖照运以速转输事。照得两浙商盐，奉部颁引目，按季配掣，运往各属住卖，例给限帖照运，法綦严也。查帖文开载松所商名引目若干，照则纳课若干，凡各商引盐，运到住卖各该州县衙门，先将引程投验，该印官查明程引盐数，俱相符合，帖内填注无弊字样，盖印，即行起店开卖，毋许留难阻滞。”(《敕修两浙盐法志》卷10《程式》，第12页上)

盐应交的税课。根据盐法志的记载,帑盐之设,起于雍正五、六年间,“盖发官帑以收余盐,而仍资商运”,目的是防止私盐盛行。①

第6至14条,涉及“汪世丰”在松江一带的相关设施及其债务之处置。这些规定包括:

一、议汪处在场、在所廒房,照例另行输租,凭折按掣支付。

一、议上、周两处公寓房屋,每年议定租金元丝银壹百陆拾两,凭折按季交付。

一、议各船户预撮水脚等项,交代之时,查明数目,孙处运盐,每引代为扣还贰分,按掣交付汪处。

一、议公堂预撮巡费,省中预付分例各用,查明若干,照数照股会还。

一、议叁拾壹年春夏之盐,统候汪世丰号销完,孙处再行运发接销。

一、议所有上、南店欠丰号本股一半,自向各本店友划收,至于零星各店之欠汪处,自至公寓坐提,不涉孙处之事。

一、议丰号芦沥场中贰秤,向有灶欠,汪处自行扣除;至于场秤贰杆,不在租内。

一、议汪世丰号,熊院九掣,春夏配剩存场之盐,照依时价,揭与孙处掣配秋冬额引。

一、议丰号所有周浦本船壹只,孙处付过足钱柒拾千文,钱不起利,船不起租,一切修理,不涉汪处之事。租限满日,汪处交还足钱柒拾千文,其船仍付汪处管业,所有物件,另有清账交代。

以上十四条,俱系三面议定,两相情愿,各无翻悔,欲后有凭,立此合同议单贰纸,各执壹纸存照。

乾隆叁拾叁年肆月　日立合同议单亲友　　徐位人(押)

周侍彤

章盈海(押)

---

① 嘉庆《钦定重修两浙盐法志》凡例,第6页。

薛树三(押)
徐丕文
允议 孙存斋(押)
汪秀峰(押)
代书 章兰阶(押)

在上述14条之后与年月日署名之前,写有“乾隆三十七年七月廿七日三面掣销,此议作为□□”字样。此21字与契约内其他文字的字体稍有区别,显然是后来所添加的文字。鉴于前文提及“六掣”之后,则正好到乾隆三十七年七月春夏。故此,此21字之末的“□□”,可能为“废纸”二字。这应当是合同双方之义务履行与权利获得结束后,对旧契的一种处置。实际上,该契约之上的确有大幅涂抹的线条,明显反映出销毁此契的做法。

在上述的合同议单中,汪启淑还只是将行盐的权利租借与人。5年以后,他就将部分盐业根窝出售。关于这一点,乾隆四十二年(1777)十月,另有一份合同议单这样写道:

> 立合同议单,亲友吴稼莘、许春岩等,今因汪秀峰先生,将松所上、南二县汪世丰名下年额叁千肆百伍拾陆引内,拨出叁百肆拾伍引陆分,并随额余引南下砂年额捌拾引,随额各填盐牌,出顶与□[汪?]在郊先生为业,立有顶契存据。兹将应议事宜,公同酌定,两相允协,开列于后,立此合同议单二纸,各执一纸存照。

该份合同议单,除称“汪秀峰先生”外,对于契约的另一方也同样敬重有加,称之为“汪在郊先生”。据《全浙诗话》二十七“汪浚”条:“浚字在郊,钱塘人,槐塘弟。”槐塘即汪沆(1704—1784),祖籍歙县汪村,宋绍熙壬子(1192)迁歙县槐塘,明初迁居杭州,入商籍,为钱塘诸生。① 此人少从厉鹗学诗,诗与杭世骏齐名。最为著名的一首诗就是:“垂杨不断接残芜,雁齿虹桥俨画图,也是销金一锅子,故应唤作瘦西湖。”据说,扬州瘦西湖之得名,即由于

① 嘉庆《钦定重修两浙盐法志》卷25《商籍二》,第706页。

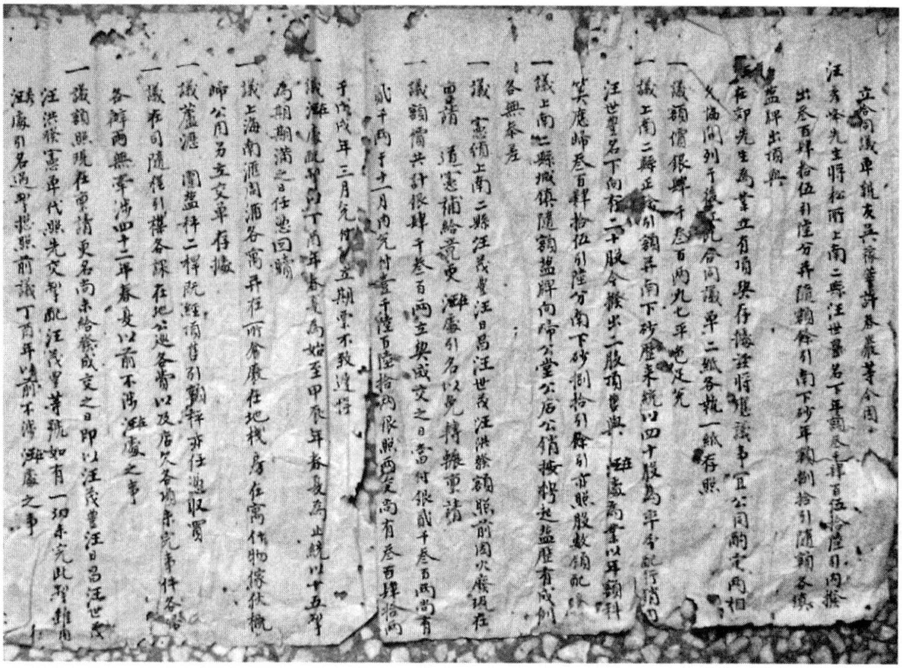

图3　清乾隆四十二年(1777)的合同议单

此。他与汪启淑过从甚密,曾为《飞鸿堂印谱》撰写跋文。① 其弟汪浚字蔗塘,亦字在郊,入两浙商籍。② 由兄弟二人的履历可见,汪沆、汪浚两人都与盐业有着千丝万缕的联系。

这份合同议单,其下也分列14条:

一、议额价银肆千叁百两,九七平色足兑。

一、议上、南二县正余引额并南下砂,历来统以四十股为率,分配行销,内汪世丰名下向有二十股,今拨出二股,顶售与汪(在)处为业,以年额科算,应归叁百肆拾伍引陆分,南下砂捌拾引,余引亦照股数领配。

一、议上、南二县城镇随额盐牌,向归公堂公店公销,按捞起盐,历有成例,各无参差。

一、议宪颁上、南二县汪茂丰、汪日昌、汪世茂、汪洪发额照,前因火

---

①（清）汪启淑:《飞鸿堂印谱》第2集,人民美术出版社,2011年,第147—150页。

② 嘉庆《钦定重修两浙盐法志》卷24《商籍》。

废，现在禀请道宪补给，竟更汪（在）处引名，以免转辗禀请。

一、议额价共计银肆千叁百两，立契成交之日，当付银贰千叁百两，尚有贰千两，于十一月内兑付壹千陆百陆拾两，银照两交，尚有叁百肆拾两，于戊戌年三月兑付，□立期票，不致迟误。

一、议汪（在）处配掣，以丁酉年春夏为始，至甲辰年春夏为止，统以十五掣为期，期满之日，任凭回赎。

一、议上海南汇、周浦各寓，并在所仓廒、在地栈房、在寓什物家伙，概归公用，另立交单存据。

一、议芦沥团盐秤二杆，既经顶售引额，秤亦任凭收买。

一、议在司随程引杂各课，在地公巡各费，以及店欠各项，未完事件，各归各办，两无牵涉。四十二年春夏以前，不涉汪（在）处之事。

一、议额照现在禀请更名，尚未给发，成交之日，即以汪茂丰、汪日昌、汪世茂、汪洪发宪单代照，先交掣配汪茂丰等号，如有一切未完，此掣虽用汪（秀）处引名过掣，总照前议丁酉年以前，不涉汪（在）处之事。

一、议中礼，南北各送。

一、议酒水礼三两。

一、议代书礼四两。

一、议管礼四两。

以上十四条，计改六字。

乾隆肆拾贰年拾月　日立合同议单亲友吴稼莘（押）

许春岩（押）

许上林（押）

吴又超（押）

唐汝器（押）

吴稼轩

汪舜臣（押）

章谢庭（押）

阮宁宇

杨逸群

代书 徐调圃(押)
允议 汪秀峰(押)
汪在郊(押)

首先,这份合同议单的书写者颇为有名。徐调圃的数方朱文印,如“奇石幽篁心所欲”[①]“梦魂犹在水云乡”[②]“蚤知穷达有命,恨不十年发读书”[③]“山中习静观朝槿,松下清斋折露葵”[④]“如斯良夜何”等,皆收入汪启淑的《飞鸿堂印谱》。徐调圃的生平较为少见,只有汪启淑的《飞鸿堂印人传》卷7中,有一篇比较详细的小传:

> 徐鼎字丕文,号调圃,江苏华亭县人,胜国文贞公后裔。父淞,字齐南,潜德不仕,精究象纬,于西洋测量、制器之法,无弗洞彻。调辅髫髻即失恃,家又清苦,不获专攻举业,以博科第,每郁郁焉。对客蔼然可亲,耽静退,斗室萧条,寂坐终日。幼嗜六书,习摹印,兼善文、何两派,俊逸健雅,颇饶古趣,而于汉人翻砂拨蜡、浅深轻重,有得心应手之妙。早年丧偶,不复续弦,人以义夫目之,淡于名利,即米盐偶缺,晏然自安。[⑤]

可见,徐调圃是“胜国文贞公”徐阶的后人,因科场失意而郁郁寡欢,经济状况亦颇为拮据。不过,可能是因为他的篆刻技术高超,再加上汪启淑的有心接济,故而该契约的代书礼竟高达4两。

其次,合同议单计有14条,其中的第1条“价银肆千叁百两,九七平色足兑”,是指汪启淑出售松所上、南二县的345引6分以及南下砂年额80引所获得的报酬。而从第2条的规定来看,上海、南汇二县正余引额并南下砂“历来统以四十股为率,分配行销”,其中,汪世丰名下计有20股,此次是拨出2股,出售与汪在郊。第6条说“以丁酉年春夏为始,至甲辰年春夏为止,统以十五掣为期”,“丁酉”即订立该份合同议单的乾隆四十二年(1777),而

---

① (清)汪启淑编:《飞鸿堂印谱》第3集,第67页。
② (清)汪启淑编:《飞鸿堂印谱》第5集,第230页。
③ (清)汪启淑编:《飞鸿堂印谱》第1集,第230页。
④ (清)汪启淑编:《飞鸿堂印谱》第2集,第130页。
⑤ (清)汪启淑:《飞鸿堂印人传》,第23页上—下。

甲辰则是乾隆四十九年(1784)。“期满之日,任凭回赎”,可见该合同议单虽然说的是出售盐引,但实际上却是可以回赎的。

此外的其他诸条,提及徽州盐商在上海、南汇二县城镇设有公堂、公店,协调浙盐的运销。而汪启淑在上海、南汇、周浦等地,都有寓所、仓廒、栈房等。文中提及“在地公巡各费”,是指因防止私盐,除了官方的巡辑之外,商人也私雇盐捕,水路又添巡盐船只。①

据嘉庆《钦定重修两浙盐法志》记载,松江批验所派行引目 59 633 引,②而从乾隆三十三年(1768)的合同议单来看,汪启淑祖遗的上海、南汇、南下砂汪世丰名下汪茂丰、汪洪发等年额多达 10 000 引,仅此一项,就约占松江批验所派行引目的六分之一强。而从乾隆四十二年(1777)十月合同议单的第 2 条规定来看,上海、南汇二县正余引额并南下砂“历来统以四十股为率,分配行销,内汪世丰名下向有二十股”,这 20 股与上述的10 000引究竟是怎样的关系,目前尚不清楚。但上述这些,显然只是汪启淑在松江府的部分盐业经营。作为大盐商,他在浙盐的其他产区,可能也还有不少其他的根窝。不过,无论如何,就现有的资料可以看出,与扬州盐商相似,乾隆时代的许多徽州盐商,都通过租售盐引,成为凭执根窝获利的有闲阶层。

三、歙县绵潭山馆的盛衰递嬗

在汪启淑从事盐业经营的全盛时期,他不仅在江南的许多地方都有园亭寓所,③而且还在家乡绵潭大事营建。在汪启淑的《飞鸿堂印谱》中,计有“黄山

---

① 嘉庆《钦定重修两浙盐法志》卷首《诏旨二》乾隆元年正月二十日奉上谕,第 24 页。

② 嘉庆《钦定重修两浙盐法志》卷 5《引目》,第 170 页。

③ (清)祝德麟:《悦亲楼诗集》卷 25,清嘉庆二年(1797)姑苏刻本。《汪秀峰启淑自新安至三首》:“野鹤任飞翻,绵潭馆自存,莫嗤三窟狡,独拥百城尊。”诗注曰:“君藏书最富,诏求遗书日,献书数百种,特邀恩赉《图书集成》,所居绵潭山馆在歙,而杭、禾、松俱有宅。”《飞鸿堂印谱》第 5 集跋:“新安汪秀峰水部诗人也,武林筑别业数间,颜其堂曰飞鸿,暇日博览文史,旁及六书八体之学,刊集古印存、退斋印类等十数种,其一则曰《飞鸿堂印谱》。”(第 135 页)除此之外,杭世骏《道古堂全集》外诗(乾隆四十一年[1776]刻光绪十四年[1888]汪曾唯修本)有《兰溪城下宿汪启淑寓馆》,可见,他在兰溪亦有寓馆。

农”[1]“练江泽农”[2]“绵潭渔叟”[3]“绵潭渔长”[4]“绵潭醉侯”[5]“绵水芦人”[6]“绵津狂叟”[7]“黄山樵客”[8]“练水潜夫”[9]“绵潭渔父”[10]“练溪狂客”[11]“练江钓徒”[12]“蓼山病农”[13]“练水潜夫”[14]“绵潭钓徒”[15]“绵川居士”[16]“绵津拙懒居士”[17]“新安江上渔翁”[18]等十数方印,反映了其人对桑梓故里的情感。除了在江南各地求田问舍之外,在绵潭当地,汪启淑也频繁购买土地。在这批新见文书,就见有数份契约,[19]其中的一份卖契就写道:

立便契人汪之埰仝弟汪之地、侄光镂,今因正用无措,自愿将祖遗庆字肆伯[佰]拾肆号,计地税肆分伍厘玖毫陆丝,土名牛岭上大园,四至照依原形清册管业,凭中立契,出便与汪族侄孙名下,三面言定,时值价银拾肆两整,其银当即收足,其地随即管业作种,其税随即过割,入户支解,无得阻执。倘有内外亲房人等异言,俱系便人承当,不干买人之事,恐口无凭,立此便契存照。

乾隆叁拾陆年四月　日立便契人　汪之地(押)

汪之埰(押)

---

① (清)汪启淑编:《飞鸿堂印谱》第3集,第29页;第5集,第230页。
② (清)汪启淑编:《飞鸿堂印谱》第1集,第44页。
③ (清)汪启淑编:《飞鸿堂印谱》第1集,第91页。
④ (清)汪启淑编:《飞鸿堂印谱》第1集,第30页。
⑤ (清)汪启淑编:《飞鸿堂印谱》第1集,第111页。
⑥ (清)汪启淑编:《飞鸿堂印谱》第1集,第169页;第3集,第123页。
⑦ (清)汪启淑编:《飞鸿堂印谱》第3集,第236页。
⑧ (清)汪启淑编:《飞鸿堂印谱》第2集,第125页。
⑨ (清)汪启淑编:《飞鸿堂印谱》第3集,第29页。
⑩ (清)汪启淑编:《飞鸿堂印谱》第3集,第64页。
⑪ (清)汪启淑编:《飞鸿堂印谱》第3集,第70页。
⑫ (清)汪启淑编:《飞鸿堂印谱》第4集,第163页。
⑬ (清)汪启淑编:《飞鸿堂印谱》第4集,第174页。
⑭ (清)汪启淑编:《飞鸿堂印谱》第4集,第241页。
⑮ (清)汪启淑编:《飞鸿堂印谱》第4集,第24页。
⑯ (清)汪启淑编:《飞鸿堂印谱》第3集,第244页。
⑰ (清)汪启淑编:《飞鸿堂印谱》第1集,第222页。
⑱ (清)汪启淑编:《飞鸿堂印谱》第2集,第19页。
⑲ 其中的一份是乾隆四十一年(1776)江南安徽等处承宣布政使司印行的契尾。

汪光锾(押)
中见人汪绳枝(押)
代书人汪光铭(押)

另一份契约为:

立卖契人汪启敖,今因正月,自情愿将庆字肆伯[佰]二拾叁号土名牛岭,计地税壹分,今身立契,出卖与族侄孙名下为业,三面言定,得受价银拾二两正,其银当即收足,其地听凭随即管业,无得阻执。此事两相情愿,倘有亲房内外人等异言,俱身卖人承当,不干买人之事,恐口无凭,立此卖契永远存照。

乾隆四十六年十二月　日立卖契汪启敖(押)
代口书中人　汪树廷(押)

上揭两份卖契,皆盖有"库房挂号讫"印,这是经过官府确认的红契。上述契约虽然未标明来源地点,但其中有"庆字肆伯二拾叁号"字样,今据《歙县都图地名及各图字号》,庆字为三十六都一图,下含绵潭、张潭、吴村、庄坑、红源、李黄塘各村,[①]故此契应当就属于绵潭。而从生活的年代及姓名辈分来看,汪启敖应当是汪启淑的同辈人。由此可见,汪启敖将地产立契出卖与族侄孙。而这些契约既保留在汪启淑后人手中,应与盛清时代汪启淑家族购买土地密切相关。

在绵潭当地,流传着"一夜打十八只茅斯"的故事——说的是乾隆年间,汪启淑得到高宗的御赐宝书,便在村脚建起御书楼。因村中沿河大路宽窄不一,汪启淑想将它修直,直通杨树下、杨树巷。在下村的大路边有一处"茅斯"(粪窖),业主汪浦成死活不让开路,经双方协商,汪浦成要求汪启淑拿银子来填满茅斯再让。最后,汪启淑答应次日拿银子来填满。翌日,等汪启淑抬着银子来填时,一夜之间沿路又冒出了十八只茅斯,汪启淑见状,只好抬着银两回家,大路也不再修了……[②]这一故事虽是民间传说,但也从一个侧

① 《歙县都图全载》三十六都一图庆字上乡则包括里黄汰、里庄坑、漳岭上、大麦坞、绵潭、绵潭坑诸村。

② 汪卫东:《歙县水南绵潭的民风民俗》,王振忠编:《歙县的宗族、经济与民俗》("徽州传统社会丛书"),复旦大学出版社,2016年,第206—207页。

面反映了汪启淑对于家乡村貌的整治与建设。

在盛清时代，汪启淑在绵潭曾建造过一处豪华的园亭名胜。对此，民国《歙县志》卷1记载：

绵潭山馆，在绵潭，汪秀峰启淑故宅，有葆真、讱庵、翠香阁、律素书厅、啸云楼、息轩、待月簃诸胜，同时名流至者，皆有题咏，今废。

绵潭之西有玉屏山，山之后为仁源，而绵潭山馆就在源之口。① 山馆的营建时间较长，在营建过程中，汪启淑不断请人帮他题诗。② 他还请徽州休宁人戴厚光作《绵潭山馆十景图》，③又由钱陈群作《绵潭山馆长卷》，④并"汇萃留题山馆诸名宿诗文为一册"⑤。在该册的卷首有一题识：

歙之水南，去郭三十余里，曰绵潭。潭西有玉屏山，山后有仁源，邑乘云产砚石，今不可得矣，源口汪子秀峰绵潭山馆在焉。入山馆，由莓径达翠香阁，历律素厅，折而经友竹居、息轩，升葆真堂，巡西廊至讱庵，登清芬榭，过安拙窝、待月簃，入蓼阳茨室，穿花腴菜井，供煮茗，复折而东，取道爱吾庐、床上书连屋、桂寮，造啸云楼，楼后一泓，即洗句池，池

---

① 汪启淑编《飞鸿堂印谱》第1集中有高小琴、黄掌纶、张炯、马谦的"绵潭山馆"印(第83、140、136、179页)；第4集中，有桂馥的"绵潭山馆"印；第5集中，有徐鼎(调圃)的印(第126页)。据歙县绵潭人汪卫东的讲述，绵潭山馆位于新安江南岸的河口处，为了便于母亲和妻子南渡前往绵潭山馆游玩，汪启淑专门出资设置了渡船。此一渡船直到咸丰或光绪年间，方才被众人所接替，形成了类似义渡的组织。绵潭山馆的位置，与绵潭村水口处的"御书楼"以及村内的一经堂三者，形成了一个三角形的格局。

② 汪启淑曾说："予之营斯墅也，较曩者文端所咏，已四倍之矣。"([清] 沈叔埏：《颐彩堂文集》卷5《绵潭山馆记》)

③ 据沈叔埏《颐彩堂文集》卷5《绵潭山馆记》，此图应成于"辛丑秋"之前，即乾隆四十六年(1781)秋之前。清嘉庆二十三年(1818)沈维轿武昌刻本。汪启淑《续印人传》卷5中有《戴厚光传》(《续修四库全书》子部艺术类，第91页)。该书亦作《飞鸿堂印人传》，复旦大学藏有刊本。从中可见，戴厚光字滋德，号花痴，安徽休宁县人，工诗，善人物、山水、花鸟，著有《花痴印镜》等，印作曾被选入《飞鸿堂印谱》。

④ (清) 钱陈群：《香树斋诗文集》诗续集卷25《儿子汝诚久病初愈，以临仿碑版遣意，予所藏松雪手迹二种，及予新刊绵潭山馆长卷，付之，题一绝句》。

⑤ (清) 郑虎文：《吞松阁集》补遗卷40，清嘉庆刻本。(清) 钱载《萚石斋文集》卷10《红药坪记》："职方汪君秀峰官京师日，尝索其绵潭山馆之诗，久而未能以应也。去岁丙午，乃更其园中日增之景，而一时名流未有诗与文者，俾择之，加粉泽焉。"清乾隆刻本。

> 北为恣慵所，秀峰偃仰读书处也。恣慵所后，面山南向，有楼三楹，曰花巢，庭中真假山绝似邓尉峰头，故名精黛岩。其退斋左出耐圃，则可登漱霞亭及爽台。缘萝磴添树冈，有卧处可小憩，趋茗坡、花神庙，迄逦红药坪，过岭则岩舫，竹中小隐在焉。半山中有吟香槛、留云壁、话雨窗、御诗亭，下山即挹秀阑，阑前梅桃最繁，坐听泉精舍，则溪泉浪浪盈耳。越蕙櫋鹿柴，出枳篱，步仁源，坐钓矶，看晴雪堰飞流溅玉。广虽不及百亩，因山高下曲折，创建庐屋，四向冬夏之景，皆有所宜。凡山中旧有之修篁乔木，或得为我有，或不得为我有，而远近高下，山馆则无不得而有之，然后知造物故无尽藏，而善取于造物者，尤无尽藏矣。①

此一题识见于郑虎文的《绵潭山馆纪游》，此人于乾隆三十二年（1767）以后曾赴徽州主讲紫阳书院10年。当时，他携二子前往徽州，汪启淑的弟弟汪肇龙（字稚川）“以文行，为群贤所推，开私塾于朱子祠东之古怀德堂”，后成为其二子之塾师。据郑虎文讲述，汪肇龙为婺源经师江永的高足，②“稚川则尤精篆，尝译岣嵝禹碑、太学石鼓文，援据精确，能正古人所讹阙。又尝得古盘盘铭，虽深通六书者，读之皆舌桥不能下。稚川译出之，定为三代时卿大夫争田、两姓结盟歃血之盘，其文则誓书也。众咸叹为绝学”。根据汪肇龙的自述：“此某幼所耽习，凡古之碑刻，传者幸尽得见之矣。他若鼎彝款识、秦汉印章，罔不旁搜博考，而一本于六书之学，以贯通之。然后历代之沿变，庶几不误于形似，使信于耳，而未信于目，终鲜确据也。”他还说，幸运的是，自己的兄长汪启淑，其人“博学好古，尝集家藏汉以上铜章玉印为印谱，谓余粗学于此，命襄其事。余居于绵潭山馆，晨夕考辨，而实证以古人之篆法者，殆弥岁月。某之学未成，而推测古今真赝、传者之谬误，如视诸掌矣”。《绵潭山馆纪游》一文，大约作于乾隆四十九年（1784）以后。从中可见，绵潭山馆曾是汪启淑与同好怡情养性、切磋学问技艺的重要的场所。

在盛清时代，许多人都分别吟咏过葆真堂③、讱庵、翠香阁、莓径、律素书

---

① （清）郑虎文：《吞松阁集》补遗卷40。

② 《池上寄慎斋江永》，《四库未收书辑刊》第10辑，第28册，第47页。

③ （清）汪启淑：《飞鸿堂印谱》第2集，吴钧“葆真堂”、王直川“葆真子”印，第128、129页。

厅、啸云楼、蓼阳茨室、息轩、待月簃和泽花腴菜井诸景。管见所及,计有下述诸人:

作　者	篇　　目	年　　代	资 料 来 源
沈　初	《题汪秀峰绵潭山馆十景》		《兰韵堂诗文集》诗集,清乾隆间刻本
钱陈群	《绵潭山馆十咏》		《香树斋诗文集》诗续集卷 15,清乾隆刻本
钱　载	《红药坪记》	乾隆五十二年(1787)夏	《箨石斋文集》卷 10,清乾隆刻本
沈大成	《汪秀峰绵潭山馆十首》		沈大成:《学福斋集》诗集,乾隆三十九年(1774)刻本
吴寿昌	《汪秀峰农部山馆十咏》		吴寿昌:《虚白斋存稿》卷 4《冰衔集下》,清乾隆五十五年(1790)刻本
吴玉纶	《安拙窝记》		《香亭文稿》卷 5,清乾隆六十年(1795)滋德堂刻本
郑虎文	《绵潭山馆纪游》	乾隆四十九年(1784)	《吞松阁集》补遗卷 40,清嘉庆刻本
蒋士铨	《绵潭山馆十首》		《忠雅堂文集》卷 26,清嘉庆刻本
吴　俊	《绵潭山馆十咏》		《荣性堂集》卷 5《古今体诗》,清嘉庆刻本
祝德麟	《汪秀峰启淑自新安至三首》		《悦亲楼诗集》卷 25,清嘉庆二年(1797)姑苏刻本
纪　昀	《汪水部启淑绵潭山馆十咏》		《纪文达公遗集》诗集卷 10,清嘉庆十七年(1812)纪树馨刻本
王寿曾	《绵潭山馆十咏》		《闻音室诗集》卷 3《阅水集》,清嘉庆二十一年(1816)王元善等刻本
梁同书	《花腴石瘦廊赋(并序)》		《频罗庵遗集》卷 9 文 4,清嘉庆二十二年(1817)陆贞一刻本
沈叔埏	《绵潭山馆记》		《颐彩堂文集》卷 5,清嘉庆二十三年(1818)沈维鐈武昌刻本
翁方纲	《绵潭山馆十咏为坳堂郎中赋》		《复初斋诗集》卷 14《宝苏室小草四》,清刻本

（续表）

作者	篇目	年代	资料来源
赵怀玉	《桂寮赋(并序)》		《亦有生斋集》文卷1《赋颂连珠》，清道光元年(1821)刻本
杨伦	《绵潭山馆杂咏为汪农部赋》		《吴会英才集》卷12杨伦《九柏山房集》

当时，除了整体上的吟咏外，还有不少人对其中的一些景观加以吟咏。如清人梁同书有《花腴石瘦廊赋》，其序曰：

绵潭山馆者，秀峰汪氏别业也，枕峦带渚，旷如奥如，架构幽奇，登临胜赏，陋庾信小园之赋，比王维辋川之居。主人于是平章风月，跌宕琴尊。早岁浮家，结骚坛之缟纻；中年入洛，委幽贽于簪裾。时则有若嵇、阮名流，山、王贵侣，烟驱墨染，点翰舒笺，赠以瑶华，镂之珉玉。张功甫南湖桂隐，一一标题；顾阿瑛玉山草堂，人人留咏。可谓山水有灵，亦惊知己，蝉冕所映，弥有光华矣……①

乾隆丁未（五十二年，1787）初夏，钱载有《红药坪记》：

歙县之南三十余里，有水曰绵潭，潭之西玉屏山，山之后仁源，而山馆在源之口。举夫山与潭之胜，高下左右，松萝花竹之映带，一一品题。而名之皆可喜，则职方之意之所寓，而固使览者将遍游其间也。②

吴玉纶《安拙窝记》：

汪讱庵，好古士也，家富于书，于歙之南乡，筑绵潭山馆为读书处，缘山下上，即景而分题其胜者以数十计，安拙窝其一也。③

潘奕隽《汪讱庵〈漱霞轩诗钞〉序》曰：

绵潭故歙中山水胜处，讱庵家世鼎盛，又素有园亭池馆，清华明瑟，

---

①（清）梁同书：《频罗庵遗集》卷9文4，清嘉庆二十二年(1817)陆贞一刻本。

②（清）钱载：《箨石斋文集》卷10《红药坪记》。

③（清）吴玉纶：《香亭文稿》卷5，清乾隆六十年(1795)滋德堂刻本。

> 可栖可游，日与二三同志觞咏其中，四方贤士闻之，无不仰羡，以为知足知止，有古人恬退之风，而讱庵之学日益富，诗日益深造，不可窥其津涯矣。……讱庵居京师，既以交于贤士大夫为乐，退而居于乡，复以山水文字自娱，于时俗所荣，竞奔走惟恐不及者，漠然绝无所撄于怀，宜其诗之吐弃，一切日进于古也欤。①

潘奕隽出自歙县大阜，在歙南素有“周漆吴茶潘酱园”，由于酱商与盐商往往二位一体，所以大阜潘氏也是盐商世家。据潘奕隽说，“新安绵潭汪与大阜潘世为婚姻”，故潘奕隽与汪启淑为中表亲。某年三月，潘奕隽收到汪启淑从歙县寄出的《漱霞轩集》，遂写下上述的序文。

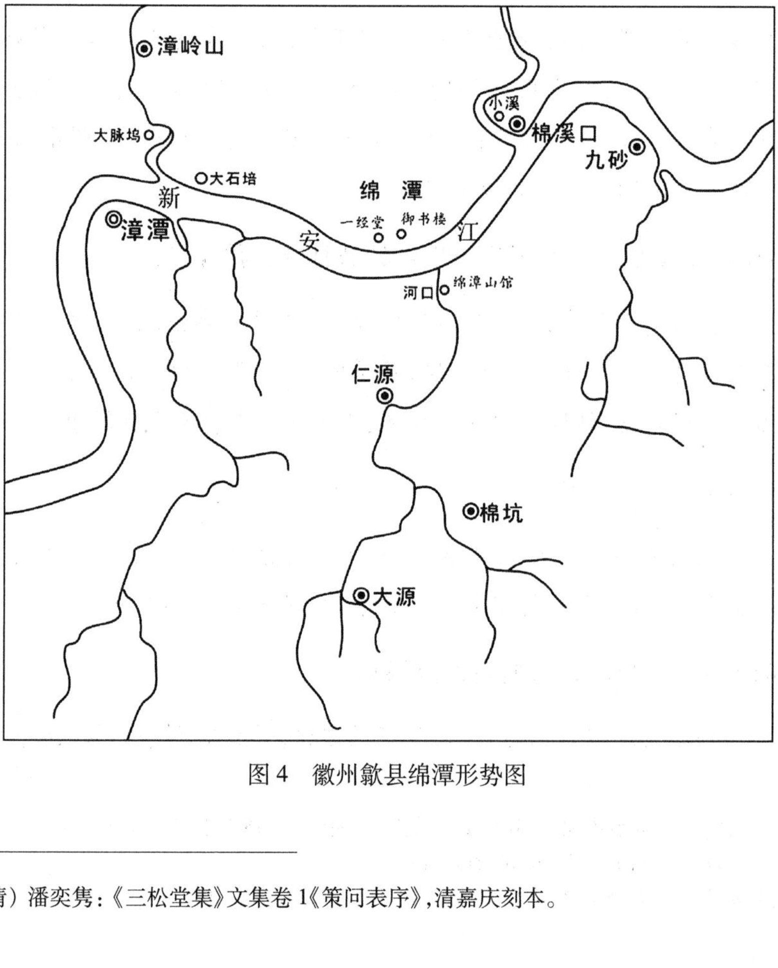

图4　徽州歙县绵潭形势图

---

①（清）潘奕隽：《三松堂集》文集卷1《策问表序》，清嘉庆刻本。

汪启淑所撰《讱葊诗存》中,有“绵潭渔唱”“飞鸿堂初稿”“兰溪棹歌”“瓯江游草”“邗沟集”“客燕偶存”。其中的“绵潭渔唱”,就是吟咏桑梓故里的诗歌。据说,他在献书后得赐御书,遂在绵潭建有书楼(民间俗称“御书楼”)。他的“绵潭渔唱”中有一首《书新建书楼壁》:

筑得书楼俯小溪,巃嵸直欲与云齐。
荫门只种先生柳,涂壁何须隐士泥。
看雪休辞冲雪上,听莺莫惜其莺啼。
落成底用朋人贺,一首新诗信笔题。①

此外,他还有《书楼宴坐》诗等,②此一“御书楼”,如今早已不见踪迹。

四、盐业式微与桑梓故里之衰败

盛清时代与汪启淑过从甚密的厉鹗,在其所撰《樊榭山房集》中,有“汪秀峰自松江载书归,招同人小集。分韵‘雪压扁舟浪有棱,载来书重恐难胜’”。从中可见,汪启淑在松江的活动,除了盐业等方面的经营之外,访书、购书也是重要的内容。

不过,随着汪启淑的过世以及汪家盐业的衰落,他的书籍也随之消散。清代著名的徽商鲍廷博在《庶斋老学丛谈跋》中指出:

> 右盛庶斋《丛谈》,楷书精致,出自钱塘汪西亭(立名)氏,吾友郁君潜亭(礼)所贻也,间有误书,思之不适,闻某公有善本,欣然偕潜亭往借,秘不肯宣,仅录林吉人两跋相授耳,是为乾隆甲午。迨嘉庆甲子,始据钱功父本,一扫乌焉之讹。往读某公所著《清暇录》,历数近来藏书家,而自述其储蓄之富。曾几何时,已散为云烟矣,不知其所之矣。③

文中的《清暇录》亦即《水曹清暇录》,故而其中提及的“某公”,自然是指汪

① 《四库未收书辑刊》第10辑,第28册,第45页。
② 《四库未收书辑刊》第10辑,第28册,第48页。
③ (清)鲍廷博辑:《知不足斋丛书》第26集《庶斋老学丛谈跋》,民国铅印本。

启淑。鲍廷博出版《知不足斋丛书》时，想对宋刘昌诗《芦浦笔记》加以校勘核对。乾隆三十九年(1774)，他得知汪启淑的“飞鸿堂”藏书楼藏有元人盛如梓所撰的《庶斋老学丛谈》，因其对《芦浦笔记》之校勘颇有助益，遂携好友郁礼一同前往汪府借阅，不料却遭拒绝。① 上述这段文字就是后来的有感而发。

关于汪氏藏书之“散为云烟”，《顾千里先生年谱》卷上嘉庆七年(1802)壬戌三十七岁条记载：

> 中元前三日，荛圃以三十金，得先生最宝贵之影宋钞本《韩非子》。先生跋之曰：此《韩非子》为钱氏述古堂影宋钞本，曾藏泰兴季氏，见于二家书目者也。今装池尚仍钱氏之旧，首叶有季氏藏书钤记，可证其确然矣。近日从新安汪启淑秀峰家所谓开万楼者卖出，遂于杭郡转入余手，缘力不能蓄，复为荛圃黄君捐三十白金取去，岂物固各有主耶！抑物虽好，而有力者始能聚耶！

“荛圃黄君”亦即清代著名藏书家黄丕烈。关于黄氏收购汪启淑的开万楼藏书，在黄丕烈的《士礼居藏书题跋记》卷3中亦有记载：

> 《五行类事占》七卷，明钞本，嘉庆辛酉秋坊间收得汪秀峰家书，内为《五行类事占》三册。因忆《读书敏求记》曾有是书，归检之，卷数却合，知为旧本。且卷中有秀水朱氏潜采堂图书，又知为竹垞藏本，第一、二册部面上犹为竹垞手书，洵可宝也！第三册部面既失，册尾多破损痕，字间有伤残者，命工重加补缀，俟觅善本足之，其纸皆明代嘉靖时册籍纸背，间可辨认，盖犹是嘉靖年间人所钞也。
>
> 又《续录》：“己巳春，余为武林之游，上城隍山索观古书于集古斋。盖其主人在杭城书估中为巨擘，而去岁又新收开万楼书也。”②

由此可见，开万楼藏书后来多被杭州的集古斋书贩所购买。除了书籍的纷纷散佚之外，汪氏的房产等也陆续被转手。在绵潭，御书楼早已不见踪迹，

---

① 关于这一过节，详见张健《清代徽州藏书家与文化传播研究》，第73页。

② (清)叶昌炽：《藏书纪事诗》卷5，上海古籍出版社，1999年，第522页。

而汪启淑的府第"一经堂"则不断地被分割。此一建筑,取《三字经》中"唯一经"之句义,意思是不需家财万贯,唯"一经足矣",这与"万般皆下品,唯有读书高"颇相仿佛。"一经堂"内有藏经室,收藏经史子集和佛学经典①,藏书极为丰富,并有诵经堂,后被火焚不存。因汪启淑名声太大,以至于"一经堂"后来涵盖了绵潭原来土名"坑边"的各房支。在绵潭收集到的这批契约中,有一份与"一经堂"相关的阄书:

> 立阄书垗青公之孙存仁、位曾,孙观闵等,自讱庵公至今,已达六代,虽无九世同居之德,亦有大被同眠之谊。现今子孙繁衍,兄弟一堂,虽已分炊,各立门户,所有讱庵公遗下屋宇、基地等业,年深日久,良莠不齐,不能不另立阄书,各管各业。是以商诸兄弟子侄,作三股匀分,挽托族中长辈,眼同钉界,俟后各守各业,务遵先人遗训。元浩公早夭,元恒公无后,只得均由三家三节祭祀,各尽孝思,世世子孙,毋忘毋怠,惟愿房房昌大,代代绵长。此系合众一心,并无反悔,恐口无凭,立此阄书存照。
>
> 屋宇基地等业例后:
>
> (一) 一经堂,大门套
>
> 三股匀分,楼上南边房一步,归存仁
>
> 北边房一步,归观闵等　　经管
>
> 楼下房一步,归存位等
>
> (二) 大厅,上堂,依老例作三股匀分,左观闵等
>
> 右存位等　　经管
>
> 中存仁
>
> (三) 大厅,下堂,作三股公业
>
> 醉墨诗厅,上堂,公众取用
>
> (四) 照壁后公众取,屋外斜角基地,贴与楼上,后房归存仁经管

---

① 汪启淑《飞鸿堂印谱》第1集卷首有"秀峰先生二十一岁小像",完全是位佛教居士的形象(第15页);第2集有释佛基的"讱庵道人"印(第24页);第5集有"忍庵居士"(第206页)。现存的汪启淑文书中,也见有一佛经抄本残卷。

楼上　东边房一步,归观闲等经管

西边房一步,归存位等经管

后房一步,归存仁经管

(五) 醉墨诗厅,下堂

作三股匀分:存位等一股,观闲等一股,与存仁官厅坦一股对掉,此业归存仁经管

(六) 馆里,作三股匀分,左归存位等

右归观闲等　　经管取用

中归存仁

(七) 眠云室,即前堂,各管各业,堂前地公众取用

(八) 东北堂,作三股匀分,左存仁

右存位等　　经管

中观闲等

(九) 后堂,作三股匀分,左存位等

右存仁　　经管

中观闲等

墙院基地,归观闲等经管

(十) 老灶屋基地,左存仁

右存位等　　经管

(十一) 官厅坦基地

作三股匀分,存仁一股,与存位等一股,观闲等一股,醉墨诗厅下堂对掉

此业观存位等、观闲等作两股匀分

左观闲等经管,愿样一尺五寸,基地与存位等

右存位等经管,愿样马房外余地与观闲等

(十二) 屋基坦菜地

各管各业

(十三) 上阜头塘磅

各管各业

(十四) 上阜头厝基屋八棺

作三股匀分

(十五) 虎形、旱村,石桥里,熟地

前由元晟取来,另再出洋三十元,(此洋当日付清)以兴膳茔,此业归存仁经管

再,所有各处坟墓余地,归三股公业,日后三家均不得变卖。老坟白虎手,三家不能取用

立阄书垗青公之孙　存仁(押)
存位(押)
存忍(押)
存育(押)
曾孙　观闶(押)
善来(押)
福来(押)
金生(押)
来金(押)
观生(押)
观富(押)
金海(押)
族长汪正余(押)
房长汪炳福(押)
汪观法(押)
汪其盛(押)
汪社元(押)
本支家长汪荣泽(代)
代书汪仲萱(印)

民国二十一年国历七月吉日　立

再批:一经堂大厅,现有后门,并无出路,日后起造,不开门扇。

汪来吉

嘉善

再批：复丰户完粮计钱若干，统归三股摊派，不得推三阻四。（汪椿印）

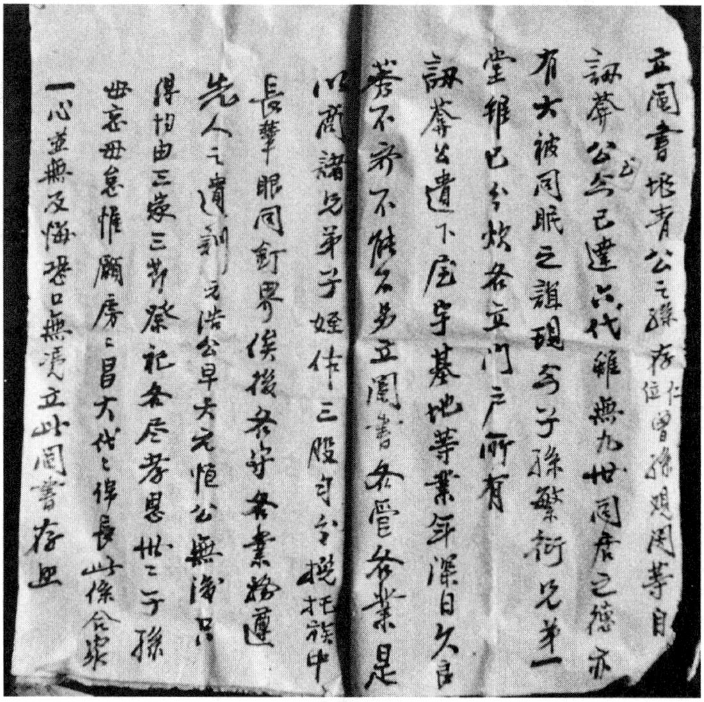
立阄书垅青公之孙存仁位曾孙瑞周等自
詠莽公今已达六代虽无九世同居之德亦
有大被同眠之谊现今子孙繁衍兄弟一
堂虽已分炊各立门户所有
詠莽公遗下屋宇基地等业年深日久言
恐不齐不能不另立阄书各管各业是
以商诸兄弟子侄作三股均分挽托族中
长辈眼同钉界俟后各守各业恪遵
先人之遗训元浩公早夭元恒公无后只
得由三家三节祭祀各尽孝思世世子孙
毋忘毋怠惟愿房房昌大代代绵长此系合众
一心并无反悔恐口无凭立此阄书存照

图5　汪启淑后裔的分家阄书

阄书的封面题作“民国二十一年国历七月吉日立阄书一样三本”，其内容是将房产、坟墓厝基等作了详细的分阄。这份1932年的契约，距离汪启淑的时代已过了6代。我没有找到与汪启淑直接相关的绵潭汪氏族谱①，但据前引绵潭汪氏的“金银袋簿”，可见汪启淑以下的系谱：

先高祖讱庵（字慎仪，号秀峰，又号讱庵）

先伯祖道传

先曾祖循矩、先曾叔祖墨君、先曾叔祖梦花、先曾祖云樵（号云樵，

① 《飞鸿堂印谱》第3集中有“颍川后裔八十三世孙启淑印”（第225页），“颍川侯八十三世孙”（第27页）；第5集有“颍川侯八十三世孙”（第228页）。

行五)、先曾叔祖味琴

先伯祖环五(号印林,行一,讳其中,原其佩)

先伯祖镇远(讳其珠,字记斋,号吉生)

先伯考福禄

先祖考兆青(字我春,号寿予)

先伯考元浩

先外祖灶狗(路口人)

先考元明(讳元明,号让之,别号月卿)

先考元恒

上揭的系谱,是以汪存育、汪存位等人具名。而此二人,正是上揭阄书中的主要角色,因此可以比照而观。“布衣暖,菜根香,诗书滋味长。”[①]汪启淑似乎也很向往诗书传家,但从“金银袋簿”所载来看,除了汪启淑名下记有一串官名之外,其后人皆无可资夸耀的事迹,这大概说明汪氏的后裔已经衰落。另外,此契中的押署非常简单,有的是文字,有的是划十,可见立契的各当事人文化水准并不太高。其中,观闵是贱名。不过,“金银袋簿”中有一份格式活套:

付冥银一包,

一经堂众亡婢、仆收领,

亡婢红云、锦菊二人收领,

一经堂主给。

这明显说明,“一经堂”仍然构成汪氏后裔的一个松散的整体。而这从1932年阄书中的分家与共业中,也可以明显地看出来。

余　　论

(一)在迄今尚存的徽州文书中,土地契约占绝大多数,而有关商业方

① (清)汪启淑编:《飞鸿堂印谱》第1集,俞珽印,第150页。

面的契约文书并不多见。在汪启淑相关契约文书中,不仅有涉及盐业经营的契约,还有一些与桑梓故里相关的土地契约、分家文书。据此,我们可以探讨盐商的经营活动和社会生活,考察徽商由盛转衰的过程,故而弥足珍贵。上述契约,不仅是徽商研究的珍贵史料,而且对于江南史的研究亦有重要的学术价值。

从现有的资料来看,除了盐业贸易之外,汪启淑还从事其他方面的经营活动。清朝同光年间华亭(今上海松江)人王文珪,在其所撰《听莺仙馆随笔》卷4中,有"汪秀峰员外"条:

> 赀郎汪秀峰员外启淑,徽州人,乾隆时寓吾金沙滩,富甲一邑,设质库七。后入都,因徽州程仪曹世醇同乡,主其客邸。时有胡道人,亦与程往来,性嗜酒,不谷食,不轻见客。汪闻其名,欲见之,道人不可,乃与程谋瞰其来也。即之,道人色然起曰:"汝汪启淑耶,见我何为哉?"历责数十事。汪惶窘伏地,道人曰:"汝能痛改前非,可保首领,不然殆矣!汝三日后有奇祸,亦可小惩大诫也。"后三日,汪出顺城门,触石坠车首几殒,数月始愈,乃稍稍敛迹。或曰:道人乃西山老狐也。后秀峰自都回,仍寓吾郡,一夕尽火其质库,而家业荡然矣。

该则末注曰:"事见《三异笔谈》,参以昔所闻于前辈者。"[①]今查许仲元《三异笔记》卷1"胡道人"条,胡道人历责汪启淑的"数十事"不得其详。不过,在当时的江南,人们对于富商巨贾的仇富心态根深蒂固。特别是对徽州典商和盐商的仇视,更是由来已久。[②] 至于汪启淑在松江富甲一邑,有七家典铺后一夜被焚,家业荡然,显然是王文珪的见闻。

从前述的考证可以看出,清代前期,徽商纷纷在江南各地求田问舍。与此同时,他们往往将盐业经营的特许权转租他人,凭执根窝过起了悠闲富裕

---

① 上海市松江区博物馆、华东师范大学古籍研究所编:《明清松江稀见文献丛刊》第一辑,上海古籍出版社,2015年,第300—301页。

② 在江南,"徽州朝奉锡夜壶"之谚,就是对徽州典当商人的讥讽。而对盐商的仇视,清人章鸣鹤在《谷水旧闻》中即曾指出:"海滨穷民以盐为业,而奸商百端攻之,谓之私枭。夫朝廷之法,征盐税耳。说征之于民,税额岂有不足者?而必假手于奸商耶?"(上海市松江区博物馆、华东师范大学古籍研究所编:《明清松江稀见文献丛刊》第一辑,第25页)

的生活。也正因为如此,他们饱衣暖食,在文化上的建树亦颇为引人瞩目。

(二)《杭郡诗续辑》中有汪启淑的小传,说他“少工吟咏,当杭世骏归田,日与厉鹗诸人结社南屏,启淑以终贾之年,骋妍抽秘,进与诸老抗”①。而在汪启淑所编的《飞鸿堂印谱》第3集之后,有跋曰:

> 昔云林倪迂以赀雄一郡,所居有清闷阁,藏书三千卷,手自勘定,三代鼎彝古琴,分别左右,时与二三好友啸咏其间;玉山主人顾阿瑛,倾财结客,购古书名画及三代鼎彝秘玩,集录鉴赏,略无虚日。今汪君之赀不减二子,其搜罗古刻,爬梳真赝,集为成书,几与二子为劲敌。二子胸襟洒落,倪迂暮年尽斥买其田产,以与贫交;顾阿瑛晚自号金粟道人,以家事尽付其子,日以诗酒与东南名士为风流文章之会,数百年后人访其遗址,尚为流连不能去。君以英妙之年,性好古而力足以致之,武林又才人薮,水陆冲衢,四方名流,舟车辐辏,日有其人,其视二子,当必无古今人不相及之感。②

另外,第1集跋曰:

> 秀峰汪君,性豪迈,姿潇洒,虽席丰履厚,而能洗涤尘襟,不与世俗伍,其殆矫矫出群,超然物外者欤!一时名宿,咸折节乐与之交,或花间联句,或月下分题。每一诗出,脍炙人口,几同洛阳纸贵,以故地无远近,莫不知钱唐之有汪秀峰矣。③

在汪启淑的广泛交游中,不乏当时的著名学者。除了前述为绵潭山馆题词的诸多名流之外,江永曾为《飞鸿堂印谱》第3集作跋,④而钱大昕也为其《水曹清暇录》作序。⑤ 这些,都反映出徽州盐商广事交游的俗好。另外,

---

① 民国《杭州府志》卷170。

② (清)汪启淑编:《飞鸿堂印谱》第3集,第56页。

③ (清)汪启淑编:《飞鸿堂印谱》第1集,第68页。

④ (清)汪启淑编:《飞鸿堂印谱》第3集,第93—94页。

⑤ (清)汪启淑:《水曹清暇录》,北京古籍出版社,1998年,第1页。另,书末乾隆辛丑(1781)翟槐跋曰:“秀峰著述笺注甚富,一时名公巨卿皆按集为之序。”(第255页)

汪启淑一生游踪南来北往，见多识广，他又以江永、沈德潜等人为其业师，[①]故品味颇为上乘。

在与诸多名流的交往中，汪启淑的身份颇为多面。他是盛清时代江南著名的四大藏书家之一，其人“博收载籍，乾隆间开四库馆，以所藏善本献，与武林振绮堂汪氏相埒，赐书通德，并为东南文献世家”[②]。关于这一点，连他自己也颇有舍我其谁之感，[③]当时人编有《开万楼藏书目》。[④]

除此之外，他还是篆刻家。清人祝德麟有《汪秀峰启淑自新安至三首》，其中的第二首这样写道：

刻苦浑忘富，劳谦不有身，
印藏秦汉古，刀奏籀斯神，
诗律商前辈，谈锋压众宾，
为怜香茗句，不惜采芳频。

诗注：“君工铁笔，藏古印至三千余方。采闺秀诗，刻集成八十卷。”[⑤]前者是指他编辑《飞鸿堂印谱》，在此过程中，汪启淑亦招养食客。据《杭郡诗续辑》记载：“凡同时工铁笔者，悉重聘，延之家园，亲与参订，务合古法，亦盈万纽，汇为《飞鸿堂印谱》四十卷。”例如，“周芬字兰坡，钱塘人，学铁书，动与法合。下榻汪启淑飞鸿堂数载，临摹忘寝食，署款亦苍秀工谨，制纽别具雅驯，兼善造锦匣，装潢平正，镂砚铭最得古法，卒年七十八”[⑥]。

除了《飞鸿堂印谱》之外，汪启淑还有《飞鸿堂砚谱》《飞鸿堂墨谱》《飞鸿堂瓶谱》和《飞鸿堂鼎炉谱》等，表现出他对文房清玩的广泛兴趣。此外，

---

① （清）汪启淑：《水曹清暇录》卷3“沈德潜诗”条，第44页；卷16“花卉”条，第252页。

② 徐世昌：《晚晴簃诗汇》卷85，民国退耕堂刻本。

③ （清）汪启淑：《水曹清暇录》卷1“江浙藏书家”条：“……近时则赵谷林‘小山堂’，马秋玉‘玲珑山馆’、吴尺凫‘瓶花斋’及余家‘开万楼’。”（第15页）

④ （清）叶昌炽《藏书纪事诗》卷5“汪秀峰启淑”条补正引《杭州府志·艺文》：“《开万楼藏书目》，钱塘汪宪撰。”（上海古籍出版社，1999年，第523页）王锷、伏亚鹏点校的《藏书纪事诗》认为汪启淑又名宪，似即据此。（北京燕山出版社，1999年，第423页）但综观各传记，并无汪启淑又名“汪宪”的说法，实为误读。

⑤ （清）祝德麟：《悦亲楼诗集》卷25。

⑥ 民国《杭州府志》卷150《人物十一·艺术》引《续印人传》。

他同时还是位出版商。清人王昶在《汪秀峰〈田居杂记〉序》中指出：

汪君秀峰，以博学工诗文名江浙者五十年，著述十数种，莫不传播艺林，谢官退老，穿穴书史，标新摘异，忆生平之游历，友朋之传述，诗句之风华，刺举而诠次之。……兹书事必有据，语必有本，研神志怪，必有助于惠迪从逆之理。①

类似于《田居杂记》这样的著作，显然也是为出版而编纂。在江南各地的游历中，汪启淑广蓄姬妾。对此，清人沈善宝在《名媛诗话》中曾指出：

姑苏王绀仙（碧珠）咏《红梅》云：修竹断霞三径晓，空山香雪一枝温。同伴朱宝才（意珠）咏《黄梅》云：天寒只合藏金屋，心淡谁知托玉壶。皆能刻画。二珠为汪讱庵郎中启淑侧室。讱庵选闺阁《撷芳集》，二珠分任校雠，故所学日进。太仓胡畹芳（佩兰）亦讱庵侧室，有《国香楼诗钞》。畹芳工画兰竹，兼精声律，《寄主人》云：珍簟生凉感别愁，闲听风竹满庭秋，惟应团扇情相似，空对山楼月一钩。……②

此处提及的"二珠"，都是苏州人；而太仓人胡畹芳，也是汪启淑的侧室。此外，彭蕴璨《历代画史汇传》（清道光刻本）卷68还提及汪启淑的另一侧室："杨瑞云，字丽卿，号静娥，吴人，歙汪讱庵侍姬，居枫江，画工恽家法，能诗善书，因讱庵有印痴，篆刻颇秀润，年二十有一，卒于吴门舟中。"③这些姬妾在其出版活动中起到了重要的作用。

在汪启淑的出版活动中，他也编印过一些医书，如《医方集解》《本草备要》等，尤其是前书"文理颇通，世多读之"④。因此，他本身甚至也被后人视作医家。据民国《巩县志》卷13记载：

（曹）建福，字符五，少具用世志。……乃专力医术，初读灵素，渐泛

① （清）王昶：《春融堂集》卷37序，清嘉庆十二年（1807）塾南书舍刻本。
② （清）沈善宝：《名媛诗话》卷5，清光绪鸿雪楼刻本。
③ 曹允源：《吴县志》卷74下，民国二十二年（1933）铅印本。潘奕隽有《题汪讱庵水部亡姬杨芳卿画海棠卷》诗，见《三松堂集》（清嘉庆刻本）诗集卷9。《续印人传》卷8有《杨瑞云传》。
④ （清）吴瑭：《温病条辨》卷6《解儿难》，清嘉庆问心堂刻本。

滥河间、东垣、丹溪各家，终乃守汪讱庵之学而精研之，一时洛岸南北，赖以息黥补劓者，踵趾相接。

汪启淑的一些著作，直到19世纪末20世纪初，仍被视作“医学南针”①。其人著作中的一些观点，也仍然受到后人的批评和关注。②

① 《申报》1920年8月2日、1934年5月14日。

② 凌镜清：《正汪讱庵素灵类纂约注经脉二失》，《医药月刊》第21期，第10—12页。

祁红创始人胡元龙的商业经营及其困境

——以新发现的分家书为中心*

康　健

（安徽师范大学历史与社会学院）

摘　要：新发现的祁红鼻祖胡元龙家族分家书显示，胡元龙父子商业经营的资本来源于借贷，属于小本起家者。其父子数十年的艰苦创业历程，全景式地展现了一幅近代祁门茶商的商业经营和日常生活图景。胡元龙不仅进行茶叶经营，在祁红创制中具有重要作用，而且在商业经营过程中善于利用作为民间互助性质的会社组织进行融资，从而形成茶叶、瓷土、水碓、山林等多途并举的综合性产业结构，实现了规模化经营。因时代局限及缺乏新的商业经营机制，其商业经营最终走向衰落，未能向现代化工业生产转型。

关键词：祁门红茶　商业经营　困境　分家书　胡元龙

引　言

在近代中国社会巨变时期，徽商迎难而上，顺应市场发展潮流，在困境之中先后创立"屯绿""祁红"等新的茶叶品牌，从而为徽商的发展提供新的契机。在晚清时期徽州茶商因而大放异彩，他们走出国门，融入世界市场中，重获新生。在近代商业大潮流中，"祁红"的发展尤为值得关注，这一新

* 本文为国家社会科学基金重大项目"六百年徽商资料整理与研究"（项目编号：13&ZD088）、安徽大学徽文化传承与创新中心 2014 年度招标项目"咸同兵燹与徽州社会"的阶段性成果。

的品牌虽然创立较晚,但后来居上,成为中国出口茶叶贸易的大宗商品,成为闻名遐迩的世界品牌。然而,关于“祁红”的研究,到目前仍存在很多不足。例如关于祁红鼻祖胡元龙的商业经营,现有的研究多使用后出的民国时期的报刊资料或其后人口述回忆等二手资料进行分析,而对其家族的创业历程、商业经营实态,不仅缺乏了解,而且存在不少误区。① 这些问题出现的原因是由多种因素造成的,但不可否认的是,资料记载的缺失也是一个重要因素。

近来新发现的著名茶商胡元龙分家书的面世,为祁门红茶的研究提供了十分珍稀的资料,能在一定程度上破解谜题,推动该领域的发展。管见所及,在以往探讨近代徽商茶商的研究中,利用作为原始档案的徽州文书进行研究的成果甚为少见,②利用商业文书进行祁门茶业研究的更是凤毛麟角,③这相当程度上影响了相关研究的广度和深度。有鉴于此,笔者以新发现的胡元龙分家书为主,同时结合其他相关史料,对晚清时期著名茶商胡元龙父子的艰辛创业历程、商业经营情况及其现代化困境,作一初步考察,以澄清以往认识中的偏差,希图对推进近代徽商研究,尤其是徽州茶商研究有所裨益。不当之处,还请方家指正。

一、分家书概述

新发现的祁门红茶创始人之一胡元龙分家书共有两部:一部为《光绪十

① 相关研究可参见郑建新《徽州古茶事》,辽宁人民出版社,2004 年,第 158—159、208 页;胡益坚《胡元龙二三事》,《祁门文史》第 2 辑,祁门印刷厂,1988 年,第 22 页。

② 利用分家书研究徽商的代表性成果有《歙县芳坑江氏茶商考略》,载张海鹏、王廷元主编《徽商研究》,安徽人民出版社,1995 年。近代徽州茶商的研究,可参见王振忠《千山夕阳:王振忠论明清社会与文化》,广西师范大学出版社,2009 年;刘永华《从“排日账”看晚清徽州乡民的活动空间》,《历史研究》2014 年第 5 期;刘永华《小农家庭、土地开发与国际茶市(1838—1901)》,《近代史研究》2015 年第 4 期。

③ 目前仅见王振忠《清代祁门“安茶”之运销及相关问题研究——以新发现的徽州商编路程为中心》,《2015 台湾“中央研究院”明清研究国际学术研讨会个别组论文集》,2015 年打印本,第 1—17 页。

七年胡上祥立遗嘱章程文》,另一部为《民国五年胡元龙立分关书》。这两部分家书是2016年4月在胡元龙故里的祁门县南乡贵溪村发现的,笔者于同年7月初从胡元龙家族后人手中获赠该分家书。

贵溪位于祁门南乡,在传统徽州的区划中属于十二都,为贵溪胡氏世居之地。据成书于明代嘉靖年间的《新安名族志》记载,其始迁祖为唐末胡宅,他为避黄巢之乱迁居于此。此后枝繁叶茂,科甲蝉联,仕宦辈出,成为祁门名门望族。[①] 以往关于祁门十二都贵溪胡氏的文书也有发现,主要有《成化祁门胡氏抄契簿》[②]《祁门十二都贵溪胡氏文书》[③],现已公布的这些文书主要是关于田产、山场买卖的契约和山林经营方面的合同,但尚未见有关该宗族的商业文书,这次新发现的胡元龙家族分家书为该宗族商业文书的首次面世,其价值弥足珍贵。

《光绪十七年胡上祥立遗嘱章程文》1册,抄本,封面右侧题写"上祥"2字,封面中间写有"光绪十七年岁次辛卯正月立"文字,左侧为"遗嘱章程文义字领",内容共15页,计2600余字。主持分家的为胡上祥,参与分家的为胡元龙、胡文明兄弟,这份分家书为胡文明所阄得的"义字"阄书。《民国五年胡元龙立分关书》1册,抄本,封面右侧题写"胡元龙"3字,封面中间题有"民国五年岁次丙辰孟春月"文字,封面左侧题写"□房分关"文字,内容共13页,计2300余字。主持分家的是胡元龙,参与分家的为其长子宗熺、次子宗铎和其孙观琴。因该分家书封面右侧有文字脱落,故暂时无法知晓该分家书为何房所得。两份分家书在序言结束后有"家规章程""遗嘱条件"若干条,颇具价值。

二、商业经营

《光绪十七年胡上祥立遗嘱章程文》和《民国五年胡元龙立分关书》产生

---

① 祁门贵溪胡氏家族情况,可参见(明)戴廷明、程尚宽撰,朱万曙、何庆善等点校《新安名族志》,黄山书社,2004年,第308—309页。

② 可参阅王钰欣、周绍泉主编《徽州千年契约文书》宋元明编第5卷,花山文艺出版社,1993年,第105—136页。

③ 参见刘伯山主编《徽州文书》第2辑,广西师范大学出版社,2006年,第202—346页。

的时间虽然相隔25年,但两者之间却有密切的联系。光绪十七年(1891)的分家书中,主持分家的是胡元龙的父亲胡上祥,参与家产析分的是胡上祥的长子胡元龙和次子胡文明,那时胡元龙年富力强;而在民国五年(1916)的分家书中,胡元龙已进入暮年,成为主持分家的家长,其将产业在3个儿子之间进行分配。概而言之,两次分家之时胡元龙都是重要参与者,扮演了重要角色。

经过分家析产,胡元龙在光绪十七年(1891)以后已独立从事商业经营,到民国五年(1916)他主持儿子们分家之时,商业经营,尤其是茶叶经营已具有相当规模,家产颇丰,仅分给儿孙的各项存款就有9 601元。因此,这2件分家书集中展现了晚清时期作为著名茶商家族一员的胡元龙父子在乱世中艰难创业、最终崛起并取得成功的事迹,具有很高的学术价值。下面就胡元龙父子的商业经营情况进行论述。

(一)创业历程

从分家书内容来看,胡元龙父子的创业历程较为艰辛。光绪十七年(1891)胡上祥在分家序言中称:

> 弱冠倖入胶庠,清白传家,恒产粮无合勺,舌耕八载,累讼六年。戊申元配物故,时大女将出室,元龙年才舞勺,次女十岁,文明仅六龄耳,衣食无资,生计无术,千思万虑,求人不如求土,因此,自愿退租息讼,入山雇工种茶莉、茶子,以为养老计。①

由此可知,胡上祥出身于贫困家庭,少年时期曾入庠序之学,但因家庭贫困,被迫弃儒务农。不幸的是,此后又卷入了一场长达六年的官司。这对原本生活就并不富足的胡上祥来说,无疑是雪上加霜。而在道光戊申年(即道光二十八年,1848),其中年之时又遭丧妻之痛,儿女俱幼,衣食无措。在这种窘迫的逆境中,胡上祥深思熟虑,力图摆脱困境,于是主动在那场旷日持久的田租诉讼中做出让步,利用家乡附近丰富的山林资源,开始进山创业,开辟

---

①《光绪十七年胡上祥立遗嘱章程文》1册,抄本。

茶园,种植茶莉、茶子,从此走上艰苦的“茶叶之路”。

胡上祥走上茶叶经营之路仅数年后,便爆发太平天国战争,南方商品市场受到严重冲击,商业经营环境遭受毁灭性打击,而战火很快就波及徽州本土。正如胡上祥所言:“厥后五六年,发贼扰境,公务旁午,艰难万状,喫粗着破,深耻仰歇。”①从咸丰四年(1854)祁门县城被太平军攻陷,直到同治元年(1862)的九年间,祁门战事始终处于拉锯状态,造成大量人员伤亡、商业中断,这里成为一片废墟。在太平天国战争期间,胡上祥的长子胡元龙还曾“从戎二载”,加入对抗太平军的战斗,获得“保举把总,加六品顶戴”②的殊荣。

在咸同兵燹的战乱情况下,胡上祥和族人一同经营的土碓业也受到冲击,“因费用浩大,负债五百余金”,因胡上祥“经手大半,不能归结”,后来其族侄将“东路做成土碓二区”出顶给胡上祥经营,因此胡上祥“独立接手,二三年间,颇获五六百金”,获得一定利润。利用这些钱财,胡上祥此后又在“半山建造培桂山房”③,开辟茶园,种植茶树,进行茶叶经营。

光绪四年(1878),胡上祥与其子胡元龙,在“祁南红茶本号开创”,经营红茶生意。但光绪十二年(1886),“九江卖茶失机”,胡元龙父子经营的茶号当年损失不少,“约空二千再叫”。此后,因家族人丁繁衍,开销日益增多,背负的债务日高,胡上祥“查盘负欠,大约在五千以外”。面对这些债务,胡上祥“心神恍惚,无计可施,以至废弛公事,抱恨惭愧,自丙戌至庚寅,日在混沌之中”④。到了“丁(亥)、戊(子)两年,茶号歇业”,即光绪十三年(1887)、十四年(1888),胡元龙父子开设的茶号因资金问题,处于歇业状态。一直到光绪十七年(1891),胡上祥主持分家之时,父子二人经营的茶号仍然欠有不少债务,可知其经营可谓步履维艰。

需要说明的是,胡元龙父子在咸丰年间开辟的培桂山房茶园,制作的是传统的徽州绿茶。而在光绪年间,胡元龙因绿茶销售不旺,改制红茶,因而创立“祁红”这一新的品牌,并由此获得商业成功,红茶外销日盛。

---

①《光绪十七年胡上祥立遗嘱章程文》。

②(清)汪韵珊纂修:同治《祁门县志》卷22《选举志·荐辟武》,同治十二年(1873)刻本。

③《光绪十七年胡上祥立遗嘱章程文》。

④《光绪十七年胡上祥立遗嘱章程文》。

关于胡元龙创立“祁红”及其经营情况,《农商公报》记载:

安徽改制红茶,权舆于祁建,而祁建有红茶,实肇始于胡元龙。胡元龙为祁门南乡之贵溪人,于前清咸丰年间,即在贵溪开辟荒山五千余亩,兴植茶树。光绪元二年间,因绿茶销场不旺,特考察制造红茶之法。首先筹集资本六万元,建设日顺茶厂,改制红茶,亲往各乡教导园户,至今四十余年,孜孜不倦。①

民国时期,著名学者王兴序在调查报告中也称:

祁门南乡有园户胡仰儒(即胡元龙)者,特自制园茶,以为之倡。此为徽茶改制红茶之始。②

(二)商业规模扩大

胡上祥分家之时,虽然茶叶、瓷土、山林等行业的经营颇具规模,但一直背负不少债务。胡元龙茶叶经营获得大发展是在光绪十七年(1891)分家之后,即胡元龙独立门户以后才逐渐取得的。因为就在胡元龙分家前后,近代中国茶叶,尤其是红茶出口十分走俏,出口量大增。祁红售价不断增高,对外贸易日盛,甚至造成一贯以出产绿茶闻名于世的婺源、屯溪等地,也改做祁门红茶。光绪十六年(1890),“本届祁门茶额亦增多,因婺源、屯溪向产绿茶,难于沽利,今亦改做红茶也”③。由此可见,祁门红茶在当时是何等畅销。当时祁门红茶主要集中在九江、汉口两地销售。“祁门茶市,洋商交易向以九江一埠为集中之区,每年约有二十万生意。”④光绪十七年(1891),九江的红茶贸易十分繁荣,“各茶客办茶,不下数千百担,络绎于途,极为热闹”⑤。由九江转运汉口的红茶贸易亦极为繁盛,“九江连日到通山、祁门、武宁各山

---

①《奏请奖给安徽茶商胡元龙奖章由》,《农商公报》1916 年第 8 期,第 9 页。

② 王兴序:《安徽茶业之概况》,《安徽建设》1929 年第 5 期,第 28 页。

③《茶市情形》,《申报》1890 年 5 月 28 日。

④《皖南茶业之消长》,《安徽实业杂志》1918 年续刊第 23 期,第 5 页。

⑤《茶银银息》,《申报》1891 年 2 月 10 日。

庄红茶甚多,茶栈中随到随拣,细装成箱,陆续运往汉口”①。光绪二十年(1894),红茶出口贸易兴盛,“业茶之华商获利者多,亏耗者少。今头茶业已告竣,最获利者,江西则宁州、祁门两处”②。从中得知,祁门红茶为在对外贸易中获利最多者之一。

因为祁门红茶品质优异,原来一直从英国转口购买祁门红茶的俄商,也开始在汉口直接采办祁门红茶,这样就使祁门红茶出口量大幅增长,对外贸易更为兴盛,获利更多。对此,《申报》记载,光绪二十一年(1895),“各处山茶惟祁门、安化、桃源颇沾利益,其余各埠难有生色,甚有亏本者。……祁门茶获利之由,实因昔年俄商不办,英商办往俄地,大获其利。俄商有鉴于此,顿改前辙,采办祁门茶,价码略高于昔,此祁茶之所以获利也”③。由此可知,俄商得知英国商人从事红茶贸易大获其利,在经济利益的驱动下,俄商也从事祁门红茶经营,以图致富。正因俄商大量采办祁门红茶,致使在其他地区红茶对外贸易亏折的情况下,祁门红茶却能“一花独放”,祁门茶商由此起家者甚多。胡元龙就是其中的杰出代表。

胡元龙经营祁门红茶的成功之路,正是在上述红茶市场日益繁荣的大背景下实现的。他由此获得丰厚利润,走出以往生活拮据的困境。对此,谢恩隆等人对红茶产区的调查显示:

> 茶商经济,则以浮梁磻村之汪某,祁门闪里之陈某,历口之汪某,贵溪之胡某,建德之王某、胡某为较裕。且多自行种茶,以茶商而兼园户,烘制尤极适宜,故售价较高,而岁货赢利焉。④

谢恩隆等人通过调查,列举出了当时祁红茶区经营红茶的几位大商人,其中提到的“贵溪胡某”,就是祁红鼻祖胡元龙。

由此可见,胡元龙茶叶经营经历了由徽州传统的绿茶制造到红茶研制创新的过程。其在近代世界市场的洪流中,主动顺应市场潮流,创立祁门红

---

① 《浔阳茶市》,《申报》1891 年 5 月 13 日。
② 《茶市生色》,《申报》1894 年 6 月 24 日。
③ 《汉皋茶市》,《申报》1895 年 5 月 18 日。
④ 谢恩隆:《调查祁浮建红茶报告书》,《农商公报》1915 年第 13 期,第 2 页。

茶这一新的品牌,这正是胡元龙父子在乱世中坚韧不拔、艰苦创业的"徽骆驼"精神的集中体现,也是对"一贾不利再贾,再贾不利三贾,三贾不利犹未厌焉"①徽商精神的最佳诠释。

以往对胡元龙商业经营的研究,多关注的是其红茶经营方面,而对胡元龙其他产业的经营较少涉及。这两部分家书则提供了胡元龙父子经营瓷土、水碓等行业的详细情况。

瓷土,"其状是片形,有灰、白两种颜色,专为造瓷原料外,并可代替肥皂涤垢,和制粉笔的用"②,可见,不仅分为灰、白两种,而且还是烧制陶瓷的主要原料。祁门出产的瓷土主要以白瓷土为主。《祁门县乡土志》记载:"(祁)邑多山,矿产应富,特无科学之知识,有而不知耳。今所开采者,惟有白土一宗。"同书又载:"石灰、砖瓦各物,均取材于土石,足供境内建筑之用。所产之□土,其质甚良,为瓷器原料必需之品。"③祁门瓷土的主产区集中在东、南、西三路,④尤以东乡出产的瓷土质量最佳。对此,当时资料称:"祁门东乡瓷土,向作御窑瓷器,色白质细,性极腻密,以之制造极细杯盘、瓶樽各种玩器,无不精巧绝伦,土块入窑,一无燥裂、伤损之虑,非若他处瓷土,仅有八九收场也。"⑤从分家书内容来看,胡元龙父子经营的瓷土均集中在瓷土质量最优的祁门东乡的庄岭脚、毛查山脚、水磨一带。⑥

瓷土是烧制瓷器的重要原料,景德镇烧制瓷器,原料主要依靠祁门供应瓷土。正所谓:"瓷器虽出于江西之景德,而瓷土实出于安徽之祁门。"⑦随着瓷器市场需求的不断扩大,清代以降,景德镇对祁门瓷土的需求更加迫切,于是经营瓷土变得有利可图,祁门民众多有从事此等行业为生者。对此,同治《祁门县志》记载:"土瘠民贫,岁入无几,多取给于水碓、磁土。"⑧可见祁

---

① 光绪《祁门倪氏族谱》卷下《诰封淑人胡太淑人行状》,光绪二年(1876)刻本。
② 《江西矿产窥探》,《申报》1947 年 7 月 2 日。
③ 李家骧:《祁门县乡土地理志稿本》第 7 章《物产 · 矿物之制造物》,宣统铅印本。
④ 《窑府观光》,《申报》1946 年 10 月 11 日,第 9 版。
⑤ 《安徽祁门瓷土公司机器开采节略》,《申报》1904 年 11 月 21 日。
⑥ 《民国五年胡元龙立分关书》。
⑦ 《安徽祁门瓷土公司机器开采节略》,《申报》1904 年 11 月 21 日。
⑧ (清)汪韵珊纂修:同治《祁门县志》卷 5《舆地志 · 风俗》。

门人从事瓷土经营的所在多有。

正是在商业利益的驱使下，胡元龙父子利用祁门县东乡出产的优质瓷土进行经营。从分家书来看，早在咸丰年间，胡上祥入山种植茶园之初，其家族就开始经营瓷土业，后来其族侄要求“邀业自立”，其家族经营的瓷土业亏损，“负债五百余金”，而该业大多数是由胡上祥经手的，因亏损无法偿还债务，于是其族侄将“在东路做成土碓二区”出顶给胡上祥，由其独立经营，以维持生活。以此为契机，此后的“二三年间，颇获五六百金”，胡上祥经营瓷土取得初步成效。同治五年(1866)，“李长翁昆玉要来合伙”，于是胡上祥“义不容辞”地同意与之合伙经营，其土碓业的经营方式由独立经营转向合伙经营，由此，其经济实力不断壮大。就在其商业蒸蒸日上之时，光绪四年(1878)六月六日突发水灾，“二区碓业地，又俱无存留”，自此胡上祥“灰心名利”，此后的(瓷)土(水)碓业主要由胡元龙经营。到光绪十七年(1891)分家之时，每年瓷土、茶号的收入共有一千二百洋。① 可见，到胡上祥晚年时，瓷土业已逐渐恢复元气，获得一定利润。

从两部分家书中可以看出，胡元龙接手的(瓷)土(水)碓业获得了新的发展，其产业规模不断扩大。光绪十七年(1891)分家书中，就有其弟胡文明分得的祁门县东路庄岭脚的“自造土碓一所”。到民国五年(1916)胡元龙主持分家之时，其经营的土碓业有庄岭脚、毛查山脚、水磨源等三处产业，规模更加扩大。

除了经营瓷土业外，胡元龙父子还在东乡经营水碓业。上引资料中的“土碓”，包含瓷土、水碓两个行业。水碓是一种借水力舂米的工具，其动力器械是一个大水轮，因此水碓多位于河流沿岸。在传统徽州，水碓是民众日常生活中的重要生产工具，同时也是一种重要产业。② 徽州人从事水碓业的很多。康熙《祁门县志》记载：“自明季间见，今且鳞次矣。”③由此可见，祁门经营水碓业始于晚明，到康熙年间，水碓业的经营已十分普遍，形成一种风

---

① 《光绪十七年胡上祥立遗嘱章程文》。

② 关于水碓的研究可参见梁诸英《明清时期徽州的水碓业》，《安徽史学》2013 年第 2 期。

③ (清) 张瑗纂修：康熙《祁门县志》卷 1《水利》，康熙三十二年(1693)刻本。

气。到了同治年间，祁门民众已是一幅“多取给于水碓、磁土”[①]的图景，水碓业已成为民众日常生产生活中一种重要的产业。

胡元龙父子从事水碓业的经营，正是在水碓业成为祁门民众日常生活中重要产业的背景下出现的。从分家书来看，咸丰年间，胡上祥的族侄将“在东路做成土碓二区”中的水碓业出顶给胡上祥开始，胡上祥、胡元龙父子一直从事水碓业的经营。同治五年（1866），胡上祥、胡元龙父子开始与李长翁兄弟合伙经营水碓业，获得一定成效。后因光绪四年（1878）夏季洪水冲击，水碓、瓷土“俱无存留”[②]，胡元龙父子经营的水碓业受到重大打击。此后，胡元龙励精图治，重振水碓业，从而获得新的发展。在光绪十七年（1891）分家之时，胡元龙、胡文明兄弟各分得水碓一所，其中胡文明分得的在东路庄岭脚。[③] 也就是说，自光绪十七年（1891）胡元龙分家独立门户开始，其经营的水碓业获得了长足的发展，不仅“创立东乡（瓷）土（水）碓”，而且扩大了产业规模。到民国五年（1916）胡元龙主持分家之时，其孟、仲、季三房儿孙均分得（瓷）土（水）碓产业，孟房分得“东乡十一都九保庄岭脚（瓷）土（水）碓一所”，仲房分得“东乡毛查山脚（瓷）土（水）碓半重”，季房分得“东乡水磨源（瓷）土（水）碓一所”。[④] 由此可见，胡元龙经营的水碓业具有一定的规模。

徽州地处山区，山多田少，但蕴含丰富的木材、毛竹、药材等资源。尤其是明清时期，随着商品经济的发展，徽州山区得到进一步开发，经营山林十分有利可图，一般民众、商人、地主普遍从事山林经营，由此发家者所在多有。祁门县在徽州府中山区面积尤为广袤，山多田少的情况更为突出。明人李维桢称，祁门“岩邑也，山居十之八，水居十之二”[⑤]。嘉靖年间，祁门知县桂天祥也说：“本县山多田少，民间差役、日用，咸于山木赖焉。是一山木

---

① （清）汪韵珊纂修：同治《祁门县志》卷5《舆地志・风俗》。

② 《光绪十七年胡上祥立遗嘱章程文》。

③ 《光绪十七年胡上祥立遗嘱章程文》。

④ 《民国五年胡元龙立分关书》。

⑤ （明）李维桢：《大泌山房集》卷54下《聚源壩记》，《四库全书存目丛书》第151册，齐鲁书社，1997年。

之兴,固百计之攸属也。”①可见,山场林木生产在祁门县百姓日常生活中具有更为重要的意义。

出于“靠山吃山”的这种资源禀赋优势,早在咸丰年间,胡上祥、胡元龙父子在入山开辟荒山、种植茶园的同时,也大量栽种松杉苗木,蓄养山林,以获取日常生活之资。在光绪十七年(1891)胡上祥主持分家之时,山场中的松杉也被列入析分的产业中。为便于山场管理,保证山场收入用于正途,胡上祥规定“嗣后山中出产银钱,必交我手收存,要用来山禀领,毋得擅专”。其次子胡文明分得十二都五保苎弯塔、西山塔外、坞口东西培、横插坞口、黄荆弯横路等山场。按照诸子均分制的原则,胡上祥长子胡元龙也应该分得数量相当的山场。由此可见,从咸丰年间建造培桂山房、开辟四五千亩山场、种植茶树、兴养苗木,到光绪十七年(1891),经过数十年的积累,胡上祥、胡元龙父子经营的山场规模不断扩大,每年约有四五百洋元收入,利润颇为可观。

民国五年(1916)胡元龙在分家序言中说:“窃我幼承庭训,长就外传,嗣因家业式微,置书高阁,从父入山,讲求实业。念载间,辟蒿芟莱,兴种茶莳、竹木,颇有成绩。”②可见经过数十年的经营,胡元龙父子拥有的山林收入可观,他们用实践显示出祁门善和程氏提出的“田之所出,效近而利微,山之所产,效远而利大,……所谓日计不足、岁计有余也”③的意义,实现了山场经营的价值。

余　论

《光绪十七年胡上祥立遗嘱章程文》和《民国五年胡元龙立分关书》的发现,是祁门贵溪村祁红创始人胡元龙分家书的首次面世,引起了世人关注。这两部分家书分别成书于光绪十七年(1891)和民国五年(1916),详细记录

① (明)汪尚宁:嘉靖《徽州府志》卷8《物产》,嘉靖刻本。
② 《民国五年胡元龙立分关书》。
③ 周绍泉、赵亚光:《窦山公家议校注》卷5《山场议》,黄山书社,1993年。

咸丰初年到民国五年(1916)胡上祥、胡元龙父子两代半个多世纪的商业经营历程,全面展现胡元龙父子商业经营、家产购置、产业析分等情况;同时也是关于胡元龙父子创业、商业经营的最为直接的资料,与以往的民间调查资料、口述回忆相比,具有不可代替的价值。通过对两部分家书的分析可以看出,胡元龙父子先后开辟培桂山房山茶园,种植茶树,兴养苗木;与此同时,又经营瓷土和水碓业,多途并举,实现了多样化经营。

众所周知,徽州一直以出产绿茶闻名,但在近代,面对“千年未有之变局”的情况,伴随着西方经济势力的渗透,徽州茶商顺应世界市场发展潮流,创立“祁红”“屯绿”等新的茶叶品牌,尤其是祁门红茶,以其独一无二的品质,被称为“茶中英豪”,闻名遐迩,成为世界最为著名的品牌。胡元龙创立祁门红茶,改变了祁门县茶业经济结构,实现了绿茶、红茶两种产业并行发展。在国际红茶市场迅猛发展的影响下,祁门县境内经营红茶风气日盛,“植茶为大宗,东乡绿茶得利最厚,西乡红茶出产甚丰,皆运售浔、汉、沪港等处”①。祁门红茶主要集中西乡、南乡,“西南两乡务农者,约占十分之七,士、工、商仅占十分之三,多借茶为生活,营商远地者,除茶商而外,寥寥无几”②。经营茶叶成为祁门商人的主要生计来源。

正是在胡元龙创制红茶贸易的影响下,祁门县境内出现一些红茶贸易集散的村镇,如西乡的历口、闪里、文堂、高塘等,南乡的塔坊、贵溪、平里等。在商业利益的驱使下,原先经营绿茶、安茶贸易的商人,也改为经营红茶贸易,从而涌现出一大批经营红茶贸易的家族,如西乡桃源陈氏,以陈世英、陈烈清、陈郁斋等为代表。尤其是陈烈清,于光绪六年(1880)在西乡创立“怡丰”茶号,研制红茶,开西乡经营红茶风气之先。随着贸易的兴盛,他先后在西乡开设13家茶号,并在苏州阊门设有义成茶叶出口公司。南乡景石李氏家族,自李大榕开始一直从事绿茶、安茶的经营;祁门茶商巨擘李训典(1865—1931)的父亲李教理(1840—1902)原本也经营安茶并开设有德隆安

---

① (清)刘汝骥:《陶甓公牍》卷12《法制·祁门民情之习惯·职业趋重之点》,《官箴书集成》第10册,黄山书社,1997年,第601页。

② 李家骈:《祁门全境乡土地理调查报告》,《安徽省立第二师范学校杂志》1914第4期,第6页。

茶号，后来在胡元龙创制红茶贸易的影响下，光绪二十二年（1896）开设鼎和红茶茶号，转而从事红茶经营，后来其产业在其子李训典、李训谟、李训诰兄弟经营下，不断扩大。[①] 南乡礼屋康氏家族经营红茶贸易的也所在多有，尤以康达为代表。西乡历口，汪氏家族经营的“亿同昌”红茶号，经营的规模较大。在全县普遍经营红茶贸易的氛围下，祁门红茶的国际声誉不断提高。李训典先后担任祁门茶叶出品专员、徽属茶叶出品专员，率祁门、徽州茶叶参加南洋劝业会、巴拿马赛会、意大利都郎博览会等国际赛会并获得金质奖章，使祁门红茶、徽州绿茶誉满全球；陈郁斋开设的“忠信昌”茶号的茶叶，在1915年巴拿马万国博览会中荣获金质奖章；南乡胡云霞开设的“春馨”茶号也在1915年巴拿马万国博览会中荣获金质奖章。随着祁门红茶国际声誉的提高，其茶叶出口不断增加。1915年，汉口的祁门红茶供不应求，茶价不断增高，于是“祁浮茶得此佳音，乃纷纷赶制赴市”[②]，茶商大获其利。1916年，依据九江海关报告，祁门红茶输出114 159担，汉口输出祁门红茶72 320担，九江输出祁门红茶57 736担。[③] 即使在1917年一战尚未结束，外国茶船来华减少造成中国茶叶出口减少的情况下，祁门红茶因其品质优异，被“欧美各国公使评饮，称为贵重难得之品”，加之“新茶复参用机器，改良揉制，色泽、香味异常优美，装潢用镜面马口铁，小箱分五磅、二磅、一磅、半磅四种”，运到汉口后，“中外官商争购，作为馈送礼品，每磅售至一元”，使得在茶市疲软的情况下，“祁茶独得善举”[④]，外销畅旺。可以说，祁门商人经营红茶贸易风气的形成及其发展壮大，都与胡元龙创制红茶密切相关。

胡元龙创制红茶，带动祁门红茶贸易的发展，赢得了很高的社会声望。晚清政府为参加南洋劝业会，要求全国各地举办各种物产会，挑选优质产品，为参加南洋劝业会做准备。在这次物产会中，胡元龙研制的祁门红茶获得三等铜牌的佳绩。[⑤] 正是凭借在改制红茶中的卓越成就，胡元龙获得北洋

---

① 《李训典行状》1册，抄本。

② 《今年之茶市》，《申报》1915年7月28日。

③ 日本东亚同文会：《支那省别全志》第12卷《安徽省》，第489页。

④ 《汉口茶市之近况》，《申报》1917年5月30日。

⑤ 相关内容参见（清）刘汝骥《陶甓公牍》卷1《示谕》，《官箴书集成》第10册，第471页。

政府农商部颁发的一等奖章。① 民国初年,胡元龙成功当选祁门"茶业商董",②为维护徽州茶商利益、促进徽州茶业做出了贡献。胡元龙在商海中闯荡成功后,也积极投入家乡的文教事业。1905年创立的祁门梅南高等小学,胡元龙出资尤多,并报准官府附征茶厘,按每元三厘,由学校向其茶号征收使用,使梅南小学的教育经费有了可靠的保障,极大地推动了教育事业的发展。胡元龙的义举,受到了清政府的奖赏,他获得了"诔议大夫领四品同知衔晋封三代"的殊荣。胡元龙墓碑云:"祁山贵水,毓秀钟灵。惟吾曾祖,闾邑之英。通文达武,青史标名。性行方正,梓里怀情。红茶白土,世界蜚声。禁烟戒赌,垂训后生。垦荒办学,造福梅城。敬宗思远,勒石为铭。"③该碑文不仅提到胡元龙经营的茶叶、瓷土、山林等领域,还涉及胡元龙通过禁烟戒赌改良社会风气及捐资办学的举措,可称得上是对其一生事业最恰当的评价。胡元龙分家书真实反映了其商业经营实态,其商业经营虽然一度取得成功,但商业资本规模并不大,并非富甲一方的商业巨贾,甚至其晚年也背负着不少债务,这些实际的经济情况在以往的研究中是缺乏的,这也与胡元龙至高的社会声誉形成强烈的反差。

值得注意的是,胡元龙虽然首创祁红新的品牌,商业经营也曾取得成功,但其晚年商业经营却陷入困境,未能向现代化工业的器械化大生产过渡,没有完成现代化转型,而是很快衰落下去。胡元龙商业衰败是多种因素综合作用的结果。首先,胡元龙采取的仍然是传统的经营方式,经营理念也较为落后,这是造成其晚年商业陷入困境的重要因素。关于近代中国茶商

---

① 《咨送茶商胡元龙奖章并证明书请转饬具领并缴纳公费》,《中华全国商会联合会会报》1916年第7期,第3页。全文如下:"为咨行事,前准咨陈,据祁门县知事详称:茶商胡元龙改制红茶,成绩卓著,请予奖励等情。当经本部奏请,奖给一等奖章。二月二十三日奉批令,准如所拟给奖,此令等因,奉此相应填具证明书一纸,连同奖章一座,咨请贵巡按使查照,转饬具领,并照奖章规则第九条缴纳公费,按季汇解。此咨。"

② 《派兵保护茶商》,《申报》1915年5月11日。全文如下:"皖属祁门县知事据茶业商董胡元龙等禀称,每届新茶上市,均派有兵队驻防,以资保卫。近年匪徒不靖,较昔尤甚,现闻皖南镇守使署副官蒋奎英率队驻防屯溪,拟恳详请就近拨派兵队到祁保护等情,当即转详巡按使现奉韩使核准,函致鲍镇守使转饬蒋副官,就近派队往祁保护,俾安商业。"

③ 2017年2月11日,笔者和徽州博物馆馆长陈琪先生在胡元龙第五代孙的带领下,去胡元龙墓园抄录此碑文。

自身局限，陈慈玉教授指出："茶商本身之资本、经营形态无法脱离前近代性的色彩，故划定了其向近代性发展之限界。"①胡元龙的这种困境并非个别现象，而是当时中国茶商中普遍存在的问题。其次，晚清时期，中国茶叶经营不仅受制于国际市场，传统观念的束缚也较大，不具备现代化工业生产的条件亦是重要因素之一。中国茶业现代化机器大生产肇始于1915年农商部在祁门县成立的安徽模范种茶厂。这是中国最早的茶叶机构。但直到20世纪30年代，在民国政府掀起中国茶业复兴的浪潮中，该机构改组为祁门茶业改良场，成为全国茶业改良的典范，此后茶业改良才逐渐在全国推广，中国茶叶生产中的机器大生产才在全国全面展开。

---

① 陈慈玉：《近代中国茶业之发展》，中国人民大学出版社，2013年，第321页。

《万铨布号盘簿》辨析*

马勇虎
（黄山学院马克思主义学院）

摘　要：《万铨布号盘簿》的题名系两次整理的结果。从立簿时间和记账方式来看，将该册账簿定性为盘簿似不准确。通过对账簿内容的具体分析可以看出，该账簿系万铨布号股东对布号的钱、财进行清算并处理其债权、债务的财务清算报告。据此，该册账簿的题目以“清晰事产簿”较为合适。

关键词：万铨布号　盘簿　清晰事产簿

《万铨布号盘簿》1册，原件收藏于安徽省档案馆。① 账簿纵29厘米，横22.5厘米，简子页，共14页28面。封面写有“寿”“禹”二字，封底粘贴有屯溪古籍书店“古旧书刊简目”，内容为：光绪阄分货物案，1册，1.00（元）。据“简目”内容，该账簿似为20世纪50年代的屯溪古籍书店所收购，在进行了初步的整理并拟出“光绪阄分货物案”题名后，流入古旧书刊市场，最终为安徽省档案馆收藏。显然，账簿名称“万铨布号盘簿”应是安徽省档案馆研究人员在对账簿进行第二次整理之后重新拟定的名称。账簿题名不仅增加了万铨布号的商号名称，还对账簿的类别和属性进行了认定，认为该账簿是光绪二年（1876）万铨布店收支总计和盘库账簿。在严桂夫、王国健所著《徽州文书档案》一书中，甚至将《万铨布号盘簿》作为典型盘

* 本文系国家社科基金项目“商业账簿与近代徽商经营实态研究”（项目编号：14BZS108）的中期成果之一。

① 安徽省档案馆藏，档案号：46.158.1。

底账簿进行了介绍。①

由上可知,前后两次的账簿整理,对账簿名称与账簿属性得出了两种截然不同的看法。到底哪种看法更为准确呢?

从上述账簿内容来看,将万铨布号账簿认定为盘簿,恐与账簿第1—8页登载的内容有关。在第1—8页中,所登信息均为商品名称、数量、单价和总价等信息,例如二八天青孙贡缎,共余存货7尺5寸,每尺单价5钱,合计3两7钱5分;再如二八元青福素缎,共余存货1匹,每尺单价1钱3分5厘,合计13两5钱。这些内容与盘存账簿的盘货记录格式颇为相似,故而安徽省档案馆可能据此认定万铨布号账簿为盘存货物的盘簿。

但是,仅仅依据上述所记内容,能否判断万铨布号账簿一定就是"盘簿"呢?所谓盘簿,又称盘底账簿、盘库账簿,是商号月底或年终盘点或因其他缘故,如托店、分红等清点库存货物、结算盈亏的登记簿册。② 即便按照这一概念界定,盘簿的立簿时间应该是月底或年终,而万铨布号账簿的立簿时间为光绪丙子年四月初十日。毫无疑问,四月初十日既非月底,更不是年终盘点的时间,因此从立簿时间来看,恐难以确定该账簿为盘存货物的盘簿。

其实,商号在正常盘存的情况下,记录盘存货物的盘簿都有一定的书写格式。盘存账簿不仅在封面上明确标识为盘存账簿,还会在账簿的第1页详细记录盘存货物的时间、货物的大类以及具体商品的名称、尺寸、单价和总价,最后是本类货物合计总额。例如,咸丰年间志成布号所遗盘存账簿多达3册,分别是《志成号咸丰式年壬子正月吉立盘存各货总录》《志成号咸丰五年乙卯正月吉立盘存各货总录》和《志成号咸丰九年己未岁次新正月立叁号盘存货簿》等。这些账簿,在其首页均写有明确的盘存货物时间,如咸丰二年盘存账簿的第1页第1行,就记有"新正初四日盘货总录""壬子盘辛亥",较为清晰地表明盘存时间为正月初四日,盘存的货物系上年即辛亥年销售的余货。此后则按照色缎、色洋绸、袍套料、土布等商品大类,对余存货物进行清点盘查,最后总计余存货物的总额(见图1、2)。

---

① 严桂夫、王国健:《徽州文书档案》,安徽人民出版社,2005年,第301—302页。

② 严桂夫、王国健:《徽州文书档案》,第301页。

图 1 《志成号咸丰式年壬子正月吉立盘存各货总录》之一

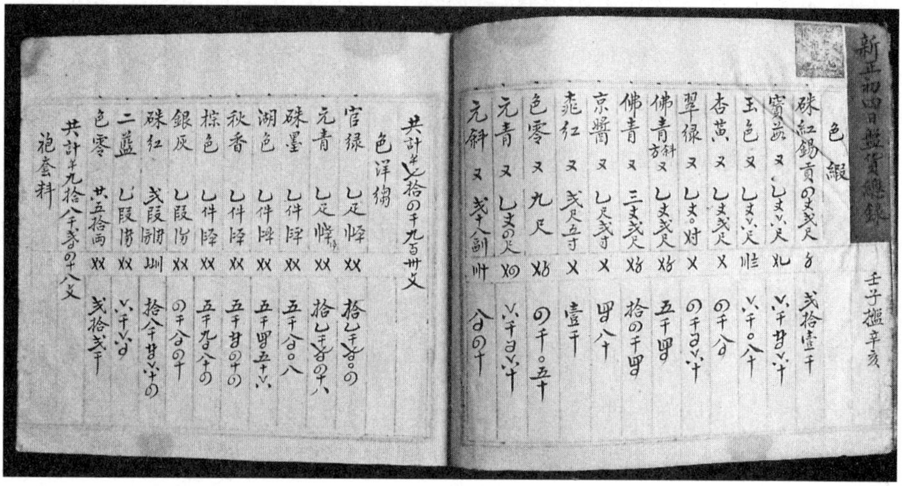

图 2 《志成号咸丰式年壬子正月吉立盘存各货总录》之二

尤其是，正常经营的商号，其盘簿还有连贯性的特点，如咸丰二年盘存账簿不仅记录了本年对上年度（即辛亥年，咸丰元年）的盘存，还记录了咸丰三、四年分别对其上一年度余货的盘存情况，持续记录了 3 年时间；咸丰五年的盘存账簿则记录了咸丰五、六、七、八年分别对上一年度的盘存情况，持续时间达 4 年；而咸丰九年盘存账簿记录的是九、十、十一年 3 个年度的盘存，持续时间 3 年。对照志成布号盘存账簿可以看出，万铨布号账簿不是月底或年终盘点的盘簿。

其次，从万铨布号账簿的内容来看，该账簿也不是商号分红时所立的盘簿。商号在分红时，多以盘单送交股东，报告年度经营情况以及利润分配等事宜。盘单又称结册，为商业账簿类型之一，因其多用红色纸张书写，故而也称红单、红账、红册。① 揆诸遗存盘单账簿，均有一定书写格式，如安徽大学徽学研究中心“伯山书屋”所藏盘单，在其首行题有“盘单”二字，或者在盘单的最后一行写有明确的“盘”存时间。例如，光绪二十七年同顺洋货布号的盘单（见图3、4），其首行题有“盘单”二字，其后详细开列存货、开支、余存

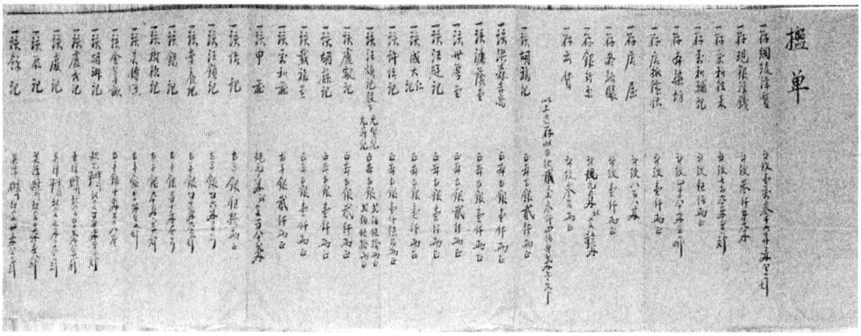

图3　同顺洋货号盘单之一

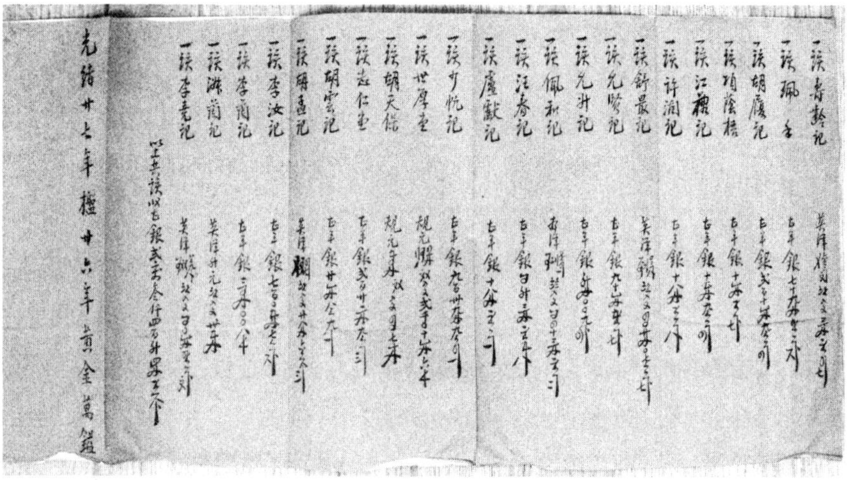

图4　同顺洋货号盘单之二

① 郭道扬：《会计发展史纲》，中央广播电视大学出版社，1984年，第362页。

等内容,在最后一行写有“光绪二十七年盘二十六年”等字样,以说明盘单所立时间为光绪二十七年,盘单所记内容为光绪二十六年经营情况。经过比对,可以看出,万铨布号账簿并不是分红时所立的盘簿。

总之,万铨布号账簿既不是盘存账簿,也不是盘单账簿。综合其内容来看,它实际上是万铨布号股东对布号的钱、财进行清算并处理其债权、债务的财务清算报告。之所以认定其为财务清算报告,理由有三。

第一,股东退股是万铨布号进行财务清算的主要原因。据文字记录可以看出,万铨布号的股东有 4 位,分别是吴辑记、胡振记、胡禹记和韩宝记。其中,胡振记、胡禹记各出“正本纹陆佰两正”,吴辑记“正本纹肆佰五拾两九钱六分二”,韩宝记“正本纹陆拾九两八钱正”,合计总资本为 1 720.762 两。不难看出,万铨布号为 4 位股东合伙经营的商号。但是,光绪二年,万铨布号的股东出现变动,“今胡振记、韩宝记两姓出股”,退出了布号经营,改由吴辑记、胡禹记两家股东“接开”,继续经营。胡振记、韩宝记退股撤资的原因不明,然而文中字里行间似乎也透露出若干信息:

振记　令剐过支　交出纹一百四十两正。

六股半分派,每股得文[纹]贰拾壹两五钱叁分二。

上述 140 两纹银应是吴辑记、胡禹记等股东勒令胡振记交出的,然后由股东按照“六股半”比例进行分配。“令”“剐”“交出”口气之严厉,说明胡振记可能存在私藏这笔钱财的嫌疑,故而引起了其他股东的不满。正因为股东之间存在矛盾,无法继续合伙经营,因此需要对万铨布号的利润、货物、财产等进行清理、核算,以便将这些财物按照股份分割给 4 位股东。这也可以解释账簿的立簿时间是四月初十,而不是商号正常的盘点时间,如年底或年初正月。

第二,股本的清算以及本金退还股东,是万铨布号进行财产清算的重要证据。股金的清算、清退,从账簿记载的程序看,分为 2 个步骤。第 1 步是计算出万铨布号经营期间曾经支付给 4 位股东的货款及现金,账目记载:

付辑记用过货并现洋银钱,共纹陆拾九两一钱五分三。

付振记仝,共纹五拾壹两八钱五分一。

付禹记仝,共纹叁拾六两叁钱六分三。

付宝记仝,共纹壹两一钱叁分九。

上述款项系4位股东在万铨布号的开支,因此必须从股东投资布号的资本金中扣除。第2步,在各位股东原始资本金的基础上,扣除上述开支的货款现金,最后得出各位股东应得余额,如账簿记载:

一、辑记正本纹肆佰五拾两九钱六分二,除上用过文[纹],仍实文[纹]三百八十一两八钱九厘。

一、振记正本纹陆佰两正,仍实纹五百四十八两一钱四分九。

一、禹记正本纹陆佰两正,仍实纹五百六十两六钱三分七(厘)。

一、宝记正本纹陆拾九两八钱正,仍实纹六十八两六钱六分一。

至此,4位股东的股本及开支全部清算、清退完毕,这一过程十分具体地反映了万铨布号进行了资产清算和处理。

第三,余存棉布商品的阄分,是万铨布号财物清算、处理的又一重要证据。由于万铨布号财务清算的时间为"光绪丙子年(1876)四月初十日",因此清算的对象应是光绪二年四月十日之前商业经营中所形成的债权、债务。从清算报告可以看出,截至四月十日为止,万铨布号仍余存一定数量的棉布绸缎等商品,"存现货纹二千二百叁拾壹两叁钱九分七",当是该批余存商品的总值。既然进行财物清算,这笔余存商品自然也在清算之列。因此,4位股东按照股份大小比例,将这批余存商品分割为4份进行了阄分,阄分情况如下:

振记得福字货纹陆百捌拾七两九分半。

辑记得禄字阄货纹陆百捌拾捌两六钱七分六厘。

禹记得寿字阄货纹陆百捌拾七两九钱八分半。

宝记得喜字阄货纹壹百陆拾七两六钱四分壹厘。

4位股东分到的货物总值共计2 231两3钱9分7厘,与上述"存现货纹"金额一致,说明余存商品完成了清算并被分配处理。从中还可以看出,胡禹记在阄分中抽到了"寿"字阄,货值687两9钱8分5厘。而第1—8页所列商品及其总值,“共计货纹陆佰捌拾七两九钱八分五”,二者金额一致,因此这些棉布绸缎实际上就是胡禹记阄分所得的商品。结合前文所述,簿面上写有“寿”“禹”二字,基本可以确定该册清算报告系胡禹记所持有的文书档案。从一般惯例来看,万铨布号财务清算报告应按照福、禄、寿、喜顺序抄录4份,分别送交胡振记、胡禹记、吴辑记和韩宝记4位股东手执。

基于上述的分析,笔者认为,《万铨布号盘簿》应改为“万铨布号清晰事产簿”较为适合。

近代徽州茶商的同业组织及劳资关系处理*

张小坡

（安徽大学徽学研究中心）

摘　要： 近代徽州茶商的同业组织主要分布在茶叶的生产地徽州和销售地上海，徽州境内的茶商同业组织不断演变并构筑起覆盖主要茶产地的组织网络。上海星江敦梓堂茶业公所则是茶商、茶栈工头、茶工的联合体，主要围绕茶工公共利益和调解三方矛盾举办事务。近代徽州茶商同业组织在成立初期实行董事制，其后改为委员制，强调民主决策、集体管理、监督限权。1926 年发生的星江敦梓堂茶业公所章程修正案和茶工要求增加工资案是当时中国众多劳资纠纷中比较典型的案例，由于劳资双方来自徽州，具有乡谊关系，在纠纷处理过程中，双方更多地依赖同业和同乡组织居中调处。

关键词： 徽州　茶商　同业组织　劳资纠纷

同业组织是明清以来在同一区域经营的工商同业者的团体，被称为公所，亦有被称为会馆者。① 明清时期的徽商以经营人数之众、经营行业之广

---

* 本文为国家社会科学基金重大招标项目“明清以来徽州会馆文献整理与研究”（项目编号：14ZDB034）的阶段性成果。

① 学界对同业组织给予了一定关注，早在 20 世纪 20 年代，郑鸿笙就撰文考察了公所的性质、组织机构以及公会的性质、设立、事务和特别法等问题（郑鸿笙：《中国工商业公会及会馆、公所制度概论》，《国闻周报》第 2 卷第 19 期，1925 年 5 月 18 日）。李森堡则对同业公会的渊源、组织制度、同业公会与政府的关系等问题进行了深入探讨（李森堡：《同业公会研究》，青年书店，1947 年）。吴慧在《会馆、公所、行会：清代商人组织演变述要》（《中国经济史研究》1999 年第 3 期）一文中梳理了清代商人组织的演变轨迹。宋钻友的《从会馆、（转下页）

而闻名于世，为密切联系、加强交流，徽商在徽州人聚集较多的地方牵头成立了以地缘关系为结合点的会馆。与数量可观的会馆相比，以业缘关系为纽带的徽商同业公所则为数甚少，这主要是因为徽商同业公所兼具同乡与同业的色彩；同一地区经营同一行业的徽商人数足够多，他们才会考虑成立面向同乡的同业公所。在绝大多数地方，徽商选择与来自其他地区的同业者共同设立公所，而当地的徽州会馆也在一定程度上起到了联合徽商同行的作用。

商人联合设立同业组织的目的是为了谋求工商发展，开展同业救助，维护同行商业利益，增强市场竞争力，镇压工匠反抗等。由于现存史料的制约，我们对商业史的研究往往是从商人语境出发，而忽略了为商人所雇用的人员。其实无论是行商还是坐贾，抑或手工业作坊主，都离不开学徒、店员、工匠之类的伙计，特别是随着近代手工业、工业、商业的发展，工人/雇员与资方/雇主已成为中国社会网络中最为基本的人际关系和生产关系。由于双方地位的不对等，劳资之间的关系充满了张力。1920 年代初，各地的民众运动风起云涌，劳资纠纷问题愈演愈烈，全国各地的工人为反对劳动条件恶化、工时延长、工资被克扣所发起的罢工运动此起彼伏。

对于从大山深处走出来的徽州人来说，劳资关系更显复杂。徽州人长到十三四岁，如果不读书，就会考虑外出寻找生计，有家人或亲戚在外地经

(接上页)公所到同业公会的制度变迁——兼论政府与同业组织现代化的关系》(《档案与史学》2001 年第 3 期)一文探讨了从会馆、公所到同业公会的制度变迁。朱英在《近代中国同业公会的传统特色》(《华中师范大学学报》[人文社会科学版]2004 年第 3 期)一文中指出，同业公会虽属近代新型工商同业组织，但也保留着某些旧式行会的特色，突出表现在继续采取与行会类似的维护同业垄断利益的非常举措，对官府也同样存在着较强的依赖性，常常借助官府的权威达到保护本业和限制他业发展的目的。彭南生《近代中国行会到同业公会的制度变迁历程及其方式》(《华中师范大学学报》[人文社会科学版]2004 年第 3 期)一文考察了近代中国行会到同业公会的制度变迁历程及其方式，认为近代中国行会到同业公会的制度变迁是内力与外力相结合的产物，是自上而下的强制性变迁与自下而上的内在性变迁两种方式交织的结果。此外，魏文亨对近代工商同业公会的研究成果进行了详细的回顾，并对未来研究取向作出展望，参见魏文亨《近代工商同业公会研究之现状与展望》(《近代史研究》2003 年第 2 期)、《回归行业与市场：近代工商同业公会研究的新进展》(《中国经济史研究》2013 年第 4 期)。

商者会径直被带入店铺中,或者托熟悉的人介绍到同乡商号,从学徒做起,一路曲折上升或自谋发展。徽商与伙计来自同一个地方,往往掺杂着亲情或乡情关系,出现店铺经营人员乡土化的现象。胡适先生在口述自传中曾提及家乡人外出务工的情形:“我们徽州人通常在十一、二、三岁时便到城市里去学做生意。最初多半是在自家长辈或亲戚的店铺里当学徒。在历时三年的学徒期间,他们是没有薪金的;其后则稍有报酬。直至学徒[和实习]期满,至二十一、二岁时,他们可以享有带薪婚假三个月,还乡结婚。婚假期满,他们又只身返回原来店铺,继续经商。”①近代开埠之后,上海成为对外贸易中心,越来越多的徽州人聚集到上海经商、做工、求学等,其中墨作业、菜馆业、茶栈业等行业为徽州人所经营,雇用的工人也多来自徽州,有数万之众。这些行业的劳动条件恶劣,工人待遇低,所获薪金不足以维持生计。为争取最基本的权益,徽州工人先后发动数次抗争,对笼罩着亲情或乡情面纱的徽州劳资双方而言,如何解决纠纷颇费思量,值得后来者探讨。

本文使用报刊、档案资料,拟对近代徽州茶商同业组织的演变进行梳理,考察其组织架构,重点分析星江敦梓堂茶业公所章程修正案及制茶工人要求加资事件,以期了解旅外徽州人劳资纠纷的调解机制及其特征。

一、近代徽州茶商组织的演变及治理架构

徽州以茶为特产,“吾徽物产之丰富,首推茶叶一项,以其土脉厚而培制良,故内而推销全国,外而普遍重洋,莫不收誉以归,为世称重”②。所产之茶除祁门红茶外,皆为绿茶,其中婺源茶的种植面积及产量居于徽州府首位,茶叶的品质亦最佳,绝大部分用来加工洋庄出口,在国内销售极少。③ 徽州

---

① 胡适英文口述、唐德刚译注:《胡适口述自传》第一章《故乡和家庭·徽州人》,欧阳哲生编:《胡适文集 1》,北京大学出版社,1998 年,第 178 页。

② 上海程裕新号赠品《茶叶分类品目》,此材料复印件由《安徽大学学报》编辑部张朝胜老师惠赐,谨致谢忱。

③ 朱美予编著:《中国茶叶》,中华书局,1937 年,第 60 页;安徽省立茶业改良场编:《皖浙新安江流域之茶业》,上海大文印刷所,1934 年,第 3 页。

茶出口的历史较早,在18世纪以后广州一口通商时代,就南下外销。1843年五口通商后,上海逐渐取代广州的茶叶出口重镇地位,成为茶叶贸易中心,徽州茶因地利之便悉数转道上海,进入外贸的黄金期。清末民初的10余年内,设在屯溪的茶号有百余家,制茶数额最多时达21万余箱,按照当时通行的装箱重量,每箱以50斤计,则有1 000万余斤。徽州茶大部分销往西欧各国,以英国、法国、意大利销路最大。

围绕茶叶的加工、运输、销售等环节,徽州茶商在茶产地和出口地设立了同业组织。由于洋商借口货样不合或茶叶受潮而肆意压低价格,徽州茶商为减轻盘剥、满足国外消费者的需求,在上海设立了茶栈,大量招收徽州茶工进行茶叶改制,"当最初时期,茶叶出口,多先在产茶当地经烘制之手续,后出口茶商渐觉有在上海设厂制茶之必要,盖如此则制成之茶,比较的合于外人心理,利于推销也。此种尝试,不久即著成效,于是效尤者接踵而起,一时制茶者不下三四十家,谓之土庄茶栈"①。徽州茶工又以婺源人为最,1927年《申报》的一份报道就反映了这方面的信息:"婺邑素以产茶、制茶著称,故凡有制茶号均须婺茶司指导。沪上土庄茶栈出店,婺人尤夥,俨然自成专业。前岁土庄最盛之时,婺茶工在沪人数不下四五千人。"②为联乡情睦乡谊,咸丰元年(1851),婺源旅沪制茶工头筹募资金设立了星江敦梓堂茶业公所。公所成立之初,发展颇为曲折,房屋屡次被同乡盗卖。光绪八年(1882),新盛恒栈主董万林、许攸等人邀集在沪婺源茶商捐资购地,在城内花草浜重立敦梓堂,命名为星江公所,公举董事办理堂务,并将多余房屋出赁以收取租金,另向茶栈征收炒茶锅捐以弥补经费的不足。在众人的努力下,星江公所获得经费保障,规模初具。公所董事为了避免重蹈以往屡兴屡败的命运,于光绪十一年(1885)禀请上海县署及公廨立案,严禁盗卖并勒石公布。③ 1929年6月11日,星江茶业公所在上海市社会局申请备案。1937年8月13日,淞沪会战爆发,激战数月后,上海沦陷,星江茶业公所平静的发

① 《上海茶栈事业之调查》,《商业月报》第14卷第2号,1934年。
② 《制茶工人大批赴沪》,《申报》1927年6月27日。
③ 《星江敦梓堂征信录·星江茶业公所敦梓堂略历》,民国十五年(1926)刊,转引自彭泽益主编《中国工商行会史料集》(下册),中华书局,1995年,第850—851页。

展进程被打破，公所各负责人与婺源同乡先后返回故土避难，堂务陷入停顿。1945年抗战胜利后，婺源同乡及公所负责人陆续回到上海，婺源茶商朱占鳌等人数度整理堂务并会同公所原有负责人发起恢复星江敦梓堂组织，举办各种善举，使同乡无失屏障。①

徽州境内设立茶商同业组织的时间稍晚。光绪二十二年(1896)，两江总督刘坤一鉴于屯溪为皖南茶市中心，饬令组织茶商团体以负责茶业的调查、统计，茶商洪其相、李荔轩等人奉命发起屯溪茶业公所，常年经费从出口箱茶每引抽捐3分充之。光绪二十四年，祁门茶商创立茶业公所。宣统年间，婺源茶业公所和歙县茶业公所相继成立。民国元年(1912)，茶商吴永柏、俞燮等认为屯溪为徽茶总汇之区，婺源、歙县、祁门等地已有茶商分会之设，便将屯溪茶业公所改组为徽州茶务总会，并设分会于婺源、歙县、祁门3处。1931年，依照中华民国工商同业公会法第十五条的规定，徽州茶务总会被改组为休宁县茶业同业公会，事务所仍设在屯溪，从出口箱茶每箱抽取2分作为常年经费，洪朗霄被推选为主席，1933年改选汪秋圃为主席。② 歙县茶业公所亦于1931年被改组为歙县茶业同业公会，设于城内三脚牌楼，主席为洪敬时，成立之初，公会影响力有限，办事范围仅辐射到渔梁，深渡等地茶商发生纠纷时，仍由商会解决。③ 1932年，祁门茶业公所改组为祁门县茶业同业公会，设在县城内，会员以茶号为单位，至1934年，会员达到198名。④

在治理架构上，屯溪茶业公所和徽州茶务总会均采用董事制，组成人员分为普通会员、会董、总理和协理3类。普通会员无定额，由屯溪各茶栈、茶号经理担任，没有任期要求，享有选举会董及被选为会董、总协理权以及条陈请议权、旁听会议权。会董由普通会员投票选举产生，享有选举总协理及被选为总协理权以及会议表决权、调查茶务权。总理、协理由会董投票选举，若人员从会董中选出，所缺会董名额从选举会董时得票次多者补选。总理得到协理的同意，可聘请坐办及任用书记、会计、司员，享有执行议决事务

① 《星江敦梓堂》，上海市档案馆藏，档案号：Q6－9－85。

② 傅宏镇：《皖浙新安江流域之茶业》，《国际贸易导报》第6卷第7号，1934年。

③ 《安徽歙县之茶叶》，《工商半月刊》第7卷第12号，1936年。

④ 金陵大学农学院农业经济系编：《祁门红茶之生产制造及运销》，1936年，第42—43页。

之权和管理财政之权。协理的主要职责是辅佐总理执行议决事务、管理财政及总理有事缺席时代理其职务,在征得总理同意后,也可聘请坐办及任用书记、会计、司员。会董及总理、协理任期均以1年为限,任满改选时仍被选举者可以连任,但不得连任3次。①

1912年2月10日,徽州茶务总会在屯溪召开成立大会,与会人员投票选举汪锡爵、孙熙义、程崇烈等14人为会董,新当选会董投票选举吴永栢为总理,汪智炜、李应庚为协理。继而由总理、协理聘请事务所坐办、书记、会计、司走、司厨、驻沪办事员、书记兼翻译等各1人。从徽州茶务总会简章可知,该会宗旨是设法整顿推广徽州茶业,负有帮办或承办徽州茶税的义务以及随时呈报地方行政机构茶务咨询的义务。总会与各分会通洽一气,及时沟通茶务利弊及各种事件。徽州茶务总会每年的会议分为3种,特会在农历二月、十二月召开,开会前半月由事务所刊发传单邀请参会人员;常会从农历四月至八月每个星期日举行;临时会无定期,遇有特别事件需议决时,由总协理临时决定,先期发传单邀集。开特会时,全体普通会员均须参加;开常会时,参会的会董过半数即可,会议结束后,所有议决事件均由书记整理公布。徽州茶务总会的经费收入分为2类,一类为原屯溪茶业公所结余费用,另一类为屯溪各茶栈承担的公益捐。经费支出主要为事务所坐办、书记、会计、驻沪办事员等人员的薪水以及伙食、各项杂支。为管理经费,该会实行预算决算案,预算案征得全体会董过半数同意,于每年开第一次特会时议决施行;年终开第二次特会时,总协理将收支数目开列清单并提请议决后作为决算案。每年收支结余钱款由总协理邀集会董共同决定存储生息。凡会内往来文牍及经费收支簿册由会计和书记保存登记,调查员者每月检查1次。②

1931年徽州茶务总会被改组为休宁县茶业同业公会时,其治理架构也相应地发生变化,由董事制改为委员制,组成人员分为会员、执行委员和监察委员、常务委员、主席。凡在休宁县境内开设茶号者均为该会会员,会员代表由茶号推选经理及年满25岁以上者1至2人充任,会员代表有表决权、

① 范和钧:《屯溪茶业调查》,《国际贸易导报》第9卷第4号,1937年。
②《徽州茶务总会成立纪事并会章》,抄本,国家图书馆藏。

建议权、选举权及被选举权，在会员代表大会上用无记名连选法选举执行委员 15 人、候补执行委员 7 人，监察委员 7 人、候补监察委员 3 人，监察委员监督会内账目、产业及执行委员的办理事项。再由执行委员互选常务委员 5 人，然后从常务委员中选举 1 人为主席，全面负责会务。此外聘任文牍、书记、会计兼庶务、收捐员及帮办收捐员各 1 人办理公会日常事务。休宁县茶业同业公会的宗旨是维护同业利益，处理同业纠纷，发展对外贸易，办理事项如下："筹议本业之改良及发展事项；关于本业利害关系，建议于中央或地方行政官署事项；关于本业之调处及公断事项；关于业务之征询及通报事项；关于本业之统计之调查编纂事项；得设茶业学校但须呈报主管官署核准。"①同业公会比较重要的会议有：会员大会每年开会 1 次，在新茶上市时举行；执行委员会每月 1 次，在月末召开；常务委员会每月 3 次，分别于 1 日、11 日、21 日召开，如遇到特别事故，由执行委员会召集临时会议。会员大会的决议要有过半数会员代表出席，出席代表中过半数同意才能实行，如果出席代表未过半数，决议暂时搁置，将其结果通告各代表，在 2 个星期内重新召集会员大会，对决议进行表决，得到过半数的出席代表同意方能通过。②

祁门县茶业同业公会也采用委员制，由会员大会选举执行委员 39 人，再由执行委员互选常务委员 7 人，最后从常务委员中推选 1 人为主席，综理会务。又设监察委员 11 人，亦由会员大会选举产生，监察会产及一切会务。同业公会的职责为对外代表茶商交涉问题、转达上海商情、调解同业争执等，对茶叶的加工、运销等事项则无暇顾及，只是在茶季前召开会议 1 次，并翻印农商部奖状发给各茶号。同业公会的经费收入按茶叶数额抽取，出口红茶每箱 4 分，其他各色茶叶每百斤 8 分，每年经费有千余元。③

上海星江茶业公所敦梓堂初期实行董事会制，后改为执监委员会制，1935 年改组为理监事委员会制。1926 年，敦梓堂议决，由全体作头公举总董

---

① 《休宁县茶业同业公会章程》，此份材料复印件承歙县党史地志办公室主任邵宝振惠赐，谨致谢忱。

② 建设委员会经济调查所统计课编：《中国经济志》（安徽省歙县、休宁），1936 年，第 47 页。

③ 金陵大学农学院农业经济系编：《祁门红茶之生产制造及运销》，1936 年，第 42—43 页；《安徽省立茶业改良场祁门县茶业调查报告（续）》，《建设周刊》1933 年第 51 期，第 4 页。

1人、议董2人,总董由全体作头大会公举殷实商家担任,议董则由全体作头互相推举,结果选出总董胡靖畇,议董叶际康、程润庭。总董有保管财产、处理堂务之权,负责办理公所内外事宜,未经全体作头大会通过,不得自由交卸职权。议董协助总董处理堂内一切事务。敦梓堂遇有事故,由总董办理,特别事故由司事报告总董,召集全体大会公决。每年二月初十起至十四日止,议董派人入堂,清理全年账目,并于十五日召开全体大会,恭读朱文公圣诞文,公开核算全年账目,当晚设筵庆贺,不是作头以及未代收火锅捐者不得入席。①

1947年,星江敦梓堂章程规定,由全体会员组织会员大会作为敦梓堂的最高权力机关,开会时以会员十分之六以上出席者为规定人数,会员大会议决预算、决算及其他重要事项。会员资格有一定要求:"凡婺源旅沪制茶领班人员品行端正,表同情于本堂者,经会员二人介绍,缴纳常年会费,皆得为本堂会员(会费以会员之工作栈内制茶机器多寡计算,每部每年征收法币二万元,如无任职者,得免缴费)。"凡会员有不轨行为或有违反敦梓堂规则者,经监事委员会审查属实,提交会员大会取消其会员资格。会员的权利一律平等,有选举权、被选举权。会员的义务则是推动敦梓堂事业的进行并遵守章程、缴纳会费。敦梓堂由会员大会选举理事7人、候补理事2人,组成理事委员会,并互推理事长1人综揽一切事务;在大会休会期间,理事会为最高权力机关,处理堂内外事务。会员大会选举监事3人、候补监事1人,组成监事委员会,互推常务监事1人,主持会务并监督账册收支是否清晰完整,会员是否良莠不齐,理事委员会办事有无弊端,等等。选举理事、监事时,用记名投票法,以得票数最多者当选,其次为候补。理事委员会设有总务股、公益股、仲裁股、调查股、经济股等5股,各股干事从理事委员中推出,属于义务性质,不支薪水。监事委员会的职权主要有:"(一)督促本堂事务之进行。(二)稽核本堂财产及出纳款项。(三)审核本堂预算及决算事项。(四)提交议案及审查理事委员会提交复决事项。(五)发现理事委员会办理事务

---

①《星江敦梓堂征信录·星江敦梓堂条规》,民国十五年(1926)刊,转引自彭泽益主编《中国工商行会史料集》(下册),第853页。

有欠，当时得具书面纠正之，如有弊端时，得提出弹劾之。”①

我们从1948年敦梓堂呈报给上海市社会局的公益慈善团体重要职员登记表中能够看出公堂重要职员的身份信息：

姓名	年龄	籍贯	职业	略历	现任团体职务	住址
朱占鳌	36	安徽婺源	茶商	占升昌茶厂经理、裕升永茶厂厂长、公升制茶厂襄理	星江敦梓堂理事长	长乐路西三五四巷一号
伊春发	41	同上	茶商	义泰丰制茶厂经理	常务监事	河南北路鹏程里十六号
叶养和	40	同上	茶业	义泰丰制茶厂领班	理事	河南北路鹏程里十六号
戴福报	50	同上	茶业	同孚制茶厂领班	理事	安庆路志铨里十九号
刘广炎	47	同上	茶业	振裕制茶厂领班	理事	七浦路彩和里一二九号
金祥海	53	同上	茶业	德昌祥制茶厂领班	理事	七浦路六零二号
刘格言	61	同上	茶业	中信局制茶厂领班	理事	海宁路福寿里四一号
程福生	41	同上	茶业	源利制茶厂领班	候补理事	北浙江路七七号
汪培楠	41	同上	茶业	汪裕泰制茶厂领班	候补理事	金陵路西一九七号
汪培铨	47	同上	茶业	三元制茶厂领班	候补理事	河南北路图南里十八号
程子云	59	同上	茶商	办理本堂业务22年之久	事务员	桃源路秉安里二十三号

资料来源：《星江敦梓堂》，上海市档案馆藏，档案号：6－9－85。

从上表可以看到，星江敦梓堂的重要职员为茶商和茶厂领班，也就是作头；敦梓堂可视为茶商与从业伙计的一个联合体，茶厂领班即为伙计的代言

①《星江敦梓堂·星江敦梓堂章程》，上海市档案馆藏，档案号：Q6－9－85。

人。1926 年的章程已明确交代了栈主、作头与茶工之间的关系："各栈作头与栈主本为唇齿之相依，设有困难问题，得报告本堂予以公正处理，而各栈人工均归作头雇用，任免等事，作头自有相当权衡。"①

敦梓堂所办事务主要围绕茶工福利展开，大致分为施粥、施药、救济等 3 项："每年从二月初一日起至四月初一日止，设立粥局，凡茶栈工人每日均可入局食粥；每年夏季购办痧药散给各栈工人，以防疾病；每年除夕，散给茶栈工人度岁费用每人钱五百文。"②1947 年敦梓堂应办事务除了上述 3 项外，增加了调解茶业栈主、工头、工友之间的纠纷，资助制茶工人死后殓费兼办施棺、盘柩回籍等事 2 项。③ 可见敦梓堂把原本应由茶商承担的责任包揽过来，照顾制茶工人的生老病死，不仅解除了工人的后顾之忧，也减轻了茶商的经济负担。

二、1926 年星江敦梓堂茶业公所章程修正案

从上文分析可以看出，徽州茶商同业公会采用了现代党团选举法、任期法的组织形式，内部分工明确，权责清晰，突出集体领导、民主决策，并根据社会形势的不断变化逐渐完善自身的治理结构，以增强适应能力。需要指出的是，徽州茶商同业组织的演变并不是步调一致主动进行的。1926 年星江敦梓堂茶业公所章程修正案就是在茶栈工人的极力争取下被迫进行的，其后，茶栈工人为了增加工资进行了历时更久的抗争，这是 1920 年代中国劳资冲突的一个典型案例，折射出旅外徽州人的生活状态。

1926 年刊布的《星江敦梓堂征信录》对总董胡靖畇的贡献给予高度评价，认为其辛苦经营，岁无虚事。但制茶工人对星江公所并不作如是看待。1926 年 5 月 14 日，在上海的婺源籍制茶工人以公所设立历年已久，规章已

---

① 《星江敦梓堂征信录 · 星江敦梓堂条规》，转引自彭泽益主编《中国工商行会史料集》(下册)，第 853 页。

② 《星江敦梓堂征信录 · 星江敦梓堂条规》，转引自彭泽益主编《中国工商行会史料集》(下册)，第 853 页。

③ 《星江敦梓堂 · 星江敦梓堂章程》。

不适用为由，在星江公所召集大会，讨论解决办法。工人代表洪万财、吴伯超、朱润斌、程灶海等100余人与会，认为公所管理弊端丛生，公所每年收入颇丰，却一向为公所董事胡靖畇、司事汪子文经管，数千茶工无权过问。有人提议将公所改组为委员制，以吸收大多数工人研究茶叶改良，谋全体茶工之幸福。众人一致赞同改组，并议决凡到会人员皆为会员，筹备改组事宜。①

5月22日，敦梓堂星江公所召开第三次改组委员会，郑鑑源、洪光春、臧祥亨等30余人到会，郑鑑源被公推为会议主席。洪光春在发言中提出公所旧章确实与现时潮流不合，应公推起草员修改公所章程，并举公正人员组织董事会，协助办理会务。② 郑鑑源在1920年前后来到上海，经数年努力，创办了源丰润茶栈，专代各地茶商向上海洋行推销茶叶，赚取佣金，后开办源利茶厂，进行毛茶精制；而臧祥亨等人是茶栈作头。可见在星江敦梓堂改组问题上，茶工与部分栈主站在了一起，他们针对的是已掌握敦梓堂大权多年的胡靖畇、汪子文等人。汪子文等针锋相对地开始反击，5月24日，汪子文以星江茶业公所敦梓堂的名义在《申报》上发布通告，声明星江公所由茶商设立，与工人无关，不承认所谓的"小南门敦梓堂星江公所开第三次改组委员会"，提出："查敝公所自本月初四日被少数工人开会演说，当场被警驱散后，至今并无开会情事。贵报所登，想系传闻失实，用特函请更正，以免讹传。"③

5月24日，敦梓堂公所董事洪先春、臧祥亨及旅沪婺源绅商郑鑑源、汪禹丞等多人，在贵州路旅沪安徽自治协会聚议办法，形成3条意见：1. 撤消司事汪子文职务，由董事暂时接管，所有交涉事宜委托李时蕊律师办理；2. 改组办法，由各工人推选评议员30人议决公所事务，评议员推选理事11人执行公所事务，再由理、评两会推选董事9人全权办理会务；3. 委托会计俞希稷彻查汪子文经手账目。3项议案由与会董事及各代表亲笔签名以示郑重。④ 会后，臧祥亨、洪先春等人即将议决事项委托李时蕊律师依法交涉，李

① 《婺源茶业工人公所改组》，《申报》1926年5月15日。

② 《婺帮茶业公所改组委员会纪》，《申报》1926年5月23日。

③ 《星江茶业公所来函》，《申报》1926年5月24日。

④ 《茶业公所昨开代表会议》，《申报》1926年5月25日。

时蕊遂发函通告汪子文,但汪子文拒不遵行。

茶工见汪子文态度强硬,数日后在《申报》上发出呼吁,提出4条意见:1. 星江茶业公所系茶业工人捐资设立的公共产业,不是茶商及管事司董的慈善机关,应请官厅及公众明确认定;2. 管理茶业公所的司董胡靖昫、汪子文损害公所利益,侵夺工人权利,应停止职务,听候官厅裁判;3. 公所组织及管理方应由工人代表开会议决,呈请官厅核准实行,在官厅核准办法尚未确定以前,请求官厅选派委员暂行接管;4. 公所整理完成后,应切实整顿同业行规,由公所发给同业工人执照,规定工作时间、工资数目及工人应享权利、应尽义务。①

6月15日,婺源茶业工人代表在星江茶业公所内召集全体代表大会,讨论剔除公所积弊,修正公所章程及行规等事项。本次会议开得并不顺利,会议的前一日,工人聘请的律师李时蕊就向淞沪警察厅备函,将工人代表拟在星江茶业公所召开大会的情况作了汇报,呈请淞沪警察厅厅长严春阳核准在案,严春阳令水仙宫警察一区三分署就近派警员防范。但是工人正在开会期间,公所司事汪子文报告工人代表要策划暴动,金玉书署员当即令巡官带领警员前去调查真相,当场将工人代表吴伯超带回警署讯问,一时间群情激奋,工人纷纷同汪子文理论。工人代表朱润斌、俞乃庚等决定一面派人到警署交涉,一面继续开会。朱润斌报告了4月2日以来交涉的经过并表决形成会议议案:1. 改正新章程;2. 改正新行规;3. 增加工资,缩短工作时间;4. 过去每日工资3.08角,现改为每日4.58角;5. 过去每日从早到晚没有休息时间,现改为每日上午7时上工,下午5时停工。李时蕊律师逐条解释后,全体表决通过并公推程灶海、吴伯超、朱润斌等8人为代表,携带通过的改组星江公所章程及修正行规2项议案,于次日赴公所与董事李福田、叶开泰、臧祥亭、洪先春、程润庭等5人会商,征求他们的同意。会后,李时蕊律师和工人代表朱润斌驱车赴水仙宫警署,向金玉书署员解释清楚后,金玉书署员答应将人放回。②

① 《婺籍茶业工人之呼吁》,《申报》1926年6月9日。

② 《婺源茶业工人代表大会纪》,《申报》1926年6月16日。

6月17日,8位代表前往星江公所与董事接洽。适逢公所董事及各作头正在商议应付方法,代表述明来意后,董事约定当晚8时给予答复。届时公所派出代表臧祥亨、程庆荣、俞有大等与工人代表吴伯超、程灶海、朱润斌等至闸北凤凰楼茶叙,双方切实交换了意见,吴伯超等表示立即彻查汪子文经收的敦梓堂账目,实行工人议决的改组条件:1. 公所改组应照新议决章程办理;2. 决定让步5分,工人工资每工4.08角;3. 工人工作时间为每天11个小时,夜工5个小时,夜工按双倍工时计算工资;4. 工人每工抽取大洋1分捐助公所作为公益之用;5. 工人未领证书,各栈不得收留雇用,证书由徐作头出保,向公所照领,非婺源的外籍人不得给发。对以上各项条件,臧祥亨等人均口头表示同意,指出待次日午后1时正式答复后,再分别实行,但彻查汪子文一事,请暂缓1个礼拜再共同举办,以免纷歧。①

6月19日,公所司事程润庭及栈主郑鑑泉、汪礼斋等人,召集各董事、栈主、作头与工人代表等在小南门敦梓堂开联席会议,并邀请旅沪婺源绅商赵懋和、汪禹丞到场劝解。开会后,三方逐条讨论了工人代表所提出的改组公所章程,新章程较原方案略有增损,然后完全通过。其次讨论修正行规,因工资问题关系重大,各栈主到场人数不多,未便当场决定,乃议定仍由公所董事程润庭分发通知,请各栈主于21日午后到公所继续讨论,再作答复。三方共同议定的星江公所章程为以下几条:1. 公所由婺源茶商及工人组织,以维持婺源茶业工人公共利益、敦睦桑梓为宗旨;2. 使用茶工15名以上的茶栈,由栈主会同作头、茶工推举代表1名作为公所评议员,各茶栈推举评议员应得到该栈茶工过半数的同意;3. 评议员组织评议会,选举议长1名、副议长1名主持评议会事务,评议员过半数即可召开评议会,到会评议员过半数同意即可决议;4. 评议会职权如下,(1) 选举公所董事,(2) 议决公所章程,(3) 议决公所预算及决算,(4) 议决公所财产的处分;5. 评议会每年旧历五月开定期常会1次,遇有事故时,由评议长或评议员10人以上联合署名,可召集临时会议;6. 公所设董事15名,管理公所财产,执行公所事务,凡在各栈充当作头的茶司均有当选资格;7. 各董事分科办事并互相推举总董及常务

---

①《茶工代表与董事接洽情形》,《申报》1926年6月18日。

董事常川到公所执事;8. 董事因事务需要可聘请雇员,但所用人员须过半数董事同意,处理其他重要事务时亦相同;9. 公所设名誉董事 10 名以上,由评议会从栈主及婺源有名望的绅商中推选产生;10. 评议员、董事均任期 1 年,连选得连任;11. 章程自栈主、作头及工人代表联席会议议决后,呈请官厅核准施行。①

至此,在公所董事及茶栈栈主、作头的配合下,茶业工人提出的改组公所章程的要求得到比较圆满的解决,但工人提出的增加工资的要求却迟迟没有得到栈主的答复,双方为此掀起了历时更久的拉锯战。

三、1926 年旅沪婺源茶工要求增加工资案

1926 年 6 月 21 日,婺源茶工以生活成本增高为由,再次向栈主、作头提出增加工资的要求,栈主、作头、工人三方在城内星江茶业公所开会商量解决办法,一部分栈主另在租界集会,决定仅加大洋 3 分。工人群情激愤,遂委托李时蕊律师函请淞沪警察厅厅长严春阳及上海县知事危道丰,要求设法维持并传谕栈主、作头和业董三方代表到场,商量工人加资方案。② 工人提出每工增加 1 角,每日工资为 4.08 角,并附上理由书,解释茶工增加工资的理由:1. 绝大部分茶工只工作半年,仅少数有常年工作,茶工每年春季由婺源赶到上海,秋冬停工,仍返回原籍,往返路程有从九江经饶州、乐平者,也有从杭州经余杭、昌化者,单程至少须 10 天,甚至有多至 20 天者,平均往返要耗时 1 个月,1 月中既无工资,又需旅费,与其他能常年工作或居住于上海本地者有很大不同;2. 在上海工作期间,栈主提供食宿,但未开工前和已完工后或中途停工,则需工人自备伙食或自寻宿舍,耗费甚多,一日三餐都难保证;3. 因上述两种原因,平均每人每年工作 6 个月,照原定工价计算,每月 9.24 元,6 个月共计 55.24 元,仅能支付往返川资及空闲时食宿之用,甚至尚不足以抵付,若每工仅加 3 分,则 1 个月仅能增加 9 角,于工人丝毫无补;

---

① 《婺源茶业劳资联席会议》,《申报》1926 年 6 月 21 日。
② 《茶工代表呈请官厅办理》,《申报》1926 年 6 月 26 日。

4. 每工加洋1角，虽不能使工人满意，但工作6个月，可多得洋十七八元，能够应付往返川资，个人工资可节余下来以补贴家用。①

茶工提出加资1角，栈主却仅同意加资3分，双方互不相让，经工人代表一再劝解，提出3分暂时作为酒钱，不算工资，因茶市不畅，茶叶销售困难，骤然增加1角，栈主难以支撑，待茶市有所转机再行加资，应不成问题。② 7月14日，上海县知事危道丰传谕茶工代表进行调解，吴伯超、程灶海等与栈主全权代表和记茶栈张发宝、福裕栈俞瑾明等到县署候示，栈主俞瑾明陈述此次茶工加资情形，并报告敦梓堂纯粹为婺源工人兴建，改组当无问题，但加资一层，负担太重。工人代表吴伯超等声称，工人生活困难，加资1角为最低限度，双方虽相持多日，但工人始终没有停工。危知事提出折中办法，在3分基础上再加2分到3分，请星江茶业公所程润庭等5位董事及全体栈主考虑清楚，如同意再到县署签订协议。茶工代表向工人报告经过，全体工人表示必须加资1角，待再到县署时，向县长陈述困难。③

虽然茶工提出必须加资1角，但在官方的压力下，他们最后同意了危道丰知事提出的加资方案，孰料永泰和代表汪鼎臣、福裕茶栈兼全权代表俞瑾明2人坚决不同意再加3分，并迫使工人签字承认已加资的3分。工人代表程灶海、朱润斌、吴伯超等以此次相持将近2个月，工人方面已难以维持，决定向县署及警察厅辞去代表之职，听凭官厅主持解决。④ 工人闻讯后，认为栈主不谅解工人难处，7月17日上午，福裕、永泰和两栈工人约集各栈茶工罢工抗议。⑤ 茶工罢工后，大茶栈推举工人代表2人，小茶栈推举工人1人，共200余名，由洪荫溪、王培林等人负责，向官厅请愿，提出最低要求：1. 每工增加工资大洋1角；2. 工作时间为日工10小时，夜工5小时；3. 停工期内，工资伙食一律给发；4. 所有停工损失，责令汪鼎臣、俞瑾明照数赔偿；5. 将来开业后，各栈不得无故开除工人。上海县知事危道丰，一面向茶栈栈主磋商

---

① 《婺帮茶业工人要求加薪》，《申报》1926年6月28日。

② 《茶业工人要求加薪之近讯》，《申报》1926年7月4日。

③ 《危知事调解茶工加资问题》，《申报》1926年7月15日。

④ 《茶工代表向县厅辞职》，《申报》1926年7月17日。

⑤ 《茶业工人昨日罢工》，《申报》1926年7月18日。

加资事宜，同时要求工人代表应请敦梓堂董事到县呈请，静候调停，不得有越轨行动。① 数天后，淞沪警察厅与上海县署发布通告，劝谕工人开工，并调解每工加资 5 分，劳资双方均表示遵行，各栈恢复正常，开始工作。但 26 日中午，忽有数十名工人分头劝说各茶栈工人罢工，并推代表程灶海、洪汝臣到茶商同业公会，提出 3 项条件，要求各栈主答应才开始工作，其条件为：1. 茶商同业公会曾禀告警察厅，释放被拘留的工人代表俞乃庚及 3 名工友，须即日担保释放；2. 敦梓堂总董通告每工所加 5 分工资，须于 5 月 13 日起实行，嗣后不得中途返悔；3. 茶商同业公会致函各报，证明工人并无掳夺小孩及抢金镯银洋等事。茶商同业公会接到此项条件后，随即召集紧急会议，决定只答应工人所提下列条件：1. 被警察厅所拘留的 4 名工人，由与该工人有关系的仁记、义同兴、宝兴恒、保昌四茶栈呈请警厅保释，茶商公会不负责任；2. 此前所加 3 分工资于 5 月 13 日起实行，现在所加 2 分工资从工人上工时再算；3. 致函各报证明，由各栈自行办理。工人代表不满公会的答复，各栈主亦表示再不能让步，磋商 1 个多小时仍无结果，最后茶商公会推代表丁家英、钱子良、张发宝到警察厅禀诉工人不遵劝谕，仍然罢工的经过情形，要求警察厅进行保护。② 在茶工发动罢工时，唐家弄馨茂椿茶栈仍照常工作，罢工者得知消息后，于 7 月 25 日派詹子齐、洪标祥前往该茶栈阻止茶工工作，要求和他们采取一致行动。栈主洪桂椿当即向巡捕房报告，詹子齐、洪标祥 2 人被逮捕，解往公共公廨，其后被拘押 3 个月。③

7 月 26 日晚，制茶工人又推举代表前往茶商公会，进一步提出条件，要求每工自 3 分加至 1 角，栈主偿还工人在罢工期间的损失等。茶栈栈主接到此项条件后，决定置之不理，双方谈判至此破裂。27 日上午，茶商同业公会召集紧急董事会，讨论工人提出的条件，磋商良久，认为该年茶业不振，工人不体谅栈主苦衷，议决全部停业，一面推举代表丁家英、钱子良等至警察厅、县署，当面禀告工人不遵守劝谕及要挟情形，并申诉此次损失之惨重与营业

---

①《关于工潮之汇纪 · 茶业罢工后之县批及呈文》，《申报》1926 年 7 月 23 日。

②《茶业工人又有问题》，《申报》1926 年 7 月 27 日。

③《茶栈主控究唆使罢工》，《申报》1926 年 7 月 27 日。

之艰难，实在无法维持，请求停业，待警察厅与县署核准后，当即通告全埠100余家茶栈即日停业，解散各栈工人，停止供给膳宿。① 茶商及栈主代表到县署后，行政科长出面接见，婉劝代表转知各栈主不要走极端，至于工人方面，官厅自有处置办法。工人见栈主态度趋于强硬，遂于27日深夜，托人向栈主求情，栈主提出，前面开出的3项条件，栈主只允许被警察厅拘捕的工人由茶商公会负责保释，工资仍然每工加5分，如果工人平日不辍工，每百工加1元，至于登报更正则不能承允，以上2条，须工人上工后方可实行。工人代表一一应允，并定于28日全部上工。28日，各栈工人均照常上工，下午茶商公会召集董事会，讨论履行答应工人的2项条件，推举代表到警察厅保释被拘留的4名人员，警察厅随即释放，28日各栈兑现增加的工资，工人见各栈主态度诚恳，均表示满意。②

持续2个月的工潮终于结束，茶工与茶栈是各让一步，达成一致意见。星江茶业公所总董胡靖畇呈请淞沪警察厅令该管警区随时防范，警察厅于9月26日发布保护星江茶业公所的公告。③ 9月27日，上海县公署也发出布告，令各茶业工人各安其位，不得私行集会，自公告发布后，倘再有纠众罢工者，一经访觉，定行拘押，严惩不贷。④

结　语

近代徽州茶商的同业组织主要分布在茶叶的生产地徽州和销售地上海，徽州境内的茶商同业组织经历了从屯溪茶业公所到徽州茶务总会，再到休宁县茶业同业公会的演变轨迹，并且构筑起覆盖主要茶产地婺源、祁门、歙县的结构网络，其主要职能是调查徽州茶叶产量、解决商业纠纷、维护茶商利益。上海星江敦梓堂茶业公所在人员构成上比较复杂，是茶商、茶栈工头、工人的联合体，主持公所事务的是栈主与工头，从其举办的事务来看，更

① 《茶业工潮谈判决裂》，《申报》1928年7月28日。
② 《关于工潮汇记·茶业工潮解决》，《申报》1926年7月29日。
③ 《警厅保护星江茶业公所》，《申报》1926年9月27日。
④ 《县署保护星江茶业公所》，《申报》1926年9月28日。

多的是围绕茶栈工人的公共利益而展开,春、夏两季设施粥局,救济穷苦工人,夏季还为工人施药防痧病,还为身故工人提供殓费并帮助运送棺木回到徽州原籍,调解栈主、工头、工人间的矛盾等。近代徽州茶商同业组织的治理结构也经历了从董事制到委员制的演变,讲求民主决策,集体管理,强调监督限权,较好地适应了社会形势的变化。

1926年婺源制茶工人推动修正星江茶业公所的章程及行规是一个值得重视的案例,首先,茶业公所不仅是茶商及茶栈工头的组织,一线工人也要求参与权。以往对会馆公所的研究没有关注从业伙计的作用。把持同业公所管理大权的多是商人,他们与伙计之间的关系在某种程度上是对立的,所以仅从公所董事层面入手可能无法全面把握对公所的认识。其次,茶工抛开星江茶业公所的理事,自发开会讨论修正章程行规,一方面可视为工人意识的觉醒,主动谋求自身权益;另一方面,也是由于公所产业丰厚,每年的房产租金多在三四千元,这笔财产如何分配,引起各方的兴趣,茶工就提出要把部分租金作为工人福利,提高工人工资。但是在现有的公所管理层中,仅有茶商及茶栈作头,没有工人代表,无人为他们争取权益,所以他们极力要求修正章程,提出由栈主会同作头、茶工分别推举代表作为公所评议员。各栈推举的评议员也应得到该栈茶工过半数的同意,同时应强化评议员的职权,这是制茶工人为求在公所管理层中谋得一席之地的努力。

在茶工的努力下,上海星江茶业公所的章程得到修正,但茶工增加工资的要求却没有得到圆满解决。他们几经周转,甚至发起罢工,也未能实现所提出的条件。与当时全国各地风起云涌的劳资纠纷相比,这起纠纷并没有发展到流血冲突的地步;而从资方的反应来看,他们也多少顾及同乡情面,愿意同工人进行平等对话。纠纷处理过程中,同乡和同业组织起到了居中斡旋的作用,其出发点与落脚点都比较强调桑梓之情,提出不要伤害同乡感情,在这个大前提下,劳资双方可以就具体的条件进行协商。而从结果来看,劳资双方共同妥协,而不是一味地坚持原有的条件。研究其他类型劳资纠纷的学者多强调国民党、工人、资本家三方互动博弈的关系,而旅外徽州人的劳资纠纷更多的是劳、资与同乡组织之间的博弈,虽然政府也出面训诫谈话、发布通告,其态度也倾向于雇主方面,但最终促成事件解决的还是同乡和同业组织的调解。正是在其调解下,劳资双方愿意坐下来谈判。这也为我们考察近代徽州茶商同业组织的运作提供了颇具参考意义的个案。

安徽师范大学徽州文书档案收藏与整理情况简介

李琳琦

（安徽师范大学历史与社会学院）

摘　要：安徽师范大学是国内较早收藏徽州文书档案的单位之一，经初步统计，馆藏徽州文书档案的数量有近20 000件。其馆藏的徽州文书档案具有跨度大、精品多、种类较为丰富、资料价值高等特色，已公开出版和发表有一些整理和研究的成果，后继的整理和研究正在推进之中。

关键词：安徽师范大学　徽州文书档案　整理和研究

一、馆藏徽州文书档案基本情况

徽州文书档案的大量发现以及徽州各类文献中所蕴含的文化信息的重新发掘，这是徽学学科得以形成的重要基础。从研究的角度来看，正如已故的著名学者周绍泉先生所言："从一个世纪中国历史学发展的历史来看，徽州文书和徽学恰好给我们综合研究社会实态提供了机会。"①

20世纪50年代，随着土地改革运动的开展，传统意义上的土地契约等文书结束了其历史使命，大量徽州民间文书不断面世并被国内外诸多重要馆藏单位收藏。安徽师范大学即是国内较早收藏徽州文书的单位之一。20世纪50年代，学校通过当时的屯溪古籍书店收购了一批徽州文书档案，其数

① 周绍泉：《徽州文书与徽学》，《历史研究》2000年第1期。

量有数千件,类别有数十种,其中不乏在年代、内容、款式上稀见的文书档案,具有极高的研究价值。近年来,学校又收集了15 000余件原徽州民间文书档案。馆藏徽州文书档案近20 000件。

二、馆藏徽州文书档案的特色

(一) 跨度大、精品多

馆藏徽州文书最早者为元至正五年(1345)二月的《休宁县三十一都朱右宠立卖山契》,历明清民国,甚至新中国成立后的文书均有收藏。其中,20世纪50年代收购的文书中,有元明时期文书400多件,如明洪武年间的契约文书有14件,占到全国已发现的洪武年间徽州契约文书的三分之一。有一份《洪武二十八年(1395)祁门县十四都谢仕云买山地契》,该契约书写于户部所颁的格式契本之上,对于了解明初推行契本制度颇具价值,这是迄今遗存的唯一一份明初洪武契本,具有文物价值,弥足珍贵。

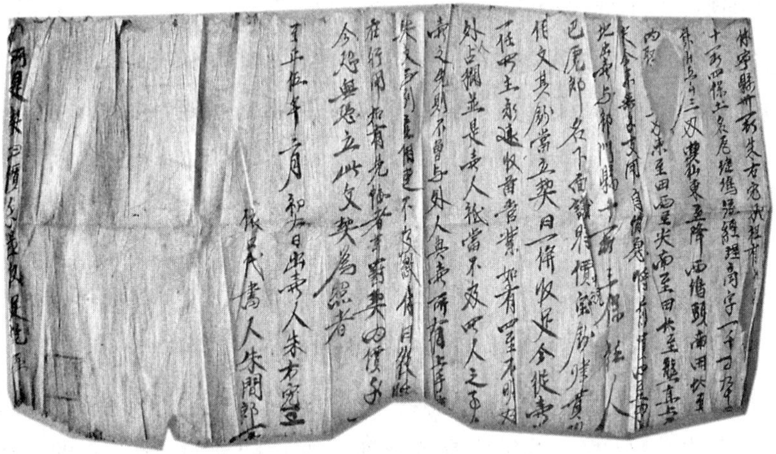

图1 元代至正五年(1345)休宁县三十一都朱右宠立卖山契

(二) 种类较为丰富

馆藏的徽州文书几乎包含目前发现的徽州文书的所有类别,内容涉及政治经济、社会关系、风俗习惯、教育科举等诸多方面。

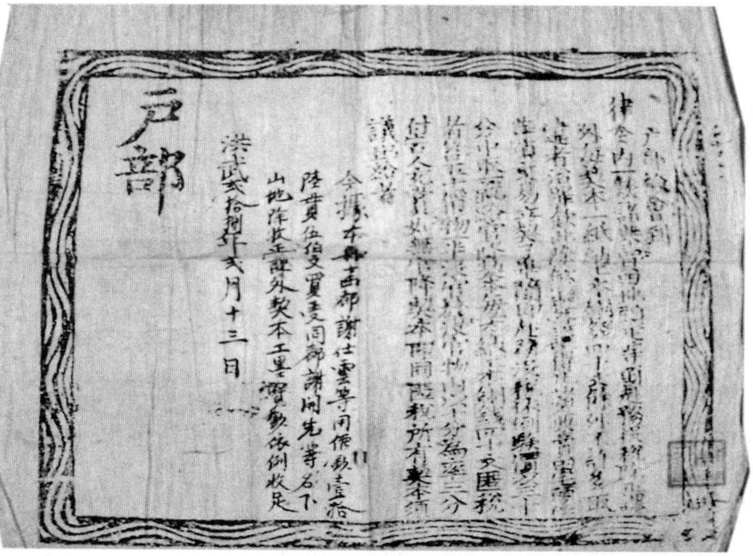
户部

洪武贰拾捌年贰月十三日

图 2　洪武二十八年(1395)祁门县十四都谢仕云买山地契(契本)

有种类丰富的簿册文书,如:土地买卖抄契簿、诉讼文案誊录簿、保甲册、鱼鳞图册、实征册、编审册、租谷簿、置产簿、收支账、祭祀簿、分家书、商业账簿、学堂清册、募捐账簿、路程图等。

有种类丰富的散件文书,如:土地买卖赤契、白契、契尾、推单,合同,执照,监照,照会,税票,借据、当票,婚书、礼单,门牌、功牌、信牌、宪牌,告示、禁约、规则,毕业证,地图等。

(三) 资料价值很高

以 20 世纪 50 年代收藏的徽州文书契约为例。

一是土地关系及财产类文书契约,其中 70%左右为赤契;有 60 多件清代的彩版契约,最早的一份年代是乾隆四十五年(1780),接下来的嘉庆、道光、咸丰、同治、光绪各朝均有。

二是归户性强。县域以祁门县为多,姓氏以祁门县郑氏、谢氏尤为集中。

三是许多簿册具有完整性和连续性。这些为我们了解明清中央政府的社会经济政策在民间的具体实施情况,以及为我们综合研究明清“社会实态”，提供了难得的第一手资料。

例如：祁门县二十二都二图四甲王鼎盛户实征册多达6册，较为细致地记录了祁门县二十二都二图四甲王鼎盛户清雍正六年（1728）至咸丰三年（1853）田地赋税征收的实际形态。从中可见清雍正六年“摊丁入亩”在安徽省祁门县实施的具体税率：“雍正六年分王鼎盛户清算钱粮单，每亩九分三厘算。”也可从近130年田地数量的变化中，考察王鼎盛户土地总量的增减与地价变化的关系；从王鼎盛户子户持有的田地数量中，研究清代大户王鼎盛户的土地所有与占有状况，进而分析其地权结构和演变趋势。

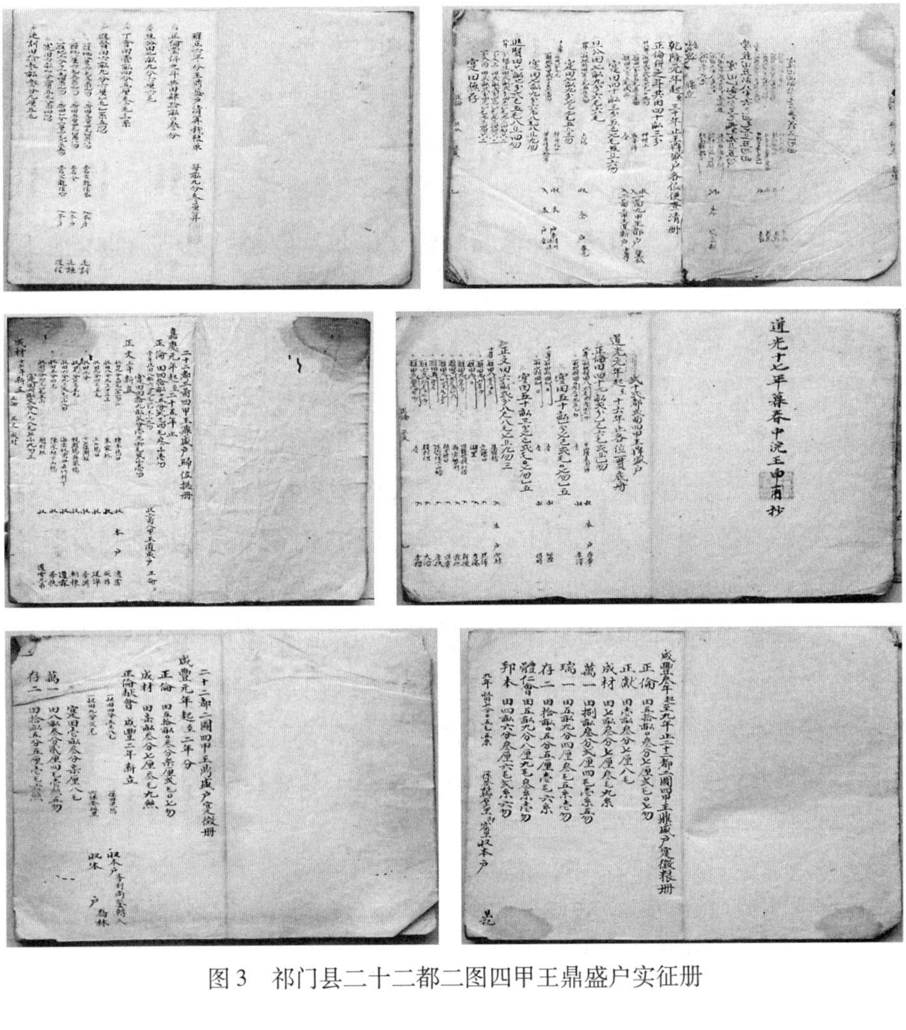

图3　祁门县二十二都二图四甲王鼎盛户实征册

三、馆藏徽州文书档案整理与利用情况

安徽师大的徽学研究就是“从积累资料做起”的。早在20世纪80年代初,张海鹏先生就率领团队“利用教学之余,冒寒暑,舍昼夜,到有关图书馆、博物馆、科研单位以及徽州各地,访求珍藏,广搜博采,从史籍、方志、谱牒、笔记、小说、文集、契约、文书、碑刻、档案中,进行爬梳剔取,初步摘录近四十万言,编辑成册,定名为《明清徽商资料选编》”。这也成了安徽师大徽学研究的一个传统。

“夫学术者,天下之公器。”为方便学界利用,推动徽学研究发展,除20世纪80年代整理出版了《明清徽商资料选编》①外,近些年来,我们还以馆藏徽州文书档案为主,整理出版有《安徽师范大学馆藏徽州文书》②《安徽师范大学馆藏千年徽州契约文书集萃》(10册)③、《徽商会馆公所征信录汇编》④。《安徽师范大学馆藏千年徽州契约文书集萃续编》(10册)也正在整理中。

近些年来,安徽师大徽学研究团队也利用文书契约资料推出了一批研究成果。代表性著作有:刘道胜《明清徽州宗族文书研究》,康健《近代祁门茶业经济研究》。代表性的论文有:刘道胜《明清徽州乡村文会与地方社会——以〈鼎元文会同志录〉为中心》《清代图甲户籍与村落社会——以祁门县王鼎盛户〈实征册〉所见为中心》《清朝至民国时期徽州钱会利率及运作机制考述——基于89份徽州钱会文书的考察》《清末保甲编制与村族社会治理——基于光绪年间徽州三种保甲册的考察》《明清徽州的民间资产生息与经济互助》《众存产业与明清徽州宗族社会》《明清徽州宗族的分房与轮房——以文书资料为中心》《明清徽州的民间调处及其演变——以文书资料为中心的考察》等,马勇虎、李琳琦《清代祁门县王鼎盛户实征册研究》《晚清

---

① 张海鹏、王廷元主编,黄山书社,1965年。

② 周向华编,安徽人民出版社,2009年。

③ 李琳琦主编,安徽师范大学出版社,2014年。

④ 李琳琦、梁仁志整理,人民出版社,2016年。

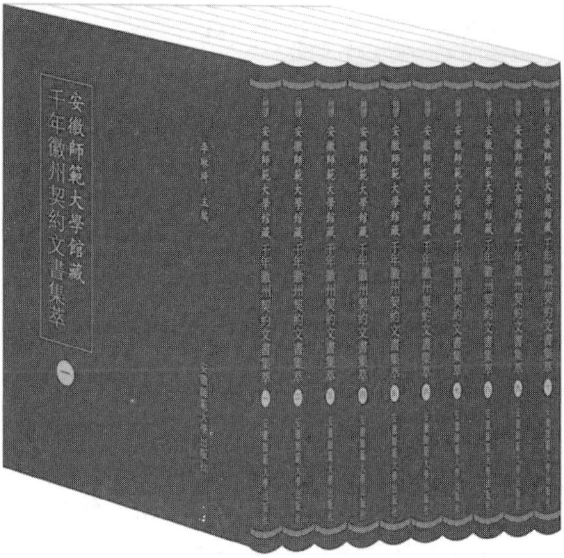

图 4 《安徽师范大学馆藏千年徽州契约文书集萃》

徽商合伙经营实态研究——以徽商商业文书为中心的考察》《民国初年社会转型中的地方教育发展——以徽州教育档案为中心的考察》，郭睿君、李琳琦《清代徽州契约文书所见“中人”报酬》，康健《分家书所见明代中期徽州山场析分实态》《明代徽州木商经营实态——〈万历郑氏合同分单账簿〉研究》《明末徽州异姓共业山场的析分实态——以祁门汪氏〈抄白标书〉为中心》《山林经济与明清徽州民众生活的维系》，等等。

徽州文书档案数量众多、历时长久、种类全面、内容丰富，其整理和利用虽已取得不少成绩，但仍任重而道远。让我们一起努力。

《休宁三十二都二图小连口汪氏文书》的寻获、整理与调查*

刘伯山
（安徽大学徽学研究中心）

摘　要：本文记录了休宁三十二都小连口汪氏文书的寻获过程，考证出了其出自村，整理细分出了文书的种类，叙述了两次赴实地调查和确认出自村的过程，将归户的文书还原到它们得以产生和保留的原生态实地，访问了文书的归户主人，记录了在实地调研中获得的口碑资料、文字资料和场景实态，实现了文书资料与之的勾连及两者之间的互补。

关键词：汪氏文书　出自村　小连口　调研

2002 年 5 月 3 日，我在休宁获得了一批文书，有好几包，其中有一包经最初整理，标号为“020503C”，初步判断是出自休宁的。2011 年时，我开始整理出版《徽州文书》第五辑，这一辑将收入部分休宁文书。2011 年 10 月下旬，我系统整理了“020503C”包文书，经过艰苦的文书归户性的确认后，我发现这包文书中除了一册《休宁方氏〈契白簿〉》外，其余皆归为一户，为汪氏文书；根据文书中的《清光绪十九年十一月汪仁叙立断骨出卖苗山契》《民国十一年十二月韩长发立推税单》《公元一九五一年五月三十一日小连口村第三组汪胡养缴还赊销大米收据》《公元一九六四年四月八日小连口村第二小队全体社员致屯溪茶叶公司感谢信》等进行考证，我判定此汪氏应该是休宁三

* 本文系教育部人文社会科学重点研究基地重大项目“近代徽州归户文书与报刊资料的整理与研究”（项目批准号：16JJD770002）系列成果之一。

十二都二图小连口的汪氏，出自村应该就是现在休宁县汪村镇的小连口村。故我将这户文书的归户名就定为“休宁三十二都二图小连口汪氏文书”，这户文书共有195份，最早的是《清乾隆四十四年四月汪长从立断骨出卖苗山契》，最晚的是《公元一九六四年五月四日弟汪足意致表哥书信》；内容丰富，包括了26个种类（见下表）。

既然案头已经考证出了这户文书的出自村，下一步就是要到实地进行确认。

种类	份数	种类	份数	种类	份数
卖契	45	收借条	8	委托书	2
当契	10	账单、账册	13	保证书	1
寄养、出拚契	4	收据	8	通知	5
租约	4	户单	3	凭证	6
对换契	1	合约	10	呈告	3
包约	1	阄书	1	书信	48
收、推税票	6	还约	1	包契纸	1
产业单	3	处方	1	其他	1
期票	2	证明	7		

2012年8月6日，我为了中国徽州文书与韩国安东文书联袂交流展的事情而提前来到屯溪——此展由我倡议并具体牵线、联系而促成。当天下午，适逢黄山市城市建筑勘察设计院因为休宁县的乡村规划之事要与休宁县政府对接协商，得知我就在屯溪，休宁县县长金涛和陈继腾院长特邀我参加，到会的还有休宁县常务副县长吴旭光、休宁县旅游局局长等。会上，金县长突然提出如果我有时间可到休宁汪村镇的石屋坑看看，说那是一个革命红色老区，又位于新安江的源头，休宁县政府正考虑进行开发，想听听我的意见。金涛是安徽大学哲学系1989年毕业的，与我是同校、同系、同专业，毕业之后又分配在中共黄山市委讲师团，和我同一个单位，加上他父亲金传

达是黄山市一位德高望重的文人，出版过好几本颇有影响的著作，对我一直很关心、很爱护，故金涛一毕业我们就相处得很好。在我主持黄山市社科联工作期间，金涛对我的工作很支持；我调到安徽大学之后，他先当了屯溪区区委常委、宣传部长，后当了黄山市文化局局长，对我的研究，特别是对我开展徽州乡村的田野调查有许多实际的、具体的帮助与支持。2010年后，他到休宁县当县长了，我很是为他高兴，一直想为他做点事情，也为休宁县做点事情，但他总不轻易麻烦我。这次他既然开口了，我当然欣然应允，答应第二天就去。

图1 休宁县汪村镇小连口村远景照（2013年7月17日摄）

当天晚上，我回家查看了一下地图，发现去石屋坑要经过小连口，马上萌发顺便进行《休宁三十二都二图小连口汪氏文书》出自村的调研的念头，便连夜做功课，为调研做准备。

第二天，我去了休宁汪村镇，在考察了石屋坑之后就调研了小连口村。兹将我当天调研的日志照录如下：

8月7日，周二：今天要去休宁的石屋坑，顺便去小连口。上午

9时左右，陈继腾院长带着院里的设计人员，分两辆车，接到我后，先到休宁县城，会合上休宁县的旅游局局长，还有休宁县电视台的人等，再一同去汪村镇。约11时，我们到达汪村镇镇政府大门口，镇党委书记兼镇长汪海清和一位吴姓女副镇长已经在等候我们了。我本是坐陈继腾的车的，见汪村镇的干部也开了一辆车，我就提出换车。

我坐上汪书记的车，一上车，我就与他聊天。得知汪海清系汪村人，在这一带工作了近20年。问到小连口村，他说到石屋坑要经过；问到小连口有无一个名字叫汪胡养的人，他回答不知；再问是否知道一个名字叫汪足意的人时，他不无惊讶地望着我说："你怎么知道汪足意这个名字的？他是我的亲姨父啊。你以前来过这里啊？"然后告知汪足意是小学老师，退休后就住在小连口。我很高兴，提出等看了石屋坑之后就去他姨父家坐坐，喝喝茶，让汪海清帮助联系，并告知不要说我知道汪足意这个名字。……

到了石屋坑，我参观考察了此村。这是一个自然村，属于汪村镇田里行政村，是一个红色老村，曾是中共皖浙赣三省省委所在地，原属于婺源，1949年划归休宁；主姓是胡姓，是婺源清华的胡；还有余姓，也是婺源的。辞别时，田里村的胡村长还送我一壶山茶油。

离开石屋坑，回到小连口村时，已经中午12时30分了。我们在一个桥头停车。我下车，要汪海清陪我去他姨父家，叫陈继腾等带上相机同行，要求其他人在路边等。

汪海清走在前头，我们过桥，临河边的是一栋新房子，我估猜不是这家；拐到后面就有一栋老房子，果然汪海清用当地土话对着老房子喊了2声，只见一个光着上身、白净净、很有精神的老人应声从屋里面走了出来。汪海清对着老人，手指着我，说了几句当地话，听不懂，意思该是介绍我。老人当即回进了屋，我们也随之进去：他在张罗着要泡茶。我进屋看了看，就提出请老人坐下，我们聊天。关于坐的位次，我们有了一番推辞，结果还是老人坐在厅堂八仙桌的左位，我坐右位，汪海清则搬了一张竹椅靠桌边坐，陈继腾等站着。我递了烟，然后问老人的名

图2 2012年8月采访汪足意老人

字，被告知叫汪足意。问："您是海中毕业的吧？"汪足意老人说："是啊。""您是1960年到1962年夏天在休宁的海阳中学读书的吧。"老人说："对啊，是夏天在海中读书的。你怎么知道的？"这时，汪足意和汪海清都露出了惊讶的脸色，陈继腾也用疑惑的眼神望了一下我。我保持平静，继续询问汪足意。问到老人父亲的名字，被告知叫汪胡养；问其叔伯有几人，回答说："我父亲是老大，二叔叫丁养、三叔叫顺养。"问："汪少山是谁？"回："是我爷爷。"问："小连口汪家的族谱还在不在？"回："早没有了。"问："您家里还有没有族谱或者老的书、信、契纸等？"回："早搞掉了，被人家卖掉了。"这时，老人拿出一包立群牌的烟，递了一支给我。我点好烟，接着说："当年您在海中读书时，平均每个月都要给你父亲写一到二封信，有汇报学习的，有是要钱的，这些您可都记得了？"汪足意老人又是一番地望着我，然后笑笑地摇着头说："这都多少年了，我哪里还记得啊。"我停了停，说道："是啊，也是缘分。您这里我下次还要再来,再来的时候我还要来看您,带给您几张当年您写给父亲的信的照片。也只能是照片了,原件是不行的。”闻此,汪足意显得既高兴又增添了几分疑惑,对我欲言又止,有点惊讶得不知所措的样子,在场的汪海清也一样。我马上说:“你们也不要问我是怎么回事,反正我是大学教授,是研究历史文化的,包括研究调查地名、村史、汪氏宗族等等,到时候我和你们联系。”

接着,我开始察看汪足意的房屋,看到墙上挂着汪足意的光荣退休证书,还有汪足意和妻子的合影照。问:“老伴在吗?”回:“早死了,有好多年了。”问:“有几个孩子?”回:“两个儿子都住在村里,我是一个人过。”这时,汪足意指着一直倚靠在大门口的一个中年妇女说:这就是我家老二的媳妇。我提出要看看汪足意现在的字迹,他找来了一本手抄电话号码本……

临别,我向汪足意提出:“汪家族谱没有了,您能不能将您祖上的情况,从上一直到您下辈的情况理一理,写出来,能理到哪一辈就到哪一辈,包括名字、出生年、死的年等,越细致越好;再就是看看能不能写一下小连口的村史,比如汪姓是什么时间迁来的、从哪里迁来的、村里过去有什么大事等,都写出来;您是老师啊,我们是同行,您完全是可以写的。”汪足意顿了顿,说:“好,我试试,就怕写不好啊,有些情况我也是搞不清楚,还要问问。”我说:“对啊,就是要您再想一想,再在村里问问,调查调查。”

在门口,我与汪足意、汪海清、汪足意的儿媳妇四人合影……

辞别汪足意老人,在返回的路上,汪海清一直在疑惑与吃惊,我则笑笑地对他调侃说:“怎么样,知道这么多的事情,我这个教授当得不容易吧?! 你看我头发都白了。”

中餐在汪村镇食堂吃的,胡村长等在。菜非常非常好啊,都是绿色食品、正宗山里土菜。印象最深的是石屋坑的冷水鱼,鱼头分为两半,汪海清先夹给我一半,另外一半给了陈继腾。那鱼头鲜啊,鲜得甚至都有一股药味,我过去从来没有吃过如此鲜的鱼啊……

图 3　2012 年 8 月小连口村调研合影

第一次到小连口采访调查汪足意，收获就很大。为了兑现承诺，我一直考虑第二次去小连口……

2012 年 11 月，我冲洗了 10 幅汪足意写给父亲的信的照片，交给汪海清，由他带给汪足意。

2013 年 7 月 17 日，适逢第五届全国“徽文化”研究生暑期学校在徽州实地考察结束，我留下了参加本期学习的我的 2 位硕士研究生高筠（安徽大学哲学系 2011 级）和付丁群（安徽大学徽学研究中心工作人员、安徽大学哲学系 2012 级），要她俩在接下来的时间里，随我一同进行田野调查。当天下午，适逢黄山市城市建筑勘察设计院陈继腾院长要带来自杭州的几位从事雕塑的人去石屋坑设计雕塑，我就提出再安排一辆车子，同往。于是我就邀上了黄山学院图书馆助理研究员赵懿梅，带着高筠、付丁群，先考察了休宁县流口镇的茗洲村，再到小连口调研。兹将高筠整理出的当天调查记，照录如下：

2013 年 7 月 17 日星期三

今天，第五届“徽文化”研究生暑期学校闭学了，学员都疏散了，而我们在刘老师的带领下开展的调研则进入第二天。

早上 8 点半左右，我和付老师——付丁群，虽然在师从刘老师的界别上我是比她高一届，但她是安徽大学徽学研究中心的老师，年龄也比我大很多，所以我们都称她为付老师——从屯溪交广大酒店搬到了离老师家和屯溪老街都很近的老街苑宾馆。这是老师和陈继腾院长昨晚帮我们预订好了的。每次到徽州来调研，老师都为我们设想得很周到，不让我们为食宿操一丁点心。陈院长也是古道热肠的好人，我来屯溪好几次了，每次住宿问题都是陈院长帮助解决的，他还不辞辛劳地陪着我们一起参与调研。对陈继腾院长，我们真的真的很感谢他啊。

安顿好了之后，我们就电话联系了刘老师，他让我们上午好好休整，并为下午的调研做好准备。中午，我们步行到了老师家，聊了一会天，老师还问了我们宾馆环境怎么样，空调有没有问题。我把昨天在呈坎调研的照片拷了过来，然后就一同去楼下的小餐馆吃了一顿简单但丰盛美味的午餐，餐费当然是刘老师付的，一直如此的啊！吃过午饭，我们就各自回去休息，约定好 2 点钟在老师家楼下集合。

下午 2 点，我们和老师以及赵懿梅师姐会合，与陈院长及另外几人分坐两辆车向流口镇茗洲村进发。过了黟县的渔亭，我们岔进一条山区公路，两边的景色都很好啊。在到达一个路口时，我们都停下，刘老师打了一个电话，然后要陈继腾院长的一辆车径直去汪村镇的石屋坑，我们则拐进著名的茗洲村。

茗洲的历史悠久啊，文化底蕴也很厚，著名的《茗洲吴氏家典》就出自这儿，凡是学习和研究徽州的人都会知道也是必须要读这本书的；茗洲的茶叶也是非常有名的啊……

下午 15 时 40 分左右，我们到达了茗洲村，村长，也是葆和堂茶业有限公司的老总张位海已经在茶厂的门口等候我们。看来刘老师与张村长很熟，一番简单的介绍之后，张村长就带我们看村子。

沿着小路走了一阵，我们来到了一条溪边，刘老师介绍：这就是率水的上游,是新安江的源头。河水真的清澈见底啊,河下鹅卵石的纹路都清晰可见,一条条线似的鱼儿穿梭在石头缝中,河边还有一位老奶奶带着她的孙子正拿着塑料盆在捕小鱼。刘老师和赵师姐都迫不及待地下到了水中,感受这烈日下难得的清爽。受不了这种诱惑,我也脱掉鞋子,踩入水中……

沿河边往下走,我们遇到了一群放完竹排在岸边休息的村民。我和付老师都是第一次见到竹排,兴奋地想站上去拍照,结果发现一脚踩上去竹排很容易下沉。在张村长的帮助下,我们总算站到了竹排上拍照。我们没经验的笨拙样子都被岸边的村民尽收眼底,等我们从竹排踏回岸上,其中一位老人突然来了一句"关关雎鸠,在河之洲,窈窕淑女,君子好逑",把我们给惊着了。一看,这位老人没有什么特别啊,也就典型的山里老农的样子。老师问他是哪一年出生的,他告诉我们是1949年出生的……

离开茗洲,我们坐车继续朝汪村镇进发。17时18分,我们终于来到刘老师确定的这次调研的重点村小连口村,这次是要再次访问汪足意老先生。

刘老师直接带着我们来到溪边的一栋老屋,敲了一下门,没人应声。于是我们到村子周围寻找,没一会儿,在河边一处房子旁,我们找到了一位老人,衣着很是整齐,长衣长裤,不像许多村民在这个季节都是赤着上身。他正是汪足意老人,正和孙女在一起。他向我们介绍说这处房子是他大儿子家,然后热情地把我们迎进了我们之前敲门的房子,即他自己住的家。

刘老师首先跟汪老寒暄了一番,然后就进入了采访正题。17时23分访问开始。以下是两位的问答内容(刘老师简称刘,汪足意简称汪)。

刘:"小连口现在有多少户人家?"汪:"有80多户人家,将近400人口。"刘:"这么多户人家中除了汪姓,还有没有别的姓?"汪:"外姓都是外面来的人了,解放后这里来了姓韩的,姓盛的,姓方的和姓倪的。姓盛的是从流口来的,姓方的是从鹤城来的。"刘:"鹤城的哪一个自然村姓方最多?"汪:"鹤城有个村叫方家,那里姓方的比较多。"

图 4　2013 年 7 月再访汪足意老人

说着,汪老起身到里屋,拿出一叠资料给刘老师,说:“去年你来的时候要我写一下我们宗族的情况,我问了一下,就写了这些,你看看。”我们跟着刘老师看了给的资料,主要是汪老亲手写的一本汪氏族谱,标题是《阅吾族之宗谱》。刘老师显得很高兴,当即要我们拍照,然后继续与汪老聊天。

刘:“您本人是哪一年出生的?”汪:“1944 年出生的。”刘:“您爸爸是哪一年出生的?”汪:“他是属牛的,如果现在还活着的话就 100 多岁了。”刘:“您爸爸是哪年去世的?”汪:“我爸爸去世距今已经有 30 多年了。我 17 岁的时候妈妈就去世了。”刘:“您有没有个祖先叫汪少山?”汪老马上翻看了一下族谱,说:“汪少山是我祖爷,我们喊他太爷爷,是 87 代。”刘:“汪少山的爸爸叫什么名字?”汪:“我搞不清楚。”刘:“是不是叫汪廷俨?”汪:“这我不知道。族谱上面没有记录了。”刘:“有没有个叫汪乾康的?”汪:“有,是我爸爸一辈的。”刘:“您的祖上有没有名字叫汪观子和汪神子的?”汪:“我不知道了,现在的这个族谱是从汪少山开始的，汪少山以上的我就不知道了。”

停了停，刘老师看了一下自己带的本子，上面有需要询问的内容，再问汪老：“你可知道你们家族在清朝后期民国早期有做木材生意的？”汪老马上说：“有，是在杭州。”刘：“有没有汪乾康这个人？”汪：“有，就是这个房子的人，他就在杭州做木材生意。我们是过继来的。”刘老师没有听懂，问：“是你爷爷过继过来的？”汪：“是我爸爸过继来的。”刘：“您爸爸就是汪胡养，他过继给谁？”汪：“我搞不清楚了。”刘：“或者这么说，你们家在杭州做生意的人叫什么名字？”汪：“叫乾康，就是你说的那个。乾康就是这家的。乾康后来死掉了，然后我爸爸，也就是汪胡养，就过继过来了，过继给乾康的爸爸做儿子。”刘老师还与汪老交流了一下，然后刘老师要我记下：“这就是说，汪足意爸爸和汪乾康是同辈的。汪乾康曾经随父在杭州做木材生意，后来死在了杭州，之后，汪足意的爸爸就过继过来了，住到了这栋房子，这栋房子原是汪乾康家的。”对此，汪老点头认同。刘老师接着问汪老：“木材店的店号您记得么？汪同发宝号的名字有没有听过？”汪回答说：“不记得了。”刘：“汪乾康死后，你爸爸就没有再做木材生意了？”汪：“是的，乾康死后，木材行也随着他的死而倒闭了。我爸爸是一直务农的，没离开过小连口，一直呆在小连口。”刘老师笑了笑，说：“您也是啊，一直呆在小连口。您海中毕业以后，第一年干什么？以后又是干什么了？”汪老回忆地说：“我是1962年毕业的，在家务农了5年，1969年以后当了民办学校教师；先在小连口干了10年，后来在汪村镇周围村庄的各个小学轮流干，最后是上大连学校，都是当小学老师；2001年4月学校由民办转公办了，转正第二年我就退休了，退休时我57岁，是病退。”刘老师问汪老现在家人的情况，汪老告诉：“大儿子和媳妇在杭州萧山打工，小儿子在黟县县城打工，小儿媳就是黟县人。大儿子出了车祸，装的假肢，孙女（我们见到的女孩子）是他的女儿。大孙子是黄山学院毕业的，在杭州工作，现在被公司派驻到嘉兴搞电脑工作。”

这时候，陈院长、汪村镇的方恒忠镇长，还有老人的孙女等一行过来了（据说汪村镇的书记汪海清在休宁县城开会，不能来）。我们和老人的孙女聊了一会儿,得知她叫汪乐巧,在池州学院上学,开学就上大三了,刘老师还教导她要好好学习。接着,刘老师指着汪老对陈院长等介绍说:“他的爷爷辈在清朝后期和民国早期的时候是在杭州做木材生意的,还成立了木行,是徽商的后代。”汪老跟着说:“对。我家里现在这个桌子、椅子和案几都是当年从杭州运来的。乾康当年死后,他的棺材也是用水运运到溪口,再请人抬到小连口的。”刘老师又说:“其实,我还知道,当年你爷爷辈的人开木行还不是一家开的,而是与姓吴的、姓程的、姓张的、姓王的等几家联合的开的。”汪老听了,又有点茫然,说:“小连口在解放前就只有我们汪姓的,如果是其他姓也一定是别的村的。”刘问:“你们这里有姓吴的吧,他们是哪里比较多?”汪:“有,上大连都是姓吴的,下大连也是。”刘:“那么我猜你的祖上当年就是和上大连或者是下大连的吴姓等合伙到杭州做木材生意的。”汪老马上说:“有道理,过去我们小连口的人和大连结为亲家的很多。我妈妈和我妻子都是上大连的人,都姓吴。”刘:“你们祖上包括乾康他们做木材生意,是买了这一带的木材,砍了以后,再放排下去卖,还是直接就在外面买卖木材?”汪老说:“这一带也有,外面也有。我们这里的木材是通过水运运到屯溪。”刘:“最近这十几年是不会有木材卖了,在20年前,你们的木材主要是卖到哪里?”汪:“解放后我们的木材都是卖到休宁林业局,卖给木材公司。汪村就有个木材收购站。”刘:“你们这里除了木材之外还有茶叶。在你刚毕业的那时候,小连口的茶叶是卖到哪里去的?”汪:“那时候卖到汪村茶站。”刘:“汪村茶站的茶叶是给谁的?”汪:“是给休宁茶叶公司的。汪村茶站也是属于休宁茶叶公司的。”刘:“你们小连口人有没有直接跟屯溪茶叶公司发生关系的?”汪老想了想,说:“有,我爸爸那时候就将小连口的茶叶直接挑到屯溪去卖。”刘:“就我所知,你们小连口村人过去跟屯溪茶叶公司的关系很好。”汪:“嗯嗯,是的。在解放前,我们小连口还有人在屯溪当茶叶老板的。解放初期,在人民公社没有成立之前,小连口的茶叶还有挑到景德镇、婺源等地去卖的,但是屯溪去得多。”刘:“您还记不记得在1964年的时候,您曾经代笔帮助小连口生产队写过一封给屯溪茶叶公司的感谢信?”汪老笑了,说:“可能写过,我记得有这一回事。但具体写了什么我不记得了。”刘:“当时是哪个叫你写的?”汪:“是队长,名字叫汪利康,也是我堂叔。”停了停,汪老接着说:“现在这里我们辈分最高的就是我叔叔了。我搞的这个谱系,就是问过了我叔叔以后才整理好的。”刘:“您叔叔叫什么名字?”汪:“叫汪正康,是汪利康的哥哥,今年80多,将近90岁了。”刘:“你们每年的茶叶收入怎么样?”汪:“我是不采茶了,茶场都分给大儿子和小儿子了。大儿子一家最近两年茶叶年收入六七千元是有的。我是靠退休工资生活,每个月2 150块钱。退得早就吃亏了,职称都没评呢。我的这点退休工资还要支援儿子、孙子、孙女,日子过得还是紧巴巴的。”刘:“粮食不够吃吧?”汪:“是的,都是靠买,自己一点都没有。我们这里田本来就很少,现在还有许多是荒了,以前的吃粮靠买,现在更是要靠买了。整个小连口村基本都是如此。”刘:“您老伴哪一年去世的?”汪:“去世都有20多年了。我妈妈都去世有50多年了。”

这时刘老师和汪老一起看了一下族谱,汪老说自己的谱名排行是洪字辈,孙子是叶字辈。刘老师笑着问:“汪老,你爸爸为什么给你取名汪足意啊?”汪也笑笑说:“我妈妈是20多岁时结的婚,一直到30多岁都没生育,快40岁的时候才生下我,因此我父母都觉得很不容易了,也很满意了,就给我取名足意。我家就我一个男丁,另外是一个妹妹。”……

18时25分,我们辞别了汪足意老先生,坐车到汪村镇镇政府,晚上是在政府食堂吃晚饭的。晚餐安排了2桌,刘老师、陈院长、赵师姐等和方镇长一桌,我和付老师等在另外一桌。菜很好,我吃得很多……

晚上8点半左右,我们坐车返回屯溪。车开到一半,快22时的时候,我们惊喜地发现路边竟然搭了个临时戏台,吸引了好几百位附近的村民。他们站得密密麻麻,专心致志地欣赏着台上精彩的古装戏演出……

充实的调研活动就这样结束了。我们是空着手去的,却带着沉甸甸的收获归来。

图5　2013年7月访后合影

高筠写的调查记我只是根据我的记忆作了少数文字的补充、修改与完善，变动了一下语言叙述形式。

第二次在小连口的调研时，汪足意先生还拿出了自己写的《阅吾族之宗谱》，其中成册的部分我们仅仅拍了照，他让我拿走的是几页初稿。这些都是与汪氏文书有内在关联的资料，我扫描了初稿，加上拍摄的资料，以“汪足意撰《阅吾族之宗谱》”为名，作为附，一并收入《徽州文书》第五辑中。

谈谈《王源谢氏孟宗谱》的史料采辑原则

阿　风

（中国社会科学院古代史研究所）

摘　要： 明清时代的族谱，重视宗族相关的文书、文献的搜集与整理，逐渐成为宗族文献的集成。不过，族谱作为私籍，不仅编纂过程中存在着“隐恶扬善”的原则，同时很多族谱收录的文本也缺乏考证，可信度受到怀疑。本文以明嘉靖刊《王源谢氏孟宗谱》为中心，分析了族谱的史料采辑原则，说明了该族谱在编纂过程中，也是广泛地参照了正史、文书及诗文等史料，并进行了考证。因此，族谱中的内容，固然不可以轻信、不可全信，但如果能够去伪存真，还是能够发现大量的真实信息。

关键词： 王源谢氏　族谱　史料采集原则

有关宋代以后的区域社会研究，族谱是最为庞大的史料群之一。不过，传统的明清史研究，族谱的利用并不广泛。其中很重要的原因，就是明清时期由宗族主持编纂的族谱被认为是一种私籍①，不仅编纂过程中存在着“书美不书恶”“隐恶扬善”的原则，同时很多族谱的文本也缺乏考证，可信度受到怀疑。明末清初的学者黄宗羲就认为“氏族之谱，无论高门悬簿，各有遗书，大抵子孙粗读书者为之。掇拾讹传，不知考究”，与“方志”并称为“天下之书最不可信者”。②

---

① 关于明代人公籍与私籍观念，参见阿风《公籍与私籍：明代徽州人的诉讼书证观念》，《徽学》第9卷，黄山书社，2013年。当然，“中古谱牒”与“皇室谱牒——玉牒”则有浓厚的官修色彩，其与近世的私家谱牒有所不同。参见武新立《中国的家谱及其学术价值》，《历史研究》1988年第6期；陈爽《出土墓志所见中古谱牒探迹》，《中国史研究》2013年第4期。

② 黄宗羲：《淮安戴氏家谱序》，《黄宗羲全集》第10册，浙江古籍出版社，2012年，第71页。

黄宗羲的说法固然有偏颇之处，但也说明使用族谱时，必须考虑其史料的来源与采辑原则，要考证其内容真伪，这也是族谱能够发挥更大史料价值的前提。本文以明代徽州府祁门王源谢氏家族在明代嘉靖年间编纂的《王源谢氏孟宗谱》为例，概要说明这部族谱的史料采辑原则。

一、关于王源谢氏家族与《王源谢氏孟宗谱》

有关祁门王源谢氏家族，弘治《徽州府志》有云：

> 王公峰，在县南二十五里，为旸源巨镇，高出万仞，不与诸峰接。南唐归宋，银青光禄大夫金吾大将军会稽谢诠弃官挈家，隐居其下，今为土著世家。[①]

这里的“旸源”就是“王源”。王源谢氏源自会稽谢氏，自南唐谢诠弃官居祁门王源，历经北宋、南宋、元，到了明代，谢氏已成为祁门的“土著世家”。[②]“祁门言世族者，必以谢氏为称首。”[③]祁门谢氏有孟、仲、季三宗，但到明代嘉靖年间为止，只有“孟宗”修纂了族谱。嘉靖十六年编定的《王源谢氏孟宗谱》的《后序》中提到其中的缘由：

> 谢氏孟宗谱，谱谢氏之孟宗者。尔谢自南唐金吾公来迁，肇析三宗，而兹独谱孟宗，何也？孟宗懿也，正罔缺也，文献有征也。

孟宗事迹留存，世系不乱，就在于“文献有征也”。

在《王源谢氏孟宗谱》编纂完成后，谢氏族人谢顾写信给其老师、著名学者吕柟先生，请求其为族谱作序。谢顾在信中提到了孟宗族谱的编纂史：

> （谢氏）上、中、前三支，惟不肖孟支谱牒，颇可征信。始修于十三世

---

① 弘治《徽州府志》卷1《地理一・山川・祁门县》。

② 关于王源谢氏家族的发展情况，参见栾成显《明初地主积累兼并土地途径初探——以谢能静户为例》，《中国史研究》1990年第3期；[日]中岛乐章《明代乡村的纠纷与秩序——以徽州文书为中心》，东京：汲古书院，2002年，第86—97页；赵尔波《明清时期祁门谢氏宗族及其遗存文书研究》，安徽大学博士学位论文，2011年。

③《王源谢氏孟宗谱・（金文）祁门谢氏重修族谱序》。

曰良骥，再葺于十五世曰德新，而大纂于十七世曰玉泉、俊民，二十二世佥宪曰润，复增修而续系之。①

孟宗十三世始修宗谱，十五世又加修葺，到了十七世谢玉泉、谢俊民始“大修”。“家谱历四世而三修之，非足于文献之家能之乎。”②到了明代天顺、成化年间，进士谢润③又“复增修而续系之”。从宋代到明代，谢氏孟宗多次编修族谱，先祖图系与事迹得以留存下来。《王源谢氏孟宗谱》收录了北宋庆元、南宋景定、元至顺以及明正统、天顺、成化年间的旧序，以示孟宗修谱的传统。

谢顾在给吕柟的信中还提到，谢润去世后，谢顾的伯父谢元祚继续谢润的事业，“历考家乘、国传并《会稽志》，由近溯远，颇得其实”。最后又由其家兄谢显“越数月编次”。正是经过数代人的努力，新编的族谱实现了“严图系以厚大伦，详文献以昭世德”④的目的。

二、王源谢氏孟宗谱的史料采辑原则

（一）参照公私史籍来考证先祖事迹

在明清朝代编纂的族谱中，如果能够从公私史籍中寻找出先祖，特别是始迁祖的记载，就可以证明其出于著姓、望族，这对于家族而言是莫大的荣耀。《王源谢氏孟宗谱》利用公私史籍，对于祁门谢氏始迁祖谢诠的事迹进行了细致的考证：

始祖南唐金吾大将军诠公家传

裔孙元祚考据，裔孙纹查对，裔孙显撰文

公讳仲宣，字德化（司马公《[五代]通鉴》分注我公尝仕南唐，为齐王府属，因见其本讳）。行定四（《会稽志》、金陵二宗谱所载并同）。后

① 《王源谢氏孟宗谱·附上吕泾野先生启》。

② 《王源谢氏孟宗谱·（金文）祁门谢氏重修族谱序》。

③ 弘治《徽州府志》卷8《人物志》：“谢润，字德泽，祁门旸源人。邃于春秋学，名士多出其门。领景泰庚午乡荐，登天顺庚辰进士，授刑部主事，迁员外郎，以刚介质直闻。寻升浙江按察司佥事，冰蘖之操益励，卒于官。”

④ 《王源谢氏孟宗谱·附上吕泾野先生启》。

因行遁,变名曰诠(按婺源叶君亨嘉撰《何国师灵山碧云庵碑记》:著同先进士侍卫将军游君訔、后进士侍驾将军谢君诠,云云。因知其为变名。如何公变溥为慕真也。然公之变名,非在出戍荆湖之时,盖在唐保大丙辰行遁之时也。叶君撰记未及究其本讳,但因传闻谢将军而遽信其为今名耳)。仍旧行,至今称为诠四公云。宋庆元初,后裔缉本宗瓜系,推崇先德,字以秉伦。皇明弘治间,季宗建柏山祠,奉题神椟,又私谥为忠毅公。曾祖讳兰,字一佳,行壑一。居东山始宁园。祖讳宪,行茂一,感隐德弗仕。父讳遴,字逸之,更名朗,行妥三。唐昭宗天祐六年(已后所叙事,实悉仿会稽漫池、金陵凤东二宗谱,并参校《南唐书》及《纲目纪年》)。升州治战舰,防遏使李知诰罗致豪杰,将大有为。伯兄妥一公闻之,遂筮仕金陵。妥三公时从游学,明经有称,胥与即先烈故长干里居焉,以观时之通晦……(诠)公自少英悟,儒籍兵略,刻意搜通。及长,有文武才……迨南唐烈祖受禅,公始与青社先进士游公訔并就辟为文学,寻转公侍驾将军,游公侍卫将军。常左右匡辟居多。上在位七年殂,太子璟即位,是为元宗。以术士邹翊言,将营牛头山陵。宜春何溥时为国师,逆知罔利,上疏极谏。上怒,欲诛之。公与游将军直侍,为免冠力救,请贷其死。何得谪官休宁。燕王景达,以副元帅置府僚,上更命游、谢为其府属参军……及楚马希萼杀兄自立,判逆并起,要据州郡,上遣将将兵讨之,招降纳附,迁马氏之族于金陵,难遂以平。以功进游公为金紫光禄大夫、卫国上将军;公为银青光禄大夫、金吾大将军……十四年丙辰,周主复帅诸军围攻寿州,唐以齐王景达为元帅,陈觉为监军,使将兵拒周……齐王景达军于濠州,遥为声援,军政皆出陈觉,拥兵五万,无决战意。公在内直,闻其事,叹曰:"任将不专,坐误一至于此。"因请属重元帅,以挠监军之权。上弗听。退且泣曰:"亲不任专,臣不任言,国何恃而能守。事去矣。吾其甘为降虏者耶。"遂弃职以归,变前名,挈家于今新安之祁南而居焉,堂号清隐,以见志云……

大明嘉靖十四年岁次乙未秋八月望日谨书。①

---

①《王源谢氏孟宗谱》卷7《传》。

谢氏始迁祖谢诠的诸多事迹,虽然旧谱有载,但多有讹误。故谢元祚、谢纹、谢显三人参照《资治通鉴》《南唐书》《通鉴纲目》《会稽志》及《何国师灵山碧云庵碑记》等公私文献进行考据、查证,基本上弄清了始迁祖谢诠的家世与身份。通过考证,传说中的始迁祖成了一位历史人物。

(二)备载制诰敕命

吕枏在为《王源谢氏孟宗谱》撰写的序言中写道:

> 王源谢族凡七八百人。自南唐银青光禄大夫讳诠者以来五六百年矣。银青公生三子,居王源者,孟芳之五世强也……分为五卷,始于申伯受谢,至于子孙云仍,罔不明著。其制诰敕命以及艺文,亦皆备载。

吕枏所说的"制诰敕命"是指《王源谢氏孟宗谱》卷8《敕命》所收成化三年至弘治二年的五件敕文:

1. 成化三年十二月赠谢润父母敕命
2. 成化三年十二月十七日封谢润妻吴氏为安人敕命
3. 成化二十二年十一月进行人司行人谢砮为修职郎敕
4. 成化二十二年派遣监察御史谢砮前往两浙专理盐课敕
5. 弘治二年十二月进谢砮为文林郎、封谢砮妻李氏为孺人敕

"敕"作为诏令(王言)的一种,用于封赠、授职。这里收录了明朝政府派遣监察御史谢砮赴两浙专理盐政的敕书,弥足珍贵:

> 敕监察御史谢砮。先因两浙等处地方贩卖私盐者多,兼以运司及各场盐课批验所衙门官吏人等无籍小人并权豪势要人等,通同灶户私煎私贩,以致盐法阻坏。该办盐课,累岁亏欠。客商守支,数年不得。今特命尔前往两浙,专理盐课,提调运司官吏人等,督工煎办,灶丁有缺,量为佥补。仍常巡历行盐地方,提督所在军卫有司官旗弓手人等,缉捕所获私贩之徒,轻则量情发落,重则解京处治,盐没入官。其巡捕官旗人等,敢有与私贩之徒通同作弊者,一体治罪。运司及各场官吏人等,若因循怠忽,旷职废事,或贪图贿赂,亏损官课者,就便拿问。应奏请者,具奏发落。

尔须持廉秉公,设法禁约,严切关防,使人不犯。仍须戒约下人,不许搜求生事,将贫难小民卖盐易食者一概扰害。违者亦须从重究治。务在课完法举,事妥民安,方称任使。尔其勉之、慎之。故敕。

广运

成化二十三年十月初三日

之宝

成化二十三年十月,刚刚继位的弘治皇帝派遣谢辔“前往两浙,专理盐课”。此敕书格式与现存的明代弘治年间的敕书原件基本一致,最后也署押“广运之宝”。[①] 从这张敕书,一方面可以知道谢辔出任两浙巡盐御史的确切时间,弥补了实录、正史中关于谢辔本人的经历记载的缺失;[②]另一方面也可以了解当时两浙巡盐御史的职责、权力等,对于分析巡盐御史制度具有重要的价值。

(三) 集成“名笔”

在明清时代编纂的族谱中,常常收录当时的名人撰写的序文、行状、墓铭等,这些“名笔”构成了族谱的重要组成部分。《王源谢氏孟宗谱》的首序就是请当时著名的学者吕柟来撰写的。序后还附录了吕柟门生谢顾的《上吕泾野先生启》,特别强调了“必得尊夫子一言序诸端,则可以永不朽矣”,可以“少伸尊祖敬宗之私,则幽明感戴无量矣”。

除了谱序外,有关宗族成员的各类序、记、传、墓志铭,“可为后人法者酌

---

① 国家博物馆收藏有弘治四年任命洪汉为云南布政司左参议的敕书原件。参见《中国国家博物馆馆藏文物研究丛书　明清档案卷(明代)》,上海古籍出版社,2006年,第16—17页。

② 李卫等纂:《敕修两浙盐法志》(雍正纂修,乾隆五十七年重镌)卷14《职官・明》:“谢辔,字廷宪,江南祁门人。由进士,弘治元年两浙巡盐御史。”(吴相湘主编:《中国史学丛书》,台北:学生书局,1966年,第1583页)但查《明实录》,成化二十二年八月,实授谢辔为河南道监察御史(《明宪宗实录》卷281);弘治七年六月,“升监察御史谢辔为云南按察司副使”(《明孝宗实录》卷89);而没有关于谢辔出任两浙巡盐御史具体时间的记载。而通过这张敕书,可以知道,谢辔被任命为两浙巡盐御史的具体时间是成化二十三年十月,也就是弘治皇帝刚刚即位后不久。

纪之”①。《王源谢氏孟宗谱》卷 8 在收录了敕书之后,刊载了当时一些著名人物撰写的序文:

1. 程敏政《封监察御史谢公寿序》
2. 程敏政《赠云南按察副使谢君序》
3. 李东阳《赠云南按察副使谢君序》
4. 徐蕃《庆谢处士六十序》
5. 商辂《贺谢秋官受敕命序》
6. 丘濬《赠谢君德泽赴浙江佥宪序》
7. 谢应龙《月蓬序》
8. 张星《寿乐善谢君六十序》
9. 陈淳《谢甥介夫字序》

以上九篇序文的作者多是当世名人。族谱中收录这些序文,可以彰显谢氏一族交流的广泛。

《王源谢氏孟宗谱》的卷 9 与卷 10,则是各种记、训、说、赞、铭等,作者或是亲朋,或是同乡,或是同僚,其中不乏何乔新②、胡富③等当世名人。可以说,《王源谢氏孟宗谱》集成的“名笔”成为“世系”以外族谱最重要的组成部分。

结　　语

唐人刘知幾就认为:“古者言为《尚书》,事为《春秋》,左右二史,分尸其职。”但从《左传》开始,“言之与事,同在传中”,而“言无独录”。因此,他认为:“凡为史者,宜于表志之外,更立一书。若人主之制册、诰令,群臣之章、表、移、檄,收之纪传,悉入书部,题为‘制册’‘章表书’,以类区别。”④在刘知

① 《王源谢氏孟宗谱 · 凡例》。
② 《王源谢氏孟宗谱》卷 9《谦斋记》的作者就是江西人何乔新,时任福建按察使副使。
③ 《王源谢氏孟宗谱》卷 9《守拙轩记》的作者就是同乡绩溪人胡富,时任南京大理寺卿。
④ (唐) 刘知幾撰、(清) 浦起龙释:《史通通释》卷 2《载言》,上海古籍出版社,1978 年,第 33—35 页。

幾看来，史家应该将作为史料的“言”，也就是公文书汇编成册，从而与史书相对照，实现“言事有别”的目的。

然而，刘知幾的这种想法过于繁杂而难以通行，在后世的正史编纂过程中并未受到广泛推崇。[①] 不过，明代中后期，族谱开始借鉴志书、史书的编纂体例，[②]重视先祖传记的书写；同时也重视宗族相关的文书、文献的搜集与整理，实现“代有文献，可为征信”[③]的目的。族谱逐渐超越谱系、传记而成为宗族文献的集成。从这一点来说，民间编纂的族谱在某种意义上实现了刘知幾的“言事有别”的原则。

从《王源谢氏孟宗谱》来看，其利用公私史籍考证其先祖的事迹，同时备载“王言”与“名笔”。其考证先祖事迹，“同者录之，异者辩之，紊者正之”[④]，其间固然会有牵强与附会之处，但也非“掇拾讹传，不知考究”，其编纂者也并不全部是“粗读书者”。因此，族谱中的内容，固然不可以轻信、不可全信，但并非“最不可信者”。《王源谢氏孟宗谱》这种经过仔细考证，“可以家藏为信史”[⑤]的族谱，自然具有极高的史料价值。

---

① 参照[日] 内藤湖南《中国史学史》，上海古籍出版社，2008 年，第 128 页。

② 常建华《宗族志》(《中华文化通志 · 制度文化典》)，上海人民出版社，1998 年，第 293—295 页。

③《王源谢氏孟宗谱 · (方纯仁)王源谢氏重修宗谱序》。

④《王源谢氏孟宗谱 · (谢润)谢氏族谱序》。此文是谢润作于天顺六年。

⑤《王源谢氏孟宗谱 · (谢润)谢氏族谱序》。

《中国家谱总目》徽州家谱条目辩证

冯剑辉(黄山学院马克思主义学院)
陈　玲(黄山学院图书馆)

摘　要:《中国家谱总目》是中国谱学史上的里程碑,所收徽州家谱条目在数量和质量上都远远超过了以往同类著作。但由于客观环境的原因,少数条目中也存在一些缺陷,有待进一步完善。

关键词:《中国家谱总目》　徽州　条目　辩证

由上海图书馆主持、王鹤鸣先生主编的《中国家谱总目》(以下简称《总目》)已经于2008年正式出版了,这是中国谱学研究史上具有里程碑意义的事件。徽州所领歙县、休宁、婺源、祁门、黟县、绩溪六县,是中国家谱编纂的重镇,存世徽州家谱素以数量大、善本多著称,在中国谱学史上具有重要的地位,这在《总目》所载条目中得到了充分体现:《总目》所收各类明本家谱共534种,其中有369种出自徽州,占《总目》明本家谱总数的69%。家谱是徽学研究的重要资料基础,其价值一向为学界所重视。笔者在阅读《总目》徽州家谱条目时,深感它对徽学研究具有极为重要的意义,但由于客观原因,少数条目中也存在着一些缺陷。谨以管见所及,略述一二浅见,以求教于学界。

一、《总目》徽州家谱条目数量与质量超过以往任何著述,极大地方便了徽学研究

《总目》问世以前,收录中国家谱数量最多的是《中国家谱综合目录》(以

下简称《综目》），收录了中国大陆438个收藏单位的14 719种家谱。《总目》编纂历经10年，汇合了国内外超过600家收藏单位，除了《综目》所有的收藏单位之外，还增加了国内收藏家谱数量最多的单位上海图书馆，以及我国港、台地区和国外的多个著名收藏机构，所收家谱达到惊人的52 401种，其阵容之强、历时之久、数量之巨，实为空前未有。丰富的资料，经过编纂者的精心修订，使《总目》所收徽州家谱条目，在质与量上都超过了以往任何一部家谱工具书，为徽学研究提供了极大的便利。

以量而论，《综目》共载有65个姓氏的徽州家谱781种；《总目》则收录了徽州丁、王、尤、仇、方、巴、史、包、吕、朱、江、李、吴、何、佘、余、汪、宋、邵、范、金、周、柯、胡、查、俞、施、洪、姚、耿、莫、庄、夏、马、毕、倪、徐、高、唐、凌、陆、陈、孙、黄、曹、许、章、张、项、叶、万、葛、单、程、舒、冯、游、闵、杨、詹、蔡、裴、齐、郑、欧阳、刘、潘、萧、卢、钱、鲍、韩、戴、谢、丰、苏、罗、谭，共78个姓氏的1 334种家谱。《总目》较《综目》所收，多出尤、仇、巴、施、莫、马、游、闵、蔡、齐、卢、丰、谭13个姓氏，种类则多出553种，即多出了70%。举例来说，歙县是徽州第一大县，汪氏是徽州第一大姓，《综目》收录歙县汪氏家谱共20种，《总目》所收歙县汪氏家谱达56种。《总目》所增补的36种歙县汪氏家谱中，包括明本家谱7种，如嘉靖三十年（1551）刻本《汪氏世纪》4卷、嘉靖三十八年（1559）抄本《唐模上汪汪氏流芳集》10卷、万历元年（1573）刻本《汪氏迁派实录提纲》10卷、万历二十二年（1594）刻本《西沙溪汪氏谱》不分卷，[①]等等，都是具有较高价值的家谱。

以质而论，《总目》继承了《四库全书总目提要》的目录提要传统，在《上海图书馆馆藏家谱提要》的基础上，尽可能地为家谱撰写了提要。编纂者在凡例中指出："本书条目著录项目有谱籍、书名、纂修者与纂修方式、版本、载体形态、装订形式、附注、内容提要及收藏单位。"[②]从具体内容来看，《总目》对所有著录项目都尽可能地予以介绍，而尤其注重家族迁徙的内容，对某些具有特殊意义的家谱则予以重点介绍，如：

---

① 王鹤鸣主编：《中国家谱总目》，上海古籍出版社，2008年，第1213—1215页。

② 王鹤鸣主编：《中国家谱总目》凡例。

159－0320［安徽黟县］弘村汪氏家谱二十六卷首一卷（清）汪纯粹纂修。清乾隆十三年(1748)刻本，十六册。书名据卷端题。版心题汪氏家谱。目录止二十五卷。

始祖仁雅字僻先，由歙县唐模寓金陵经营木材生意，北宋大中祥符中遭祝融之难，挈眷归里，路过黟北，见杉木森茂，欲复业老行，因卜居祁墅，历六世而建炎变作，土匪溃兵乘乱猖獗，祁墅三百人家一爇而烬，裔孙彦济者由是再迁弘村，为弘村始迁之祖。卷首新旧谱序、目录、像赞，卷一世家，卷二至四世传，卷五至十八世系，卷十九至二十一丘墓，卷二十二至二十五事实，末卷节孝。是谱搜集丰富，尤其丘墓及事实卷，保存大量经济和人文资料，其记载古村落消防水系资料颇具史料价值。

上图①

此一条目中对《凡例》要求的所有项目都有著录，而内容提要中则详细介绍了宏村汪氏的迁徙由来，对该谱所具有的特殊的史料价值也予以了重点点评。阅读之下，宏村汪氏的来历和该谱的意义，可谓一目了然。

《总目》为了方便读者，在条目正文之外，还编制了谱名、谱籍、纂修者、堂号、先祖、名人共6种索引，占到全书内容的五分之一，进一步方便了读者对《总目》的检索和利用。编纂者具有很高的学术素养和认真严谨的工作态度，对各单位报送的70 000多个条目进行了认真审订，许多条目几易其稿，保证了全书的质量。凡此种种，都说明了《总目》编纂在中国谱学史上具有的里程碑意义，有学者将其称赞为“中国家谱的总汇，家谱研究的津梁”②，绝非过誉。

二、《总目》徽州家谱的某些条目仍然存在着若干失误

总的来说，《总目》收录的徽州家谱条目质量值得充分肯定，不过，由于

---

① 王鹤鸣主编：《中国家谱总目》，第1220—1221页。

② 葛剑雄：《中国家谱的总汇，家谱研究的津梁》，《安徽史学》2010年第1期。

种种原因,一些条目中也存在缺陷。以笔者过目的家谱而论,依《总目》著录项目,这些缺陷大致可以分为如下几类。

(一) 重复收录,一谱多录

如:

159-0200[安徽]闾川汪氏宗谱六卷汪承浩等纂修。1924年永思堂木活字本,六册。书名据书衣题。版心题汪氏宗谱。

唐越国公华之第七子爽,字子开,徙绩溪登原闾川。①

159-0287[安徽歙县]汪氏宗谱六卷汪鹤年等纂修。1924年永思堂木活字本,六册。书名据版心、卷端题。

是谱为越国公世华子爽分支世系。爽居绩溪登源闾川,历四世,裔孙凤思迁歙县,景瑞迁黟县。②

按:这两个条目内容基本相同,惟纂修者似有不同,但据该谱所载《绩溪邑登源闾川汪永思堂创修宗谱启》可知,汪鹤年为此次修谱的总理兼司账,汪承浩为主笔人③,因此这两个条目记录的是同一种家谱。条目中的谱籍也应该是安徽绩溪。

159-0195[安徽]新安汪氏宗祠通谱四卷首一卷末一卷(清)汪之遴等纂修。清道光二十年(1840)刻本,四册。书名据版心题。④

159-0271[安徽歙县]新安汪氏宗祠通谱四卷首一卷末一卷(清)汪鸣相等纂修。清道光二十年(1840)吴清山祠木活字本,四册。书名据卷端、版心、书名页题。⑤

按:这两个条目情况与《闾川汪氏宗谱》几乎如出一辙,其中所题纂修人的差异,据谱中所载《新安汪氏宗谱通谱纂修职名》,鉴集人中有“翰林院

---

① 王鹤鸣主编:《中国家谱总目》,第1209页。

② 王鹤鸣主编:《中国家谱总目》,第1217页。

③ 汪承浩:《汪氏宗谱》卷1,民国十三年(1924)木活字本,黄山学院图书馆藏。

④ 王鹤鸣主编:《中国家谱总目》,第1208页。

⑤ 王鹤鸣主编:《中国家谱总目》,第1215—1216页。

修撰彭泽县裔孙鸣相”，倡集人中有“国学生双溪裔孙之遴”①，汪鸣相与汪之遴都是修谱人，这两个条目所载为同一家谱。

221－002［全国］清华胡氏统谱二十四卷首一卷末一卷胡鸣鹤等纂修。1917年刻本，二十二册。存卷首、卷三、五至十四、十六至二十四、卷末。书名据版心题。书名页题婺北清华胡氏宗谱。十修本。②

221－0470［江西婺源］清华胡氏宗谱二十四卷首一卷末一卷胡鸣鹤等纂修。1917年勋贤堂木活字本，二十六册。书名据书衣题。书名页题婺北清华胡氏宗谱。十修本。③

按：此谱因各收藏单位存卷不同，著录谱籍不同，以致分成两条收录，其实是同一种婺源家谱。

318－1173［安徽祁门］竹溪陈氏墓祀录三卷纂修者不详。明刻本，一册。

始祖轶，唐末占籍江西浮梁。始迁祁门祖曰子京，卒葬竹源探花郎坞，故谱名冠以竹溪二字。卷一世系，卷二世墓，卷三墓田、田券契约、祭器、仪节。④

611－0747［安徽祁门］竹溪陈氏墓祀录三卷纂修者不详。明嘉靖十三年（1534）刻本，四册。书名据卷端题。

始祖轶，又名永镇，字彦文，唐末占籍江西浮梁。始迁祁门祖曰子京，卒葬竹源探花郎坞，故谱名冠以竹溪二字。卷一世系，卷二世墓，卷三墓田、田券契约、祭器、仪节。⑤

按：依《总目》体例，“本书收录的家谱基本上具有家族世系。……祠谱、牌册及考订家族世系源流的著作等入‘附录’”⑥。从收录的实际情况

---

①（清）汪之遴：《新安汪氏宗祠通谱》卷首，清道光二十年（1840）木活字本，上海图书馆藏。
② 王鹤鸣主编：《中国家谱总目》，第1657页。
③ 王鹤鸣主编：《中国家谱总目》，第1706页。
④ 王鹤鸣主编：《中国家谱总目》，第2427页。
⑤ 王鹤鸣主编：《中国家谱总目》，第5091页。
⑥ 王鹤鸣主编：《中国家谱总目》凡例。

看,大多数祠墓录、墓志依凡例都被收入了附录,然而《竹溪陈氏墓祀录》虽为祠墓录,却包涵了世系,既可入家谱,也可入附录,各单位报送时被归入了不同类别,以致造成重复收录。

有些条目在内容上看似差异较大,实际上仍是同一种家谱。如:

360－0001[全国]张氏统宗世谱二十卷文献不分卷(明)张维等纂修。明嘉靖间刻本,九册,包背装。①

360－0002[全国]张氏统宗世谱二卷(明)张士镐等纂修。明嘉靖间刻本,一册。存卷上。②

360－0981[安徽]张氏统宗世谱二十一卷(明)张宪纂修。明嘉靖九年(1530)抄本,十册。③

360－0982[安徽]张氏统宗世谱三十一卷目录二卷内纪十八卷文献十一卷(明)张宪纂修。明嘉靖十四年(1535)刻本,书名据版心、目录、卷端题。④

按:这四个条目收录的也是同一种家谱,因各收藏单位报送的条目有差异,所以被当作了四种不同家谱。细查该谱所载《张氏会修统宗世谱职名》,张维、张士镐为本谱通纂,张宪则为主修,⑤故有分别题为张维、张宪、张士稿纂修。本谱卷首有嘉靖九年费宏序,卷末则有嘉靖十四年程昌后序,故有分别题嘉靖九年或嘉靖十四年纂修,实际上应作嘉靖十四年。查阅原谱后得知,前三个条目的家谱均没有目录,收藏单位依据存谱状况记录卷数,第四个条目家谱中有目录,且相对完整,本谱著录卷次应以第四个条目为准。

少数重复收录与校对有关。如:

501－0007[安徽黟县]黟南欧村欧阳氏族谱不分卷 纂修者不详。清抄本,一册。记事至清康熙间。书名据卷端题。

① 王鹤鸣主编:《中国家谱总目》,第2990—2991页。
② 王鹤鸣主编:《中国家谱总目》,第2991页。
③ 王鹤鸣主编:《中国家谱总目》,第3086页。
④ 王鹤鸣主编:《中国家谱总目》,第3086页。
⑤ (明)张宪:《新安张氏统宗世谱》目录前卷,明嘉靖十四年(1535)刻本,河北大学图书馆藏。

始祖万，又名安福府君，唐代人。始迁祖文一，字朝奉，宋代迁黟南始迁欧村。谱载世系图、行传、诗等。

历史所　上图　山西家谱　美国犹他①

501－0012［安徽黟县］黟南欧村欧阳氏族谱不分卷 纂修者不详。清抄本，一册。记事至清康熙间。书名据卷端题。

始祖万，又名安福府君，唐代人。始迁祖文一，字朝奉，宋代迁黟南始迁欧村。谱载世系图、行传、诗等。

历史所　上图　山西家谱　美国犹他②

按：这两个条目内容完全一致，显然是同一种家谱。两者之间只隔了四个条目，却没有被检查出来，显然是后期校对中不够细致造成的。

（二）谱籍有误

1. 有外地谱被列为徽州谱。如：

035－261［安徽歙县］河南方氏宗谱十卷首一卷方增云主修。……始迁祖庚生，字遯夫，号逸斋，后梁时自歙县篁墩迁居梧冈西楼。③

按：梧冈西楼方氏确实是从歙县迁出，但梧冈西楼并不在歙县。据谱中所载，宋元丰元年（1081）方师颜序称："庚生公，吴越王钱镠征为迪功郎，防守衢郡，而巢雄余党延久未消。有韩侯者寇饶掠衢，公暨弟率后御于饶之边界，……后俱徙衢之开化，……庚生公徙梧板西楼。"④道光四年（1824）夏瑜序则称："开邑，古越绝壤，地称不毛，汉列中国，至汴宋太平兴国六年升场为县。而我夏当唐季乾符时，以巢冠由歙迁开；方氏则当吴越王钱镠时，庚生公以剿灭巢雄余党韩侯功，由迪功郎进秩大夫，卜居开之西楼。"⑤可见梧冈西楼在浙江衢州府开化县，依《总目》体例，谱籍应为浙江开化。

① 王鹤鸣主编：《中国家谱总目》，第2401页。
② 王鹤鸣主编：《中国家谱总目》，第2402页。
③ 王鹤鸣主编：《中国家谱总目》，第356页。
④ 方增云：《河南方氏宗谱》卷1，民国三十四年（1945）木活字本，上海图书馆藏。
⑤ 方增云：《河南方氏宗谱》卷1。

150-0177[安徽徽州]临淮余氏宗谱十二卷首一卷末一卷(清)余学湘等纂修。……书名据版心、卷端题。目录题萝蔓余氏合修宗谱。

始祖蝉,字惇夫;联,字诚夫,晋代人。后裔散居丰厚、儒洪、坪上、岭西、横山、平阳一带。①

按:此谱余氏究竟属于何地?据谱中崇祯十六年(1643)余国祯序称:"晋尚书蝉公,字惇夫,永嘉元年,偕弟诚夫徙吾遂之城东十五里连里乡九势山下萝蔓塘,卜居焉。"②顺治十年(1653)余应详序中称本族为"遂阳余氏"③。"遂邑""遂阳"即浙江严州府遂安县,条目中所列余氏所居村落也都在遂安县。遂安县今已并入淳安县,依《总目》体例,谱籍应为浙江淳安。

2. 有徽州谱被列为外地谱。如:

221-0315[安徽阜阳]清华胡氏勋贤正谱十八卷首一卷末四卷(清)胡耀祥等纂修。……

始祖学,谱称常侍公,唐代人,居婺邑,生有八子,尔后八子分迁不一。世居东园(今安徽阜阳市)者为四子延晖之子文闾,行第五,是为始迁祖。

重庆图④

按:查阅重庆图书馆所藏本谱,仅卷首一册,内容为谱序及目录,提及东园皆称在徽州婺源县清华镇。《总目》所载同一宗系的婺源清华胡氏勋贤族谱条目颇多,如乾隆二十八年(1763)刻本《清华胡氏勋贤统谱》、1916年木活字本《清华东园胡氏勋贤总谱》,谱籍皆为婺源。天顺二年(1458)刻本《清华胡氏族谱》条目则称本族"由歙县黄墩迁婺北清华之东园"⑤。反复检验,本谱属徽州婺源,与阜阳无关。

---

① 王鹤鸣主编:《中国家谱总目》,第1161页。
② (清)余学湘:《临淮余氏宗谱》卷1,清光绪三十四年(1908)木活字本,上海图书馆藏。
③ (清)余学湘:《临淮余氏宗谱》卷1。
④ 王鹤鸣主编:《中国家谱总目》,第1691页。
⑤ 王鹤鸣主编:《中国家谱总目》,第1705页。

124－0747［浙江东阳］星源严田李氏宗谱八卷首一卷末一卷（清）李芳等纂修。清乾隆四十七年（1782）刻本，十册。①

按：星源即婺源，严田镇属婺源，查阅上海图书馆所藏本谱，确为婺源严田所修，《总目》此条前后共有七种婺源严田李氏家谱，谱籍均题为婺源，此条题为东阳显然有误。

3. 在徽州各县之间也有一些失误。如：

135－0753［安徽休宁］吴氏正宗谱一卷（清）吴允榕纂修。②

按：徽州吴氏多为唐代休宁人吴少微后裔，但本谱中吴允榕谱序称“六十一世少微公居新安休邑，……惟七十一世五公由休邑迁歙富饶，……视他派为极盛”③，本谱实为歙县富饶派的支谱。本谱世系、行实所载，也主要是富饶以及由富饶迁到歙县各地的吴氏，因此，本谱属歙县，而非休宁。

326－0494［安徽歙县］黄氏光禄家庙四卷（清）黄佩玉等纂修。……

始祖珀，字廷辑，号野湖，宋代人。始迁祖文四，元代人。④

按：本谱有黄佩玉序言，称：“我族自始祖珀公由湖广麻城发解本省，宋天圣己巳知歙州，泽灌封邑，民怀其惠，当迁泣留，因家歙焉。十传至文四公，于元大德甲辰自歙徙居绩东，此绩溪之始祖也。”则本族实居绩溪。谱内所载家庙在绩溪城内，故本谱为绩溪谱，非歙县谱。

4. 有列为谱籍不明而实际可考证为徽州的。如：

159－0365［安徽］松明族道坦公支谱不分卷（清）汪兆麟纂修。清嘉庆二十二年（1817）刻本，一册。书名据版心题。书签题千秋里汪氏支谱。

谱籍不明。始迁祖大有，字蓄之，号柳山，宋代人。⑤

---

① 王鹤鸣主编：《中国家谱总目》，第777页。

② 王鹤鸣主编：《中国家谱总目》，第1705页。

③（清）吴允榕：《吴氏正宗谱》序，清乾隆十二年（1747）刻本，中国国家图书馆藏。

④ 王鹤鸣主编：《中国家谱总目》，第2698页。

⑤ 王鹤鸣主编：《中国家谱总目》，第1225页。

按：此松明汪氏究竟在何地？明万历年间，歙县人汪道昆纂修有《汪氏十六族谱》（《总目》序号 159－0265），其序言称："处士思立公复迁歙之唐模，是为歙之别祖也。……历五世而始分，……德昌、德暹二公以还，分为十六族，曰唐模，曰稠墅，曰大里，曰潜口，曰西山，曰信行，曰丛睦，曰古城关，曰松明山，……"①该谱分表世表内则载："松明山，千秋里，大有公由唐模迁松明山，是为松明山祖。"②可见松明山为汪道昆谱中所载歙县十六族之一，本谱谱籍可定为歙县。

一些早期家谱的谱籍错误往往会影响到同族后续修谱的谱籍认定。依《总目》体例，"同一宗系的家谱，于最早版本条目上记载始祖和始迁祖的名、字、号及迁徙情况，以后的续修谱题先祖同上"③，因此，一旦某一早期版本的谱籍地有误，可能导致同一宗系的其他家谱皆误。如：

> 014－1269［安徽歙县］王氏统宗世谱（明）王廷昉纂修。明万历三十五年（1607）刻本，一册。……
>
> 始迁祖璧，唐咸通间自太原迁居歙之苦竹巷，子孙散居绩溪、祁门、宣州、休宁、泾县、旌德等地。④

按：王璧后裔是徽州大姓，自称"新安琅琊王氏"，存世家谱甚多。《总目》依谱中所叙王璧"迁歙之苦竹巷"，认为该族居于歙县，不但将本谱定为歙县谱，而且将同一宗系的四种家谱也定为歙县（《总目》序列号为 014－1270、014－1271、014－1272、014－1276）。实际上，王璧并非迁居歙县，而是祁门。该谱中洪武二十一年（1388）解缙序称："王氏自唐金紫光禄大夫、检校兵部尚书大猷始，大猷讳璧，谏议大夫鐬从子，……大猷往依杨渥于宣州，定居歙之祁门县苦竹港。"⑤徽州府县志也都称王璧为祁门人。王璧为唐末五代人，当时尚为歙州，至宋徽宗宣和五年（1123）方改为徽州，"歙之苦竹

---

① （明）汪道昆：《太函集》卷 26，黄山书社，2004 年，第 556 页。

② （明）汪道昆：《汪氏十六族谱》卷 6，明万历二十年（1592）刻本，上海图书馆藏。

③ 王鹤鸣主编：《中国家谱总目》凡例。

④ 王鹤鸣主编：《中国家谱总目》，第 171 页。

⑤ （明）王宠：《新安王氏统宗世谱》卷 1，明正德十年（1515）刻本，上海图书馆藏。

卷”中的“歙”，为歙州，非歙县。由王璧后裔纂修的这五种家谱都是祁门谱，而非歙县谱。

（三）纂修时间有误

1. 有纂修时间错误的。如：

326－0511［安徽祁门］左田黄氏宗派图不分卷（明）黄天衢纂修。明末刻本，一册。书名据卷端、谱序题。①

按：该谱唯国家图书馆有藏。查阅该谱世系图，黄天衢为宋代人，谱中有《左田黄氏宗派图序》一篇，也题为宋建炎三年（1129）黄天衢作，将他作为明代人是不妥的。该谱末尾有黄士埙《宋谱重镌跋》一篇，称在祁门族人处获得黄天衢“宋谱故本”，将其重新刊印，但跋文末尾撰写时间损毁，难以确定刊印具体时间。跋文落款作“赐进士出身、儒林郎、翰林院编修加一级、丙辰礼闱充同考官、前庶吉士、左田分支四十六世孙士埙拜书”②。据康熙《休宁县志》记载，黄士埙为休宁高堨人，康熙十二年（1673）进士，“选庶常，授编修，……丙辰，分校礼闱，……乙丑还京，分纂《一统志》，未及成书，卒年五十三”③。可见，黄士埙刊印该谱时间在康熙十五年（丙辰，1676）以后，该谱应为康熙年间刻本，并非明末刻本。

554－0147［安徽休宁］休宁隆阜戴氏宗谱不分卷 戴氏合族纂修。清末抄本，二册。④

按：查阅原谱，可以看出此谱实为民国年间戴氏后裔抄撮隆阜戴氏历代家谱文献而成。谱内有数篇民国时期文献，时间最晚的为民国三十五年（1946）戴传贤的书后，故本谱是民国年间抄本，题清末抄本不妥。

585－0074［安徽歙县］罗氏宗谱（清）罗应元纂修。据清乾隆十八

---

① 王鹤鸣主编：《中国家谱总目》，第2700页。

② （清）黄士埙：《左田黄氏宗派图》，清康熙刻本，中国国家图书馆藏。

③ （清）廖腾煃：《休宁县志》卷6，清康熙三十二年（1693）刻本，黄山学院图书馆藏。

④ 王鹤鸣主编：《中国家谱总目》，第4685页。

年(1753)稿本复印。①

按:该谱实为罗氏后裔抄撮多种家谱资料而成,其记事下限为民国三十三年(1944),有当年九月的舜臣公祠晋主的有关内容,因此该谱应为民国抄本,非乾隆稿本。

2. 有纂修时间还可以进一步明确的。如:

400-0180[安徽歙县]新安程氏世忠原录琼公支谱十卷(清)程有高等纂修。清康熙间刻本,一册。②

按:该谱卷首有程有高序言,落款作"皇清康熙庚寅岁修职郎裔孙有高百拜撰"③,康熙庚寅即康熙四十九年(1710),谱内记事亦无晚于康熙四十九年的。《总目》对版本年代有明确规定:"版本年代主要依据书名页、牌记镌刻的年代著录。若原谱缺少书名页、牌记,则据版心所题的纂修时间或序跋所反映的年代著录。"④因此,依《总目》体例,本谱纂修时间可定为康熙四十九年。

400-0237[安徽祁门]程氏家乘不分卷 程大藩等纂修。明万历间刻本,四册。⑤

按:该谱卷首有余士奇序言,落款作"万历庚子年赐进士出身颖祁门县事文林郎余士奇书"⑥,万历庚子即万历二十八年(1600),谱内记事也没有比这更晚的,本谱纂修时间依例可定为万历二十八年。

521-0237[江西婺源]婺源桃溪潘氏本宗谱十六卷(明)潘珏等纂修。明正德间刻本,二册。⑦

---

① 王鹤鸣主编:《中国家谱总目》,第4891页。

② 王鹤鸣主编:《中国家谱总目》,第3430页。

③ (清)程有高:《新安程氏世忠原录琼公支谱》序,清康熙四十九年(1710)刻本,中国国家图书馆藏。

④ 王鹤鸣主编:《中国家谱总目》凡例。

⑤ 王鹤鸣主编:《中国家谱总目》,第3436页。

⑥ (明)程大藩:《程氏家乘》序,明万历二十八年(1600)刻本,中国第一历史档案馆藏。

⑦ 王鹤鸣主编:《中国家谱总目》,第4669页。

按：本谱卷末有程曾所作书后，落款时间为正德丁丑，即正德十二年（1517），谱中记事以此年最晚，故本谱纂修时间依例可定为正德十二年。

（四）纂修者有误

如：

328－0137［安徽歙县］曹氏统宗世谱不分卷 纂修者不详。明万历四十三年（1615）刻本，二册。①

按：《总目》此条依据上海图书馆藏谱著录，因谱有残缺，纂修者无法辨出。安徽省图书馆所藏本谱较为完整，卷首有曹光东序言，称："予侪辈不辞拮据，不惜己赀，研仿谱例而复梓焉。"②依此可知，本谱纂修者为曹光东。

014－1569［江西婺源］武口王氏统宗世谱不分卷（明）王铣等纂修。明隆庆四年（1570）刻本，三册。

……

014－1570［江西婺源］武口王氏统宗世谱二十四卷（明）王铣等纂修。明天启四年（1624）刻本，十六册。书名据版心题。卷端题新安武口王氏重修统宗惇叙支图。

先祖同上。是谱倡修于明嘉靖三十八年，历十二年始成。③

按：此为同一宗系的明代两次修谱。其中天启四年谱内"万历己未会"下有"倡修，乐野鸣春，廿三世孙"④，谱中还有万历四十七年（己未，1619）王鸣春所定凡例。据乾隆年间该派续修谱称："鸣春，戊房武口二十三世孙，字继阳，号乐野，天启年间倡修总谱。是谱始于万历年间，成于天启年间。"⑤因此，天启四年谱纂修者应为王鸣春，而非王铣。另外，天启四年谱提要称"是谱倡修于明嘉靖三十八年，历十二年始成"，嘉靖三十八年（己未，1559）至天

---

① 王鹤鸣主编：《中国家谱总目》，第2822页。
② （明）曹光东：《曹氏统宗谱》序，明万历四十三年（1615）刻本，安徽省图书馆藏。
③ 王鹤鸣主编：《中国家谱总目》，第198页。
④ （明）王鸣春：《武口王氏统宗世谱》会编录，明天启四年（1624）刻本，上海图书馆藏。
⑤ （清）王文进：《新安武口王氏总谱》首集，清乾隆四十五年（1780）刻本，黄山学院图书馆藏。

启四年(1624),何止十二年?这段提要实际上是隆庆四年谱的内容,该谱中王铣序称"嘉靖己未春,尊老倡统宗谱之议"①,可知该谱倡修于嘉靖三十八年,至修成的隆庆四年(1570),首尾恰十二年。不知何故,这段提要被移入天启四年谱条目中,以致产生失误。

(五)内容提要有误

如:

014－1296[安徽祁门]祁西若溪琅琊王氏家谱六卷附一卷(清)王应仕等纂修。……

始祖同上。始迁祖霸、吉、昱,璧九世系,再移居若溪。

按:此条提要内始迁祖有误。据谱内《上箬王氏重修支谱序》称:"唐兵部尚书加金紫光禄大夫讳璧,字大献,由杭迁祁,卜居邑西苦竹港,遂家焉,是为吾祁王氏之始祖。而上箬则系出尚书公八子通议大夫思谅公后也。思谅公长子敬显析居山口,传十三代文保公,居箬溪,文保公子三,季曰三九。三九公子三,长曰七五,迁上箬,季曰胜三,胜三公季子麟卿四传至伯升公,继迁上箬,由明迄今数百年矣。"②从中可知,此谱为三九公后裔所修。又据谱内卷二世系图,王璧九世孙中有霸、吉、昱三兄弟,俱迁祁门长溪,昱五世孙文保,文保生万一、三八、三九,故霸、吉、昱三人并非上箬始迁祖,霸、吉两人更不是若溪王氏的直系祖先。本谱始迁祖应作三九。

318－1172[安徽休宁]陈氏宗谱七卷(清)陈丰纂修。清康熙十二年(1673)刻本,二册。……

先祖同上。……有五代后唐张宪、宋宗思、宗之茂,元曹泾,明朱升、陈观、王守仁、杨廷和、李安、林瀚、汪奎序;清沈寿山跋;元陈栎、揭茎斯、明程敏政文。③

---

① (明)王铣:《武口王氏统宗世谱》序,明隆庆四年(1570)刻本,上海图书馆藏。

② (清)王应仕:《祁西若溪琅琊王氏家谱》序,清光绪二十一年(1895)刻本,上海图书馆藏。

③ 王鹤鸣主编:《中国家谱总目》,第2427页。

按：查阅本卷，有宋代开庆年间南昌族人陈思、绍兴年间锡山族人陈之茂所撰两篇谱序，谱中录入这两篇序言时作者题为“宗思”“宗之茂”①，是指系出同宗，并非二人姓宗，撰写提要时仍应作陈思、陈之茂。“揭茎斯”，则是揭傒斯之误。

（六）姓氏归类、谱名确定、卷次著录方面也偶有失误

姓氏归类之误如：

> 150－0196［安徽绩溪］余川村志汪本铨纂修。2004年排印本，一册，平装。②

按：《总目》汪氏家谱（159类）中收录有“159－0354［安徽绩溪］余川越国汪氏族谱二十卷首一卷末一卷”③，绩溪余川村为汪氏聚居地，非余氏。《余川村志》所记载的人物也是汪氏家族的，将其归类为余氏（150类）是不妥的。

谱名之误如：

> 014－1275［安徽歙县］武口王氏统宗世谱不分卷（清）王遇纂修。清抄清雍正元年（1723）修本，一册。书名据版心题。谱序题歙邑虹源王氏族谱。……
>
> 始祖仁裕，字民表，武口始祖翔之孙，谱称六府君。十一世祖渊迁常州，旋为徽州府教授，后裔遂留于徽。始迁祖行千三，别号虹源老人，第十四世祖，宋末隐居徽州虹源。④

按：依《总目体例》，谱名“以各处题名中所含信息量较大，且能正确反映谱主的居地、姓氏、本次纂修次数的著录”⑤。本谱中版心与谱序题名不一，武口在婺源，是王氏祖居地，而虹源在歙县是本谱王氏聚居地，较能正确

---

①（清）陈丰：《陈氏宗谱》卷7，清康熙十二年（1673）刻本，上海图书馆藏。
② 王鹤鸣主编：《中国家谱总目》，第1163页。
③ 王鹤鸣主编：《中国家谱总目》，第1223页。
④ 王鹤鸣主编：《中国家谱总目》，第172页。
⑤ 王鹤鸣主编：《中国家谱总目》凡例。

反映谱主的实际居地,故本谱题名当从谱序为"歙邑虹源王氏族谱",而不应从版心题名。

卷次著录之误如:

326－0491[安徽歙县]新安黄氏大宗谱不分卷(清)黄世恕等纂修。清乾隆十七年(1752)刻本,二十四册。书名据卷端题。目录题新安横塘纂修黄氏大宗谱。

此谱系新安黄氏左田一派之统宗谱。……卷首墓图,卷二至五传、记、行状、墓志,卷十五祖像。又一册载各支旧谱序及黄瑜所作《谱辨》。①

按:此条内称本谱不分卷,而提要内又载入了本谱的若干卷次,自相矛盾。这是因为《总目》依据上海图书馆藏本著录,而上海图书馆藏本不完整,又没有目录,只能依据存谱著录卷次。检阅国家图书馆所藏本谱目录,本谱卷次应为二十四卷首一卷文献十五卷。另外,据谱中内容,目录题名中"横塘"应为"横槎"。

(七)编辑校订过程中也存在少量失误

以下略举数条:

014－1290[安徽祁门]环溪王氏家谱二卷(清)王启招等纂修。清嘉庆五年(1800)履和祠木活字本,二册。

始祖同上,始迁祖良一,行十九、宋代人。②

按:本谱内吴云山谱序称:"新安自兵部尚书大猷公迁祁西苦竹港,为王氏始祖,九子皆显,居祁者五,思谅公其一也。思谅公,尚书八子,其蕃衍在祁与迁外者较数子为尤盛。环溪王氏,思谅公裔曰文保公,思谅公十三代孙,由山口迁。所名履和祠,文保公长子万一公之支属也。"③则本谱始迁祖为"万一",非"良一"。

① 王鹤鸣主编:《中国家谱总目》,第2698页。

② 王鹤鸣主编:《中国家谱总目》,第173页。

③ (清)王启招主编:《环溪王氏家谱》序,清嘉庆五年(1800)刻本,中国国家图书馆藏。

035－252［安徽歙县］歙西联野岩镇信行陈村方氏宗谱六卷（清）方逢义纂修。清康熙四十一年（1702）抄本，四册。书名据系图卷端题。①

按：查本谱卷端所题，作“歙西联墅岩镇信行陈村方氏宗谱”，条目中“联野”为“联墅”之误。

135－0705［安徽歙县］新安龙台吴氏谱图续编二卷（清）吴家藻纂修。

按：查阅本谱，封面及卷端俱作“新安左台吴氏谱图续编”，“龙台”为“左台”之误。

135－0739［安徽休宁］左台吴氏谱图续编不分卷（清）吴云岫纂修。……

先祖同上。谱载城民渚口支派世系年表。②

按：查阅本谱内容可知，“城民”当作“城门”。

328－0138［安徽休宁］休宁曹氏统宗谱十五卷（明）曹浩等纂修，（明）曹嗣轩等纂修。…书名据谱序题。版心题曹氏宗谱。书签、书衣题忠考曹氏统宗谱。③

按：本谱书签、书衣俱题“忠孝曹氏统宗谱”，“忠考”乃“忠孝”之误。

345－0238［安徽歙县］许氏思替堂世谱不分卷 纂修者不详。④

按：查阅本谱可知，“思替堂”乃“思养堂”之误。

400－0140［安徽徽州］新安程氏世谱正宗不分卷（清）程浩明等纂修。……

---

① 王鹤鸣主编：《中国家谱总目》，第3561页。
② 王鹤鸣主编：《中国家谱总目》，第983—984页。
③ 王鹤鸣主编：《中国家谱总目》，第2822页。
④ 王鹤鸣主编：《中国家谱总目》，第2891页。

……内有清康熙十年杨万里撰新安程氏世谱正宗序。①

按：据谱内所载，本谱谱序为“程万里”所撰，非“杨万里”。

543-0052[安徽歙县]棠越鲍氏宣忠堂支谱二十二卷（清）鲍琮纂修。……

始祖荣，宋代人。始迁祖象贤，字复之，号思庵，定忠堂支祖，明代人。②

按：本谱堂号，题名作“宣忠堂”，提要作“定忠堂”，查阅原谱，应为宣忠堂。

611-0392[安徽绩溪]汪氏登原藏稿不分卷 登原藏稿题咏三卷首一卷附录一卷（清）汪泽等纂修。……

……题咏录辑宋苏轼以来历史题咏越国公汪华墓之作。③

按：据谱内所载，“苏轼”为“苏辙”之误。

（八）收录条目有待完整

《总目》在编纂过程已经尽可能地涵盖了存世中国家谱，所收条目总数达《综目》三倍以上，取得了巨大的成绩。不过，所收录的条目仍不够完整，除了相当数量的民间私藏家谱实际上难以涵盖之外，参与《总目》编纂合作的一些重要收藏单位本身仍有一定数量的家谱未被列入条目。这与各单位家谱收藏状况密切相关，有的单位设有专门的部门负责家谱收藏，更多的则是将家谱列为古籍或地方文献，没有专门的收藏部门，甚至有将家谱分属几个部门收藏的。列为古籍的家谱，其归类也不尽一致，有的单独归类，有的则列入传统四部分类法中的史部传记类。由于事无专属，归类不一，难免会有疏漏。以上海图书馆而论，该馆古籍部善本中有十余部家谱，都是徽州家谱，如明成化刻本《休宁藏溪汪氏世谱》（馆藏编号：线善 T267371-74）、弘

---

① 王鹤鸣主编：《中国家谱总目》，第 3427 页。
② 王鹤鸣主编：《中国家谱总目》，第 4620 页。
③ 王鹤鸣主编：《中国家谱总目》，第 5060 页。

治刻本《新安黄氏会通谱》(线善 810983－90)、嘉靖刻本《绩溪西园汪氏重修族谱》(线善 826131－32)、隆庆刻本《新安休宁古城程氏宗谱》(线善 805158－61)等,均属罕见家谱,却未能收入《总目》,不免令人惋惜。

另外,古徽州地区收藏徽州家谱的单位中,只有安徽中国徽州文化博物馆(原黄山市博物馆)一家参与了《总目》编纂,另有多个单位并未参加。如黄山学院,作为古徽州地区唯一的一所高等院校,是收藏徽州家谱较多的单位之一,现收藏有 65 个姓氏的 279 种家谱,内有 133 种为《总目》未曾收录者。这些未曾著录的家谱中,不乏善本和罕见之本,因已有专文[①]介绍,此处从略。

三、失误原因与改进对策探讨

在《总目》的 1 334 种徽州家谱中,笔者过目的约 300 种,其中有 50 余种《总目》著录条目中存在着各类的问题,本文中已列举的有 30 种。当然,在《总目》巨量条目中,存在问题的只是少数,不过,仍然值得重视。这些失误的产生,除了校订中难以避免的少数疏忽外,究其主要原因,是《总目》编纂的客观环境造成的。《总目》由上海图书馆主持,由其他单位协助,以上海图书馆工作人员为主体的编纂者,对非本馆的家谱,主要依靠其他单位报送的条目,而不能对家谱本身一一进行查阅。因此,各单位报送的条目底稿质量就非常重要,在诸如谱名、人名、时间、谱籍一类的问题上,如果底稿出现差错,编纂者又没有其他可资参考的资料存在,是很难改正的。如汪氏家谱类中有国家图书馆藏正德十三年(1518)年汪松寿纂修《汪氏渊源录》10 卷,又有其他单位所藏正统十三年(1448)年汪松寿纂修《汪氏渊源录》10 卷。[②] 比对两谱后,可发现两者完全相同,就是同一种家谱;经查询得知,有关单位在组稿时误将“正德”写成“正统”,以致误为两谱。检阅各单位原有收藏条目后,可以看出,编纂者对各单位底稿中的舛误之处已经进行了许多纠正,并

---

① 陈玲、冯剑辉:《黄山学院图书馆馆藏徽州家谱简介》,《黄山学院学报》2012 年第 1 期。
② 王鹤鸣主编:《中国家谱总目》,第 1204 页。

对文字进行了大量的润色工作，然而，在无法查阅原谱的情况下，一些失误终究是难以纠正的，甚至是不可避免的。

由于编纂环境造成的失误，在当前进行改正有很多困难，需要认真探讨相关对策。以目前的管理体制和人力、物力投入来看，尚难组织专门力量对各单位家谱进行查阅，并对有关条目进行修正，也不太可能由各单位再次对各自条目进行全面修订。《总目》编纂者提出要将《总目》进行数字化，并已经进行了互联网的用元数据著录家谱的开放性的实验，①这应该是对《总目》进行改进的重要途径。笔者以为，运用数字化方式改进《总目》可以包括如下三方面的内容。

1. 将数字化后的《总目》通过互联网向全社会公开。应该设立专门网站，公布《总目》全文，并可以按著录项目进行分类搜索，让社会大众，尤其是那些热心谱牒、寻根访祖的家谱爱好者可以更方便地利用和检索《总目》。

2. 设立《总目》信息反馈渠道。公布《总目》的网站应当设立专门的社区和论坛，供爱好者进行信息反馈和互相交流并对可能存在的问题进行探讨。

3. 设立《总目》修订机制。应当建立一支人数不多但具有较高学术素养的研究队伍，除主持网站的日常运作外，可以定期发行电子刊物，以对反馈的各类信息进行汇总，对《总目》中确实存在的各类问题，通过电子期刊进行审定。如此运作，成本较低，一样能够实现对《总目》的修订。

《总目》的编纂出版，是中国谱学界的大事。笔者期盼并深信，经过整个学术界和家谱收藏者、爱好者的努力，不断对《总目》进行改进和完善，必定能使《总目》在传承中华家谱文化、弘扬中华民族精神过程中，发挥更大的作用。

---

① 王鹤鸣主编：《中国家谱总目》前言。

明清徽州的民间捐输：兼论方志“义行”的书写

刘道胜

（安徽师范大学历史与社会学院）

摘　要：由明至清，徽州长期而普遍存在的民间捐输类型多样，相沿成俗，从传统赈荒济急向公益互助转变，它适应了基层社会的多元需求。捐输形式有依例献纳、倡捐均派、劝导乐输、醵资立会等。接受捐输的主体多为宗族、会社、行业协会、乡族机构等，并形成较为成熟的管理机制，促使徽州置产互助深入人心，民间互助基金和经济实体广泛存在。然而，揆诸方志“义行”可以看出，只有财富与身份相结合，方可载入志书。在传统社会，商贾“可光竹帛”的空间仍属有限，因此，在考察和利用传统方志“义行”记载时，不能不考虑志书存在的身份选择、精英叙事的问题。

关键词：明清　徽州　捐输　义行书写

在中国历史上，捐输现象其来甚久、长期存在并受到不同时期国家、各级官府乃至乡族机构的倡导和奖劝。历代官修史书，特别是明清方志、家谱等地方文献，往往注重“因事设例”，大力旌表捐输者的“义行善举”。长期以来，因劝富济贫与历史时期赈恤民瘼密切相关，既往的研究颇多侧重从制度史角度，关注捐输与荒政关系的考察，且成果纷呈。①

---

① 相关研究参见：吴滔的《明清时期苏松地区的乡村救济事业》，《中国农史》1998 年第 4 期；张文的《荒政与劝分：民间利益博弈中的政府角色——以宋朝为中心的考察》，《中国社会经济史研究》2003 年第 4 期；赵克生的《义民旌表：明代荒政中的奖劝之法》，《史学月刊》2005 年第 3 期；陈业新的《明代国家的劝分政策与民间捐输》，《学术月刊》2008 年（转下页）

实际上，明清以来民间捐输蔚然成风。在徽州地方文献和文书中，因乐输乡里而被载入方志“乡善”“义行”者比比可观。因襄助一族之务，谱牒中有关“捐资亢宗，以光竹帛”的记载不一而足。民间文书中各种捐契、输契、批契屡屡可征。“殷实之家”或“倍捐会资”而跻身“斯文”之会，或捐纳监生而混迹“党庠”之列，此种记载亦不在少数。毋庸置疑，由明至清，徽州长期而普遍存在的民间捐输类型多样，相沿成俗，从传统赈荒济急向公益互助转变，适应了基层社会的多元需求。迄今为止，学术界对此作考察的相关成果仍属薄弱，尚有系统深入探讨的余地。对类型多样的明清徽州民间捐输现象作考察，有利于揭示传统徽州商业发展与社会稳定之间的内在关系，对于探索明清时期徽州社会经济组织化实态亦大有裨益。①本文拟以徽州地方文献和文书为中心，对此作一考论，敬请批评指正。

一

宋代以降，传统方志关于捐输者的记载，往往“因事设例”，或专立“尚义”“乡善”之例以赅其事，或于“人物”一纲下辟“义行”等目类载其人。② 在迄今遗存的第一部徽州方志——南宋淳熙《新安志·义民》中即有“（汪廷美）尝以秋冬赈粜”③之载，然该志中此类记载实属寥寥。再征诸明代嘉万以

（接上页）第8期；赵晓华的《清代赈捐制度略论》，《中国政法大学学报》2009年第3期；李华瑞的《劝分与宋代救荒》，《中国经济史研究》2010年第1期；王宏斌的《报效与捐输：清代芦商的急公好义》，《盐业史研究》2012年第3期；方志远的《“冠带荣身”与明朝国家动员——以正统至天顺间赈灾助饷为中心》，《中国社会科学》2013年第12期。需要指出的是，特别在清代，日趋制度化的捐纳与荒政亦密切相关，然而捐输与捐纳之间颇有异同。关于清代捐纳研究的代表性成果有：许大龄的《清代的捐纳制度》，哈佛燕京学社，1950年；伍跃的《中国的捐纳制度与社会》，江苏人民出版社，2013年。其他相关论著参见韩祥《近百年来清代捐纳史研究述评》，《西华师大学报》2013年第4期。

① 本文基于考察明清徽州社会经济组织化与民间公益互助关系的角度，将豪富商民赈荒济贫、殷实之户乐输公益、有力之家献产入族以及乏嗣绝户输产入公等义善之举均纳入民间捐输考察范围。

② 考诸徽州志书，涉及捐输记载的主要体例有“义民”“士习”“民行”“乡善”“孝义”“孝友”“孝行”“质行”“忠义”“尚义”“义行”等目。

③（宋）赵不悔修、（宋）罗愿纂：淳熙《新安志》卷8《义民》，黄山书社，2008年，第258页。

前徽州今存府县志,①相关记载仅偶见于“忠义”“孝友”“孝行”“士习”诸例,且所涉事迹多侧重于“孝友”书写,附载捐输者的行迹具有“劝之赈发,以惠穷民,以济乡里”的传统劝分济急之特色,②所载亦往往失之笼统,付之简略。如永乐《祁阊志》有:“(宋)李子常,(祁门)东都孚溪人,富而好礼。……建祠堂以致孝。”③又如,弘治《徽州府志》载:“(宋)程全,休宁陪郭人。……尤笃于孝友,置赡茔田以养族人”④;“(宋)许月卿,婺源许昌人。……轻财好施。绍兴甲寅大饥,尽散家粟活万余人,邑令嘉之”⑤;“(明)朱复德,歙洪村坦人。……处乡里,尽恩义,济急恤患惟恐后”⑥;等等。

然而,明代中期以降,徽州志书中有关民间捐输之记载日趋多见,所载行迹亦相对具体而翔实。如,万历《祁门县志》卷3《民行》载有:“(元)李廉……因出所储,以赈其不能自食者,人称之”;“(元)汪仕政……岁凶,散粟周贫。不能耕者,助牛种;不能丧者,给衣棺;负债者,焚券”;“汪琼……尝修祖茔,新家祠,立家塾,建桥梁,置义田义冢,不下数万铢”;“马禄……长力商,嘉靖戊午,县修儒学,禄自投牒,输三百金,佐其费。置祭田,修六世以下茔冢”;等等。又如,万历《歙志》专辟“良民”之目以记载“诵义好施”者,凡50余人,义捐涉及“义屋、义田、义塾、义冢、甃路、构亭、建桥、开堨、输家、佐国、敦族、睦邻”等项,兹节录部分事例如下表⑦:

序号	记载摘要
1	(宋)吴大用……倜傥好善,为乡闾所推崇,曾割己田捐赀开立昌堨灌溉乡田。乡人感德,至今祀之。
2	(明)于明……生平喜施,尝捐赀助造儒学,置名宦祠田及孙、彭二太守祠田并置于氏义冢。……凡义举,无不趋赴,邑人德之,祀之乡贤。

① 明代前期,徽州今存志书凡3部:永乐《祁阊志》、弘治《徽州府志》、弘治《休宁县志》。
② (宋)董煟:《救荒活民书》卷中《劝分》,文渊阁《四库全书》影印本。
③ 永乐《祁阊志》卷7《士习》。
④ 弘治《徽州府志》卷9《人物三·忠节》。
⑤ 弘治《徽州府志》卷9《人物三·忠节》。
⑥ 弘治《徽州府志》卷9《人物三·孝友》。
⑦ 万历《歙志》传卷7《良民》。

（续表）

序号	记载摘要
3	（明）罗元孙……勇于为善，构屋数十楹，置田百亩以处族之无居无食者。
4	（明）佘文义……性独嗜义，尝构屋数十楹，买田百二十亩以居食不足者……丰年散其余，无年益资补之。岁终给衣絮，有度地二十五亩作义冢。
5	（明）汪泰……家饶裕，自处淡泊，勇于为义，值岁，倾出谷大赈……值里中饥，输粟六百石。
6	（明）吴荣……慕范文正之为人，凡诸义举一切效之。
7	（明）汪徽……性纯朴好施，义闻乡曲，尝捐二千金修河西桥梁。
8	（明）许岩保……乐善好施，葺路建亭，不遗余力。府造万年桥，岩保首为之植，输赀三百缗。
9	（明）谢显祐……乐善好施，值岁大饥，煮粥敷饥。又买米四百石载归以赈。
10	（明）许禾……轻财好义，宗族乡党多倚赖之，缘善贾，故业渐饶，思所以为义者……捐二千余金，拆建宗祠，恢其堂皇……捐若干置义田；捐若干置义舍；捐若干置义塾；捐若干置义冢；储若干以资不能婚者；储若干以资不能葬者。

通过梳理方志中的相关记载可以看出，徽州民间捐输现象日渐增多大体在明代中期以后。降及有清，仅以雍正间佘华瑞所纂《岩镇志草》为例，该志仅涉一镇之人事，其“义行”所载即达26人，且有清一代，见诸徽州方志“义行”“尚义”“乡善”的有关记载更是层出不穷，蔚为大观，兹不赘言。究其原因，其一，明代中期以后，伴随徽商的兴起和发展，徽州社会殷实之家日渐增多。如万历《歙志》云：“吾邑千金之子比比而是，上之而巨万矣，又上之而十万百万矣。”①由此可见一斑，这使得民间急公好义、乐善好施渐成风气成为可能。其二，明代中期以后，徽州宗族组织化不断加强，在地方宗族的倡导和规范下，豪富者竞成“捐资亢宗”之能事。如万历《程典》规定：“岁行用恤之礼以给族人，凡同族者自十亩、百金之家以上，随其财产厚薄，岁出银股以为积贮。”并规定“富而以财济人者”，不但可“光竹帛”，且能享祀于宗

① 万历《歙志》传卷10《货值》。

族。[1] 在宗族普遍组织化的情势下，徽州社会各种“公祀”“公会”的经济实体广泛建立，置产与互助观念深入人心，民间捐输亦蔚然成风。另外，明清时期，特别是明代中期实施赋役制度与财政体制改革以来，我国基层社会自治化趋向更加明显，这致使基层治理、公众事务等往往径由特定的民间组织（家族、会社等）承担，[2]此乃由明至清徽州社会捐输长期而普遍发生的重要背景。

二

由明至清，徽州民间捐输类型多样，主要有依例献纳、倡捐均派、奖劝乐输、捐资立会等。

第一，依例献纳，主要指族众按照宗族例规而献产入族，由此形成的捐契、输契、批契在徽州文书中十分常见。先看以下几例：

资料1：痛夫戴立志不幸早亡无子，所遗赀产讵料妄起觊觎，强将屯溪典□□□一空，急奔两院告追未结。应继劫□成仇，择继家饶不从。仍有所存不[求]定着，终必纷争。因将赀产除寡养节嫁女偿债外，愿入宗祠以附祖祀，乐助水口，以成胜[盛]举，今凭约族斯文清查，开载于后。……

天启七年五月十三日立合同妇戴阿程

请凭族众斯文戴存让（笔者按：署押者计10人）[3]

资料2：立输契裔孙洪天南同侄大鳌等。今有承祖并买受土名前

---

① 万历《程典》卷19《宗法志》。

② 郑振满认为，明代中叶赋役与财政体制的改革，促成了基层社会的自治化。（《乡族与国家——多元视野中的闽台传统社会》，生活·读书·新知三联书店，2009年，第8页）方志远认为，明代立国百年之后，国家动员在民众中的号召力以及国家对社会的控制力开始下降，此后明代对社会赈济等事务，更多是走政府倡导、民间救助的道路。（《“冠带荣身”与明代国家动员》，《中国社会科学》2013年第12期）

③ 王钰欣、周绍泉主编：《徽州千年契约文书》宋元明编第4卷，花山文艺出版社，1993年，第218—219页。

山畔下民田壹备，计早租，本身伯侄合得分籍。今因造祠修理便于用事，自愿输入均祥公祀匣永远为业。……日后子孙无得异说，今恐无凭，立此输契为照。

天启七年十一月十五日立输契裔孙洪天南

同侄洪大鳌、洪大辛①

资料3：立批契人邱王氏。原氏夫兄弟有二，各产承翁在日俱已阄分，各管无异。不料氏苦命蹇，生子有三，子媳俱亡，夫又早故，苦节守志。因贫无人承继，可怜孤立，毫无堪慰。今年近古稀，诚恐一息不存，虑没后丧费无措，以及各祖标扫钱粮门户一切尽托亲族，立契逐开于后，尽行批与里门敏效祀清明会内人名下执管。……自愿将各产尽批于清明会内。……

嘉庆二十一年二月十八日立批契人邱王氏

中见族长②

资料1、3系乏嗣家庭输产入族，资料2系因宗族“造祠修理”而自愿捐助者，所输资产均转化为“宗祠”“公祀”“公会”等所有。由大量记载可见，此类捐输所涉资产一般规模小，具有零散性，并以契约形式予以确认。所举捐契、输契、批契中虽均标注“自愿”“情愿”字样，实际上，在徽州宗族社会中，广泛存在诸如“添丁银”“享祀银”“进主钱”“登科银”“婚嫁礼银”等特定名目，族人须履行捐纳的义务，方可享受相应的权利。如清代歙县潭渡黄氏规定：“今刊簿后定例，三年统行进主、上丁一次，一切捐银不作别用，尽归公匣。置买祭产，庶事望其小补于将来。”③类似黄氏宗族要求族众缴纳“进主”“上丁”的“主丁银”，是徽州宗族普遍的做法。受此制约和影响，大量族内零散性的捐输，名义上体现为无偿的自愿行为，个中不乏无奈之原委，此类情形虽具捐输之名而实乃照例献纳。尤其对于乏嗣之家，处理家产可靠的做法和例行的选择是输入宗祠、公祀或族会。如乾隆三十年，祁门县二十

① 王钰欣、周绍泉主编：《徽州千年契约文书》宋元明编第4卷，第234页。

② 《伯山文书》第1辑第6册，第104页。

③ 《绩溪黄氏家庙遗据录》卷1《祠制・主丁凡例》，咸丰刊本，安徽省图书馆藏。

二都二图四甲王古龙兄弟将田产"全入寻常祀,因乏嗣故耳"①。作为回报,捐输者乃至其近支祖先可在宗族永远享祀。在明清徽州,这种"输产入族"现象十分常见,形式多样,属于明清徽州民间捐输与宗族置产的最基本形态。

第二,倡捐均派。即因公众事务需要而因时募集资产的做法,具有摊派性质。在民间文书中,此类倡捐合同屡屡可征。先看以下数例:

资料1:立合同众派首村等,今为春公古墓向被龙湾黄氏势占,使我子姓无凭伸诉,迄今百有余年。祖冤莫雪,今又奸谋复盟侵占溪口坟茔,以致讦告在案。幸蒙县主张公吊对原丈"信"字,新丈"短"字二千一百七十九、八十、八十一等号经册、纬册,察出洗补盖印情弊。其八十一号即我春公所葬之处,庭质之下诘究其实,龙湾词穷莫能掩饰,随即通详督抚各宪。是百余年平抹之祖冢遇此大可为之机,不可谓非春公在天之灵赫濯于今日也。祖墓显晦在于子孙今日一举,勿负平日报复之素志。今此急务首在议费,各村或照丁派,或支众匣以为使用。再各举贤能协同任事,踊跃争先以雪积世之仇。功成之日,酌议配飨,以彰其勋。犹恐人心不齐,立此合同为照。

康熙四十七年五月廿八日

首村:世德、以愉、朝益。伦堂:文宁。葩庄:朝珍、赐福、瑞征、临亨。长豊:可进。星洲:名秀。琳溪:礼英、存濂、可旭。杨冲:祚纪。里田:元铭。新屯:序伦。资口岭:士彰。石佛:天征。遐保:应、书顺。水冲:福海。苦竹田:正序。②

资料2:伏以木本水源,宜动孝思之念,春祈秋报(下缺)。首村宗祠派出篁墩,系承沛国,自(下缺)灾十三派云散星流难兴,鸿(下缺)功,虽栋折榱崩而株存(下缺)势效尤,从革从罚,罪既各惩,宜造(下缺),邀

---

① 《乾隆元年起至三十年止王鼎盛户各位便查清册》,清写本1册,参见李琳琦主编《安徽师范大学馆藏千年徽州契约文书集萃》第3册,安徽师范大学出版社,2014年。

② 《清康熙徽州朱氏众派立收取祖墓诉讼案议费之合同》,载《首村朱氏文书》,安徽大学徽学研究中心藏。

众派齐襄大事，诚恐日久月深，数典而忘其祖，年湮代远，标坟莫获其踪。叨祖先之庇，仗诸公之力，将头门修先而中进待后。价估百金，捐宜从倍。事成而蝴蝶灰飞，急成扫墓；功竣而杜鹃泪洒，尤重标挂。敢竭鄙诚，恭疏短序，非敢谓奂[焕]然从新，亦犹告朔饩羊，有志者可以复右云尔。

议款规条列下：

一议捐费各派壮、幼丁出钱贰、壹百文，通派定例，支丁若干，各派族长查清□期，族长收领缴祠，不愿出□。

一议仕宦及殷寔[实]之派者，正捐外各宜踊跃乐输，毋得推辞。

一议出门捐费之选二三人，酌路之远近三十、五十里之遥，每人日给钱壹贰百文。如多用者公家不认。

一议经管银钱者公选正副二人，正者总管银钱、捐簿，出入诸事不问；副者用度一切开者登明草簿交正，各循天良，不得私用。

一议各派既捐之费各派族长收齐，着亲（下缺）。

一议派内或二三成派者，除正捐外，有乐输者（下缺）。

一议祠内督工修理者勿辞劳苦，须同心协力（下缺），之后来年扫墓仍遵旧例。

一议祠内租谷各处山场不得独归一人，原着首村派（下缺）弊，收租之家纳粮。

一议各派捐项或未齐者向各派族长催收。

一议捐费除正用外，若有仍余，或增田产数号，以备挂钱事费，不足再行加捐。

各派族长：资庄观亮，遐宝五十，葩庄仲安，东洲理明，长丰贡三，新屯文湘，里田树型，琳溪式文，首村顺吉

司事：顺吉、怀新、仲安

光绪七年　月　日吉立

各派列左：

长丰派：正丁、幼丁位，共计洋二十元，乐输英洋陆元整，辛字捌号收，贡三交出英洋二十元，癸闰月收入英洋陆元整。

东洲派：正丁廿八、幼丁八位，共计大钱陆千肆百文，内久[酒]钱七百文未交缴，辛字拾号收，理明交出丁钱六千四百文。

新屯派：正丁卅一、幼丁十四位，共计大钱柒千陆百文，辛字陆号收，文湘交出丁钱七千六百文，退还丁钱三百文。

资庄派：正丁十一、幼丁四位，共计钱贰千陆百文，辛字柒号收，观亮交出丁钱二千六百文，退还丁钱二百文。

水冲派：正丁廿一、幼丁十三位，共计大钱伍千陆百文，辛字念[廿]贰号收。

汪川派：壮丁十五、幼丁二十位，共计大钱五千五百文，辛字伍号收，乾亨(交出)丁钱五千五百文。

宋川派：壮丁十八、幼丁二十一位，共计典钱五千五百文，外有分派，候查出即上族长起隆，辛字肆号收，起隆(交出)丁费钱五千五百文。

潜阜派：此派已止。

朱村派：正丁四、幼丁五位，共计钱一千三百文，辛字叁号收。光椿缴丁钱一千三百文。

隐堂派：

伦堂派：

星洲派：正丁一、幼丁一位，共计大钱三百文，辛字拾肆号收。廷章交出丁钱三百文。

下溪口派：此派已止。

真君殿：正丁三、幼丁五位，共计大钱一千一百文，辛字首号，映才、映福、映寿捐丁钱洋壹元整。映才、映福、映寿捐助本洋叁元整。收入英洋叁元。

古积田：老幼支丁面议丁银拾千文整，准于十月内老幼支丁单交付宗祠族长日孙。辛字拾壹号收，日孙交出丁钱十千文。乐输英洋五元，丙收英洋三元。

闸上：此派查老簿，注明于康熙年间已经革出。

葩庄：壮丁三、幼丁一位，共计大钱柒百文，辛字十七号收，仲安交出丁钱七百文。

里田：壮丁十四、幼丁十位，共计大钱叁千捌百文，辛字拾号收，树型交出丁钱三千八百文。光裕堂乐输英洋贰元，收入英洋二元。

遐宝：正丁三、幼丁二位，共计大钱捌百文，辛字拾叁号收，五十交出丁钱八百文。五十宗产乐输洋壹元伍角正，丁字元号收英洋一元五角正。

同官：

扬中：正丁三、幼丁七位，共计大钱一千三百文，辛字十二号收，交出丁钱一千三百文。

中洲：正丁六、幼丁二位，共计钱一千四百文，辛字贰号，长春捐丁钱一千四百文正，光绪三十三年。

环谷：正丁五、幼丁三位，共计大钱一千三百文，辛字玖号，收英洋壹元，钱二百文。乐输英洋叁元。

石佛：正丁六、幼丁一位，共计大钱一千三百文，辛字拾伍号，收友良交出丁钱一千三百文；癸字元号，收友良交出乐输英洋叁元；乙字元号，收友良交出乐输英洋两元。

琳溪：正丁廿五、幼丁十二位，共计大钱六千（内除正丁一名，幼丁二名），辛字拾玖号，收交出大钱五千三百五十文。庆善、玉筍捐输英洋二、一元正，丁字贰号收玉筍英洋壹元正；壬申收庆善英洋壹元正。

矶溪：正丁十八、幼丁九位，共计大钱四千五百文，辛字廿一号，收交出英洋四元，钱二十文。乐输洋叁元正。辛字廿一号收，辛卯收英洋贰元正。

山盈：正丁二、幼丁三位，计钱七百文，辛字二十号收钱五百文。

首村：壮丁、幼丁十二、四位，共计大钱二千八百文，辛字拾捌号收顺吉交出丁钱二千八百文。乐输英洋贰元正，乙字叁号收讫。

水路塘：正丁六、幼丁六位，共计大钱一千八百文，辛字廿三号收交出丁钱一千八百文。乐输英洋贰元正，乙字贰号收讫。①

---

①《光绪七年休宁首村朱氏宗祠修葺捐助款登录册》，载《休宁首村朱氏文书》，安徽大学徽学研究中心藏。按：从材料看，正丁、幼丁每位捐钱分别为200文、100文。

资料3：立合同文约人润五公秩下班惠、继彩、立宗、继德等。窃自明诏兴学，我邑书院既改为高等小学堂，校额有限，继而在历口设一小学，夕[惜]额又满。然我乡地面之大，非推广学务，断不足普及教育。前月我区合议以闪里为三都适中之地，建设合适学堂勘宜，所有筹办费易[议]三都派出。钱派我族，比立合同鉴定，我都三约均派分派，我族备出英洋贰佰元。只得佥同会商，议定丁会出英洋伍拾元，户口出英洋柒拾伍元，肆排共出英洋柒拾伍元。若日后费用不敷，定另筹款。此学不独有光门楣，而且文明进步，伏冀从事踊跃，毋得抗违。今欲有凭，立此合同一样六纸各收一纸存照。

宣统三年闰六月念[廿]贰日立合同文约人闰五公秩下班惠(等)①

以上资料1系康熙间休宁县朱氏为护坟保祖诉讼而立的募资合同；资料2系清末休宁朱氏所立的倡捐文书，可见倡捐均派的范围广，涉及众多支派；资料3系清末祁门县三个都因联合筹办学堂而倡捐。募资形式分别有：资料1为“各村或照丁派，或支众匣以为使用”；资料2以“正捐”之名，不论正丁、幼丁，一律按丁口摊派；资料3中，由三都均派，到一都之内三约均派，再经地方宗族再分配。可以看出，基于诉讼统合、赋役承值、公众事务、公益互助等而倡捐均派，实属摊派性集资。在倡捐中，地方精英发挥着重要作用，如资料2中，各宗族族长在劝捐、催收乃至经管中，颇为踊跃，由此可见一斑。对于捐输者，往往以“功成之日，酌议配飨，以彰其勋”等形式奖劝。

第三，劝导乐输，系指因公共事务，在宗族乃至地方社会劝导仕宦之人、殷实之家捐献资产。如：

资料1：立议约合同人孙廷文、孙文周、孙天凤等，原始祖唐金吾上将军万登公住休邑黎阳，三世孙士良公卜居邑西江潭，又三世文一公、伟三公徙居江潭之上流曰罗木村，历喜十余，人丁繁衍。至明谷公经商两浙，累赀万余，乏嗣捐金，构创喜德祠，奉祀鼻祖万登公、忠燧公。然土木工繁，费用不敷，仰塘公及(弟)慕塘公各助己赀千余，始克告成。

① 《祁门二十二都红紫金氏文书》，《伯山文书》第1辑第10册，第357页。

自兹以后，凡属枝孙皆得寓享此千古之盛典也。当时，伟三公派财力未克，弗获与事，今支颇裕，慨然动木本水源之思切，春秋烝尝三念，诒谷堂备赀十三金，为入世德祠初祭之费，南山公子廷文、廷武捐租九十秤，为公堂秤，为南山公历世配享。少峰公子文周、文祐捐租六十秤，秤为公堂秤，为少峰公历世配享。一则不负二祖当时同迁之志；二则俾父得与配享之荣；三则后之子孙亦无忝不匮之思也。成议之后，各宜式好无尤，勿强弱兴思致伤族谊以来双耻。倘有远议之人必照堂规施整。今恐无凭，立此议约合同一样二张各执一张永远存照。

崇祯十年孟冬月初一日立议约合同人孙廷文、廷武、文周、文祐、廷三、廷光、记社、文华、应凤、文林、世贞、天凰、应魁、应输、应乡、应思、亢宗、应臬、应贡、应仁、应义、应礼、廷寿、应时、心起、文春、文、应祺、应登

秉笔余廷宾

亲人徐应寿

族人孙绍登

仰塘系天芝公，慕塘是天凤公也。①

资料2：

永言孝思

吾宗自二世祖春公始迁海阳，派十有三支分繁衍，屹为望族者，今十八村矣。自春公葬溪口庙岭鼋山，佑启后人。向者系前人厥谋弗臧，遂致失业，使祭扫阙典历经百有余年。虽子孙常怀激愤，然报复无因。今幸际县主龙图再世，洞察民冤，犀照黄氏之奸谋。而吾宗各派为子孙者不弃此时之机，以复春公之墓，洩数百年之积恨。纵不能效襄公复九世之仇，然木本水源，使后世知忠孝之大节。愿吾宗各派诸公竭力输资，共襄盛举，以尽孝子贤孙之志，不胜幸甚，请书其名于左。

康熙四十七年五月　日谨致

首村：世观，字尚兵，输银二十两；家鼎，字文九，输银十两；邦礼，字

---

①《道光三年休宁孙世德祠簿抄白》，王钰欣、周绍泉主编：《徽州千年契约文书》清民国编第12卷。

季和，输银十两；邦超，字汉升，输银十两；字景伯；输银十两；可官，字登吉，输银十两，又输二十两。

上伦堂：士谌，字永符，输银一百两；邦孚，字峭雪，输银五十两；绣，字我文，输银五十两。

葩庄：朗，字元昭，输银三十两；赐，字天宜，输银十两；恒，字心如，输银三十两；帜，字汉旌，输银十两；镇，字公威，输银十两；濂，字若周，输银十两。①

资料3：盖闻水源木本，必溯由来。祖德宗功，尤宜崇报。所以馨香当荐享，而祠宇贵经营也。窃以晋宗至德统祠，丙午之岁拆旧重新。枕龙山而鸿基广辟，朝凤楼而鸟革高骞，非徒壮其高瞻，洵足安其灵爽。左昭右穆，绵百世以承祧，春祈秋尝，历千年而配享，可谓本源茂实，枝叶蕃昌也。巳讵遭粤匪猖狂，蛮氛肆扰，烽烟叠起，刁斗时闻。巍然高阁，大半摧残，洞若重门，几无关设，为之嗣者，目触心伤。今幸时富清晏，四镇安恬，邻村神庙祖庙，俱已绸缪。吾族宗祠支祠，半未修葺，其何以报祖德而笃宗祊乎！是以因公集议，询众筹谋，佥同有成规之可守，非踵事而增华。或取济于茶厘，或取资于铺项，各宜踊跃，无吝捐输，庶几集腋成裘，鸠工告竣。至于栗主神牌，源流必加深考，粉牒祀谱，世系渐次详登。从此螽斯麟趾，长发其祥，依然松茂竹葱，载笃其庆。谨启。

谨将本祠公议捐输丁工、妇饭、茶捐、店捐、行捐各款列后：

一议每丁每口丁工、妇饭，照例开载，粘帖公所收数。

一议本祠内支丁在于北京、江苏、浙江等处所开店业，每店照柜台日收生意钱数，每钱壹千文捐钱五文，自本年正月起至年终为满，公信到日按季缴付，随发执照。

一议祠内支丁今年所办茶箱往申江出售者，照箱数每箱捐曹平纹银壹钱正，由肇泰经收，当付祠内执照。

---

①《康熙四十七年徽州朱氏首村等派为祖墓诉讼案捐银名册》，《首村朱氏文书》，安徽大学徽学研究中心藏。

一议本祠内支丁，今年办茶出口外售卖者，照件数每件捐曹平纹银贰钱正。

一议本祠内支丁在于江浙所开茶行，照行内本年共做生意数目，每钱壹千文捐钱壹文。

一议店捐、茶捐、行捐，收缴之日，祠内给有收票，告成晋主之时，各将收票送投祠内，合成洋蚨壹佰元晋主位壹座，永远不祧，以昭奖励。其有不足数者，或找捐足，或于他人处凑足捐票均可。

同治七年正月　日至德祠文会、司祠、司事仝具[1]

上举资料可见，劝导乐输多在地方乡族动员下，由商贾之人、殷实之家“共襄盛举”，对于捐输者，乡族机构往往给付“收票”以凭，如：

重建惟善堂

今收到徽州府鼎青号箱茶业一千〇七十二箱堆金计钱陆千四百三十八文，此照。

同治十年六月十七日重建惟善堂厝捐收单[2]

与上述依例献纳、倡捐均派不同的是，劝导乐输所涉资产一般数量可观，涉及面广。小者，“捐资亢宗”者有之，如以上所举材料均涉一族公务之捐输；大者，甚至涉及捐助一乡、一邑之公益。如乾隆十七年，“在扬徽商程扬宗乐输银六万两，以一半先为买谷积贮，以一半交典生息为将来增贮之计”[3]；清代休宁县汪田柱、徐名进各捐银五千两，“俱发乡城典铺生息，以为本邑士子乡试盘费”[4]；道光时，绩溪胡培翚与合邑绅士倡导商人募捐，“得银五千两，发典生息，每科以息银分给应试者旅费”[5]；道光间，歙县盐商汪仁晟“捐银千两发典生息，为阖邑应试者卷烛费”[6]；等等。类似的徽商捐输于徽

① 《故纸堆》丙册，第30—31页。
② 《故纸堆》丙册，第37页。按：以上收单亦系刊印的格式文书，文中下划线内容系墨迹手填，中缝有“联单天子第三十一号收，堆金钱陆千四百三十八文”字样。
③ 民国《歙县志》卷15《艺文志·惠济仓题疏》。
④ 道光《徽州府志》卷3《营建志·学校》。
⑤ 道光《徽州府志》卷3《营建志·学校》。
⑥ 民国《歙县志》卷9《人物·义行》。

州方志“义行”中比比可征。因捐输形成的公共资金,其经营管理者往往由倡捐者、捐输者以及具有较高声望的乡族人士组成,从而形成地域性的经济实体。捐输者及其祖先在族内享受“得与配享之荣”,并且作为奖劝,或“登名入簿”“勒石标名”,或载入谱志,垂名“义行”。

第四,捐资立会。在明清徽州社会,民间具有“富庶则各醵钱立会”①的传统。兹以文会为例,如下表:

记载概要	材料来源
江承珍(歙县),置文会公产,以为村人应试肄业之所。	道光《徽州府志》卷12《人物志·义行》
项宪,歙县小溪人。独力捐举,修斗山文会。	民国《歙县志》卷9《人物志·义行》
(沙溪)文会辅仁堂草创未就,凌晋首倡捐资之,以底于成。至今亭馆园林,幽雅堪适,君实与有力也。	《沙溪集略》卷4《文行》
程子谦,(休宁)率口人。捐赀置文萃会。以给族之应举者。	道光《徽州府志》卷12《人物志·义行》
程佑,(休宁)率口诸生。捐巨资置产生息,立培文会,以济族邻。	道光《徽州府志》卷12《人物志·义行》
曹藩,(休宁)清源人。捐赀创文会,造就人才。	道光《徽州府志》卷12《人物志·义行》
黄焉学,(休宁)古林人。仿范文正遗意,倡立培文会,以恤四穷,前后捐二千余金。	道光《休宁县志》卷15《人物·尚义》
王荣杰(休宁),例贡生。劝捐文会。	光绪《祁门县志补》卷30《人物志·义行补遗》
曹梦麟,(绩溪)旺川监生。立聚星文会,复割田助之。	道光《徽州府志》卷12《人物志·义行》
胡治,(绩溪)市东人。倡立文会,贫者给以考费,捐修学宫及建造钟楼,一无吝惜。	嘉庆《绩溪县志》卷10《人物志·尚义》

① 嘉庆《黟县志》卷3《风俗》。

（续表）

记载概要	材料来源
（章）有元，以鹾业客维扬，豁达慷慨。尝输己田倡立文会，鼓励后进。	绩溪《西关章氏族谱》卷 24《家传》
王廷鉴，（婺源）城北人。乾隆四年，遂建双杉文会，输租五百余。每会文给奖生童，院试、乡会试及选举赴任，量远近馈赆。	道光《徽州府志》卷 12《人物志·孝友》
施道合，贡生，儒林郎。先是祖遗振德文会，年远费繁，因扩大之，并输己田益之，为后学计深远。	乾隆《婺源县志》卷 20《人物九·孝友三》
戴尚荣，（婺源）长溪人，国学生。捐金置田，振兴文社，周恤乡闾，无所吝惜。	乾隆《婺源县志》卷 20《人物九·孝友三》
王士治，（婺源）中云人。资给膏火，兴立文会，劝之力学，多赖有成。	乾隆《婺源县志》卷 20《人物九·孝友三》
郑可衿，城西人。输租创文会，资膏火，劝读书，捐厚赀助文庙。	乾隆《婺源县志》卷 23《人物十·义行三》
潘元彪，（婺源）桃溪人。自奉俭约，心存利济，无吝惜。族有文会，岁久浸衰，捐金振兴之。	乾隆《婺源县志》卷 23《人物十·义行四》
詹至中，国学生，（婺源）庆源人。居乡置祀田，兴社会，屡倾重赀。子有年、有源，克承父志。义仓、文会，往往修举。	乾隆《婺源县志》卷 23《人物十·义行四》
施世宰，（婺源）施村人。馆谷所入，输入文会，置田产，以资族子弟应试之费，其有获俊，给予奖励之。	乾隆《婺源县志》卷 23《人物十·义行四》
戴声抗，（婺源）清华人。尤好读书，兴文会，给膏油，贫者多赖其成就焉。	乾隆《婺源县志》卷 23《人物十·义行五》
方之宗，（婺源）平盈人，国学生。捐输立文会，置祀田。	乾隆《婺源县志》卷 26《人物十一·质行六》
金冠贤，（婺源）沱川人。文社、祠宇，均不惜输赀，以助最喜。	光绪《婺源县志》卷 30《人物九·孝友六》
江秀祥，（婺源）江湾人。输田倡兴文会，族之秀者，自是多列宫墙。	光绪《婺源县志》卷 32《人物十·义行四》

（续表）

记载概要	材料来源
李从钲，里兴紫阳文社，不吝捐输。	光绪《婺源县志》卷33《人物十·义行六》
俞仁，（婺源）西谷人，贡生。本村炳蔚、志成二文社，购田数十亩，资给程费。	光绪《婺源县志》卷34《人物十·义行七》
胡德墉，城东人，贡生。置圭田，倡文社，宗族咸利赖之。	光绪《婺源县志》卷34《人物十·义行七》
胡廷辉，（婺源）江村人。邀族人立三义会，以裕祀教，读恤贫。	光绪《婺源县志》卷34《人物十·义行七》
余锦章，（婺源）沱川人，州同衔。输租立文社，以振文风。	光绪《婺源县志》卷34《人物十·义行七》
程世德，（婺源）溪头人。族中创立文会，输租数十秤资助。	光绪《婺源县志》卷35《人物十·义行八》
孙有爔，四品衔。置租兴社课文，襄建本都书院、京师文明会，均领袖捐赀。	光绪《婺源县志》卷35《人物十·义行八》
董勋铭，（婺源）游山人。营商，留心风教，建书塾，兴文社，置膏赀，后进均沾其泽。	光绪《婺源县志》卷35《人物十·义行八》
李广壁，（婺源）延田人，贡生。里中义仓、文社，均输赀不吝。	光绪《婺源县志》卷35《人物十·义行八》
王邦栋，（婺源）慈坑人。捐赀葺造振发文社，子弟乐育之，一时文学丕振。	光绪《婺源县志》卷36《人物十一·质行一》
程应鷴，在城人。集兄弟，兴文会，给膏火，以培后学，俱捐赀不吝。	光绪《婺源县志》卷37《人物十一·质行四》
江有柳，（婺源）澄源人。凡修桥梁，集文社，率输金勷助。	光绪《婺源县志》卷37《人物十一·质行四》
詹广榷，（婺源）虹关人，职监。里有文会几废，捐巨赀以振兴。	光绪《婺源县志》卷39《人物十一·质行七》
吴兴祖，（婺源）中云人。输义仓，集育婴，立文会，贴程仪惠及寒酸。	光绪《婺源县志》卷40《人物十一·质行八》

（续表）

记载概要	材料来源
潘之祥，婺源桃源人，万历戊戌进士。与诸弟子课文艺，置田三十亩，为馆谷资，名曰乡贤文会。	康熙《徽州府志》卷13《人物志二·风节传》
吴元吉，（黟县）横冈人，监生。捐置横冈文会。	同治《黟县三志》卷7《人物志·尚义传》
史世椿，（黟县）九都金钗人，商皖起家，勤俭好义，兴文会。	同治《黟县三志》卷7《人物志·尚义传》
胡朝金，（黟县）陈闾人。赴江西河口镇习商，性乐善，节筵资，以输祀会，至修宗祠，组文会。	民国《黟县四志》卷7《人物志·尚义》
（德璨公）爰立石为界，捐其田入雷冈文会，族人有积行好学且贫者，资以膏火。	《宏村汪氏家谱》卷25《事实》

在徽州文献中，除了捐输文会外，诸如乐输祭祀会、经济会、公益会、娱乐会等之例亦不胜枚举，致使建立在平等、自愿、互助基础上的各种会社的发展颇为普遍和兴盛。

总之，由明至清，面对社会的发展和变迁，面临社会的分化和竞争，徽州基层社会的经济组织化日趋普遍。捐输公益相沿成俗，置产互助深入人心。因家户合作、宗族统合、融资立会、社会公益而捐输之事例不一而足，形式亦多种多样，致使徽州民间互助基金和经济实体广泛存在。其对于认识明清徽州社会长期稳定和谐来说，颇具借鉴意义，是值得关注的。

三

围绕民间捐输而设立的各种基金，其管理主体有宗族、会社、行业协会、乡族机构等，形成了较为成熟的管理机制。民间社会动员很大程度上有赖于在地士绅和殷实贤能者的努力。倡导和奖劝捐输的重要手段之一是：或“登名入簿”“勒石标名”，或载入谱志，垂名“义行”。在遗存的徽州碑刻、文书、谱志中，相关记载不胜枚举。实际上，碑刻和文书具有保存信息以备稽查之性质，对于捐输者的记载巨细兼赅。而在徽州方志等地方文献中，对于乐输公益者，往往“因事设例”，辟设诸如士习、孝义、质行、义行、尚义、乡善等目类，依例择选而旌表其荦荦大者，这与传统文献撰述具有历史选择性和叙事精英化密切相关。兹略举其例，以见一斑。

事例一：依据上海图书馆所藏的《鼎元文会同志录》记载，该文会系道光庚子(1840)，莅任祁门县令的方殿谟示谕县内城乡，①要求“每甲必出一人应童子试”以振兴科考。而二十二都僻处祁门县西部，当地居民“善田畴，务山植，勤樵采”②，“因山多田少，地瘠民贫，以故习举子业者甚少”③。以此为契机，是年，该地人士积极响应县令谕示，在合都绅耆主导下，随即创建文会，名曰“鼎元”，并设立公所，制定章程，倡导都内各村乐输田产入会。作为动员和奖劝，兴会原本重要举措之一是“勒石标名，以垂诸远”。因“会馆未建，石无所安”，权宜之间，而以刊刻会簿“汇集规则、田亩、契据”，以供乐输“同志之人执照”。

文会原始会产源于自愿捐输，并拥有独立户头，设立专门管理机构。捐输人户所在的13个村落，共涉8个姓氏。8姓捐产入会以田租为大宗，签订契约凡78份，共计租数1 064秤有余。④《鼎元文会同志录》中所涉捐产最多者为洪承业，共捐田租103秤4斤(折合田亩为10亩左右)，然笔者仔细检视徽州府及祁门县相关志书，其人其事于方志文献中并未见载。

事例二：乾隆间，“上巡幸江南，见安徽各属城垣有坍塌之处，谕令修葺，安徽共计三十四城，祁在檄修之内”。在此背景下，乾隆二十八年(1763)，祁

---

① 按：“方殿谟，浙江人，进士，道光二十年署，二十一年去。”参见(清)周溶修、(清)汪韵珊纂同治《祁门县志》卷20《职官表》，《中国地方志集成·安徽府县志辑》第55册，江苏古籍出版社，1998年，第202页。

② (清)周溶修、(清)汪韵珊纂：同治《祁门县志》卷5《舆地志·风俗》，《中国地方志集成·安徽府县志辑》第55册，第59页。

③《鼎元文会同志录·文会记》。

④ 按：依据《乾隆元年起至三十年止王鼎盛户各位便查清册》中所载“田一百二十八亩六分六厘，计租一千四百零七秤”等类似数据，可以推算每亩计田租约为10秤至11秤之间。由此可见，鼎元文会醵集田租1 064秤有余，计田亩应在百亩左右。参见《乾隆元年起至三十年止王鼎盛户各位便查清册》，写本1册，安徽师范大学图书馆藏。

门县发动“合邑里户、绅士、商贾人等”捐修城垣，由此编撰而成《祁门修改城垣簿》①。据记载，本次捐输登载簿册的“里户”，即以图甲为单位，每甲均主要以总户形式登录的户名，借以登记捐输银两数额，募集资金凡一万三千余两。对于如此大规模的地方捐输，在道光祁门县方志中，相关记载仅涉及两例。具体如下：

> 汪有修，字叔永，居大坦，布政司理问衔。乾隆二十七年修城乐输多金，全力经营，合邑德之。②
>
> 汪宗泗，字天叙，伦坑监生，乡邑大事辄以身任。乾隆壬午诏安徽修城，知县吴嘉善举为总理，殚心竭力，年余告成，己亥倡改黉宫，拓围墙造龙门，建亭于先锋，是年乡试获售者三人，又建报慈亭于伦坑口，四时施茶以饮行者。③

上引汪有修在城垣修建中，被推举为董事，且“好义捐赀，独任经营，合邑颂之”④。汪宗泗系总理修建城垣的总理之一，且“乡邑大事辄以身任”。而诸如“戴起源典六百两、众米号共七百两”等商号捐输，其人其事亦未见载于志书。

事例三：道光五年，黟县监生潘元宽、潘崇德以及生员潘崇仁、潘崇照等联名给县主递交了一份“禀呈”。主要缘由为：嘉庆间，黟县编修县志，在县志编修采访中，其祖父潘启华、父潘文杲，精通“岐黄术”，且孝友多义，被采访人“举人卢文鸿、副贡生王秉铎等采录义行”，但“分纂应在孝友，乃刊列仅载于艺术”。即在县志编修过程中，父祖之记载被一再降格，最终仅以“善岐黄术”简略载入“艺术”。嘉庆志成书后，潘氏子孙耿耿于怀，已经“禀呈在案”，但没有被更改。黟县在撰修道光续志时，潘氏子孙再次递交禀呈，希望续志编修能够将父祖传记从“艺术”更改为“孝友”或“尚义”，使得“款类合

① 《祁门修改城垣簿》，1 册，乾隆三十六年（1771）刻本。

② 道光《祁门县志》卷 30《人物志 · 义行》，《中国方志丛书》，台北：成文出版社，1984 年，第 1096 页。

③ 道光《祁门县志》卷 30《人物志 · 义行》，第 1097 页。

④ 《祁门修改城垣簿》卷首《修改城垣始末》。

宜,以成信志”。然而,考诸黟县道光续志乃至同治三志,禀呈中所涉的潘启华、潘文杲的记载并无更易。

通过上举事例,从一个侧面可以看出,方志“义行”等人物具有“光竹帛,范乡闾”的风教功能,人物志的分类颇为审慎。早在宋代,《新安志》主纂罗愿即强调方志编修,“皆有微旨”,“必使涉于学者纂之”。从黟县志编修实践看,为预修志书,纂者注重采访,并要求人物志“皆屡经考订,务臻确核。又有人微事信,实可嘉尚者,亦甄录之,以阐幽潜。其呈请新增者,必族邻具结,由学勘复,始为创草。又征阖邑绅耆至明伦堂公同检阅,始为付刊。冀其名实相副,可征信焉”①。另一方面,正因为方志编修由“涉于学者纂之”,“阖邑绅耆公同检阅”,难免重身份而轻行实。上述祁门修建城垣的捐输动员,汪有修、汪宗泗能载方志,与其说是因为“义行”,不如说与他们以“布政司理问衔”“监生”身份参与其事,在地方社会赢得地位和声望密切相关。进一步揆诸徽州方志,载入“义行”的人物,论其身份,屡屡可见“国学生”“郡庠生”“邑庠生”“太学生”“邑诸生”“贡生”“监生”“职监”“职员”“五品衔”“内阁中书衔”“府知事衔”“州同知衔”“县同知衔”“文林郎”“登仕郎”等,不一而足。尽管由明至清徽州商人借助义行而登入志书日益多见,但总体而言,在传统社会,商贾“可光竹帛”的空间仍属有限。某种意义上说,只有财富与身份相结合,方可被载入志书。因此,在考察和利用传统方志“义行”的记载时,不能不考虑志书存在的身份选择、精英叙事、民众隐没的问题。

① 嘉庆《黟县志》卷首《凡例》。